U0694717

中國古代史學叢書

〔清〕顧炎武 撰　黃珅等 校點

壹

圖書在版編目（CIP）數據

天下郡國利病書 /（清）顧炎武撰；黄珅等校點
. — 上海：上海古籍出版社，2022.11（2025.4重印）
（中國古代史學叢書）
ISBN 978-7-5732-0489-9

Ⅰ.①天… Ⅱ.①顧… ②黄… Ⅲ.①中國—地方志
—明代 Ⅳ.①K290.48

中國版本圖書館 CIP 數據核字（2022）第 201265 號

中國古代史學叢書

天下郡國利病書

（全六册）

[清]顧炎武 撰

黄珅等 校點

上海古籍出版社出版發行

（上海市閔行區號景路 159 弄 1-5 號 A 座 5F 郵政編碼 201101）

（1）網址：www.guji.com.cn

（2）E-mail：guji1@guji.com.cn

（3）易文網網址：www.ewen.co

上海展强印刷有限公司印刷

開本 850×1168 1/32 印張 126.625 插頁 30 字數 2,637,000

2022 年 11 月第 1 版 2025 年 4 月第 2 次印刷

ISBN 978-7-5732-0489-9

K·3283 定价：980.00 元

如有質量問題，請與承印公司聯繫

電話：021-66366565

天下郡國利病書（一）

黄珅　顧宏義校點

校點説明

一

無論在生前還是後世，顧炎武都以博極古今稱譽於世。據潘耒説：「當代文人才士甚多，然語學問，必斂衽推顧先生。凡制度典禮有不能明者，必質諸先生；墜文軼事有不知者，必徵諸先生。先生手畫口誦，探源竟委，人人各得其意去。天下無賢不肖，皆知先生爲通儒也。」（遂初堂集文集卷六日知録序）至清中葉，「先生之爲通儒，人人能言之」（唐鑒學案小識卷三翼道學案崑山顧先生）。

「星宿羅胸富，山河指掌陳。」（題亭林先生遺像，錢邦彦校補顧亭林先生年譜附録）這是亭林鄉人李以峙的讚歎。在顧炎武百科全書式的學養中，最爲人稱道的，一是音韻之學，一是地理之學。衛爾錫言其地理書用心尤多（李光地顧寧人小傳，榕村全集卷三十三）。四庫全書總目提要説：「蓋地理之學，炎武素所長也。」（四庫全書總目卷六十九史部二十四地理類一）張之洞主修的(光緒)順天府志,也説亭林「博極羣書,最明於地理之學」(卷一百二十二藝文志一)。與此相應的是,在顧炎武衆多著作中,公認成就最大的便是日知録、音學五書、天下郡國利病書和肇域志。

崇禎十二年(一六三九),顧炎武應鄉試再次落第,從此無意仕進,退而讀書,開始編纂天下郡國利病書。其自序云:「崇禎己卯,秋闈被擯,退而讀書。感四國之多虞,恥經生之寡術,於是歷覽二十一史以及天下郡縣志書,一代名公文集及章奏、文册之類,有得即録,共成四十餘帙,一爲輿地之記,一爲利病之書。」康熙元年(一六六二),顧炎武自京師抵山西曲陽,謁恒嶽,至井陘。是年七月,天下郡國利病書完稿。歷時二十三年。

不過從現存的原稿看,有些材料顯然是在康熙元年以後補入的。在原稿第三十二册雲貴交趾中,連載「康熙四年五月,平西王吴三桂奏水西已平,擬將隴胯、的都、朵你、阿架四則溪設爲一府」;「康熙「六年三月,改烏撒土府爲威寧府,又于雲南設開化府」;康熙「十年十二月,貴州巡撫曹申吉奏龍里一衛,舊設貴陽府廳官一員,分理民事,後裁廳歸府,而驛遞全責衛官,今宜改衛爲縣」等史實。可見原稿的修訂,在康熙十年以後仍在進行。

在原稿雲貴交趾總輿圖説中,有這樣兩句話:「至於明而符竹始分,迨我朝而規制乃備。」相對於前「明」字,下「我朝」應指清朝。此總輿圖説應爲清人所作。

原稿「蠅頭小楷，密綴行間，楮墨具有古氣」（黃丕烈天下郡國利病書跋），「皆細行雜鈔，不出一手。以朱筆校改誤字。其每件後時有零星小件，則行書密行增入，無誤字。然則朱改及行書，或亭林筆也」（莫友芝宋元舊本書經眼録卷三）。王頌文跋利病書云：「全書三千零六十三葉，多經朱墨校點，有旁注，有增輯，蠅頭細楷，先生手注者近三百葉。」如：

「元泰定中虞集爲翰林直學士，進言曰：京師之東瀕海數千里，北極遼陽，南濱青齊，萑葦之場也。」亭林據元史卷一百八十一、歷代名臣奏議卷二百六十一改「陽」爲「海」（原稿第一册北直上）。

「西南經金鉤、馬家港、大夫港入官渠，西南經豐潤縣胥官莊入於海。」亭林據畿輔安瀾志陡河沙河改「鉤」爲「溝」，改下「港」爲「坨」（原稿第二册北直中「灤州」）。

蘇州府志藝文門引顧炎武嗣子衍生語：利病書「今傳寫本三十四册」（黃丕烈跋），現存原稿正與此相合。但其中第十四册，則在乾嘉間即已闕失了。「府志載是書爲一百卷，而外間傳寫本又强分一百二十卷，今觀原稿，並無卷次，則分卷之説俱不足信。且各省先後傳寫本，不復如原稿次第，即所缺之第十四本，或居十三本河南省之後，而缺在河南；或居十五本山東省之前，而所缺在山東，皆不得而知之也」。「今十五本從新店淺云云起，決非完書。取傳寫本相對，山東省有起處數葉，河南省亦於起處多兩葉，余爲録入，非敢僞爲也，亦補其所當補耳」（黃丕烈跋)。

利病書本是未定之稿，亭林自序已云：「亂後多有散佚，亦或增補。而其書本不曾先定義例，又多往代之言，地勢民風，與今不盡合。年老善忘，不能一一刊正，姑以初稿存之篋中，以待後之君子斟酌去取云爾。」可見除第十四册整册闕失外，其他各册散佚之文，還有不少。

菰中隨筆後附衍生所列亭林著書目録，謂「天下郡國利病書一百卷」，與蘇州府志所載不合。晚清張穆的顧亭林先生年譜、馮桂芬的(同治)蘇州府志，亦載「天下郡國利病書一百卷」。不過一百卷本後來很罕見。據阮葵生説：「天下郡國利病書一百卷　此書未成，按今傳寫本三十四册，未釐卷次，乃徐健菴家抄本。」(茶餘客話卷九)阮葵生生於雍正、乾隆年間，與徐乾學歲月相隔不遠，或有所據。可見利病書的鈔本，在亭林謝世不久即已出現了。

李因篤詩云：「獨樹三吴幟，旁窺兩漢濤。經邦籌利病，好古博風騷。」自注：「先生著有天下郡國利病書百廿卷。」(雁門邸中值寧人先生初度，亭林先生同志贈言)這種説法在當時也很罕見，顧炎武其他友人的著述中，未見有相同的記載。一百二十卷本，均見於乾隆以後，以後各種鈔本，確實分爲一百二十卷。四庫全書總目卷七十二史部二十八地理類存目一有天下郡國利病書一百二十卷，從卷數看，應該也是鈔本。

儘管顧炎武在身後始終享有崇高的聲譽，但在相當長的一段時間内，他的一些著作都被列爲禁書。利病書中觸犯時忌之處也不少，加上此書篇幅浩汗，在嘉慶之前始終未有刊本，四庫全書也僅列之存目，故雖有各種抄本，覆蓋面終究不會太廣，因此爲文人學士所珍惜。秦瀛在乾嘉年間購得天下郡國利病書的鈔本，「寶藏之」（己未詞科録）。與其同時的法式善，在拜訪後來位至相國的英和時，也曾力勸英和收購利病書的抄本（存素堂詩初集録存卷十二訪煦齋侍郎於樂賢堂長話語及顧寧人郡國利病書勸煦齋購之）。

現存天下郡國利病書鈔本有濂溪堂抄本、萃古齋抄本、樹萱堂抄本、二餘軒抄本、烏絲欄抄本等。傅增湘藏園羣書經眼録載：

明季郡國利病全書一百二十卷　明顧炎武撰

清乾隆時吴郡人士所寫。内有顧蒓手寫一册，翰墨工雅。餘卷亦多寫者姓名，字亦雅麗。（余藏）

顧蒓，字希翰，號南雅，長洲人。嘉慶七年進士，官通政司副使。工書善畫，敢言自任，人稱君子。有畊硯田齋筆記。

國家圖書館所藏清抄本天下郡國利病書一百二十卷，標明第一本朱成五抄，沈蕉雨校。第八本(含卷四十七)沈霽夫録,吳蘭江校。第十三本(含卷一百七)鍾克江録,吳蘭江校。不過從現存的鈔本看,上述情況很少見,大多數鈔本都無序無跋,更不知抄者何人,抄於何時。

阮元説流傳的利病書,「强半爲抄手割落,……民間無從是正」(歷代宅京記序)。從我們校勘的情況看,雖然並不像他所説的那麽嚴重,但也確實存在著一些問題。據汪輝祖説,乾隆五十一年(一七八六),他在吏部候選時,「王惺園師命校天下郡國利病書」(病榻夢痕録卷上)。平江徐擷芸曾於乾隆七年,托人購録利病書一部,發現錯誤甚多。咸豐十一年(一八六一),丁晏自高郵王氏購得此書,「計一百二十卷,附小傳一卷。卷中夾有條批,校正精確,疑出伯申手筆。獲之狂喜」(清烏絲欄抄本天下郡國利病書丁晏跋)。伯申爲著名訓詁學家王引之字,其批正當然彌足珍貴。可惜的是,像這樣的校勘文字,現在已難以見到了。

嘉慶十四年(一八〇九),繼各種鈔本之後,又出現了木活字聚珍本天下郡國利病書。成都人龍萬育(燮堂)有活字板,喜刻書,在他刊行的不多的幾部大書中,影響最大的便是敷文閣本天下郡國利病書。至道光十年(一八三〇),僅隔二十年,該本再版,龍萬育特作一跋,以申刊書初衷:「惜未鏤版,傳寫多訛。……於嘉慶十四年用聚珍版排印,閲春秋一易,得書一百二十部,非敢以訛傳訛,竊以博雅君子閲之,詳加釐訂,則亥豕魯魚之疵,得此而止。」

龍萬育本確實依據他校,改正了原稿中的一些錯誤。但據顧炎武説,爲編撰利病書和肇域志，他「自崇禎己卯起，先取一統志，後取各省府州縣志，後取二十一史參互書之。凡閲志書一千餘部」（肇域志序），歸莊也説，爲編撰利病書作資料準備，顧炎武「讀書山中八九年，取天下府、州、縣書及一代奏疏、文集徧閲之，凡一萬二千餘卷；復取二十一史並實録一一考證」（歸玄恭遺著爲顧寧人徵天下書籍啓）。而龍萬育用以他校的僅是一百二十部常見書，這顯然是遠遠不夠的。何況還有很多常見書，龍萬育都未用作他校，以致存在一些妄改、妄接、妄補之處。還有一個較顯著的問題是，原稿夾註都用小體字，而敷文閣本常變爲與正文同樣的字體，由此引起二者之間的混淆。

就目録、版式、卷數及文章排列的順序看，敷文閣本所據底本應該就是一百二十卷抄本。與濂溪堂本比較，二者的目録完全一致。版面都是每半頁十行，行二十一字。也有一些小的差别，如濂溪堂本與原稿一樣，每篇之間均有空行，而敷文閣本則連排。

將國家圖書館所藏清鈔本天下郡國利病書，與敷文閣本作比較，不僅每卷前列書名、卷數、篇名（如「天下郡國利病書卷一百十九諸番」等），與敷文閣本相同，而且在不少細微處都相似。如敷文閣本卷一百七雲南一引隋書志「予親見之 蠱毒在上，則服升麻吐之」，該本於「蠱」字前亦空一格。當然也不盡相同。而將國圖所藏清鈔本郡國利病書，與敷文閣本作比較，如卷一百七雲貴形勢，二者在版式、分段乃至一些空格，也都基本相同。

龍萬育本雖不精善，但由於是刊本，流傳畢竟要比鈔本便利得多，在當時也有一定影響。與其同時的李兆洛，就提到龍刊本利病書。張穆的顧亭林先生年譜，在後面附載亭林著書書目時，也只說：「天下郡國利病書一百卷，有四川龍氏聚珍版本。」這裏所説的一百卷可能有誤，現在所見的敷文閣聚珍本，都是一百二十卷。

龍萬育所刊印的敷文閣聚珍本，有嘉慶六年（辛酉，一八〇一）、道光三年（癸未，一百二三）、道光十一年（辛卯，一八三一）本。道光十四年（甲午，一八三四）有雅鑒齋木活字本，扉頁題「道光甲午山東省城雅鑒齋重仿刊聚珍版」。前有乾隆甲午仲夏御製題武英殿聚珍版十韻序，嘉慶十二年二月陝西興安府知府龍萬育恭紀，直隸大興縣乙卯科舉人陳元鴻、四川華陽縣戊午科舉人龍萬齡、四川雅州府蘆山縣教諭龍萬章校刊，可見該本出自敷文閣本。但字體、版式均與敷文閣本不同。如敷文閣本卷一「衛名同者」等條内小號字，雅鑒齋版改爲大號字。

此外，清末民初一些常見的利病書刊本，如光緒己卯（五年，一八七九）蜀南桐華書屋薛氏家塾修補校正足本、光緒二十五年（已亥，一八九九）上海二林齋鉛印本、光緒庚子（二十六年，一九〇〇）廣州廣雅書局刊本、光緒辛丑（二十七年，一九〇一）上海圖書集成局鉛印本、光緒癸卯（二十九年，一九〇三）上海益吾齋石印本，以及光緒年間慎記書莊石印本，也都出自敷文閣本，書中都附有道光三年或道光十一年龍萬育跋。

二

在對現有利病書的調查中，發現華東師範大學所藏清抄本天下郡國利病書一百二十卷，格外值得注意。

該書封題「閼逢困敦歲吉月　濂溪堂集」。六十册，六函。閼逢困敦歲爲甲子年，吉月爲正月，即此書成於甲子年正月。有清一代，共歷四個甲子年：康熙二十三年（一六八四）、乾隆九年（一七四四）、嘉慶九年（一八〇四）、同治三年（一八六四）。那麽，濂溪堂本究竟成於何年呢？

下面是校勘亭林原稿和濂溪堂本、敷文閣本所作的部份記録：

「宋人捐燕雲，則又無限胡（敷文閣本作「敵」）之防，故卒不能爲守。我朝都燕，雖風氣之稟，士馬之强，不及周漢，然據險防胡（敷文閣本作「邊」），居外馭内，其視周漢一也。」

（原稿第一册北直上勞堪京都形勢説）

「外而渾蔚等州，高山峻嶺，蹊徑狹隘，林木茂深，以限胡（敷文閣本作「敵」）騎馳突。」

（原稿第一册北直上大學衍義補「今京師切近邊塞」）

「蓋善用中國之長以制虜（敷文閣本作「敵」），此上策也……知祖宗所以逐胡元（敷文閣本作「元兵」），則知今日之所以爲戰守矣。」（原稿第一册北直上葉夢熊神銃議）

「宣大以貢市弭兵，九邊晏然，胡（敷文閣本作「北」）馬不敢南牧。」「通計九邊之鬭士且什倍之，曾何負於虜（敷文閣本作「敵」）。……然或聚虜（敷文閣本作「敵」）數萬直趣一隅，一隅敢戰之兵，曾不足以當其什一，所謂無所不寡是也。」（原稿第一册北直上汪道昆輔兵議）

「凡伺虜（敷文閣本作「敵」）者，入胡（敷文閣本作「邊」）地爲偵候，初設以東西虜（敷文閣本作「敵」），而豈爲三衞乎哉？三衞我藩籬，即我之耳目，而乃爲二虜（敷文閣本作「邊」）心腹，則我之耳目眩矣。」（原稿第二册北直中永平府志路營「郭造卿曰」）

「漢之永昌府，自胡元（敷文閣本無「胡」字）以上皆爲府治。」（原稿第三十二册雲貴交趾何孟春復永昌府治疏）

「岐陽王率諸將掃蕩殘胡（敷文閣本作「逆」），終建大勛。」（原稿第三十三册交趾西南夷「安南國古交趾也」）

「我中國爲胡人（敷文閣本作「他人」）竊據百年，遂使夷狄（敷文閣本作「戎馬」）布滿四方。」（原稿第三十三册交趾西南夷「占城國古越裳氏界」）。

「自山後諸州棄以與虜（敷文閣本作「敵」），則居庸之外，即宣府爲藩鎮。」（原稿第一册北直上周弘祖燕京論）

「虜（敷文閣本作「敵」）犯太原，則增忻、代、澤、潞之兵，而乘寧、雁之塞；虜（敷文閣本作「敵」）犯洪、蔚、廣昌，則城宣府之塞，而弛東北之防。」（原稿第一册北直上勞堪京都形勢説）

「其所種之木，必相去丈許，列行破縫，參錯蔽虧，使虜（敷文閣本作「敵」）馬不得直馳」（原稿第一册北直上大學衍義補「今京師切近邊塞」）

「若虜（敷文閣本作「敵」）入犯，與之對敵，則可以計取，如岳飛以五百人破十萬，劉錡以千人破十三萬。」（原稿第一册北直上葉夢熊戰車議）

「嘉靖二十九年，復道虜（敷文閣本「敵」）入，直逼京都」，「開平陷入虜（敷文閣本「敵」）庭，大寧徙之三衛」，「虜（敷文閣本作「敵」）若自黄榆川而來，則必由潮河川。」（原稿第三十四册九邊四夷薊州論）

「朵顔等衛夷人（敷文閣本作「使人」）進貢，一年往回六次。」（原稿第一册北直上薊州志貢夷，敷文閣本作「貢使」）；

「國家約束諸夷（敷文閣本作「邊」），通之款貢，固云開柔遠之門，實以寓羈縻之術。」（原稿第一册北直上玉田縣志開發貢夷議）

「狡夷（敷文閣本作「外國」）以此收捆載之利，而不能禁夫暴之使不作。」（原稿第一册北直上玉田縣志開發貢夷議）

「東至三岔河三百里，東北至屬夷（敷文閣本作「國」）福餘衛界三百五十里……北至屬夷（敷文閣本作「國」）泰寧衛界三百二十里。」（原稿第一册北直上四鎮三關志遼鎮疆域廣寧鎮）

「此爾夷家（敷文閣本作「民家」）事，須静聽處分，無擅興兵甲。」（原稿第三十二册雲貴交趾，江東之參處安酋書）

「自萬曆三十年後，建酋（敷文閣本作「人」）頗稱跋扈。」（原稿第一册北直上玉田縣志開發貢夷議）

以上各條，凡涉「胡」、「虜」、「夷」「酋」等字，敷文閣本均以犯清之忌而改動了，但濂溪堂本則都依舊不變。

又如：

「永順司，國朝（敷文閣本作「明朝」）洪武二年内附，陞爲宣慰使司。」（原稿第二十五册

湖廣下永保總説）

「國朝（敷文閣本作「明朝」）置雲南布政司，治于昆明城。」（原稿第三十一册雲貴滇志）

「圖經云：子城三面墉基，皆天造也。本朝（敷文閣本作「明朝」）築城浚池，以爲垣蔽。」（原稿第二十四册湖廣上「承天府春秋時鄀郢名都」）

「保靖司，本朝（敷文閣本作「明朝」）初置保靖州安撫司，洪武六年陞宣慰使司。」（原稿第二十五册湖廣下永保總説）

「本朝（敷文閣本作「明朝」）芟鋤梁段，以武臨之，皆稽首而奉正朔。」（原稿第三十二册雲貴交趾屬夷）

「聖朝（敷文閣本作「本朝」）洪武十五年，於指揮王真處降附。」（原稿第三十二册雲貴交趾何孟春復永昌府治疏）

「皇明（敷文閣本無「皇」字）改置布政司，領府十二。」（原稿第三十一册雲貴沿革）

「皇明（敷文閣本作「前明」）置雲南布政使司，聲教之盛始此。」（原稿第三十一册雲貴沿革論）

「皇明（敷文閣本無「皇明」二字）大一統無外之治，億萬年無疆之休，實在於此。」（原稿

第三十一册雲貴楊士雲議開金沙江書）

「逮聖祖（敷文閣本「聖」上有「明」字）坐縛陳理之後，百姓不見兵革已二百年矣。」（原稿第二十四册湖廣上「武昌府地據津要」）

「高皇帝（敷文閣本「高」上有「明」字）於此首殪僞漢，成萬世鴻業。」（原稿第二十四册湖廣上「黄州府於三國爲魏重鎮」）

「昔天兵（敷文閣本作「明兵」）南下，以西平督東師，戰普定；潁川督西師，戰烏撒。」（原稿第三十一册雲貴烏撒入蜀舊路）

以上各條，可見原稿凡涉「明朝」和「明帝」，都用敬辭，在前空一格。濂溪堂本全依原稿不變，但敷文閣本則都作了改動，原空一格處，也都連接。

又如：

「曰宇内一切真人，一切出世佛，皆繇滇出，欲滇人無好佛好玄（敷文閣本作「元」），不可得也。」（原稿第三十一册雲貴「滇之產」）

「相傳玄奘（敷文閣本「玄」作「元」）歸自西域，暴經石上，下關濟大渡河。」（原稿第三十

一册雲貴建昌路考）

「昔唐玄宗（敷文閣本「玄」作「元」）時，南詔有警，御史李宓將兵十萬擊之」（原稿第三十二册雲貴交趾詹英論征麓川狀略）

「獸則馴象玄（敷文閣本作「元」）犀猩猩之屬，多不可殫紀。」（原稿第三十三册交趾西南夷「黄帝時南夷乘白鹿來獻」）

以上各條，凡原稿中「玄」字，敷文閣本都改作「元」。但濂溪堂本依舊作「玄」。這只有兩種解釋：抄寫時在康熙登基之前；或者抄寫者爲前明遺老，故國意識强烈，不惜以身犯禁。

根據以上各條，很容易得出這樣的結論：濂溪堂本爲清初鈔本，那麽，封題上的甲子年應該是康熙二十三年（一六八四）。

將濂溪堂抄本與四部叢刊三編影印天下郡國利病書原稿作對校，發現二書字形有不少相似之處。如原稿北直隸上所録元史水利志「御河」篇：

「其園圃之家掘隄作井，深至丈餘，或二丈，引水以溉蔬花。復有瀕河人民就隄取土，漸至闕破，走洩水勢，不惟澀行舟，妨運糧，或致漂民居，没禾稼。其長蘆以北，索家馬頭之南，水内暗藏樁橛，破舟船，壞糧物。部議以濱河州縣佐貳之官兼河防事，於各地分巡視，如有闕破，即率衆脩治，拔去樁橛；仍禁園圃之家毋穿隄作井，栽樹取土。都省准議。七年省臣言：御河水泛，武清縣役夫一千疏浚。」

又如原稿北直隸上所録大學衍義補（「今京師切近邊塞」）：

「致使木植日稀，蹊徑日通，險隘日夷。設使國家常如今日之無事，固無所用之，不幸一旦而有風塵之警，將何以扼其來而拒其入乎？夫今不爲之限制，臣恐日甚一日，雖有智者，不能善其後矣。臣請下工部，稽考……一一以所必須無損於邊關，無虧於國用，定爲經久之計，其事雖小，所繫實大。考諸司職掌，於工部抽分條止云抽分竹木場，如遇客商興販竹木柴炭等項，照例抽分，若不敷，奏聞定奪，給價收買，或差人砍辦。」

又如原稿第二十七册廣東上所録永安縣志琴江都：

「石馬西馳，突起鷄公嶂，過芙蓉逕，入都白葉、簾紫、官山諸嶂，怵奥南走，隃貉僚坪，至南嶺……不義之民往往負之，乃設文武將吏屯戍其地，今空壘矣。狡然思逞其宼，何日蔑有，其可忽諸？」

又如原稿廣東中所録「瓊州府」（「自漢元封初爲朱崖郡」）按：

「其連從化、番禺、增城、龍門巢穴者，近雖剿平，亦宜偹其出没，隨宜翦之。……順德、香山防海民兵，不宜数易，有司截其工食，利其拜見，則流患可勝言哉，此守巡所宜察也。近來打手揔甲羅世舉既叛復招還，足爲殷鑒。惠、潮、程鄉之盜多通贛州，和平、大埔之盜多通汀、漳，凡鄉夫禦海宼有功者，使之互引勇士，立爲寨堡，各建社學，統以鄉約，教以禮義，而又訓練斥堠，以偹山海之虞，工食以時給之。近日愽羅令舒愚倏忽爲山賊所戕，然則養兵由食，可無信與？大氏宼由海入者，扼港以制之，而又設法断其樵汲，則入　無路矣。……故巡按御史戴璟議　擇招主……」

以上「蔬」、「㴩」、「藏」、「壞」、「瀆」、「脩」、「扳」、「樹」、「蔬」、「将」、「稽」、「湞」、「商」、「收」、「臭」、「宼」、「従」、「偹」、「数」、「揔」、「贑」、「宼」、「愽」、「養」、「断」、「散」等字，均爲異體字

或俗字，而濂溪堂本抄寫這些字，和原稿一模一樣。

據字形看，濂溪堂本和原稿之間，似乎有著直接的聯繫。將濂溪堂本和國家圖書館所藏清抄本天下郡國利病書比較，可見二者在版式、編排、頁數，乃至每頁行數、每行字數都一致（惟卷一百二十略有不同）。但文字稍有出入。如卷一百十九所録滿剌加國，濂溪堂本「　本朝永樂三年」數字，國圖清鈔本改「本朝」爲「明朝」，前無空格。卷一百二十「海外諸番」中「本朝除元亂，大一統」數字，國圖清鈔本亦改「本朝」作「明朝」。相比較而言，濂溪堂本的錯字要少些。據此推知，國圖清鈔本利病書，和濂溪堂本之間有聯繫，但抄録時間要晚於濂溪堂本。

國家圖書館所藏另一利病書善本爲錢氏萃古齋鈔本。據黄丕烈士禮居藏書題跋記、葉德輝書林清話等書，萃古齋爲蘇州書商錢景開所建，地在虎丘。錢景開爲乾隆間人，與袁枚爲友。那麽，萃古齋本也要比濂溪堂本晚得多。

三

天下郡國利病書並不是普通的地理著作，確切些説，這是一部有關明代政治、軍事、經濟、水利的資料長編。爲顧炎武作年譜的張穆，在道光年間曾看到亭林致友人書手劄，中云：「弟爲一二相知所留，似須秋杪方可行。昨諭鈔書者能爲弟覓二人否？弟炎武頓首。」（張譜康熙六年丁未）利病書中的衆多資料，就是顧炎武在二十多年的時間内，從各種文獻中選輯抄録而成的。在第二十二册浙江下中，有「黄九皋書」字樣。黄九皋可能就是顧炎武聘用的抄手之一。

自顧炎武的先祖起，已有鈔書的傳統。在亭林幼年，即已聆聽先祖顧紹芾「著書不如鈔書」的教誨（亭林文集卷二鈔書自序）。誠如陳澧所言：「鈔書之説有二，有鈔而讀之，有讀而鈔之。鈔而讀之者，鈔書自序之説是也；讀而鈔之者，日知録、天下郡國利病書，皆其讀書時鈔録羣書而成一家之書，其學之博洽，乃或爲古人之書所不及，此則鈔書著書合而爲一，蓋鈔書之極功矣。」（東塾集卷四顧亭林手鈔曲江集湛甘泉邱瓊山兩序跋）與其同時的謝章鋌，於此也深有所感，歎道：「噫，大儒之所謂鈔，蓋前聖之所謂述也！」（賭棋山莊集文六竹柏山房叢書序代林方伯）

不過，利病書被人重視，顧炎武受人尊重，還不在此。順治十四年（一六五七），顧炎武將家産盡行變賣，決計北遊。臨行前，崑山好友設宴餞别，歸莊寫了一篇著名的贈序，説：「自歎士人窮年株守一經，不復知國典朝章、官方民隱，以至試之行事而敗績失據，於是盡棄所習帖括，讀書山中八九年，取天下府、州、縣書及一代奏疏、文集徧閲之，凡一萬二千餘卷；復取二十一史並實録一一考證，擇其宜於今者，手録數十帙，名曰天下郡國利病書。遂遊覽天下山川風土，以質諸當世之大人先生。昔司馬子長徧游四方乃成史記，而范文正自秀才時以天下爲己任。若寧人者，其殆兼之。」（歸玄恭遺著爲顧寧人徵天下書籍啓）在此，歸莊明確提出：顧炎武北遊，不僅是爲了避仇，更是爲了通過實地考察，證實文獻資料，以確實可信的記載，完成利病書這部巨著。

事實上，在亭林身後，學者論及利病書，無不强調其實證的一面。全祖望的亭林先生神道表，無疑是記載亭林生平和成就最出色的一篇，其中説：「自崇禎己卯後，歷覽二十一史、十三朝實録、天下圖經、前輩文編説部，以至公移、邸抄之類有關於民生之利害者，隨録之，旁推互證，務質之今日所可行，而不爲泥古之空言，曰天下郡國利病書。然猶未敢自信，其後周流西北且二十年，遍行邊塞亭障，無不了了而始成。其别有一編曰肇域志，則考索利病之餘，合圖經而成者。」「凡先生之游，以二馬二騾載書自隨，所至阨塞，即呼老兵退卒詢其曲折，或與平日所聞不合，則即坊肆中發書而對勘之。」（鮚埼亭集卷十二）江藩也説：「蓋炎武周流西北垂三十年，邊塞亭障，皆經目擊，故能言之了了也。」（國朝漢學師承記卷八）

有清一代，利病書最被人稱道的，還是它的經世濟時之用。無論全祖望、江藩，還是他人，無論是文士學者，還是廊廟重臣，語及利病書，對此都再三致意。龍萬育認爲：「顧亭林先生著作最夥，而經濟實學，莫切於天下郡國利病一書。」（聚珍本跋）孫星衍在致安徽巡撫初彭齡的信中提出：「天下郡國利病書是未就之稿，如能增補成書，實爲經濟要務。爲政者使車所至，按圖考究，可以知地方關隘、河渠、風俗、都會，古今異宜，緩急所先之處，施之有政，厥有舊章。如老前輩於辦理志局之便再爲修纂，不獨有功顧氏，亦天下後世不可少之書。」（孫淵如詩文集平津館文稿卷上呈安徽初撫部書）

自光緒十二年陳寶琛奏請以黄宗羲、顧炎武從祀文廟被禮部議駁後，關於王夫之、黄宗羲、顧炎武三大家應否從祀文廟，一直爭執不休。光緒三十四年，部臣議奏炎武可從祀文廟，特别强調其所著郡國利病書，「所言皆天下大計，卓然名論」（朱壽朋東華續録光緒二百二十）。

不過，最中肯綮的，還是顧炎武自己的話，是他對外甥徐元文的誡勉：「必有體國經野之心，而後可以登山臨水；必有濟世安民之識，而後可以考古論今。」（徐元文歷代宅京記序）葉廷琯説：「此正先生自道其抱負，一部郡國利病書胥在是矣。自漢以下，堪當此語者，殆無幾人。」（鷗陂漁話卷一）

張元濟説：「亭林身嬰亡國之痛，所言萬端，而其所再三致意者，不過數事，曰兵防，曰賦役，曰水利而已。」（四部叢刊三編本天下郡國利病書跋）顧炎武之所以格外關注這三者，是因爲無論在當時還是後世，這都是和國計民生關係最密切的三個方面，因此也就成了經世致用的焦點。

以邊防論，利病書關於西南邊陲地勢、習俗、物產以及兵戎、土司、外夷的記載，遠比各種史書乃至筆記要詳盡得多。直至清末，當時頗有影響的時務通考，載録薛福成的文章，仍强調利病書的現實意義：「雲南西南兩路邊防，以永昌、順寧、普洱三府及騰越、龍陵、緬寧、威遠、思茅、他郎各廳爲門户，而皆以緬甸爲藩籬。自英人得緬，藩籬撤而門户寒矣。所幸者猶有野人山之天險，可以限隔中外。夫目論之士以爲雲南天末遐荒，不關形要，而不知雲南實有倒挈天下之勢力。由雲南入四川，則踞長江之上游；由雲南趨湖南而據荆襄，則可搖動北方。顧亭林郡國利病書嘗極言之矣。英之覬覦雲南非一朝夕，雲南之得失，關乎天下，而野人山之得失，關乎雲南。能保野人山，則雲南安；能保雲南，則天下皆安。一山之所繫，實不淺尠也！」(卷二地輿四)

江南素稱水鄉，水利資源的利用，水利工程的建設，尤爲世人所重。利病書中江南的部分，將前人和時人有關當地水利的論述，經過選擇，囊括於一書之中。考察、研究、開發江南的水利，此書應是必不可缺的文獻。

值得重視的是，利病書頗有遠見地記載了西洋火炮製造技術及明末沿海居民和西洋商人的貿易往來。這些在當時並不被朝野重視的現象，以後竟成了改變中國命運的大事。利病書的最後兩册，内容即對當時所有和中國有所交往的周邊國家和地區的其歷史演變、地理形勢、物産資源、民風習俗、制度文化，進行較具體的記載。晚清最有經世價值的地理著作，魏源的海國圖志和徐繼畬的瀛寰志略以及道光年間刊行的有關中外關係的重要著作粵海關志，都引用了利病書的記載。

左宗棠在十八歲時，已「購顧氏炎武郡國利病書、顧氏祖禹方輿紀要諸書，昕夕稽究，有所證發，輒手自條記，見者笑以爲無用，公爲之益勤」。其子孝同先考事略云：「府君嘗言吾十八九歲時，於書肆購得顧氏方輿紀要一書，潛心玩索，喜其所載山川險要，戰守機宜，瞭如指掌；兼得亭林郡國利病書及齊氏水道提綱諸書，於可見之施行者，另編存録之。於時承平日久，士人但知有舉業，見吾好此等書，莫不竊笑，以爲無所用之。」（羅正鈞左文襄公年譜卷一道光九年己丑）正是由於左宗棠不同流俗，嗜好二顧之書，日夕研讀，深有會悟，故能成爲晚清提倡洋務、抗擊外敵、收復新疆的名臣。

有清一代的地理著作，論致用價值，以利病書和顧祖禹的讀史方輿紀要爲最，故將二顧並提、二書並舉的説法甚多。如稍晚於左宗棠的朱一新，就認爲「顧亭林郡國利病書，用意與紀要略同，一專論兵事，一兼及吏事，皆有用之書」（無邪堂答問卷三）。應撝謙曾倣文獻通考，「撰教養全書四十一卷，分選舉、學校、治官、田賦、水利、國計、漕運、治河、師役、鹽法十考略，而於明代事實尤詳。其不載律算者，以徐光啓已有成書；不載輿地者，以顧炎武、顧祖禹方事纂輯也」(清史稿卷四百八十儒林一應撝謙傳)。應撝謙生年和顧炎武相仿，爲清初著名學者，於此可見其心折顧炎武、服膺利病書之深。

即使撇開經世致用不談，僅就學術研究而言，利病書也是一部有用之書。「炎武嫻於地理，所纂述多可依據，書雖殘缺，要於考證之學不爲無補焉」(四庫全書總目卷七十史部二十六地理類三營平二州地名記)。這句話同樣可用於利病書。書中收録的有些資料，或已散佚，或不多見，很難進入學者的視界。另有一些材料，雖然也見於他書之中，但或有闕字，或有誤字，可借助利病書進行校讀。如明嘉靖刻本山海關志卷二形勝考、明萬曆刻本明政統宗卷二十九薊遼保定總督譚綸疏條邊務、四庫本明政統論卷九興和總論、附卷寧夏總論等文獻，内均有闕字，而利病書所録則全，可據以補正。又如明吴仲通惠河志卷上通惠河考略載：「初年止運軍糧，今則向民糧□運之。」(嘉靖刻隆慶增修本)利病書第一册北直上通州志裏漕河作：「初年止運軍糧，今則併民糧亦運之。」孰得孰失，孰優孰劣，一目了然。利病書第三十四册記日本事略，與明史、明史紀事本末、東西洋考諸書頗有出入，可補史書的不足。而記倭冦作亂的一篇文字，更是遠較明史、明史紀事本末等書爲詳。

作爲一部未經作者定稿的著作，利病書確實存在著一些問題，並引起一些非議和批評，後人的不滿，主要集中在此書的叢冗，即雜亂、繁複。即使力勸英和收購利病書的法式善，也説：「郤嗤利病書，爲費許筆墨。」（存素堂詩初集録存卷二攬勝軒）「吾讀顧寧人郡國利病書，而病其太繁」；讀洪稚存乾隆府廳州縣志，而病其稍簡。」（存素堂文集卷三志異新編序）對顧炎武十分推崇的張維屏，指出「利病書卷帙繁重，校勘未詳，其中誤字不少」（國朝詩人徵略卷三）。而包世臣的批評就更尖鋭了：「郡國利病、宅京記不過捃拾之勤，肇域志雖未見，要亦其類也。」（藝舟雙楫卷四論文四）

四

據亭林嗣子衍生説，顧炎武去世後，遺稿被其外甥徐氏兄弟取走，帶往京城。直至徐氏兄弟被劾奪職還籍，才有一部分遺書回歸顧氏。不清楚利病書是否也交還顧氏，可知的是後來徐氏家道中落，傳是樓富甲天下的藏書也無法再傳子孫，至乾隆間，利病書已歸吴中藏書家王蓮涇所有。

國家圖書館所藏清烏絲欄抄本天下郡國利病書二册，有嘉慶八年（一八〇三）平江徐𢷬芸跋，云：「此書向未付梓，流傳於前者悉皆抄本，餘無從購覓，心竊誌之。壬戌（乾隆七年，一七四二）之秋，錫山楊南池表兄過訪，道及同邑虞君錫綸家藏此書原本，間亦解人抄録。」若此處所說「原本」爲亭林原稿，那麽在王蓮涇之前，似乎還有另一個收藏者虞錫綸。

乾隆五十四年（一七八九），張秋塘帶著天下郡國利病書原稿去見黄丕烈，「云是書是傳是樓舊物，後歸顧歸王，此乃得自王蓮涇家。蓋蓮涇素藏書，而健菴係亭林之甥，其爲原稿無疑。即有殘闕，安知非即亭林序所云亂後多有散佚者乎？重詢是書，已歸蔣春皋處，余方悔前此之不即歸之也。閱歲，至壬子秋，有五柳居書友攜是書來，余且驚且喜……遂以白鏹數十金易之」（黄丕烈天下郡國利病書跋）。這樣，離開傳是樓的利病書原稿，又轉入江南另一座著名的藏書樓士禮居。

但士禮居的藏書，維持時間比傳是樓更短，未及黄丕烈去世，已經散出殆盡，其書多歸蘇州富豪汪士鐘的藝芸書舍。咸豐年間，汪氏也走上散書之路，其長編巨著，皆爲常熟瞿鏞的鐵琴銅劍樓所得。瞿鏞編撰的鐵琴銅劍樓藏書目録，没有關於利病書的記録。現已不清楚其間利病書究竟經過多少轉折，落入何人之手。據莫友芝說，同治六年（一八六七）九月，他客居蘇州，有人想出售興化某氏家藏天下郡國利病書原稿，書末有黄丕烈跋（宋元舊本書經眼録卷三）。遺憾的是，莫友芝没有寫明某氏的真實姓名。而據葉昌熾說，光緒三十二年八月十五日，他在蘇州時，赴同年吴訥士昆仲之約，看到吴氏收藏的郡國利病書初槀（緣督廬日記抄卷十二）。據此，利病書似乎並没有離開蘇州。

宣統元年，利病書返回故土崑山。據當事人王頌文説：「光緒之季，方君惟一（還）與頌文見此書於郡城吴君訥士書齋，相與驚奇，以爲幸遇。越年，亭林崇祀孔廟，惟一復謁訥士，述鄉人意，欲乞得此書，以紀念亭林。吴君慨然許諾，迺奉書歸藏亭林祠。及圖書館成，遂移庋其中。」（利病書跋）

一九三三年，崑山縣縣長彭百川、圖書館館長王頌文、教育局局長潘鳴鳳合議決定將利病書原稿交上海商務印書館影印，列四部叢刊三編中。這也是商務印書館（涵芬樓）第一次用影印原稿的形式出書，可見張元濟等人對原稿的重視和珍惜。民國二十四年上海商務印書館影印本、民國二十五年上海涵芬樓影印本，即四部叢刊本。一九六四年，臺北藝文印書館出版的四庫善本叢書初編史部天下郡國利病書以及上海古籍出版社出版的續修四庫全書史部天下郡國利病書，都是據涵芬樓影印本再作影印的。

四部叢刊三編本前有編印例言，云：「顧氏自序言有得即録，故每篇多自爲起訖，書非原裝，淩亂尤甚。」「原本山東、河南二省起處各闕數頁，黄氏就傳寫本各爲補録。今江西篇帙獨少，與傳寫本、刻本相對，闕形勝、水利二篇。貴州省闕總輿圖記、疆域二篇。今悉據傳寫本景補，亦黄氏非敢僞爲，補所當補意也。」

又云：「校注之字，或在行間，或在上下闌外。其爲添補遺漏，塗改訛誤，或於文義必須加入始能明曉者，仍以原字或展放字留在原位；其在闌外者，則移至行間適當之地。其爲補充事實，訂正疑異者，無論文字多寡，概作附注，即於行間原位置或適當之地，旁標注幾字樣，另印附注一册，以免擁擠，兼便對觀。」可見該書並非單一的影印，而作過一番仔細的勘正。

這次整理天下郡國利病書，以四部叢刊三編本作底本，以濂溪堂抄本和敷文閣聚珍本爲校本。并根據校點的實際需要，作適當的他校。爲使眉目更加清晰，必要處酌增設標題，並以〔　〕標識。

本書校點分工如下：北直隸上、北直隸中、北直隸下、湖廣上、湖廣下、廣東上、廣東中、廣東下、廣西、雲貴、雲貴交趾、交趾西南夷、九邊四夷（黄珅）；蘇上、蘇下、蘇松、常鎮、淮安（顧宏義）；江寧廬安、鳳寧徽、江西（嚴佐之）；淮徐、揚州、四川、浙江上、浙江下（嚴文儒）；河南、福建（羅爭鳴）；山東上、山東下（方笑一）；山西、陝西上、陝西下（戴揚本）。

黄　珅

二〇一一年十一月

目　録

蘇州備録上

蘇州備録下……四八三

山東備録下……一六九五

江西備録

湖廣備録下……二七九四

福建備録……………………………二九五九

雲南貴州交阯備録……三六〇八

序

崇禎己卯，秋闈被擯，退而讀書。感四國之多虞，恥經生之寡術，於是歷覽二十一史以及天下郡縣志書、一代名公文集，間及章奏、文册之類，有得即録，共成四十餘帙，一爲輿地之記，一爲利病之書。比遭兵火，多有散佚，亦或增補。而其書本不曾先定義例，又多往代之言，地勢、民風與今不合。年老善忘，不能一一刊正，姑以初稾存之篋中，以待後之君子斟酌去取云爾。

壬寅七月望日亭林山人書

北直隸備録上

晉書 裴秀傳

秀爲司空，以職在地官，以禹貢山川地名從來久遠，多有變易，後世説者或强牽引，漸以暗昧。於是甄摘舊文，疑者則闕之，古有名而今無者，皆隨事注列，作禹貢地域圖十八篇，奏之，藏於祕府。其序曰：

圖書之設，由來尚矣。自古立象垂制，而賴其用。三代置其官，國史掌厥職。暨漢屠咸陽，丞相蕭何盡收秦之圖籍。今祕書既無古之地圖，又無蕭何所得，唯有漢氏輿地及括地諸雜圖，各不設分率，又不考正準望，亦不備載名山大川，雖有麤形，皆不精審，不可依據；或荒外迂誕之言，不合事實，於義無取。大晉龍興，混一六合，以清宇宙，始於庸、蜀，深入其岨。文皇帝乃命有司撰訪吴、蜀地圖。蜀土既定，六軍所經地域遠近，山川險易，征路迂直，校驗圖記，罔或有差。今上考禹貢山海川流、原隰陂澤，古之九州及今之十六州，郡國縣邑，疆界鄉陬，及古國盟會舊名，水陸徑路，爲地圖十八篇。制圖之體有六焉：一曰分率，所以辨廣輪之度也；二曰準望，所以正彼此之體也；三曰道里，所以定所由之數也；四曰高下，五曰方邪，六曰迂直，此三者各因地而制宜，所以校夷險之異也。有圖象而無分率，則無以審遠近之差；有分率而無準望，雖得之於一隅，必失之於他方；有準望而無道里，則施於山海絶隔之地，不能以相通；有道里而無高下、方邪、迂直之校，則徑路之數，必與遠近之實相違，失準望之正矣，故以此六者參而考之。然遠近之實定於分率，彼此之實定於道里，度數之實定於高下、方邪、迂直之算。故雖有峻山鉅海之隔，絶域殊方之迴，登降詭曲之因，皆可得舉而定者。準望之法既正，則曲直遠近無所隱其形也。周禮大司馬正義有云：「若據鳥飛直路，則周之九服亦止五千；若隨山川屈曲，則禹貢亦萬里。」

舊唐書　魏元忠傳〔一〕

有左史盩厔人江融撰九州設險圖，備載古今用兵成敗之事。

貞元十七年十月辛未〔二〕，宰相賈耽上海内華夷圖及古今郡國縣道四夷述四十卷。

新唐書　賈耽傳〔三〕

耽嗜觀書，老益勤，尤悉地理。凡四夷之使與使四夷還者見之，必從詢索風俗，故天下地土區産、山川夷岨，必究知之〔四〕。方吐蕃盛强，盗有隴西，異時州縣遠近，有司不復傳。耽乃繒布隴右、山南九州，且載河所經受，爲圖，又以洮、湟、甘、涼屯鎮額籍〔五〕，道里廣狹，山險水原，爲別録六篇、河西戎録四篇，上之，詔賜幣馬珍器。又圖海内華夷〔六〕，廣三丈，從三丈三尺，以寸爲百里。并撰古今郡國縣道四夷述，其中國本之禹貢，外夷本班固漢書〔七〕，古郡國題以墨，今州縣以朱，刊落疏舛，多所釐正。帝善之，賜予加等。或指圖問其邦人，咸得其真。又著貞元十道録〔八〕，以貞觀分天下隸十道，在景雲爲按察，開元爲採訪，廢置升降備焉。

舊唐書　賈耽傳〔九〕

賈耽好地理學，凡四夷之使，及使四夷還者，必與之從容，訊其山川土地之終始。是以九州之夷險、百蠻之土俗，區分指畫，備究源流。自吐蕃陷隴右積年，國家守於内地，舊時鎮戍，不可復知，耽乃畫隴右、山南圖，兼黄河經界遠近，聚其説，爲書十卷，表獻曰：「臣聞楚左史倚相能讀九丘，晉司空裴秀創爲六體，九丘乃成賦之古經，六體則爲圖之新意。臣雖愚昧，夙嘗師範，累蒙拔擢，遂忝台司，雖歷踐職任，誠多曠闕，而率土山川，不忘寤寐。其大圖外薄四海，内別九州，必藉精詳，乃可摹寫，見更纘集，續冀畢功。然而隴右一隅，久淪蕃寇，職方失其圖記，境土難以區分，輒扣課虚微，採掇輿議，畫關中、隴右及山南九州等圖一軸。伏以洮、湟舊墟，連接監牧，甘、涼右地，控帶朔陲，岐路之偵候交通，軍鎮之備禦衝要，莫不匠意就實，依稀像真。如聖恩遺將護邊，新書授律，則靈、慶之設險在目，原、會之封略可知。諸州諸軍，須論里數人額；諸山諸水，須言首尾源流。圖上不可備書〔一〇〕，憑據必資記注，謹撰别録六卷。又黄河爲四瀆之宗，西戎乃群羌之帥，臣並研尋史牒，剪棄浮詞，罄所聞知，編爲四卷。通録都成十卷。文義鄙朴，伏增慙悚。」德宗覽之，稱善，賜廐馬一匹、銀綵百匹、銀缾、盤各一。

至十七年，又譔成海内華夷圖及古今郡國縣道四夷述四十卷，表獻之，曰：「臣聞地以博厚載物，萬國棊布；海以委輸環外，百蠻繡錯。中夏則五服、九州，殊俗則七戎、六狄，普天之下，莫非王臣。昔毋立出師，東銘不耐；甘英奉使，西抵條支。奄蔡乃大澤無涯，罽賓則懸度作險。或道理回遠，或名號改移，古來通儒，罕遍詳究。臣弱冠之歲，好聞方言，筮仕之辰，注意地理，究觀研考，垂三十年。絶域之比鄰，異蕃之習俗，梯山獻琛之路，乘舶來朝之人，咸究竟其源流，訪求其居處。闤闠之行賈，戎貊之遺老，莫不聽其言而撮其要；閭閻之瑣語，風謡之小説，亦收其是而芟其僞。然殷、周以降，封略益明，承歷數者八家，渾區宇者五姓，聲教所及，惟唐爲大。秦皇罷侯置守，長城起於臨洮；孝武却地開邊，障塞限於鷄鹿。東漢則哀牢請吏，西晉則裨離結轍。隋室列四郡於卑和海西，創三州於扶南江北，遼陽失律，因而棄之。高祖神堯皇帝誕膺天命，奄有四方。太宗繼明重熙，柔遠能邇，踰大磧通道，北至仙娥，於骨利幹置玄闕州。高宗嗣守丕績，克廣前烈，遺單車賫詔，西越葱山，於波剌斯立疾陵府。中宗復配天之業，不失舊物。睿宗含先天之量，惟新永圖。玄宗以大孝清内，以無爲理外，大宛驥騄，歲充内廐，與貳師之窮兵讀武，豈同年哉！肅宗掃平氛祲，潤澤生人。代宗剗除殘孽，彝倫攸敘。伏惟皇帝陛下以上聖之姿，當太平之運，敦信明義，履信包元，惠養黎蒸，懷柔遐裔，故瀘南貢麗水之金，漠北獻余吾之馬，玄化洋溢，率土霑濡。臣幼切磋於師友，長趨侍於軒墀，自揣孱愚，叨榮非據，鴻私莫答，夙夜兢惶。去興元元年，伏奉進止，令臣修撰國圖，旋即充使魏州、汴州，出鎮東洛、東都，間以衆務，不遂專門，績用尚虧，憂愧彌切。近乃力竭衰病，思殫所聞見，藂於丹青，謹令工人畫海内華夷圖一軸，廣三丈，從三丈三尺，率以一寸折成百里。别章甫左衽，奠高山大川，縮四極於纖縞，分百郡於作繢。宇宙雖廣，舒之不盈庭；舟車所通，覽之咸在目。并撰古今郡國縣道四夷述四十卷，中國以禹貢爲首，外夷以班史發源，郡縣紀其增減，蕃落敘其衰盛。前地理書以黔州屬酉陽，今則改入巴郡；前西戎志以安國爲安息，今則改入康居。凡諸疏舛，悉從釐正。隴西、北地〔一二〕，播棄於永初之中；遼東、樂浪，陷屈於建安之際。曹公棄陘北，晉氏遷江南，緣邊累經侵盜，故墟日致堙毁。舊史撰録，十得二三，今書搜補，所獲太半。周禮職方以淄、時爲幽州之浸，以華山爲荆河之鎮，既有乖於禹貢，又不出於淹中，多聞闕疑，詎敢編次。其古郡國題以墨，今州縣題以朱，今古殊文，執習簡易。臣學謝小成，才非博物。伏波之聚米，開示衆軍；酇侯之圖書，方知阨塞。企慕前哲，嘗所寄心；輒罄庸陋，多慙紕繆。」優詔答之，賜錦綵二百匹，袍段六，錦帳二，銀餅盤各一，銀榼二，馬一匹，進封魏國公。

許州志

先邵二泉爲之，新志書盡攙入後事。嘉靖己未，知州林洪取許志重刻。寶爲此志七年而成，自言所閲經史諸書若干卷。李賓之作序，稱二泉録文章而不及其所自著。舊志于人物皆節略其本傳，一人僅數語，殊不備終始。寶嘗以爲史爲天下作也，既用其詳；志爲一州作也，反用其略，於事理□當，故今備録傳文，不敢憚繁。

孟津志

志皆録八景，大略相類，似涉剽竊，今去而不録。凡引古必載出某書以見考據。古□□物，其史乘所傳者，並以本傳書之，近世則考舊志及故老所傳者載入。詩文不拘今古，工者録。□□古蹟所當存者不在此例。古碑文多剥落者从□。古今人物名宦及詩文，直書姓名，臨文不諱。又必有關邑故者收之，如事繫一人一家，諛墓酬贈之詞，即出自名筆、載在通志者，不敢並存。□□□不書政績，人物亦然。其見存者不立傳，德政碑不録。

唐順之曰〔一二〕：今之地志，叙山川無以與乎險夷瀦洩之用，載風俗無以與乎觀民省方之實，至於壤則、賦額、民數一切不紀〔一三〕，而仙佛之廬〔一四〕，臺榭之廢址，達官貴人之墟墓，詞人墨客流連光景之作，滿紙而是。此何異於家之籍〔一五〕，專記圖畫狗馬珍玩爲粧綴〔一六〕，而租甔錢串所以需服食之急者，漫不足徵也，亦何取於爲家也與！

□□張淑譽曰：古者列國必有史，而天子之小史、外史掌之。今考魯之春秋所書田賦、兵車、禮樂、會盟、征伐、祭□□□災異之屬是也。天子巡狩則令太史陳詩以觀民風，而列國亦各采風以貢于天子，故歌其詩而其民之□彊弱、勞佚、疾苦，居然可見。古者省方問俗之義，凡以爲民若此。而後世郡縣之志，特詳其城邑、津梁、公宇，□□瑣細，與夫浮屠、老氏之宫，遊人騷客之詞，勢家巨族之榮名誥封，至於田賦所以係生民之休戚，風俗所□□里之習尚，古之宦遊及其鄉先生之嘉言善行，與夫一方之兵革治亂，及其天災流行之大，或逸而不書，或□□詳，令學士大夫無以考見焉，予甚憫之。孔子不云乎：文武之道在人，或識其大者，或識其小者。予非能志其大也，上竊孔子之遺意，而下揣古列國之史之法，謹擇其綱紀要端、坊民利害者識之。郡縣有司及夫采風者之至□而考之，則於地方利病，庶亦小補矣。若其細者，則簡略尚多，予不能無罪，姑以俟後之君子覽而折衷焉。

耀州志

官職有加領者，如劉裕加領北雍州刺史是也；有遥領者，如宋魏王子柄升耀州觀察使是也，實皆不在其地。如此類甚多，皆不書。凡事涉國典，海内共有者不書。星野古以國論，蓋括地廣遠矣，今志一州二縣，小不書。國朝官師略以所聞見著其行事，其見任者不書。人物存者不録其行事，蓋君子身後而事始定也。

布政司名同府州縣者

河南。本省有河南府。廣西。雲南有廣西府。雲南。本省有雲南府。又有雲南縣，屬大理府趙州。

府名同州縣者

太平。府二：南直、廣西。州一：廣西太平府。縣四：南直寧國府、山西平陽府、浙江台州府、四川夔州府。永寧。府一：雲南。州三：山西汾州府、廣西桂林府、貴州安順府。縣三：北直延慶州、江西吉安府、河南河南府。南安。府一：江西。州一：雲南楚雄府。縣一：福建泉州府。鎮遠。府一：貴州。州一：廣西太平府。縣一：貴州鎮遠府。永平。府一：北直。縣一：雲南永昌府。興化。府一：福建。縣一：南直揚州府。西安。府一：陝西。縣一：浙江衢州府。保定。府一：北直。縣一：北直順天府。德安。府一：湖廣。縣一：江西九江府。順德。府一：北直。縣一：廣東廣州府。臨安。府一：雲南。縣一：浙江杭州府。建寧。府一：福建。縣一：福建邵武府。建昌。府一：江西。縣一：江西南康府。武定。府一：雲南。州一：山東濟南府。歸德。府一：河南。州一：廣西鎮安府。南康。

府一：江西。縣一：江西南安府。平陽。府一：山西。縣一：浙江溫州府。南寧。府一：廣西。縣一：雲南曲靖府。思恩。府一：廣西。縣一：廣西慶遠府。鎮安。府一：廣西。縣一：陝西西安府。嘉興。府一：浙江。縣一：即屬。長沙。府一：湖廣。縣一：即屬。金華。府一：浙江。縣一：即屬。邵武。府一：福建。縣一：即屬。漢陽。府一：湖廣。縣一：即屬。大同。府一：山西。縣一：即屬。南昌。府一：江西。縣一：即屬。寧國。府一：南直。縣一：即屬。楚雄。府一：雲南。縣一：即屬。思明。府一：廣西。州一：即屬。平樂。府一：廣西。縣一：即屬。武昌。府一：湖廣。縣一：即屬。南陽。府一：河南。縣一：即屬。河間。府一：北直。縣一：即屬。大名。府一：北直。縣一：即屬。廣平。府一：北直。縣一：即屬。太原。府一：山西。縣一：即屬。成都。府一：四川。縣一：即屬。襄陽。府一：湖廣。縣一：即屬。遵義。府一：四川。縣一：即屬。鳳陽。府一：南直。縣一：即屬。真定。府一：北直。縣一：即屬。銅仁。府一：貴州。縣一：即屬。鳳翔。府一：陝西。縣一：即屬。平涼。府一：陝西。縣一：即屬。

州名同縣者

新寧。州一：廣西南寧府。縣三：四川夔州府、湖廣寶慶府、廣東廣州府。永安。州一：廣西平樂府。縣二：福建延平府、廣東惠州府。興安。州一：陝西漢中府。縣二：江西廣信府、廣西桂林府。新興。州一：雲南澂江府。縣一：廣東肇慶府。寧海。州一：山東登州府。縣一：浙江台州府。威遠。州一：雲南。縣一：四川嘉定州。保安。州一：北直。縣一：陝西延安府。安平。州一：廣西太平府。縣一：北直真定府。桂陽。州一：湖廣衡州州府。縣一：湖廣郴州。嘉定。州一：四川馬瑚府。縣一：南直蘇州府。永康。州一：廣西太平府。縣一：浙江金華府。興國。州一：湖廣武昌府。縣一：江西贛州府。新化。州一：雲南臨安府。縣一：湖廣寶慶府。開。州二：北直大名府、貴州貴陽府。縣一：四川夔州府。巴。州一：四川保寧府。縣一：四川重慶府。祁。州一：北直保定府。縣一：山西太原府。涇。州一：陝西平涼府。縣一：南直寧國府。萬。州一：廣東瓊州府。縣一：四川夔州府。安。州一：北直保定府。縣一：四川成都府。威。州一：四川成都府。縣一：北直廣平府。蒲。州一、縣一：俱山西平陽府。絳。州一：山西平陽府。縣一：即屬。曹。州一：山東兗州府。縣一：即屬。

州名同者

寧州三。江西南昌府、陝西慶陽府、雲南臨安府。通州二。北直順天府、南直揚州府。趙州二。北直真定府、雲南大理府。忠州二。四川重慶府、廣西思明府。蘭州二。陝西臨洮府、雲南麗江府。

縣名同者

新城四。北直保定府、浙江杭州府、山東濟南府、江西建昌府。新安三。北直保定府、河南河南府、廣東廣州府。東安三。北直順天府、廣東羅定州、湖廣永州府。安化三。湖廣長沙府、陝西慶陽府、貴州思南府。龍泉三。浙江處州府、江西吉安府、貴州名阡府。定遠三。南直鳳陽府、雲南楚雄府、四川重慶府。長寧三。江西贛州府、廣東惠州府、四川叙州府。興寧二。湖廣郴州、廣東惠州府。咸寧二。湖廣武昌府、陝西西安府。寧鄉二。湖廣長沙府、山西汾州府。寧遠二。湖廣永州府、陝西鞏昌府。懷遠二。南直鳳陽府、廣西柳州府。安仁二。江西饒州府、湖廣衡州府。安定二。陝西鞏昌府、陝西延安府。樂安二。江西撫州府、山東青州府。樂平二。山西太原府、江西饒州府。長樂二。福建福州府、廣東惠州府。歸化二。福建汀州府、雲南雲南府。德化二。江西九江府、福建泉州府。昌化二。浙江杭州府、廣東瓊州府。廣昌二。江西建昌府、山西大同府。新昌二。浙江紹興府、江西瑞州府。永福二。福建福州府、廣西桂林府。永豐二。江西吉安府、江西廣信府。海豐二。山東濟南府、廣東惠州府。山陰二。浙江紹興府、山西大同府。山陽二。南直淮安府、陝西西安府。清河二。北直廣平府、南直淮安府。清平二。山東東昌府、貴州都匀府。鎮平二。河南南陽府、廣東潮州府。大寧二。山西平陽府、四川夔州府。太和二。南直鳳陽府、雲南大理府。華亭二。南直松江府、陝西平涼府。石城二。江西贛州府、廣東高州府。石泉二。

四川龍安府、陝西漢中府。東鄉二。江西撫州府、四川夔州府。唐二。北直保定府、河南南陽府。桃源二。南直淮安府、湖廣常德府。三水二。廣東廣州府、陝西西安府。建德二。南直池州府、浙江嚴州府。會同二。湖廣靖州、廣東瓊州府。上林二。廣西柳州府、廣西田州。

衛名同者

瀋陽六。左、右二衛在京，中衛在遼東，中屯衛在河間府，右衛在和州，中護衛在山西潞安府。永寧三。一在延慶州永寧縣，一在四川永寧宣撫司，一在福建泉州府。安東三。一在山東登州府文登縣，一中屯衛在山西大同府應州，一中護衛在陝西平凉府。蔚州二。一在山西大同府蔚州，一左衛在京。鎮海二。一在蘇州府太倉州，一在福建漳州府漳浦縣。永昌二。一隸陝西行都司，一在雲南永昌府。寧遠二。一隸遼東都司，一在湖廣永州府道州。

衛名同千户所者

通州。衛三：一親軍，一左衛，一右衛，俱在順天府通州。所一：在揚州府通州。定海。衛一：在浙江寧波府定海縣。所一：在福建福州府連江縣。靖海。衛一：在山東登州府文登縣。所一：在廣東潮州府惠來縣。平海。衛一：在福建興化府。所一：在廣東惠州府。海寧。衛一：在浙江嘉興府海鹽縣。所一：在浙江杭州府海寧縣。海門。衛一：在浙江台州府。所一：在廣東潮州府潮陽縣。海州。衛一：隸遼東都司。中前千户所一：在淮安府海州。永平。衛一：在永平府，前前千户所、後後千户所各一：在雲南永昌府永平縣。歸德。衛一：在河南歸德府。所一：隸陝西河州衛。廣寧。衛一：并左、右、中等共九衛，隸遼東都司。所一：在廣東肇慶府廣寧縣。建昌。衛一：隸四川行都司。所一：在江西建昌府。新安。衛一：在徽州府。所一：在雲南臨安府蒙自縣。武平。衛一：在鳳陽府亳州。所一：在福建汀州府武平縣。金山。衛一：在松江府。所一：在山東登州府寧海州。興化。衛一：在福建興化府。所一：在揚州府興化縣。興武。衛一：在京。興武營千户所一：隸陝西寧夏衛。安南。衛一、所一：並隸貴州都司。靈山。衛一：在山東萊州府膠州。所一：在廣東廉州府靈山縣。

所名同者

安福二。一在江西吉安府安福縣，一隸湖廣九谿衛。海安二。一在浙江温州府，一在廣東雷州府徐聞縣。永安二。一在福建延平府永安縣，一在廣東廉州府。廣安二。一在四川順慶府廣安州，一在湖廣郴州桂陽縣。

衛名與府州縣同而非其地者

武功左、右、中三衛。親軍。陝西西安府有武功縣。永清左、右衛。親軍。順天府有永清縣。濟陽衛。親軍。山東濟南府有濟陽縣。大興左衛。親軍。順天府有大興縣。彭城衛。親軍。徐州舊有彭城縣。大寧中、前二衛。在京。山北舊有大寧城。鎮南衛。在京。雲南楚雄府有鎮南州。大同中屯衛。在河間府。山西有大同府。建陽衛。在太平府。福建建寧府有建陽縣。金鄉衛。在浙江温州府。山東兖州府有金鄉縣。廣南衛。在雲南省城。本省有廣南府。永定衛。在湖廣岳州府。福建汀州府有永定縣。威遠衛。在山西大同府。雲南有威遠州，四川有威遠縣。清平衛。隸貴州都司。山東東昌府及本省並有清平縣。西寧衛。隸陝西行都司。廣東羅定州有西寧縣。

所名與府州縣同而非其地者

鎮安。在雲南永昌府。廣西有鎮安府，陝西有鎮安縣。長寧。在湖廣荆州府歸州。江西、廣東、四川各有長寧縣。大田。隸湖廣施州衛。福建延平府有大田縣。大城。在廣東潮州府。保定府有大城縣。萬安。在福建福州府福清縣。江西吉安府有萬安縣。寧津。在山東登州府文登縣。河間府有寧津縣。海陽。在山東登州府文登縣。廣東潮州府有海陽縣。寧化。在山西太原府静樂縣。福建汀州府有寧化縣。

王士性五岳游草

地脈

自昔以雍、冀、河、洛爲中國，楚、吴、越爲夷，今聲名文物反以東南爲盛，大河南北不無少讓，何？客有云：此天運循環，地脈移動，彼此乘除之理。余謂是則然矣。要知天地之所以乘除何以故？自昔堪輿家皆云天下山川起崑崙，分三龍入中國，然不言三龍盛衰之故。蓋龍神之行，以水爲斷，深山大谷，豈足跡能徧，惟問水則知山。崑崙據地之中，四傍山麓各入大荒外，入中國者一，東南支也。其支又于塞外分三支：左支環虜庭陰山、賀蘭，入山西，起大行數千里，出爲醫巫閭，度遼海而止，爲北龍。中循西番，入趨岷山，沿岷江左右：出江右者包叙州而止，江左者北去趨關中，脈系大散關，左渭右漢；中出爲終南、太華，下秦山，起嵩高，右轉荆山，抱淮水，左落平原千里，起太山，入海，爲中龍。右支出吐蕃之西，下麗江，趨雲南，遶霑益、貴竹、關嶺而東去沅陵止；分其一由武岡出湘江，西至武陵止；又分其一由桂林海陽山過九嶷、衡山，出湘江，東趨匡廬止；又分其一過庾嶺，度草坪，去黄山、天目、三吴止；過庾嶺者，又分仙霞關至閩止；分衢爲大盤山，右下括蒼，左去爲天台、四明，度海止，總爲南龍。宋儒乃謂南龍與中龍同出岷山，沿江而分，蓋宋晝大渡河爲守而棄滇雲，當時士夫游轍未至，故不知而臆度之也。今金沙江源出吐蕃犁牛河，入滇，下川江，則已先于塞外隔斷岷山矣，故南龍不起岷山也。

古今王氣，中龍最先發，最盛而長，北龍次之，南龍向未發，自宋南渡始。發而久者宜其少間歇，其新發者其當坌涌何疑。何以見其然也？洪荒方闢，伏羲都陳，少昊都曲阜，顓頊都牧野，周自后稷以來起岐山、豐、鎬，生周公、孔子，秦又都關中，漢又都之，唐又都之，宋又都汴，故曰中龍先而久。黄帝始起涿鹿，堯都平陽，舜都蒲坂，禹都安邑，其後盡發于塞外玁狁、冒頓、突厥夷狄之王，最後遼、金至元而亦入主中國，故曰北龍次之。吴、越當太伯時，猶然被髮文身，楚入春秋尚爲夷服，孫吴、司馬晉、六朝稍稍王建康，僅偏安一隅，亦無百年之主，至宋高南渡，立國百餘年，我太祖方纔混一，故曰南龍王方始也。

或謂雲、貴、東西廣皆南龍，而獨盛於東南，何？曰：雲、貴、兩廣皆行龍之地，前不云乎，南龍五支，一止于武陵，一止于匡廬，一止于天目、三吴，一止于越，一止于閩，咸遇江河湖海而止不前，則必于其處湧躍潰出而不肯遽收，宜今日東南之獨盛也。然東南他日盛而久，其勢未有不轉而雲、貴、百粤，如樹花先開，必于木末，其髓盛而花不盡者，又轉而老幹内時溢而成蕚，薇、桂等花皆然。山川氣寧與花木異？故中龍先陳先曲阜，其後轉而關中；北龍先涿鹿先晉陽，後亦轉而塞外。今南龍先吴、楚、閩、越，安得他日不轉而百粤、鬼方也？

或謂齊、魯亦中龍之委也，乃周、孔而後，聖人王者不生，意先輩秀顥所鍾多矣。曰：固然，亦黄河流斷其地脈故也。河行周、秦、漢時，俱河間入海，河間者，禹九河之間也，故齊、魯爲中龍。自隋煬帝幸江都，引河入汴，河徑委淮，將齊、魯地脈流隔，尚得太山塞護海東，王氣不絶，故列侯將相英賢不乏，而聖王不興，意以是乎？

然則我朝王氣何如？曰：俱非前代之比。前代龍氣王一支，惟我朝鳳、泗祖陵，既鍾靈于中龍之滙，留都王業，又一統于南龍之委，今長安宫闕陵寢，又孕育于北龍之蹕，兼三大龍而有之，安得不萬斯年也。此余于送徐山人序中已及之，而未詳其説。

形勝

自古郡國分治割裂，茫乎無據，惟我朝兩都各省會，天造地設，險要不易。兩都乃二祖創建，神謨廟畫，制盡善弗論。如出都門以西則晉中，太行數千里亘其東，洪河抱其西，沙漠限其北，自然一省會也。又西則關中，河流與潼關界其東，劍閣、梁山阻其南，番虜臂其西北，左渭右漢，終南爲宗，亦自然一省會也。轉而南則蜀中，層巒疊嶂，環以四周，沃野千里，蹲其中服，岷江爲經，衆水緯之，咸從三峽一綫而出，亦自然一省會也。出峽而東則入楚，長江橫絡，江南九水滙於洞庭，江北諸流導於漢水，然後入江，沅、桂、永、吉、袁、寧諸山包其前，荆山裹其北，亦自然一省會也。又東則江右，左黄山，右匡廬，二龍咸自南來，迤逶東、西、南三面環之，衆水皆出於本省，浸於彭蠡一道以入于江，去水來山，長江負其後，亦自然一省會也。五嶺以外爲兩廣，廣右又自爲一局，三江咸交于蒼梧以東，又分梅嶺以東自爲一支，以包乎北，盡東海爲閩，皆大海前遶之，亦皆自然一省會也。西南萬里滇中，滇自爲一國，貴竹綫路，初本爲滇之門户，後乃開設爲省者，非得已也。牂牁、烏、柳，諸水散流，湖北、川東，轄制非一，蓋有由矣。獨中原片土，莽蕩數千里無山，不得不强畫野以經界之，故睢、陳以東，鳳、泗而北，兗、濟以南，人情土俗不甚差殊；然兩河河流中貫，淮、衛爲輔，太行在後，荆山在前，秦山西峙，崧高中起，亦自然一省會也。山東以泰岱爲宗，其於各省，雖無高山大川之界，然合齊、魯爲一，原自周公、太公之舊疆也，不入他郡邑矣。惟兩浙兼吴、越之分土，山川風物迥乎不侔。浙西澤國無山，俗靡而巧，近蘇、常，以地原自吴也；浙東負山枕海，其俗朴，自甌、越爲一區矣。兩都一統之業，自本朝始，南都轉漕爲易，文物爲華，車書所同，似乎宗周；北都太行天塹，大海朝宗，扼夷虜之吭，據戎馬之地，似乎成周。

附龍江客問

昔在龍城，客有問余黔中、百粤風氣久不開者。余曰：江南諸省會雖咸多山，然遇作省會處，咸開大洋，駐立人烟，凝聚氣脈，各有澤藪停蓄諸水，不徑射流。即如川中，山纔離祖，水尚源頭，然猶開成都千里之沃野，水雖無瀦，然全省群流，總歸三峽一線，故爲西大省。獨貴竹、百粤山牽群列隊，向東而行，粤西水好而山無開洋，貴竹山劣而又無閉水，龍行不住，郡邑皆立于山椒水瀆，止爲南龍過路之塲，尚無駐蹕之地，故粤西數千年闇留，雖與吴、越、閩、廣同入中國，不能同耀光明也。黔中概可知已。昔蒙恬被收，自嘆曰：「吾築長城，起臨洮，負海，吾不無絶地脈哉！」宋徽宗時，有人于汴城中夜步月，偶鑑盆水，駭而歎曰：「天星不照，地脈已絶，此地不久當爲胡虜矣。」此未可以堪輿言少之。

風土

南北寒暑，以大河爲界，不甚相遠，獨西南隅異，如黔中則多陰多雨，滇中則乍雨乍日；粤中則乍暖乍寒，滇中則不寒不暖。黔中之陰雨，以地在萬山之中，山川出雲，故晴霽時少，語云「天無三日晴，地無三里平」也。粤中之乍暖乍寒，以土薄水淺，陽氣盡洩，故頃時晴雨疊更，裘葛兩用，兼之林木薈蔚，虺蛇噓吸，烟霧縱横，中之者謂之瘴瘧，宜也。獨滇中風氣，思之不得其故，夏不甚熱，冬不甚寒，日則單夾，夜則枲絮，四時一也，夏日不甚長，冬日亦不甚短。余以刻漏按之，與曆書、與中州各差刻餘。又鎮日咸西南風，風别不起東北，冬春風刮地揚塵，與江北同。即二三百里内，地之寒熱，與穀種之先後，懸絶星淵。地多海子，似天造地設以潤極高之地，亘古不潰不堙，猶人之首上脈絡也。李月山謂其地去崑崙伊邇，勢極高而寒，以近南，故寒燠半之，以極高，故日出没常受光先而入夜遲也，未知然否。河、汝在江北，而暑月之熱反過吴、越，蓋夏至日行天頂，嵩高之上，正對河、汝，而吴、越稍偏也。長沙乃衡岳之麓，洞庭鄂渚上流，而古稱卑濕，蓋其地咸黄土，粘膩不漏，故濕氣凝聚，謂卑而濕者臆解耳。

附龍江客問

客有問余廣右俗，冷熱不以寒暑而以晴雨，即土人亦不得其説，但知此中陽氣太洩，故多熱而已，而不知其所以然，請以土薄水淺之云而申繹之。余曰：此無他，特以地氣有厚薄疏密之故也。廣右地脈疏理，疏則陽氣易於透露發洩，故自昔稱炎方，一至天晴日出，則地氣上蒸，如坐甑中，故雖隆冬，亦無異於春夏之日。然其地居萬山中，山皆拔起，純是岩石，無寸土之附，石氣本寒，今走廣右諸洞，深入里餘，雖六月披裘，亦戰慄不自持，氣寒故也。一至天欲雨，則石山輸雲，嵐烟岫霧，踵趾相失，咸挾石氣而升，幽寒逼人，故雖盛暑亦無異于隆冬之時。及夫雲收雨止，日出氣蒸，乍熱乍寒，無冬無暑，皆以是故。

或謂南中同此土也，廣右居交、廣之内，煖氣反發洩過於彼土者，何？蓋他處山少，而廣右純山，山少者地土相兼，脈理本密，兼以地皆種植，尺寸不遺，地氣上升，多宣洩於五穀，又糞壅澆溉，地面肥饒，故密而地氣不甚洩。廣右地氣盡拔爲石山，則餘土皆虚，業已無石而疏理，又滿眼荒蕪，百里無人烟，十里無稼穡，土面不肥，穀氣不分，地氣無所發洩，安得不隨日上升，而散中于人之肌膚也？以是知寒暑之故，半出于天，半出于地，風光日色之寒暑，出于天者也；氣候之寒暑，出于地者也。地薄而理疏，則氣升而多暑；地厚而理密，則氣斂而多寒，非專爲方隅南北之故也。向讀異域志，見陰山沙漠之北萬餘里，有其地四時皆春草木不凋者，嘗疑其無有，極北愈寒，安得爲是説也？乃今意誠有之，正爲地各有厚薄疏密，其果不全係于天與南北方隅之故與？若謂寒暑盡出于天，則今高山峻嶺之上，漸近于天，漸遠于地，宜其多暑而無寒矣，何故山愈高而愈寒，豈非土石厚而地氣隔，故寒多，亦其一驗。

徐問百川考

素問曰：「天不足西北，地不滿東南。」蓋地西北高，東南下，江海百川所聚，海水周於地之四維，其流東極氣盡，故歸墟尾閭，如沃焦釜；北海路最遥，至極盡處，疑與天浮接也。

東夷女直爲黑水靺鞨之後，國有長白山，其巔有潭，周八十里，南流至遼東、朝鮮國，爲鴨緑江，南入於海；北流爲女直混同江，經金會寧府，達五國頭城，北東入海。

西夷黑水，出漢張掖郡鷄山今甘州，南至燉煌今肅州，過三危，界梁、雍二州之間。程子以爲即西珥河，與漢志葉榆澤相貫，漢武開滇、巂，今雲南爲滇池。其地古有黑水舊祠而知之。但今水渟滀，不入南海。

中原之水，惟黄河來最遠。考禹貢註及諸儒説，黄河一自于闐國葱嶺，一自西吐蕃之崑崙山發源，合流二萬一千三百餘里，東北與積石河合，屬漢金城郡，西南羌中，而至龍門。河渠志、一統志皆云出今西番朵甘衛，西直四川馬湖蠻部正西三千餘里，去雲南麗江西北一千五百里，有水從地湧出，泓方七八十里，高瞰之若星列，俗傳爲星宿海。尋滙爲二大澤，復瀦曰哈剌海，東出曰赤賓河，合忽蘭、也里木二河，東北流，經崑崙山之南爲九渡，河水清，騎可涉；貫山中，行西戎都會，爲細黄河，水流已濁。繞崑崙山之南折而東流，合乞里馬出河[一七]，復繞崑崙之北，自貴德、西寧之境，至積石，經河州，屬陝西。合洮河，東北流，至蘭州，始入中國。又東北出沙漠，經三受降城、東勝諸州，又折而東南，入冀州，今山西境[一八]。凡九千餘里。乃元學士蒲察篤實所窮歷而得之，大學衍義補亦據此，當以志爲定。

禹治水時河從積石東北而南，計三千里，至龍門，爲西河，冀州吕梁山石勢崇竦，其流激震，禹從呂梁北鑿龍門以殺水勢，迺因其迴流之性而導之〔一九〕。又南而至華陰，在陝之華陰縣。自南而東至底柱，在河南陝州之三門山。又東經孟津，河南府孟津縣。過洛汭，鞏縣。至于大伾，大名府濬縣臨河之山。北過洚水，真定冀州北枯洚渠。至于大陸，屬中山郡，今真定邢、趙、深三州之地。北分其勢，播分爲九河，復同聚一處爲逆河，蓋迎之以入于海。簡潔一水，先儒誤分而二，其一則河之經流也，徒駭等河故道，皆在河間滄州、南皮、東光、慶雲、獻縣、山東平原、海豐，由寧津、吴橋、南皮諸處直達東海。周定王五年，河徙砱礫，始失故道。漢文帝時，決酸棗，東潰金隄。在河南延津、滎陽諸縣至大名、清豐一帶，延亘千里。武帝時，溢平原，屬德州。徙頓丘，今清豐縣。又決濮陽瓠子口，開河界。注鉅野，屬濟寧州，即大野。通淮、泗。河始與淮通，尚未入淮。元帝時，決館陶，舊屬大名，今屬臨清。又決清河靈鳴犢口。今高唐州，舊屬清河郡。成帝時，決東郡金隄，決平原，溢渤海、清河、高唐州一帶。信都。今冀州界。唐玄宗時，決博州，今東昌。溢魏州、今大名。冀州。五代時，決鄆州、今鄆城縣。博之揚劉，今東平之東阿縣揚劉鎮。滑之魚池。宋太祖時，決東平之竹村、開封之陽武、大名之靈河、澶淵。太宗時，決温縣、滎澤、頓丘，泛於澶、濮、曹、濟諸州，東南流至彭城界，即今徐州。入于淮。自此河入淮之始。真宗時，決鄆，及武定州，尋溢滑、澶、濮、曹、鄆諸州邑，浮於徐、濟，而東入淮。仁宗時決開州、館陶。神宗時，決冀州、棗强、大名州邑，一合南清河以入淮，一合北清河以入海。南渡後，河上流諸郡爲金所據，金獨受河患，其亡也，始自開封北衛州，決而入渦河。南直隸壽、亳、蒙城、懷遠之間。元時決衛輝之新鄉、開封之陽武、杞縣之蒲口、滎澤之塔海莊、歸德、封丘諸界，其臣建議疏塞，若今會通河，乃世祖所開，以通漕運，隨時救敝而已。當時九河逆河故道，久已淪入于海，滄州接平州。程子以爲正南山有名碣石者，在海中，去岸五百里，今平原有馬頰河，形存沙渠，其跡尚可考，大伾之北不行矣。我朝洪武中，決陽武之黑陽山，東經開封，南至頓城、潁州、潁上，東至壽州正陽鎮，全入于淮，故道復淤。永樂中疏濬，稍引支流，自金龍口入臨清會通河。正統間又決滎陽。天順間決祥符。弘治間分流爲二，一自祥符經歸德至徐、邳入淮；一自荆隆黄陵岡經曹、濮〔二〇〕，達張秋鎮，入海。尋命重臣治，築黄陵岡等口，以塞張秋，乃疏爲二流，一鑿蒙澤孫家渡，至朱仙鎮，經扶溝，通許、壽、潁諸州邑，合渦河，至下鳳陽、亳州，達淮；一疏賈魯舊河，由曹州出徐、沛以通運河，合淮，俱入于海。正德間，決曹縣者再。嘉靖間，河歲爲兗患，屢遣重臣治，未底績，濫溢於金鄉、魚臺〔二一〕，出沛縣之飛雲橋，南下徐、邳。十三年，復塞，由新開趙皮寨口，盛流合渦河入淮。故道今始復矣。

雍州之水，自西近塞内玉門關至蘭州，北東至華陰，皆黄河繞帶。又有弱、渭、涇、汭、漆、沮、灃諸水。弱水出吐谷渾界窮石山，自張掖郡山丹縣，西至合黎山〔二二〕，與張掖河合，餘波入于流沙。涇出平涼府岍頭山，經西安府邠州、涇陽，至馮翊陽陵縣，今高陵縣。入渭。渭出渭源縣鳥鼠山西北谷，流入咸陽，南至華陰，入河。汭出隴州弦蒲藪，入涇。漆出扶風古漆縣北，經同官，至耀州南，合沮。沮自方州昇平縣北子午嶺，延安府宜君縣。出富平縣，合漆。灃出扶風鄠縣終南山，亦東至咸陽，俱合渭，同入於河。

冀州之水，黄河自陝西西北來，經古、蒲、汾、平之間。又有汾、衡、漳、恒、衛、沁諸水。蔡傳以汾出山西太原静樂縣太岳，即霍山。至平陽府靈石縣，東入河。漳水二：一出上黨之沾縣大黽谷，太原府樂平縣。名爲清漳；一出上黨之長子縣發鳩山，屬潞州，今改潞安府。名爲濁漳，即衡水。俱東北流，至河間阜城、東光縣入海。恒水出真定之曲陽縣，東入滱水，至保定之高陽縣，入易水；晁氏以西南流，至真定行唐縣，東流入滋水，南流入衡水。衡出真定靈壽縣，東至滹沱河。恒水在陝西者，出吐谷渾界，入臨洮，因名洮水，入于黄河；在真定者，出衛輝府輝縣。滱水出渾源州恒山，南流入真定之定州，至保定高陽，合易水。易出代州，經保定之易州、安州，至高陽，下與曹、徐、滋、沙諸河合，至雄縣南，爲瓦濟河，過直沽入海。滋則出大同府之靈丘縣迴山，經真、保之行唐、無極、深澤諸縣，東南流。滹沱河出鴈門、代州東流，從真定至束鹿、深州、青縣，合輝縣之衛河，俱入于海。

北京之水曰玉河，出玉泉山，經大内，出都城，注大通河，至白河，與盧溝河合。盧溝河出大同府桑乾，經太行山，入今順天宛平縣界，出盧溝橋，東南至看丹口，分兩流，一至通州，入白河，一經固安、武清縣至直沽，與衛河合，分南、北入海。白河出密雲，流入通州，與盧溝河、潞河合。潞河自塞外丹花嶺分流，合螺山、鮑丘諸水，爲東、西二河，俱合流入海。沁水發太行山東北，經輝縣，合衛河入運，又東南流，下徐、吕二洪，合黄河，入淮。

豫州之水，黄河自山西蒲州、平陸入境，經河南之閿鄉、靈寶、陝、澠池、新安、濟源、孟津、孟、鞏温、汜水、武涉、河陰、原武、滎澤、陽武、中牟、祥符、尉氏、陳留、通許、杞、太康、睢寧、歸德諸州縣，至南直隸鳳陽、亳縣，合馬腸河，城西北合渦河。其支流有四，大概交錯於祥符、尉氏、扶溝、商水、項城、通許、太康，與南直隸壽州、朱仙鎮之間，或溢兗州出沛，或合渦河入淮。又有伊、洛、瀍、澗、滎、波、孟、豬、濟、衛、淮諸水。伊出盧氏縣東南，書傳以出熊耳，此山在盧氏之西南，恐誤。入於洛。洛出陝西冢嶺山，亦經洛陽縣。瀍出洛陽穀城山。澗出澠池白石山，經新安縣，皆會於洛，合流至鞏縣入河。濟即沇水，出懷慶府濟源縣王屋山，二源分東、西流，歷虢公臺，至温縣，入河。復出其南，溢而爲滎，即滎澤。東出于陶丘之北，在館陶縣。又東至于荷，在今曹州，地已涸。東北會于汶，即今汶上縣。又北東入于海。波爲洛水别流。孟豬在虞城西北，濟之别流。衛出河南衛輝府輝縣，從大名之内黄、濬縣出，與濬、沱、淇、漳諸水，合臨清之會通河，北流至直沽。淮出唐縣東南，經桐栢山，潛流三十里，復東出，經汝信東流，會沂、泗，俱入海。

兗州之水，其地最下，今曹、魚爲黄河下流。又有濟、漯、濼、雷夏、灉、沮、汶、泗、淄、灉[二三]。濟出河南濟源。漯出濟南之長山縣長白山，西北流，經章丘、新城諸界。濼出歷城縣，入濟。雷夏澤在濮州雷澤縣。灉、沮二水之別流，自陳留、浚儀、陰溝至蒙爲灉，東入于泗。泗出兗州之泗水縣陪尾山，經曲阜，至濟寧分流，南入徐州，北入會通河；又出鉅野，受泲水，下流於睢，即沮水。汶有三源，至泰安州静封鎮，合而爲一，經寧陽、平陰、汶上，又西至東平州，注于濟，經東阿、濟寧，入會通河。淄水出今青州萊蕪縣原山，達臨淄，東至壽光。濰水出瑯邪郡，（今諸城縣。）經高密、昌邑、濰縣〔二四〕，東北俱入海。

荆州之水，其澤藪曰雲夢，跨江南北八百里。又有江、漢、川、九江、沱、潛。江水發源於梁州，四川之岷山、青城諸山之陽；出今茂州汶川縣，東別爲沱；經叙、瀘、重、夔，入瞿峽，過巫山，出湖廣夷陵州、荆州，至于東陵，（岳州府巴陵縣。）合洞庭；過漢陽府，合漢水；至黄州、江西九江府，合彭蠡；（鄱陽湖口。）經安慶、池州、太平、應天諸府、儀真、通州，入海。漢出陜西漢中嶓冢山之下，始爲氐道縣東源漾水，東至武都爲漢；過武東，（今武當縣。）中州，爲滄浪之水；過三澨，（即郢州，今承天府。）至于大別山，（今漢州。）入江；經黄州、九江，合鄱湖諸水，同趨入海。九江，孔氏以爲潯陽，非是。沅、辰、漸、元、叙、酉、澧、資、湘九水，是爲九江，皆合于洞庭；過巴陵，合川水；入武昌，合漢水；東南下入揚子江，衝北岸甚急，與江水俱入于海。

揚州之水，北至於淮，東南至於海。東合江西、江東諸水，經豫章之南、贛、汀、吉，合衡、永、長沙別派；入袁州，出臨江，會贛水；入洪都，合瑞洪所聚饒、撫、信、南康諸水於鄱陽，今江西九江府，蓋名其入口處；與前江、漢諸水同趨建康，今南京。蓋諸方水道所湊。東南合蘇、松、常三郡水，滙而爲震澤，在吴縣南五十里。又吐納宣、歙、金壇、宜興、洮、滆湖，同百瀆西來衆水而下〔二五〕，溢爲三江。吴江界於吴松江、震澤之間，去吴松江七十里，分東北流者爲婁江，東南流者爲東江。其常之靖江，則接建康之水入海〔二六〕。北爲江北通、泰，至海門縣而入海。所謂江漢朝宗者也。禹時江、淮未通，賦沿于海。至吴夫差與晉會盟黄池，始開蘇之邗溝，今爲運河。自常之孟瀆鎮之京口，以通于江；江自揚之儀真，亦開溝以通于淮。隋因廣之，今貢賦皆自江、淮以達于京師也。

二廣，古百粤，漢交州部。廣西之水，一曰灕江，源出海陽山，南流五百里〔二七〕，與永州湘水北分爲二，故曰灕，又名桂江，合癸水；至桂林城下，合相思江；入昭潭，今平樂府。會平、富、樂、荔、臨、賀諸水；至梧州，爲府江〔二八〕。一曰左江，又名藤江，發源交趾，至古邕州，今思明府。經容縣，合容江；經藤縣，合繡江；經南寧之合江鎮，與右江合；入横州，又名鬱江。一曰右江，又名黔江，源出雲南廣南府之富州西洋江，入廣西田州，經象州，今柳州。合柳江；至南寧府之合江鎮，與左江合。二江合入潯州大藤峽，出爲潯江。貴州，古羅施鬼國，其水曰盤江，源出四川烏撒府普暢寨，東經古夜郎地，又爲黔中，隸牂牁郡，今普安州。東北下流，入安南衛，經廣西泗城州，入慶遠府烏泥江，下合柳江，即爲右江。以上三江，分合爲二，入梧州大江，即漢武使馳義侯發夜郎兵下牂牁江是也；西流經廣東封川、德慶，合肇慶之端溪江，又名西江，至番禺，流入于南海。廣東省之東南皆大海，其水一出惠州博羅縣西流者爲東江；一出江西大庾嶺即梅嶺者爲湞水，漢武時楊僕爲樓船將軍擊南越，出豫章，下湞水是也，至韶之英德爲湞陽峽；一出湖廣郴州，經武岡，南入南雄之樂昌爲武水，又南與湞水合而爲曲江〔二九〕，過三水縣，與西江合，即漢謂牂牁江也，皆合至於南海縣，入于海。

雲南，古西南夷僰、鳩地〔三〇〕，其水曰滇池，周五百餘里，出澂江、嵩明、盤龍等江、九十九泉，源廣末狹，若倒流者，故云滇。漢武欲伐滇國，於長安穿昆明池，象滇以習水戰，故亦以爲昆明，誤也。大理之葉榆河，即西洱海，及瀾滄諸江，其流不出本省。惟廣南西洋江則由廣西經右江，入于海。

其四海之水，北海極遠不可窮，東北至於朝鮮，東至於登、萊，東南至於閩、浙，島夷日本、琉球，南至交、廣、瓊、厓，又南至於安南、占城、真臘等夷國，而西南至於交趾云。

楊升菴集

子產相楚，楚子享之，賦。吉日，王以田江南之夢。注：楚之雲夢跨江南北地，故有南夢，有北䕫。五代孫光憲號北䕫，本此。浯水有南浯、北浯，北浯在琅邪、靈門，南浯在九疑、零陵。冀州之浸曰潞，有東潞、西潞。東潞，今之張家灣潞河驛；西潞，山西之上黨也。東陽，今之金華；西陽，今之黄州。山海經注：東甌，今之永嘉，在岐海中；西甌即閩、越，今之建安，亦在岐海中。山有東吴、西吴，西鎮吴山在隴州。水有東漢、西漢，蜀有上雒、下雒，上雒新都，下雒中江。庸有上庸、下庸。上庸金州，下庸夔州。

燕京論

周弘祖

燕京依山帶海〔三二〕，有金湯之固。真定以北，至於永平，關口不下百十，而居庸、紫荆、山海、喜峰、古北、黄花，險阨尤著，故薊州、保定，重兵屯焉。自山後諸州棄以與虜，則居庸之外，即宣府爲藩鎮，廣平以南，水陸畢會于臨清，而天津又海運通衢也。其防禦之勢，山西行都司當其衝，萬全都司護其背，大寧都司藏其備，薊州守備斷其徑。萬全都司一衛一所，嵌山西行都之境，以爲瞭遠之兵。大寧都司五衛一所，嵌薊州守備之境，以爲夾持之法。

秦、漢備邊，所急在西北，上谷、北平爲緩。我朝所急在東北，甘肅、寧夏爲緩。秦、漢急西北，故秦塞起臨洮，漢武置朔方，緩東北也。神京以遼東爲左臂，宣、大爲右臂，古北口、永寧、居庸爲腦後。遼東限以山海，宣、大隔之居庸，惟大寧淪失，天壽與異域爲鄰，宣府與遼東隔絶，腦後之防，蓋甚疏矣。説者欲規復大寧，此豈可易言哉！養威蓄鋭，觀釁俟時，可也。其他如遂城西北之牟山、保州西北之栢山、保安之八角口、定州之北岩，與夫石舅、銀坊、冶山等處，皆臨制中原之道。然山川形勢，與京都大是向背，苟屯兵聚衆，必死以守，未易當也。此外自安順東至任丘二十里，川塹溝瀆，葦泉縱横，地類天牢；又東北至雄州三十里，又東至霸州七十里，又東抵海口，營田圩岸，集水淤濘，地類天陷；又自順安至安肅約五十里，葦草叢茂，地類天羅。凡此皆兵家所忌，遇澇更盛，未易進矣。乃建康、徐、淮、臨、德之間，似當練兵儲將，可備緩急遣發，無徒藉手于北，可也。

京都形勢説

勞　堪

本朝之都燕也，蓋與古不同，稍難于周、漢，而大勝于東漢、趙宋矣。夫周、漢建都西北，地資建瓴之險，人藉風氣之勁，天下莫之競焉。東漢宅雒，已失全勢，宋人按燕、雲〔三二〕，則又無限胡之防，故卒不能爲守。我朝都燕，雖風氣之稟、士馬之强，不及周、漢，然據險防胡，居外馭内，其視周、漢一也。故自其常論之，則京後爲最急，宣、大次之，遼東次之，陝西又次之。去京有遠近也，夫京師爲最急，則大寧之內徙，三衛之盤據，不可不講也；宣、大次之，則獨石之孤懸，豐勝之淪没，不可不講也。講大寧，則宣、薊無阻隔，而遼東之右臂伸；講豐勝，則山、陝有交應，而甘肅之左臂伸，此立國之宏規，保安之上畫也。而永樂、宣德之間，但知兀良哈之誠欵，開平之艱遠，豐勝之丁口不立，甘心棄土，略不顧惜，得非往事之恨乎？自其變論之，則大寧不可復，而京後之重垣宜設；宣、遼不可合，而花當、朵顔之交搆宜防。開平、東勝已淪異域，而宣、大之士馬，不可一日忘戰。而成化、弘治之間，但知和碩之通貢〔三三〕、山海之征商，宣、大之鑿塹築敵臺，京後之防，一不措之籌策，又非往事之恨乎？

夫始也藉開創之威，東斥大寧，西闢豐勝，無難也；繼也藉生養之富，大垣京後，盛兵宣、大，無難也。時日因循，不以爲意，愉玩既久，釁孽乃生。虜犯太原，則增忻、代、澤、潞之兵，而乘寧、雁之塞；虜犯洪、蔚、廣昌，則城宣府之塞，而弛東北之防。夫阻太原之寇，在力戰于大同、偏頭之間；恤洪、蔚之擾，當不忘乎潮河川、黄花鎮之備。增忻、代、澤、潞之兵，則度支急；弛東北之防，則畿輔震。近年之經營，得微亦有過乎？

嗟夫！白刃在前，不顧流矢，虜既目宣、大矣，垣宣、大可也；明哲所燭，防患未然，因垣宣、大而併垣京後亦可也；積薪必燃，防川必決，以宣、大爲餌而先垣京後亦可也。悉力宣、大，置京後不講，則所謂輕重緩急之間，失權多矣。於戲，往有恨，無能追也；近有過，亦幸無大失也。

今宣、大之垣役告成，而隆、永之荼毒極慘懍矣。大城京後以奠金湯，宣、大以戰而爲守，京後以守而爲戰，宣、大遇秋則乘塞，餘時有人與之戰，京後有警則乘塞，餘時分爲番休以習禁軍之勞逸，斯皆所謂即體酌用、備形勢之道也。

燕譚

范守己

輟耕録云：元初有望氣者言：「其地某山有天子氣。」金主謂元主曰：「請以某山歸我。」元主許之。金乃發卒十餘萬，一夕鑿其山，輦致于燕，置于北郭外。及元得燕京，改築城郭，其山遂在大内後，于山上建蓬萊、仁智諸殿，爲遊觀之所。據此，則今禁中萬歲山是也。在金爲郭外地，則金之城邑，當在今都城南矣。乃北安門内有蕭太后樓，考其地又在山西北，豈遼之都邑在金城北邪？不知置山石時有此樓否？有則不應棄于野外。若先無而後搆，則非遼氏故物矣，曰蕭太后樓，妄也。

上谷郡圖經曰：黄金臺在易水東南十八里，昭王置千金其上，以延天下士。梁任昉曰：「臺在幽州燕王故城中，土人呼爲賢士臺，亦爲招賢臺。」案史記：「昭王爲隗改築宫，師事之。」新序亦言築宫，不云築臺。至後漢孔融，始言昭王築臺以延隗，不知何據，然亦不言金臺也。

酈道元水經注云：固安縣有黃金臺。言金言臺，不言在燕王城中。今都城東南十有六里有黃金臺，後人僞爲爾。

都穆遊西山記曰：甕山之陽，有元耶律楚材墓。其西數百步有玉泉山，金章宗嘗建行宫，今廢。山北麓鑿石爲螭頭，出泉，瀦爲池，所謂玉泉，東流入湖，經大内，注都城，東南入大通河。案金史，宛平縣有玉泉山行宫。玉泉之名，其來久矣。

李西涯云：西湖方十餘里，有山趾，其涯曰甕山，其寺曰圓静。又三里爲功德寺，其南路盡，乃有玉泉，散爲溪池。池上有亭，宣廟巡幸駐蹕處。又一里爲華嚴寺，又二十里爲香山，樓宇臺殿，與石高下，其絶頂勝甕山，其泉勝玉泉。案金李晏有碑云：「西山蒼蒼，上干雲霄，重岡疊翠，來朝皇闕。中有古道場曰香山。上有二大石，狀如香爐蝦蟆。有泉自山腹下注溪谷，亦號小清涼。」是香山之勝，亦非一日矣。

蘆溝，或謂爲盧溝，即盧龍之水。案水經注：「㶟水東逕下洛縣故城南〔三四〕。」「又東，左得于延水。」「又東過涿鹿縣北。」「南至馬陘山，謂之落馬河〔三五〕。」「又南出山〔三六〕，瀑布飛梁，懸河注壑，湍湍十丈許，謂之落馬洪。」「自南出山，謂之清泉河。」「又東南逕良鄉縣之北界，歷梁山南，高梁水出焉。」又東過廣陽薊縣南。「又東與洗馬溝水合。」「又東南，高梁之水注焉。」「又東至漁陽雍奴縣，入于笥溝。」「魏土地記曰〔三七〕：清泉河上承桑乾河，東流與潞河合。」考之水經，濕水與桑乾異源同流水經無此說〔三八〕，又會如渾水，合爲一河，逾山而東，別名清泉河。是蘆溝之本名也。其稱蘆溝者，以至宛平縣境内，從葫蘆溝東南入潞故爾。

昌平志云：高梁河自并州黄河之別源，東逕州治沙澗，又東南逕高梁店，入都城海子。案水經注：高梁水「出薊城西北平地，泉東注，逕燕王陵北，又東逕薊城北，又東南流。」「入灅水〔三九〕。」「魏土地記曰：薊東一十里有高梁之水。」是高梁水不出并州也，況可云黄河之別源乎？

詩韓奕云：「溥彼韓城，燕師所完。王錫韓侯，其追其貊，奄受北國。」朱傳謂爲陝西韓城縣。水經注云：聖水「東過良鄉縣南」，「又東過長鄉縣北〔四〇〕」，「又東逕長興城南，又東逕方城縣故城」，「又東南逕韓城東」，詩所謂「溥彼韓城」者也。王肅曰：今涿郡方城縣有韓城，世謂寒號，非也。觀此，則非陝西之韓城矣。水經注又云：「灅水逕良鄉縣之北界〔四一〕，歷梁山南，高梁水出焉。」是涿郡亦有梁山也，詩所謂「奕奕梁山」，正指此言之矣。不然，馮翊去燕二千餘里，燕師曷得遠離鄉土，築城于彼邪？必不爾耳。

世言易州有淶水，余每過保定北，不知何爲淶水，及查水經，言巨馬水出「代郡廣昌縣淶山。」注云：「即淶水也。」東逕遒縣，又東南逕容城縣北，督亢溝水注之。督亢溝受淶水，出淶谷，東南逕遒北，又東逕涿縣樓桑里南，又東逕督亢澤，苞方城縣，謂之督亢水。又南謂之白溝水，南逕廣陽亭西，又南入于巨馬水，則今之白溝河，其淶水之枝流也。淶水正流自淶谷西南出，漸微不復成川，至遒縣北，「重源再發，結爲長潭」，謂之渠水，亦名巨馬水。「又東南逕范陽縣故城北，易水注之。」易水出涿郡故安縣西山寬中谷，「歷武天關東出，是兼武水之稱。故燕之下都，擅名武陽」矣。又東逕故安城南，謂之故安河。又東過范陽縣故城東，與濡水合，亂流入淶。自是「易水與諸水互攝通稱。東逕容城縣故城北，渾濤東注。」至平舒縣，與代之易水合。代之易水，「出代郡廣昌縣東南郎山」，東逕西故安城，又東南過武遂縣南、新城縣北，又東范陽陂水入之。范陽陂南通梁門淀，東南流注易，「謂之范水，易水自下，有范水通目。又東逕范陽縣故城南」，又東逕容城縣故城南，王莽更名深澤矣。又東逕渾渥城南〔四二〕，東合滱水。自下滱、易通稱矣。又東逕易縣南，太子丹祖荆軻處。又東至文安縣，與滹沱合〔四三〕，是謂之南易。至平舒縣，與北易合。東過東州縣〔四四〕，東南入于海。是淶水與二易水，異源同委，通名互稱矣。今之流離河，疑即北易，而南易在新城縣北，下經深澤、文安，疑今之胡梁河也。

穀山筆麈

唐都長安，每有寇盜，輒爲出奔之舉，恃有蜀也；所以再奔再北，而未至亡國，亦幸有蜀也。

長安之地，天府四塞，辟如堂之有室；蜀以膏沃之土，處其閫閾，辟如室之有奥，風雨晦明，有所依而蔽焉。蓋自秦、漢以來，巴、蜀爲外府，而唐卒賴以不亡，斯其效矣。今日燕京之形，辟如負扆端拱，坐於堂皇之上，南面而臨天下，形勝則甚偉矣。然而勢有所不足者，有堂而無室，況奥突之間邪？

金虜節要曰：燕山之地，易州西北乃金坡關，昌平縣之西乃居庸關，順州之北乃古北口，景州之東北乃松亭關，平州之東乃榆關，榆關之東即金人來路也。此數關皆天造地設，以爲華夷之限，今皆在京師之背，若負扆然，可謂天險矣。金坡關即紫荆關，榆關即山海，松亭不知所在。

三國時，遼西、烏桓以袁尚兄弟入塞，曹操將討之，乃鑿二渠以通運，一自滹沱入派水，謂之平虜渠，一自泃口入潞河，謂之泉州渠，以通海運。説文：「派水出雁門葰人戍夫山，東北入海。」水經：泃水出無終、西山，西北流至平谷，又南流入於潞河。又東合泉州渠口，曹操所築也。渠東至樂安亭南，與濾水合，入海。按二水當時通漕以制遼左，所謂平虜渠者，在今都城之南，疑即滹沱入運處也。惟泉州渠乃在京北，于誤。而東入遼海，不知定在何處？若因其遺迹通之，以饋平盧、遼西，亦一便也。泉州故城在幽州雍奴。

王嘉謨北山遊記

自高梁橋水〔四五〕，度至白浮甕山，出薊縣境〔四六〕，甕山斜界百望。是山也，南阻西湖，神皋蘭若皆萃焉〔四七〕；北通燕平，叢叢矮磈，背而去者百里，猶見其峰焉。是宜禾黍。山之陽有祠焉，高十五丈，登之可以望京師，可以觀東潞。出百望十里爲長樂河，河水不甚闊而駛。又北二里爲玉斗潭，潭箕圓僅丈，腐草罨之，深不可測。或云：「是有物焉，有兩牛鬬而飲，陷于潭，輒不可得。」又北十里爲灌石，駐蹕山在焉。其山長，西北衺，凡二十里。石皆壁立，高可十餘丈，嶟沓欹危，如墜如挽。前臨平川，一望無際，孤堠時隱，猿鳥悲號，行者懍懍。西望白虎站，深若天井，湛碧難盡。山之上有臺，是名棲雲，金章宗嘗遊焉，登臺而嘯，題石而歡〔四八〕，下而觀于野，蓋燎而獵焉。召其酋長大人擊毬，俄而自擊也，乃歎曰：「美哉乎！而誰見之？」山下石牀石釜俱存。山之西有洞，是名寒崖，勢殊奧邃。中多異草奇石，灌木隨風揚芬。四望則惟北多岨云。

壽宮之成也，上自狄村游于渾河，是嘗駐蹕。自駐蹕而北，皆崇山也，連綴匼匝，又砂礫延緣，巖間白石嶄嶄，春夏雨潦，則成巨浸，樵采不達。又北二十里許，迺從西折，斜入南谷。有聚焉，是名漆園。園之南有山焉，是名雅思。是山也，幽晦多霧，富有果蓏。山陷而爲坎，有池焉，浚洌如露，是名露池。有比丘一人，土人敬事之。自園而出，再由走集西十里許爲高崖。崖下有泉遶其聚，四面皆山，蔚洞森蕭，壙如也。又西北十里許爲清水澗。是澗也，兩山如門，行可二十里，山皆奇峭巃嵸。山中飛泉滮灑，或決地，或分流，淙汩樹木之間，推激巖崖之穴，青如亂鬐〔四九〕，白如吹絮。仰視重峰，時有孤石之揭揭，沈黯迷離，天氣自曀。崖間百合、忍冬、棠杜、牛嬭、相思、郁薁、黄精、唐求之屬，滲味扶芳，爍紅隕翠，飛沫擊枝，墜而復起，新實含濡，落而不變。奇禽異羽，嚶嚶滿耳，鳥窠雉囮，徧其岩穴。山鹿之毳，豪豬之毛，丰茸隨風。泝流而行，高高莫極，有嶺焉，名曰鰲魚。又西里許，山益峻，有蘭若二焉，上曰松陽，下曰金鷹。其上獨多松，合抱而數丈者有三，樸遫者萬計。登之而望，則大山屏張，霅然斜開，則金鷹在焉。金鷹下控大巖，巖吐百穴，滙而爲湖，決而東流，是爲清水之源。

迤邐以東，下山折坂而南，蓊然紅艶，髴髣有光。有陘焉，曰六十，屈折汗邪，黄蘆白沙之間，可六十折。再由走集又西，有陘曰十八盤，息壤如金，鬱勃而立，狹可容人，可十八折。登顧徘徊，西則植立夾持，不暇停足。頫視斜柯洪枝，匝藤蘿而舞鶡雀者，深深莫極。旁睨則北山矗矗，一陰一陽，閃儵孤日，含濡雲彩。山之上平衍，西五里有嶺焉，是曰長城，蒼黯高竦，下視前坂。其巔瓦礫縱横，微有雉堞，剥蝕沆莽，是曰秦皇之址。有泉出焉，是曰馬跑。苞稂覆之，將胷矣。又西二里有臺焉，是曰了思，衡可二畝，高可數仞，莎蘋匝之，楸檀柏柏之木，宛宛相構。登之可望，四方斗絶，有足懷者。下臺而西，又十里，皆峻嶺也，判爲中路〔五〇〕。巖之兩間，如榭如障，如層構深藏，如旨苕盤互。花實齊秀，風泉並響，遠聞伐木疑疑留滯。有嶺焉，是曰灰嶺，險特倍于長城。石如蛤粉，無樹木，大石磋磋，吹籟揚塵，則紛溶而起，百里可見，了了如雪。路口如甑甀，一綖孤露，瑩照通川。

下山有城焉，是曰鎮邊之廢邑。又西八里許，有城焉，是曰鎮邊。兩旁皆山圍之，其南曰碧駕之山，曰通明之山，其北曰鷹揚之山，曰涔洛之山。有湖焉，小而深，在碧駕之巖，鬱結不見，每多異草，中有赤鯉盈尺，春夏之交，山水增流，則湖益清可鑒，是曰合抱之湖。鎮邊，巖邑也，居人僅可百數，地寒不能五穀，五畜勞羸不甘，兵雜其間，狡猾難治。西十里有堠曰唐耳，背據大山，下視懷來，烟液杳褭，足爲天險，樓堞固，溝洫濬，軍械精，睨横嶺而斜界居庸，可甲燕平鎮邊廢邑。其南皆山也，中爲衢路。其東曰六華之巖，其西曰小神之山、曰青利之山。巖分形如六華，其第四巖有洞焉，最深窈，土人夜登之取宿鳥，忽有雙鶴飛鳴，是爲鳴臯之洞。

南可十里，有聚焉，曰長峪。又西五里，有巖曰德勝，又曰鳳皇，上有蘭若焉。是山也，威紆距絶，抵此而窮，四面環匝。山可三十丈，磴道半之，登之每顧則山形變。蘭若已圮，然蟠結秀踈。下視三山，側側欲合，東望長峪，蔚然開陽，其左岩崟尤峻，右稍擁出。山下有泉焉，源源可二十里，達于渾河，照映蕭瑟，町畦滉然。據岩而立，終日無人。山之上，奇樹新實，甘香飂颸，背秋涉冬，空穴消然，萬碧俱立。山之上有臺焉，登之而望，則蹙然兩山，蘭若閉藏，不可俯見，是曰隱鷲之臺。山之西有洞焉，小而隘，可容數人，門有古松蔽之，坐其中以瞻西峰，有如指掌，中壁刻觀世音大士像，鐫刻甚深，是曰觀音之洞，又曰孤松之巖。蘭若講堂中有蘋婆三株〔五一〕，大可合抱，翠葉多子，團圞數丈，真可奇也〔五二〕。山之南有嶺焉，曰西峪，可以入沿河。山之下有碑，不可辨。

自長峪而東，可二十里，有聚焉，曰菩提塹，有祠焉，是祀菩提。蓋古人有乞者，衆食之，俄而怒焉，乃殺之，剖而食，猶故，民神之，是爲祠也。有蘭若焉，曰白駁。是山也，險倍灰嶺，不通行者，幽阻凄靄，蕭然可託。有壇焉，幢設于上，皆紫英之石，爛若丹霞。有銀杏二樹，大可盈抱，芬盛多子。出山而北，有山焉，是曰白鶴。其峰岫繚繞，不易詰也，其中有白色皬然，狀如鶴，著於石上。又折而東，則走高崖北山。

自高梁至德勝，共百八十里，小山至衆，記者二十，鳥有紅鴉、沙雞、文雉、半翅，獸有虎、豹、奇狸、狼、野牛、白駁、豪猪、兔、麅，草樹多奇。土人每言二月之交，有山曰青華，下可萬丈，西通四方，每有塊形奇物，且飛且走，銜乳而西，獵人莫敢近也；又言三伏每雨，群山出流，大石浮浮，馬奔礧至，有如雷霆，仰視碧駕、鷹揚之山，半在雲霧，戍樓晝晦，飛雲積烟，片片入户，連月不霽。寔神京之奧區、山川之都會也。

漢之邊在北，長安去朔方千餘里。唐邊在西，去吐蕃亦幾千里。今京師北抵居庸，東抵古北口，西南抵紫荆關，近者百里，遠不過三百里。居庸則吾之背也，紫荆則吾之喉也，卒有急，則搤吾之喉而拊吾之背。

燕之山石塊壘，危峰雄特，水洌土厚，風高氣寒。其草木皆强幹而豐本，蟲鳥之化亦勁踵氄氄，而瞿瞿然迅飛也。以故圜喿之粹蒸爲賢豪，上之人文雅沉鷙而不狃于俗〔五三〕，感時觸事，則悲歌慷慨之念生焉，其猶然燕丹遺烈哉！以至閭巷傭販之夫，亦莫不堅悍不屈、硜然以急人爲務，無闒茸呰窳之習，此其善也。然而風會之趨、人情之化，始未嘗不樸茂而後漸以漓，其流益甚焉。大都薄骨肉而重交游，厭老成而尚輕鋭。以宴遊爲佳致，以飲博爲本業，家無擔石，而飲食服御擬于巨室；囊若懸磬，而典妻鬻子以佞佛進香。甚則遺骸未收，即樹旛疊鼓，崇朝雲集。德化陵遲，民風不競，此詎可令賈太傅見也。

大學衍義補

臣按自古建都者，皆於四近之地，立爲輔郡，所以爲京師屏翰也。漢以京兆、左馮翊、右扶風爲三輔，唐亦以華州、同州、鳳翔爲輔，而宋初未遑建立，至於徽宗時，亦於畿郡立爲四輔焉，每輔則屯兵二萬人爲額。我朝建國江南，於鳳陽屯重兵，凡京師軍皆散於江北滁、和等處爲屯田，雖不名輔，而儼然有蕃屏之意。太宗皇帝自北平入正大統，遂建都於此。其初猶以行在爲名，而立一行部以總之，其後徧立五府、六部、大小衙門如舊制，凡京衛之兵皆分其半以來，并起江南富民以實之，而去其行在之名，則是萬萬年不拔之基，永定於此矣。然而畿甸之間，猶未有輔郡，蓋有待也。

臣按漢、唐、宋之輔郡，皆因郡治而立，今日之建置〔五四〕，則以形勝要害爲固。蓋漢、唐都長安，宋都汴梁，皆去邊地遼遠，非若我朝都燕，則自以都城爲北邊捍蔽，北最近，而東次之，西又次之〔五五〕，而南爲最遠焉。請如漢、唐、宋故事，立爲輔郡，以宣府爲北輔，因其舊而加以蕃守之軍〔五六〕，俾守國之北門；其東也以永平爲輔，以守松亭一帶關隘，及扼遼左要害；其西也以易州爲輔，或真定，以守紫荊一帶關隘；其南則以臨清爲輔，坐鎮閘河，而總扼河南、山東之衝；

又自此而南，屯兵于徐州，以通兩京之咽喉。每處屯重兵一二萬，量其輕重緩急，以多寡其數。罷兩直隸、河南、山東、上京操備班軍，因近屯守，以爲京師之屏蔽，遇京師有事，則調發焉。

夫自古爲國者，必固内以蔽外，居重以馭輕，譬則人之家居，必有藩籬牆壁，然後堂室堅固〔五七〕；内呼而外應，若設關捩然，有所動於中，而四面之機畢應之，然後盜之利吾財者，不敢輕侵犯焉。近年以來，起調兩直隸、河南、山東軍，赴京上班操備，半年一替，方其新班既起而舊班未回，城池雖設而隊伍空缺者有之，幸而無事則已，萬一有不逞之徒，乘虚爲亂，將何以支持之？倘立爲輔郡，因近屯守，則軍士遂室家之願，而生息日蕃，國家省轉輸之勞，而調發易集，邊方足備禦之具，而關隘有守。如此，則都城鞏固，宗社奠安矣。萬一臣言可采，見之施行，其於國計，不爲無補。

大學衍義補

今京師切近邊塞，所恃以爲險固者，内而太行西來一帶，重岡連阜；外而渾、蔚等州，高山峻嶺，蹊徑狹隘，林木茂密，以限虜騎馳突。不知何人始於何時，乃以薪炭之故，營繕之困，伐木取材，折枝爲薪，燒柴爲炭，致使木植日稀，蹊徑日通，險隘日夷。設使國家常如今日之無事，固無所用之，不幸一日而有風塵之警，將何以扼其來而拒其入乎？失今不爲之限制，臣恐日甚一日，雖有智者，不能善其後矣。臣請下工部稽考洪武、永樂年間以來，其所用材木薪炭，取於何所，掌於何人，凡其可以措置之方，用度之數，與夫愛惜減省之節目，一一以聞〔五八〕，必須無損於邊關，無虧於國用，定爲經久之計。其事雖小，所繫實大。

考諸司職掌，於工部抽分條，止云抽分竹木場，如遇客商興販竹木柴炭等項，照例抽分，若不敷，奏聞定奪，給價收買，或差人砍辦。則是祖宗之時，遇有營造不敷，方行買辦，然亦止言營造，而不知當時大庖之爨、内臣之炊，何所取材？意者洪武之初，建都江南，沿江蘆葦，自足以供時之用也。蘆葦易生之物，刈去復生，沿江千里，取用不盡，非若木植，非歷十數星霜，不可以燃，取之須有盡時，生之必待積久。況今近甸，别無大山茂林，不取之邊關，將何所取耶？夫自立柴廠於易州以來，恒聚山東、西、北直隸數州民夫數千，於此取柴炭，以供國用，又役順天之民以爲挑柴夫，府縣添設佐貳官以專管之，又時勑侍郎或尚書一員以總督之。此事非特今朝無有定制，而前代亦所未聞也。然則前代皆不舉火耶？古之人必有善處之法，然而史籍不載，無從稽考。意者以此爲非要之務，隨時制宜，固取足用〔五九〕政不必顓顓設官，拘拘督責，因吾口食之奉，以奪民衣食之資也。爲今之計，宜移置易州柴廠於近京之地，散遣丁夫，各還原籍。量其州縣大小，人民多寡，定爲薪炭之數，分派輸納。内外衙門，每歲定爲限期，俾其依期運納，一如户部糧草例，取納足通關以憑稽考。又必痛爲禁革，除去印烙，苟薪柴可以燃燎，即與收貯，不必問所從來，限以式樣，如宋之末世所取之炭，必如核桃紋、鷓鴣色，以困吾民也。如此，非獨可以爲邊關之固，而京畿及山東、西之民，亦可以少甦矣。

雖然，木生山林，歲歲取之，無有已時，苟生之者不繼，則取之者盡矣。竊恐數十年之後，其物日少，其價日增，吾民之採辦者愈不堪矣。臣又竊有一見，請於邊關一帶，東起山海，以次而西，於其近邊内地，隨其地之廣狹險易，沿山種樹，一以備柴炭之用，一以爲邊塞之蔽，于以限虜人之馳騎，于以爲官軍之伏地。每山阜之側，平衍之地，隨其地勢高下曲折，種植榆柳，或三五十里，或七八十里。若其地係是民産，官府即於其近便地，撥與草場及官地，如數還之，其不願得地者，給以時價，除其租税。又先行下法司，遇有犯罪，例應罰贖者，定爲則例，徒三年，種樹者若干，二年者若干，杖笞以下，以次遞減。照依繕工司運水和炭事例，就俾專業種植之人，當官領價，認種某樹若干，長短大小皆爲之度，以必成爲效，有枯損者，仍責其陪，其所種之木，必相去丈許，列行破縫，參錯蔽虧，使虜馬不得直馳，官軍可以設伏。仍行委所在軍衛有司，設法看守，委官巡視，歲遣御史一員督察之〔六〇〕，不許作踐砍伐，違者治以重罪。待其五、七年茂盛之後，歲一遣官，採其枝條，以爲薪炭之用。如此，則國用因之以舒，民困因之以解，而邊徼亦因之以壯固矣。

又今京城軍民百萬之家，皆以石煤代薪，除大官外，其惜薪司當給薪者，不過數千人之煙爨，無京民百分一，獨不可用石煤乎？儻以爲便，乞下辦納挑運州縣，計其買辦雇覓工價，所費幾何，俾其辦價送官，量給與之，市石煤以爨，是亦良便。

大學衍義補

自古國都於其近郊必有牧馬之所，其間必積芻豆，以爲飼秣之具，方無事時，資以牧育，固爲近便。然世道不能常泰，而意外之變，不可不先爲之慮。金人犯宋京，姦人導之，屯兵於其近郊之牟駝岡，藉其芻豆飼其馬，以爲久駐之計，此往事之明鑒也。矧今國都去邊伊邇，已已之變，倉卒用言者計，焚棄芻豆，何啻千萬，當時見者莫不悔惜，然事已即休，無復有以爲言者。竊惟都城東北鄭村壩二十四馬房，其倉場所儲積者，如京如坻，請於無事之時，即其地築爲一城，以圍護其積聚，及移附近倉場，咸聚其中，就將騰驤等四衛官署軍營，設於其中，特勑武臣一員於此守鎮，仍司群牧，四衛官軍不妨照舊輪班内直，下直回城屯住。是亦先事而備之一策也。

順天府志[六一] 馬政

先輩謂馬政，賦之于民，不若買之于邊；買之于邊，不若養之于官。我祖宗參用三法，至善也，然而牧地有廣狹而民病，飼養有厚薄而馬病。民困于牧芻，馬疲于顧賃，而人馬俱病，此寄養之馬竟孳息之不加，而冀北之群皆款段之不若也[六二]。

順義志 馬政

按正統十四年八月，上北狩。十一月，虜退。十二月，令順天府所屬州縣寄養各處起解馬匹，計糧分俵。此吾縣養馬之始，原備京師倉卒警報耳，事寧之後，馬不復散。弘治壬子，題准十年審編一次。嘉靖丙戌，改審五年。大略地一頃養馬一匹，甚爲民累。乙丑，顧御史廷對，題請每匹派地二頃，合縣原額一千九百二十三匹。隆慶間併爲一千八匹，民猶不支，多乘夜繫馬于縣坊而逃。萬曆庚辰，馮侯夢元減定馬數六百七十二匹。十三年，崔侯淳比寶坻三河事例，乞行減數，蒙本道于屯院周，題請減去一百七十六户，每馬一匹湊折金地四頃九十畝零，歲貼草料銀六兩，額編四百九十六户。

元史

世祖至元三年十一月戊戌，瀕御河立漕倉。

十九年十月，由大都至中灤，中灤至瓜州，設南北兩漕運司。

二十六年五月辛丑，御河溢入會通渠，漂東昌民廬舍。

七月辛巳，開安山渠成。河渠官言開魏博之渠，通江、淮之運，古所未有。詔賜名會通河，置提舉司職河渠事。

英宗至治三年二月己巳，脩廣惠河閘十有九所〔六三〕。

泰定帝泰定二年閏月己巳，脩滹沱河堰。

四年正月丁卯，浚會通河。

河渠志〔六四〕

御河自大名路魏縣界，經元城縣泉源鄉于村度，南北約十里，東北流至包家渡，下接館陶縣界三口。御河上從交河縣，下入清池縣界。又永濟河在清池縣西三十里，自南皮縣來，入清州，今呼爲御河也。

至元三年七月六日，都水監言：運河二千餘里，漕公私物貨，爲利甚大。自兵興以來，失於修治，清州之南、景州以北，頹闕岸口三十餘處，淤塞河流十五里。至癸巳年，朝廷役夫四千，修築浚滌，乃復行舟。今又三十餘年，無官主領。滄州地分，水面高於平地，全籍隄堰防護。其園圃之家掘隄作井，深至丈餘，或二丈，引水以溉蔬花。復有瀕河人民就隄取土，漸至闕破，走洩水勢，不惟澀行舟，妨運糧，或致漂民居，没禾稼。其長蘆以北，索家馬頭之南，水内暗藏樁橛，破舟船，壞糧物。部議以濱河州縣佐貳之官兼河防事，於各地分巡視，如有闕破，即率衆修治，拔去樁橛；仍禁園圃之家毋穿隄作井，栽樹取土。都省准議。七年，省臣言：御河水泛武清縣，役夫一千疏浚。

至大元年六月二十九日，左翼屯田萬户府呈：五月十八日申時，水決會川縣孫家口岸約二十餘步，南流灌本管屯田，發軍民併工築塞。十月，大名路濬州言：七月十一日連雨至十七日，清、石二河水溢李家道，東南横流。詢社長高良輩，稱水源自衛輝路汲縣東北，連本州淇門西舊黑蕩泊，溢流出岸，漫黄河古隄，東北流入本州齊賈泊，復入御河，漂及門民舍。擬差官巡治。

延祐三年七月，滄州言：清池縣民告往年景州吴橋縣諸處御河水溢〔六五〕，衝決隄岸。萬户千奴爲恐傷其屯田〔六六〕，差軍築塞舊洩水郎兒口，故水無所洩，浸民廬及已熟田數萬頃。乞遣官疏闢，引水入海。及七月四日，決吴橋縣柳斜口東岸三十餘步。千户移僧又遣軍閉塞郎兒口，水壅不得洩，必致漂蕩張管、許河、孟村三十餘村黍穀廬舍。四年五月，都水監遣官與河間路官相視元塞郎兒口，東西長二十五步，南北闊二十尺，及隄南高一丈四尺，北高二丈餘。復按視郎兒口下流故河，至滄州約三十餘里，上下古蹟寬闊，乃減水故道，名曰盤河。今爲開闢郎兒口，增濬故河，決積水，由滄州城北達滹沱河，以入于海。

泰定元年九月二十八日興工，十月二日工畢。

灤河源出金蓮川中，由松亭北經遷安東、平州西，瀕灤州入海也。王曾北行録云：「自偏槍嶺四十里，過烏灤河，東有灤州，因河爲名。」

至元二十八年勑疏濬灤河，漕運上都，量撥水手，先以五十艘行之。

大德五年，平灤路言：六月九日霖雨，至十五日夜，灤河與肥如三河並溢，衝圮城東、西二處舊護城隄，東、西、南三面城牆，横流入城，漂郭外三關瀕河及在城官民屋廬糧物，没田苗，溺人畜，死者甚衆，而雨猶不止。至二十四日夜，灤、漆、淝、洳諸河水復漲入城，餘屋漂蕩殆盡。乃委吏部馬員外同都水監官修之，東西二隄，計用工三十一萬一千五十。

延祐四年，上都留守司言：正月一日，城南御河西北岸爲水衝嚙，漸至頹圮，若不修治，恐來春水泛漲，漂没民居。又開平縣言：四月二十六日霖雨，至二十八日夜，東關灤河水漲，衝損北岸，宜委官督夫匠興役。開平發民夫，幼小不任役，請調軍供作，庶可速成。命樞密院發軍治之。

泰定二年，永平路屯田總管府言：馬城東北五里許張家莊龍灣頭，在昔有司差夫築隄，以防灤水，西南連清水河，至公安橋，皆本屯地分。去歲霖雨，水溢田苗，終歲無收。方今農隙，若不預脩，必致爲害。工部移文都水監，督令有司差夫補築。三年五月十日，上都留守司及本路總管府言：巡視大西關南馬市口灤河遞北隄，侵嚙漸崩，不預治，恐夏霖雨水泛，貽害居民。工部移文上都分部施行。七月二日，右丞相塔失帖木兒等奏：斡耳朵思住冬營盤，爲灤河走淩河水衝壞，將築護水隄，宜令樞密院發軍千二百人以供役。從之。

河間河在河間路界。泰定三年三月，都水監言：河間路水患，古儉河自北門外，始依舊疏通，至大城縣界，以洩上源水勢，引入鹽河。古陳玉帶河自軍司口浚治，至雄州歸信縣界，以導淀、灤積潦，注之易河。黄龍港自鎖井口開鑿，至文安縣玳瑁口，以通灤水，經火燒淀，轉流入海。計河宜疏者三十處，總役三萬，三十日可畢。是月，省臣奏準于旁近州縣發丁夫三萬，先詣古陳玉帶河。尋以歲旱民饑，役興人勞罷，候年登爲之。

冶河在真定路平山縣西門外，經井陘縣流來本縣東北十里，入滹沱河。元貞元年正月十八日，丞相完澤等言：往年先帝嘗命開真定冶河，已發丁夫入役，適值先帝昇遐，以聚衆罷之。今請遵舊制，俾卒其事。從之。皇慶元年七月二日，真定路言：龍花、判官莊諸處壞隄，計工物，申請省委都水監委官相視，會計脩治，總計冶河始自平山縣北關西龍神廟北獨石，通長五千八百六步，共役夫五千，爲工十八萬八百七，無風雨妨工，三十六日可畢。史詳。

滹沱河源出西山，在真定路真定縣南一里，經藁城縣北一里，經平山縣北十里。寰宇記載：經靈壽縣西南二十里，此河連貫真定諸郡，經流去處皆曰滹沱水也。

延祐七年十一月，真定路言：真定縣城南滹沱河北決隄，寖近城，每歲脩築。聞其源本微，與冶河不相通，後二水合，其勢遂猛，屢壞金大隄爲患。本路達魯花赤哈散於至元三十年言：准引闢冶河自作一流，滹沱河水十退三四。至大元年七月，水漂南關百餘家，淤塞冶河口，其水復滹河。自後歲有潰決之患。泰定四年八月七日，省臣奏：真定路言，滹沱河水連年泛溢爲害，其源自五臺諸山來，至平山縣王母村山口下，與平定州娘子廟石泉冶河合。夏秋霖雨水漲，瀰漫城郭，每年勞民築隄，莫能除害。宜自王子村、辛安村鑿河，長四里餘，接魯家灣舊澗，復開二百餘步，合入冶河，以分殺其勢。從之。史詳。泰定帝紀同。

會通河起東昌路須城縣安山之西南，由壽張西北至東昌，又西北至于臨清，以逾于御河。

至元二十六年，壽張縣尹韓仲暉、太史院令史邊源相繼建言，開河置閘，引汶水達舟于御河，以便公私漕販，省遣漕副馬之貞與源等按視地勢，商度工用，於是圖上可開之狀。詔出楮幣一百五十萬緡、米四百石、鹽五萬斤，以爲傭直，備器用，徵旁郡丁夫三萬，驛遣斷事官忙速兒、禮部尚書張孔孫、兵部尚書李處巽等董其役。首事於是年正月己亥，起于須城安山之西南，止於臨清之御河，其長二百五十餘里，中建閘三十有一，度高低，分遠邇，以節蓄洩。六月辛亥成，凡役工二百五十一萬七百四十有八，賜名曰會通河。

二十七年，省以馬之貞言霖雨岸崩，河道淤淺，宜加修濬，奏撥放罷輸運站户三千，專供其役，仍俾採伐木石等以充用。是後歲委都水監官一員，佩分監印，率令史、奏差、濠寨官往職巡視，且督工，易閘以石，而視所損緩急爲後先。至泰定二年始克畢事。

會通鎮閘三、土壩二。在臨清縣北頭，閘長一百尺，闊八十尺，兩直身各長四十尺，兩鴈翅各斜長三十尺，高二尺，閘空闊二丈；中閘南至隘船閘三里，長、廣與上閘同；隘船南至李海務閘一百五十二里，閘空闊九尺，長、廣同上。土壩二。

李海務閘南至周家店閘一十二里，長、廣與會通鎮閘同。

周家店閘南至七級閘一十二里，長、廣與上同。

七級閘二：北閘南至南閘三里，長、廣如周家店閘；南閘南至阿城閘一十二里，長、廣同北閘。

阿城閘二：北閘南至南閘三里，長、廣上同；南閘南至荆門北閘一十里，長、廣上同。

荆門閘二：北閘南至荆門南閘二里半，長、廣同；南閘南至壽張閘六十三里，長、廣同北閘。

壽張閘南至安山閘八里。

安山閘南至開河閘八十五里。

開河閘南至濟州閘一百二十四里。

濟州閘三：上閘南至中閘三里，中閘南至下閘二里，下閘南至趙村閘六里。

趙村閘南至石佛閘七里。

石佛閘南至辛店閘一十三里。

辛店閘南至師家店閘二十四里。

師家店閘南至棗林閘一十五里。

棗林閘南至孟陽泊閘九十五里。

孟陽泊閘南至金溝閘九十里。

金溝閘南至隘船閘一十二里。

沽頭閘二：北隘船閘南至下閘二里，南閘南至徐州一百二十里。三汊口閘入鹽河，南至土山閘一十八里。

土山閘南至三汊口閘二十五里，入鹽河。

兖州閘。

堈城閘。

延祐元年於沽頭置小石閘一，止許行百五十料船，禁約二百料之上船，不許入河行運。

至治三年，議於金溝、沽頭兩閘中，置隘閘二，各闊一丈，以限大船。若欲于通惠、會通河行運者，止許一百五十料，違者罪之，仍没其船。其大都、江南權勢紅頭花船，一體不許來往。准擬拆移沽頭隘閘，置于金溝大閘之南，仍作運環閘，其間空地北作滚水石堰，水漲即開大小三閘，水落即鎖閉大閘，止於隘閘通舟；果有小料船及官用巨物，許申禀上司，權開大閘，仍添金溝閘板積水，以便行舟。其沽頭截河土堰，依例改脩石堰，盡除舊有土堰三道。金溝閘月河内創建滚水石堰，長一百七十尺，高一丈，闊一丈。沽頭閘自河内修截河堰〔六七〕，長一百八十尺，高一丈一尺，底闊二丈，上闊一丈。

文宗紀

至順三年七月乙亥，命僧于鐵旛竿修佛事。

郭守敬傳

大德二年，召守敬至上都，議開鐵幡竿渠。守敬奏山水頻年暴下，非大爲渠堰，廣五七十步不可。執政吝於工費，以其言爲過，縮其廣三之一。明年大雨，山水注下，渠不能容，漂没人畜廬帳，幾犯行殿。成宗謂宰臣曰：「郭太史神人也，惜其言不用耳。」

世祖紀

至元二十六年四月庚午，沙河決，發民築堤以障之。七月癸卯，沙河溢，鐵燈杆堤決。

王思誠傳

起太中大夫、河間路總管。磁河水頻溢，決鐵燈干。鐵燈干，真定境也。召其邑吏，責而懲之，遂集民丁作堤，晝夜督工，期月而塞。復築夾堤于外，亘十餘里，命瀕河民及弓手，列置草舍於上，擊木以防盗決。是年，民獲耕藝，歲用大稔。乃募民運碎甓治郭外行道，高五尺，廣倍之，往來者無泥塗之病。

劉德温傳

授通議大夫、永平路總管。灤、漆二水爲害，有司歲發民築堤。德温曰：「流亡始集，而又役之，是重困民也。」遂罷其役，而水亦不復至。

皇都水利〔六八〕

元泰定中，虞集爲翰林直學士，進言曰：「京師之東，瀕海數千里，北極遼海，南濱青、齊，萑葦之塲也。海潮日至，淤爲沃壤，用浙人之法，築隄捍水爲田。聽富民欲得官者，合其衆，分受以地，官定其畔以爲限；能以萬夫耕者，授以萬夫之田，爲萬夫之長，千夫、百夫亦如之；察其惰者而易之。三年後，視其成，以地之高下定額，以次漸征之。五年有積蓄，命以官，就所儲給以禄。十年不廢，得以世襲，如軍官之法。」

至正十二年，丞相脱脱言：「京畿近水地，召募江南人耕種，歲可收粟麥百萬餘石，不煩海運，京師足食。」從之。於是西自西山，南至保定、河間，北抵檀順〔六九〕東至遷民鎮，凡係官地，及原管各處屯田，悉從分司農司立法佃種，合用工價、牛具、農器、穀種，給鈔五百萬錠。命悟良哈台、烏古孫良禎並爲大司農卿。又於江南召募能種水田及修築圍堰之人各一千名，爲農師。降空名添設職事勅牒十二道，募農夫一百名者，授正九品，二百名，正八品，三百名，從七品，就令管領所募之人。所募農夫，每名給鈔十錠。由是歲乃大稔。

大學衍義補

今國家都于燕，京師之東，皆瀕大海，煙火數千里，居民稠密。當此全安極盛之時，正是居安思危之日。乞將虞集此策，勅下廷臣計議，特委有心計大臣，循行沿海一帶，專任其事。仍令先行閩、浙濱海州郡，築隄捍海去處，起取士民之知田事者，前來從行，相視可否，講求利害〔七〇〕，處置既定，然後召募丁夫，隨宜相勢，分疆定畔，因其多少，授以官職，一如虞集之策。

臣嘗聞閩、浙人言：大凡瀕海之地多鹹鹵，必得河水以蕩滌之，然後可以成田。故爲海田者，必築隄岸以闌鹹水之入，疏溝渠以導淡水之來，然後田可耕也。臣於京東一帶海涯，雖未及行，而嘗泛漳、御而下，由白河以至潞渚，觀其入海之水，最大之處，無如直沽，然其直瀉入海，灌溉不多。請於將盡之地，依禹貢逆河法，截斷河流，橫開長河一帶，收其流而分其水；然後於沮洳盡處，築爲長隄，隨處各爲水門以司啓閉，外以截鹹水，俾其不得入內，以洩淡水，俾其不至漫。如此，則田可成矣。於凡有淡水入海所在，皆依此法行之，則沿海數千里，無非良田，非獨民資其食，而官亦賴其用。如此，則國家坐享富盛，遠近皆有所資。譬則富民之家，東南之運，其别業所出也；濱海之收，其負郭所獲也。其爲國家利益，夫豈細哉！由是而可以寬東南之民，由是而可以壯西北之勢。虞集之言，不見用於當時，而得行於今日矣。

萬曆初，工科給事中徐貞明上疏，議開西北水利，爲工部議阻。未幾，以事降外，著潞水客譚見志，言水利甚悉。久之，人思其言，内陞兵部主事，改尚寶司丞，陞少卿，兼御史，許便宜開水田。貞明謂凡民難與慮始，條列數欵，以釋民疑。上命撫、按官曉諭所在軍民，而巡關都御史蘇酇復疏言曰：「治水與墾田相濟，未有水不治而田可墾者也。畿郡之水爲患(七一)，莫如蘆溝、滹沱二河。蘆河發源於桑乾，滹沱發源于泰戲，源遠流長，又合涞、易、濡、雹、沙、滋諸水，散入各淀，而泉渠溪港，悉從而注之。是以高橋、白洋等淀，大者廣圍一二百里，小者四五十里，匯爲巨浸。每當夏秋霖潦之時，膏腴變爲瀉鹵，菽麥化爲萑蒲矣。夫水患之當除，大概有三：曰濬河，以決水之壅也；曰疏渠，以殺淀之勢也；曰撤曲，防以均民之利也。唐刺史盧暉于河間開長豐渠，引水東流以溉田。宋臨津令黄懋屯田雄、莫等州，置斗門，引淀水灌溉，民賴其利。嘉靖初，巡撫許宗魯濬三岔口，引諸淀入海。而景州知州劉深開千頃窪，導決河入渠，民免水患。此皆昔人遺法，而近世行之有效者也。」工部請如鄭議，并令貞明遍歷郊關，與撫、按、司、道講求疏濬瀦蓄之法焉。貞明親至永平一帶，設法開墾，戚總兵繼光復以南兵助之，一歲之間，已得熟田三萬九千餘畝。時内侍、勳戚恐奪其田，又虞增課爲累，極力飛言阻之。御史王之棟出疏糾劾。神宗親御門，諭令停止。閣臣恐違内臣意，不敢争，人惜之。崇禎十五年六月，上諭西北水利，長便易舉，又出貞明《潞水客譚》，命閣臣抄發户部，着詳議舉行，然已無及矣。

天啓中，屯田都御史董應舉云：「臣近到天津，歷何家圈、白塘口、雙港、辛莊、羊馬頭、大人莊、鹹水沽、泥沽、葛沽，見汪司農往日開河舊蹟猶存，可作水田甚多，荒廢不久，開之甚易。一畝農工，止用八錢，可得粟三石三斗，久荒者畝用農工一兩。其挑濬舊河，爲力不多，只須挑濬數尺，明年萬石之糧可必也。」

按天津水田，議之者科臣解學龍也。董應舉所開四當口，及雙、白二港，又同知盧觀象所開何家圈，皆得米萬石，轉餉關門，此亦曩行水利之明效也，今盡汙萊矣。

萬曆十四年三月〔七二〕，上視朝畢，御煖閣，問輔臣申時行等曰：「近開水田，人情甚稱不便，不宜强行。」時行曰：「前者科道官紛紜建議，謂京東地方，田地荒蕪，廢棄可惜，相應開墾。京南常有水患，每大水時至，漂没民田數多，相應疏通，故有此舉。昨御史既言滹沱河難治，宜且暫停，若開墾荒田，則薊州等處，開成已五六萬畝，不宜遽罷。」上復云：「南方地卑，北方地高，南地温潤，北地鹻燥，且如去歲天旱，井泉乾竭，水田如何可做？」時行等云：「臣等愚意，亦只數開墾荒田，不欲盡開水田。」上從之。又以御史王之棟言，竟罷。工部言開墾成熟地數，已三萬九千餘畝，棄之可惜，不聽。

通州志

漕渠

外漕河即潞河也，流經州城東，至天津接御河，以南通江、淮，舳艫由此而達。元史所謂通州運糧河全仰白、榆、渾三河之水，名曰潞河是也。榆河即今富河之上流，然渾河今在州城之南，相去潞河甚遠，不知當時何以會同也。

河設淺置舖〔七三〕，以時挑濬河道，指引河洪。

東關葦子廠淺　趙八廟淺　花板石廠淺

供給店淺　白阜圈淺　白阜圈下淺　已上係通州地方軍淺，通州左等四衛僉撥軍夫，每淺十名。荆林淺　南營淺　盧家林淺　里二寺淺　王家淺　馬房淺　楊家淺　和合驛淺　蕭家林上淺　蕭家林下淺　已上係通州地方民淺，州僉民夫，每淺十名。長陵營淺　老河岸淺　馬頭店淺　已上係漷縣地方。

土壩一處，在州東城角，防禦外河，通倉糧米就此起載。

土壩剥船一百五十隻，船户一百五十名。自張家灣起剥到土壩，每糧一石，脚價銀六釐五毫。

石壩剥船（石壩在裏漕通惠河，而剥船在外河，故附於外河下。）一百八十隻，船户一百八十名。亦自張家灣起剥至石壩，過剥每糧一石，脚價亦六釐五毫。

外河官糧剥船，嘉靖年來始置。正德以前運船，至五月以後，俱到通州城下，自城東北角停泊，迤邐而南七八里許，挨次於東關厢起車，無攔河委差之擾[七四]，無起剥脚價之費。近因三四月間，河常水淺，始置外河剥船，若河淺起剥，亦權宜之利是也。及河至五六月，水必湧漲，運舟可以長行，仍令照舊俱至通州城下，通糧就船起車，京糧船令至城北角就近石壩起剥，則剥價可省，而運軍甚便。今置有攔河之官，乃不論水之深淺，運船可否通行，一概攔阻，通令自灣起剥，其故何哉？

車户一百五十名，自土壩起糧至中東倉，每百石脚價銀一兩一錢；至西倉南門北門、南倉東門，每百石脚價銀一兩二錢；至西倉西門、南倉北門，每百石脚價銀一兩三錢。

裏漕河

即通惠河也。河之地方雖半屬在京大興縣，然河運事務俱隸通州，户、工二部分司總理，而委用管閘、管壩，俱通州各衛之官，經紀水脚之役，則京、通人互充，而通人居多。一河之事，通用紀之。

石壩，在州舊城北門外，嘉靖七年建。通流閘，在州城中心，船運不行，惟時蓄洩，以助内河之水。普濟閘，在通流閘西二十里。平津下閘，在普濟閘西十三里。平津上閘在下閘西四里。慶豐下閘，在平津上閘西十一里。慶豐上閘，在下閘西五里。大通橋。在京城東南角以東一里許。已上橋閘俱元時建。

每閘剥船六十隻，經紀六十名。普濟、平津上、下、慶豐上、下五閘，共剥船三百隻，經紀三百名。每經紀一名領船一隻，看管修理。每糧一石，脚價銀二分一釐一絲八忽六微。水脚五閘，每閘十七名，石壩三十六名，共一百二十一名，搬抗糧石。每糧一石，脚價銀九釐一毫三絲九忽一微。

御史吴仲曰：「臣謹按通惠河即元郭守敬所修故道也，入國朝百六十餘年，沙衝水擊，幾至湮塞，但上有白浮諸泉，細流常涓涓焉。成化丙申，嘗命平江伯陳鋭疏通以便漕運，漕舟曾直達大通橋下，父老尚能言之。射利之徒，妄假黑眚之説，竟爲阻壞。正德丁卯，又嘗命工部郎中畢昭、户部郎中郝海、參將梁璽，復疏通之，所費不貲，功卒不就。其勢雖壓于權豪，要之，三人者亦不能無罪焉。嗣是屢有言者，多不得其要，空言無補。嘉靖丁亥，臣巡視通倉，往來相度，因見水勢陡峻，直達艱難，踵御史向信之言，爲搬剥之説。向信疏見通惠河志。恭遇皇工神明，言入即悟，賢宰相實力贊之，隨命臣暨工部郎中何棟、户部郎中尹嗣忠、參將陳璠同往修之。工興於戊子二月，告成於本年五月，不四月而糧運通行，上下快之。是年所費，纔七千兩，運糧二百萬石，所省脚價十二萬兩。功完，仍命臣供職如舊，又逾年而始得代。初年止運軍糧，今則併民糧亦運之，要之，水能行舟，舟能負重，所謂多多益善，斷乎無不可者。其有所不可者，乃治河者之罪，非河之罪也。但地形高下不無衝擊之患，歐陽玄所謂勢如建瓴，壹蟻穴之漏，則横潰莫制，誠如是言也。隨時修濬防守之功，尚有賴於後之臣工焉。」

倉廠

大運西倉在舊城西門外新城之中，俗呼大倉〔七五〕。永樂間建廒九十七連三百九十三座，計二千一十八間，囤基八百四十四箇。内有大督儲官廳一座，監督廳一座，各衛倉小官廳六座，籌房各二間，井二口，各門攀斛廳各一座，西、南、北三門各三間。

大運中倉在舊城南門裏以西，永樂間建廒四十五連一百四十五座，計七百二十三間，囤基二百二十二箇。内有大官廳一座，東門攀斛廳一座，南、北二門内各有增榀廟，前接一軒作攀斛廳，各衛倉小官廳五座，各籌房二間，井一口，東、南、北三門各三間。大運東倉在舊城南門裏以東。永樂間建廒一十五連四十一座，計二百五間，囤基一百八箇。内有神武中衛倉小官廳一座，斟斛廳一座，神南、右、北三門各一間。大運南倉在新城南門裏以西。天順間添置廒二十八連一百二十三座，計六百一十五間，囤基二百九十二箇。内有各衛倉小官廳四座，籌房各二間，各門斟斛廳各一座，東、北二門各三間。内板木廠一處，門一間，官廳一間，每年收貯各運松板楞木，專備鋪墊各廒用。

曬米廠一處，在新城外西南角，向北門二座，周圍牆垣，計地五頃六十畝。

東黑窑廠在城東南八里，先年領價燒造磚瓦，以備修倉之用，則不惟費用不貲，且多逋負。自嘉靖七年間將官民船順帶磚料，除收發外，其半段者修倉取用，則費省而事便。

西黑窑廠在城西南二十里許，昔嘗燒造磚瓦，緣土性粗惡，今亦停止。

土坯廠三處，東坯廠在舊城南門西，南坯廠在新城南門西，北坯廠在新城西門北，俱有官地打造土坯，修倉應用。

糧額

漕運糧儲每年四百萬石正，兑京倉七分，通倉三分。除京倉不計外，通倉收糧一百四十五萬六千六百二十石，内粳米一百一十七萬八千三十六石，粟米二十七萬八千五百八十四石。改兑京倉四分，通倉六分。

設官

内總督：宣德年間設太監一員，總督倉場。正統間添設一員或二員提督，後爲常例。嘉靖十四年，言官上疏户部查議裁革。

内監督：正統元年，設太監監督倉糧。景泰以來，又設一員或二員。至正德間，陸續添置十七八員。嘉靖初，裁革止留二員。嘉靖十四年，盡行裁革。

外總督：宣德間，設通政一員，總督糧儲。正統元年，令南京户部侍郎一員，提督倉場。正統三年以來，令本部侍郎或尚書，總提督京、通倉場糧草，提督修倉；工部左侍郎一員，領勅修倉。往年常出巡通州，近惟在部代管巡倉御史。景泰二年，設差一員，專管通倉，其京倉巡視，東城御史帶管。嘉靖七年，改屬一員，加以提督字面，巡歷京、通二倉。

坐糧員外：成化十一年，本部初委員外郎一員，專管通倉，坐撥糧斛，禁革奸弊。續於嘉靖十年，領勅會同巡倉御史督理糧運，兼管通惠河事務，驗給輕齎，給散羨餘，查解扣省銀兩。

監督主事：四員，專管收放糧斛，禁革奸弊。

協助進士：每年遇糧運湧至户部，量差辦事；進士三四員協助收糧，糧完回部。

修通倉主事：一員，常在通州住劄，三年一换，係註選專管修理大運各倉。

經歷：宣德間設六員，通州衛一員，通州左衛一員，通州右衛一員，神武中衛一員，定邊衛一員，武清衛一員。至嘉靖八年，御史吴仲奏革，止存三員，通州衛帶管武清衛倉，通州左衛帶管通州右衛倉，神武中衛帶管定邊衛倉。

倉副使：共二十二員，經收糧斛，週歲任滿。

守支、攢典：共二十二名，週歲役滿，起送吏部冠帶回倉。守支此於通州等六衛倉分爲二十二官下，每一官下，副使、攢典各一員名，故各二十二員名。此爲見任，餘各爲守支修倉委官把總，通州衛指揮一員，通州右衛百户一員。

置役

甲斗，每一官下每年額僉通州等六衛軍餘一十五名，應當看守錢糧。

歇家，每一官下額設一十五名，共三百三十名，專管包囤糧米進厫，修理倉牆。

小脚，每一官下額設五十名，共一千一百名，專管扛糧倒囤。

曬夫，無定數，俱於近倉居住軍民聽坐糧員外僉充。

鋪軍，二百八名，係通州等六衛正軍内撥送各倉牆外守鋪，晝夜巡邏。

倉門守把官軍，宣德九年户部奏行吏部取撥辦事官，兵部取撥致仕軍官守把。計四倉共九門，每門各二員，老軍餘丁共十名，一年一换，辦事官半年一换。嘉靖九年，御史吴仲奏改各倉官攢各一員名、軍斗八名守把。先年三月更换，今每月一换。

修倉官軍，四百五十員名，通州衛十八名，通州左衛二十七名，通州右衛六十九名，神武中衛一百八名，定邊衛八十五名，營州左屯、中屯、前屯、後屯四衛，每衛二十四名，興州後屯衛一十三名，密雲中衛二十四名，涿鹿左衛一十名。每年額修倉廒五十五座，如有損漏，隨時修葺者，不在此限。修倉軍夫做工八月，至冬寒沍，難以興作，則令辦料四月。

開支

每年除正、六、七、八、十一月於京倉放支外，其二、三、四、五、十月俱於通倉放支，九月、十二月於太倉庫放銀折糧。如太倉缺銀，通倉粳米放支。

其關糧衙門在京者，錦衣衛，武驤左、右二衛，騰驤左、右二衛，府軍衛，府軍左、右、前、後四衛，金吾右、前、後三衛，旗手衛，燕山衛，燕山左、前二衛，龍驤衛，豹韜衛，濟州衛，大寧中、前二衛，忠義右、前、後三衛，會州衛，神武左、後二衛，牧馬所，大興左衛，鎮南衛，富峪衛，義勇衛，武功右衛，留守左、右、中、前、後五衛，羽林左、右、前三衛，義勇左、右、前、後四衛，興武衛，應天衛，永清左、右二衛，武德、虎賁二衛，和陽衛，犧牲所，蓄牧所，寬河衛，驍騎衛，蔚州左衛，彭城衛，神策衛，鷹揚衛，武城中衛，濟陽衛，瀋陽左、右二衛，虎賁左、右二衛，龍虎衛。光禄、太常二寺，印綬、欽天司，設尚衣、御馬、御用司禮内官共八監，供用庫，巾帽、織染二局，織染所，兵仗、銀作、針工三局，承運庫，雍府大軍、御馬二倉，太平庫，寶鈔提舉司，都税司等衙門，中府教坊司，長安等四門，西城坊，草場。

通州衛在外者：通州左、右二衛，神武中、定邊、武清三衛，通州合屬營州左屯、中屯、後屯三衛。通州左等衛修倉，密雲中衛，張家灣税課司，北草場倉，張家灣批驗所，鄭家莊，金盞兒甸壩，上東壩，上南壩，北壩，上北馬房壩，上南石渠，渠石橋峪口，官莊峪口，張家莊，南石渠西共十二倉。北草場，北高倉，興州後屯、前屯二衛，渠石倉，義合、吴家橋二倉。

馬政

國家以地制馬，每養馬一匹，免徵糧地一半，其法未嘗病民也。乃今兩畿及河南、山東之民，困於種俵，而順天州縣疲於寄養，言及馬政，民未有不疾首蹙頞者也。然方其馬之解俵於太僕也，龍驤虎躍，真可以却强胡而寄死生；一發於百姓之寄養，則已傷殘十之三四；再兑於官軍之騎操，而摧折過半矣。賴以爲用，能幾何哉？然則馬政之在今日，欲使不病民而軍得實用，將如之何而後可也？

昌平州志

嘉靖四十二年，順天府尹高平王公國光因編審目擊時弊，考之會典，參之部牒，較郡邑繁簡難易，復詢民情之苦樂，更定賦役書册，減去横徵糧三千餘金，省冗役六十餘兩。

涿州志

燕地高寒，土宜桑棗。桑之葉大於齊、魯，棗實小而多肉，甘於晉、魏。然絲之産不多，而棗不流於他境者，民惰故也。弘治四年，知州張遜承巡撫秦公令，取官田之沃衍者，遂築四圍，課桑葚、棗核若干斛，俾善于種藝者培壅灌溉，歲得桑、棗數萬本，令民及時移植私田，久之漸有成効。

官莊之設，後世弊政也。洪惟我太祖高皇帝初定天下，即覈官民田土額徵税糧，與民世守，真堯舜之道焉。至洪武十三年，詔北平等處民間田土儘力開墾，有司毋得起科。弘治二年，又令順天等府入官田土俱撥與附近無田小民耕種，殊恩嚴制，載在令典，可考見也。今之宫田、王田乃以下奉上，分所宜然，無容議矣。何勳戚之家，富貴已極，猶不能仰體祖宗至意，輒肆行奏討，將民間力開永業指爲無糧地土，概奪爲己有。噫，有是哉？其鮮禮也！嘉靖初年，蒙差科道部屬會同巡按御史親詣查勘，退回侵占民田若干，雖未能盡復舊制，而積弊已稍除矣。

草場

馬房爲御馬設也，無容輕議。但其地自廨閑外，給佃於軍民者，似不可不清焉。蓋馬房設在縣西北，故地亦盡在西北，三河縣之民地，及興、營二衛之屯田，舉相參於其中，奸徒乘機侵占，兩相影射，漫不可稽。至使京衛官餘不但地以千百計，且多膏腴，而數復有餘；民地、屯田盡舃鹵，而數復不足。夫典馬房者，中貴也，養馬者，勢族也，有司權不相涉，奈之何哉？至于免東、兔西二馬房，佃户皆吾民也。何兔東之地類以八九畝即作十畝，且每畝徵銀三分；兔西之地類以十一二畝止作十畝，且每畝徵銀二分四釐，兹可不爲之一均耶？

驛遞

三河西接京師，東連遼、薊，使旌旁午，至于旅人，又皆社鼠城狐。其大者則有高麗及朵顔諸夷入貢，歲或再至三至，往來經由，無慮數千百人。每人乘一馬，仍索布五匹；十人乘一車，仍索布三十匹，此昔年日費百金也。近馬頭車户俱係召募商人，蓋皆衙前乖覺之徒，其無賴又足以抗惡而息争，甚相宜也。但當召商之時，適奉明旨嚴禁馳驛，一時風清弊絶，而各商皆樂於趨事。邇來牌票復濫觴矣，此輩不惟毫無所得，而且借債支吾，是豈應募之初心也哉？今時給以草料工食，又禁革其私差，且每人止今養二馬，則力專事簡，斯包攬寡而應付不失也。窮則變，變則通，不其然乎？

屯田

國家設立屯田，有邊屯，有營屯。邊屯屯於各邊空閑之地，且耕且戰者也；營屯屯於各衛附近之所，且耕且守者也。即古寓兵于農之意，法莫善於此矣。但三河遷民在先，兩衛下屯在後，凡地之美者，民皆得而有之，而軍之所得者，則地之惡者也。幸其地多糧少，頗足賴焉。厥後復税餘田，名曰新增，軍始困矣。近照三河縣民地均攤，視前似爲稍輕，但興衛地每畝止徵銀二分餘，而營衛則每畝徵銀四分餘。夫一區地土，徵糧懸絶至此，宜起不均之歎也。今丈地後增添附糧頗多，倘略加調停，是亦平賦之政焉。

香河縣

邑境濱河，東南運艘從是以達京、通。而地窪沙積，不得不役民治之，歲設百夫堤障狂瀾，以五十五夫疏濬運道。民苦勞費，官苦省成，交困矣。又有護運兵夫數十名，每重載經過，輒荷戈從之，輪轉撥防，終朝達旦，此白河之苦也。而新河剥船兩項，物力更交征焉。先是選丁夫三百三名，往任新河挑穵之役，旋稱不便，已之，但按丁索錢，解工部，于彼處募役，是皆有身之爲累耳。鈔關剥舡，分派百七十七隻于本縣，縣選有力者領之。故事：每船正頭一名，有朋户一二名，可幫一兩，貼户三四名，可幫一兩八錢，以資修艌，更報拘追，無端騷擾。至四十六年，倉院王題准裁去朋貼，止用正頭，于通濟庫領銀修艌，民困少蘇。

縣界去鹽塲路甚近，鹽多私販，價賤，民不樂買商鹽。至萬曆九年間，以商鹽難行，鹽課未完，則官不得考滿。商鹽到本縣，按丁派散，每鹽十六斤，定價一錢，官爲追比，商收價訖，縣官方報完，遂爲例。

太僕寺寄養馬，本縣原額六百九十匹。嘉靖四十二年，節經按院題減一百六十匹。今五百三十匹，寄養五百三十户，十社，屯置十群，群有長，有醫獸。其草料銀通縣均派，每地六頃五十畝零養馬一匹。内以地多者一人爲頭，如頭户絶逃，輪二户領養，每馬一匹，于六頃五十畝内人户，派起草料銀七兩二錢，許馬户兑支。本縣每月一點驗，太僕寺每歲終一巡查，其肥瘠虚實得殿最縣官。凡瘦損馬匹除退印外，姑容留養者，名曰團槽，限三個月添膘解烙。平時馬有倒失，馬户報縣對領簿驗皮色，失者審核得實，俱取醫鄰結狀存案，通詳太僕寺三堂及順天府馬政廳，下縣照例處之，或免罪納價，或免罪買補，或問罪買補三等，以領養年分遠近爲差。其買補馬匹解寺印烙，先由馬政廳勘驗，次寺丞堂，次太堂，次少卿堂。或本馬不中，退回再買。至調發兑軍，亦馬户管解交納，勞費不貲，賠累極苦。五年編審，乃得代焉。近太僕寺頒行條款，附列于左：

一、倒死馬匹，宜從萬曆三十年少卿施所題例，初次倒死者，十年以上追銀十兩，未及十年責令買補；買補復倒，十年以上追銀五兩，五年以上追銀八兩，未及五年者追銀十兩。凡遇災荒年分，顆粒無收，另行申請，以憑隨時酌處。

一、科罰之法，宜從萬曆九年少卿蕭所題例，如領養三月内倒死者，免罪補買，以領養年月稍近，不服水草所致；三月外倒死者，問罪買補，以已服水草，以作踐之罪罪之；三年内倒死者，問罪買補，以領養年近，必作踐所致；三年外倒死者，免罪買補，以領養年分稍久，或羸瘦所致；倒死買補復倒者，例追價銀十二兩。

一、若馬倒不行申報寺院并該府，私自買補，名爲冷補者，查出從重究治。

一、如走失之馬，問擬當查年月久近科之；如出巡走失不到之馬，不分年月久近，俱行究擬。

按冏寺馬不得不寄牧近郊，近郊之邑不得不分派編户，其勢然也。顧解俵之馬，傷殘于寄養者什之三四，迨兑于官軍之騎操，而摧折尤甚，龍驤可却强胡者有幾？然民間一任芻牧，而中人之産，不數年而傾盡。哀我人斯，制命于馬！使原額馬數至今在，香河之民，有孑遺哉？

本縣走遞馬原額十六匹，每年挨里順甲應役，每匹領庫銀二十四兩外，甲内按地私貼至五六十兩，民稱煩苦。萬曆三十一年，知縣李垂街因税監高淮往反騷擾，應付不給，請增十匹，申允不役里甲，別招商人養馬走遞，名曰馬商。每馬一匹，歲給庫銀五十二兩，概足馬價、工食、草料等費，民甚便之，遂爲例。

營州前屯衛，永樂初開屯，正軍八百餘名，貼軍餘丁六百五十名。成化八年，將各屯軍調發石塘、古北二路防邊。嘉靖三十二年，將官下舍餘抽垜新軍五十三名，調發石塘路防守，家屬隨住，月糧布花，各路造支，本衛止存老幼餘丁三百餘名，今漸消弱。

按：自永樂初撤大寧都司，命以其屬衛散屯内地而邑始有衛，凌夷至今日，名亡者什七，實没者什九，戎政之弛，莫可詰問矣！

順治十七年八月，御史陸□□疏言霸州城南之地，保定縣河北之田，文安縣東窪等處，俱坐落堤外，向時止有琉璃河水道，故十年五潦。以五年之收，賠五年之潦，民止勞其力，而未嘗盡其財。自順治十年間，渾河南注，從霸州城下達口頭村而赴東淘，渾波所過，蕩爲巨津，而三處之地皆成水府，淵深不測，一望汪洋，數十里千頃之良田，久已問諸水濱矣。

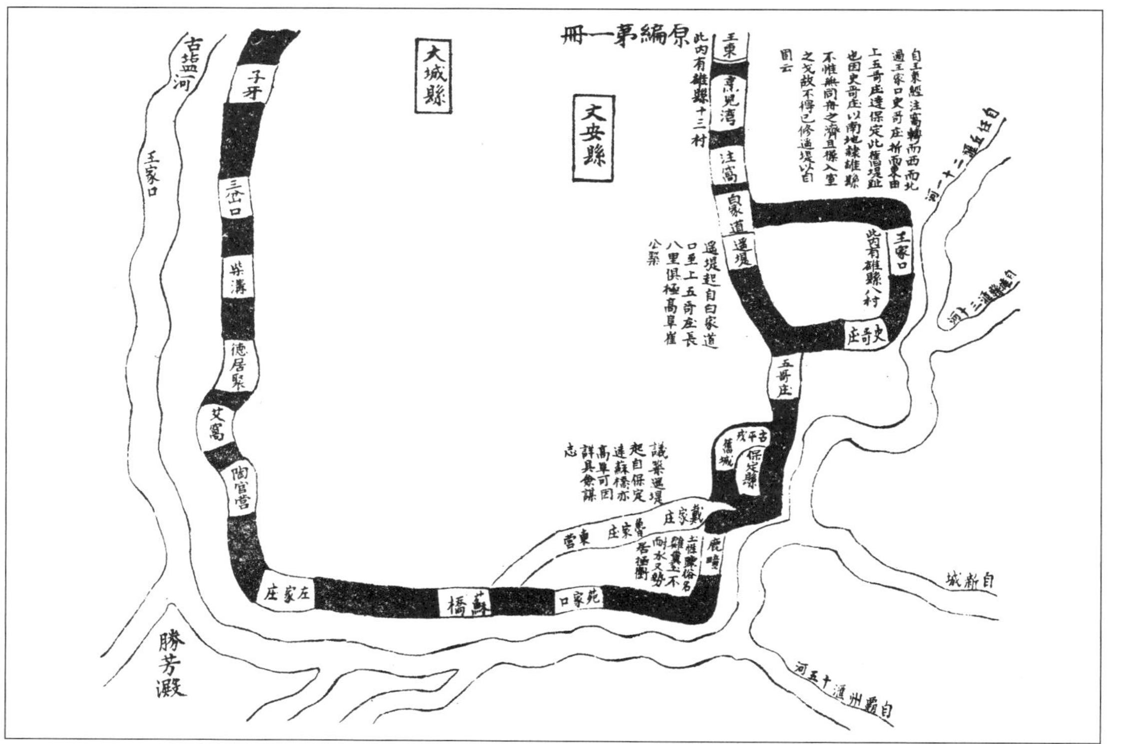
原編第一冊
大城縣
文安縣
自王東經注窩轉而西而北過王家口史哥庄折而東由上五哥庄達保定此舊隄趾也因史哥庄以南地隸雄縣不惟無間舟之濟且滌入室之戈故不得已修遥堤以自固云
此內有雄縣十三村
王東
注窩
白家道
遥堤
此內有雄縣八村
王家口
史哥庄
遥堤起自白家道口至上五哥庄長八里俱極高阜崔公築
五哥庄
古平戎
舊城
保定縣
議築遥堤起自保定達蘇橋亦高阜可因詳具僉謀志
戴家庄
魯家庄
東營
鹿疃
苑家口
蘇橋
左家庄
陶官營
艾窩
德居聚
三岔口
子牙
古塩河
王家口
勝芳澱
自新城
自霸州遞十五河

文安縣志

文安縣志序

紀克家

敝邑地形如仰盂，爲十五河尾閭，秋水驟至，閭殫爲河，故歲多逋賦，不能佐公家急，爲長吏病。然所恃爲命脈者，惟隄防是賴。隄之綿亘百五十里，大半在他郡邑地，故修築功力，亦與他郡邑共之，此勤彼怠，人緩我急。九仞之功，虧于一簣；千丈之防，穴於一蟻。此文之第一苦也。

其次莫若大户頭役。蓋敝邑賦分九則，富者爲影射，爲占冒，超然計口之外，故積年所僉派，皆赤貧其實而大户其名耳。至頭役之累，尤不可勝言。無論一切解支，悉爲包賠，即過客供張，一飯一蔬，一氈一席，皆于焉取辦。故事三年一編，千家立見蕩析。此文之又一苦也。

次莫若屯牧課税。夫屯牧地坐落汙邪之鄉，水至則爲江爲湖，蕩若巨津，遇旱而剛鹵不能施耕耨，昔人所謂石田者。間或長舃茈，亦可療饑，總屬不毛之地。地既不毛，賦于何有？故課税之設，皆非正供。乃二正時閹人用事，投獻紛紛，莊田宫税，爲名不一，皆百姓所鬻兒佃産以賠償者。自先京理倡議力請減徵以蘇其困，而害稍稍捐。此文之又一苦也。

次莫若寄養馬。薄地四頃養一馬，旱則苦水草不充，一遭淹没，家且浮矣，而況于馬？故往往有繫之公門而去者。不得已，累及里甲，萬不得已，則以公署闢爲官廐，甚至馬斃而家隨之，且不止斃一家而概里隨之。此文之又一苦也。

次莫若鬻官鹽。從來鹽法之行，祇有禁私販以通官商者。敝邑則按口而給，如期而徵，急商課嚴於國賦，非通商以裕民，而厲民以惠商。此文之又一苦也。凡此數者，不害于法，而害于法不法。

水經

濁漳水出上黨長子縣西發鳩山，至武邑與雩池即滹沱。合，至成平與清河合，又東北過章武縣西，又東北過平舒縣南，東入海。一右出爲澱，一水北注雩池，謂之澱口。即大城之王家口。清漳亂流而入于海。濁漳又名衡水，即禹貢所謂「覃懷底績，至于衡漳。」孔安國云：「漳水横流入河。」

清漳水出上黨沾縣，東至武安縣南黍窖邑，入于濁漳。

易水出涿郡故安縣閻鄉西山。酈道元云：逕鄭縣故城北，東至文安縣，與雩池合。

滱水出代郡靈丘縣高氏山，又東南過中山上曲陽縣北，恒水從西來注之。道元云：「即禹貢所云『恒、衛既從』也。」疏云：「恒水出常山上曲陽縣，東入滱水；衛水出常山靈壽縣東北，入滹沱。」

濡水，昭公七年，齊與燕會于濡水。杜預云：「濡水出高陽縣東北，至河間鄚縣入易水。」

地里志云：「博水東至高陽入河，又東北，徐水注之。」

聖水出上谷，東入于海。注云：「東南流注于巨馬河，不達于海。」

巨馬河出代郡廣昌縣淶山，又東過渤海東平舒北，東入于海。注云：即淶水也，又謂之白溝，于平舒北，南入于雩池，同歸于海。一統志云：一在永清縣南，一在霸州治北，又徙而南，俱桑乾支流，與水經巨馬河異派。

史記：趙惠文王「二十一年，趙徙漳水武平西。」「二十七年，又徙漳水武平南。」括地誌云：「武平亭，今名渭城，在瀛州文安縣北七十二里。」今城東北七十二里勝芳鎮，衆水滙流，疑即武平。

會通河在縣治北四十里，水自霸州滙者一十有五，曰廣陽水、涿水、范水、鹽溝水、盧溝河、胡良河、巨馬河、夾河、琉璃河、沙河、龍泉河、玉帶河、磁河、汊河、霸水。自安州雄縣滙者三十，曰梁河、清苑河、石橋河、土尾河、徐河、方順河、長流河、温義河、馬村河、紫泉河、五里河、拒馬河、白溝河、白澗河、唐河、沙河、滋河、滹沱河、雄河、鴉兒河、遒欄河、祁水、易水、女思谷水、濡水、淶水、雷溪、子莊溪、一畝泉、雞距泉。自河間任丘滙者二十有一，曰滱水、西韓河、甘陶河、即冶河。綿蔓河、松陽河、衛河、濊河、派河、臙脂河、當城河、告河、濁漳河、清漳河、夾河、恒水、倒馬關水、滹沱河、高陽河、漕河、長豐渠、五官淀。以八十步之渠而滙巨浸六十有六，此邑之所以歲苦波臣也。

石溝河在縣治東北五十里。

柳河在縣治東北二十五里。

急河在縣治東北二十里。

文安潭在縣治北十五里。

大寧橋口在縣治東南五里。

玳瑁口在縣治東南二十五里。

火燒淀在縣治東二十五里，廣四千餘畝。聚石溝、柳河、急河三水流入衛水，達直沽。

麻窪淀在縣治東南。

牛臺淀在縣治東。

白龍淀在縣治北。

勝芳淀在縣治東北七十里，上接會通河，下達三角淀。

大司馬王公遴議

自保定縣東路疃村起〔七六〕，自西向東，由周家莊、戴家莊、魯家莊、西營村，直抵堂頭村，築大堤一道，務極高厚，南護文安地方，計長約四十里。計用夫二千名，做工兩月，每夫一名給工食銀一兩五錢，計銀六千兩。此一勞永逸，二州七縣之利，義當共舉，事難惜費。俟隄既成，即將路疃村迤北至口頭村、卜家莊、善來營、苑家口、蘇家橋沿河一帶南岸之隄，盡爲決去。秋水一發，即以所築之隄爲南岸，則水豈能復壅，所謂不與水争利是已。此策之上也。目前之計，但當於苑家口、栲栳圈二河之中，内有民田京營地，約有四五十頃，亦因水患，皆曲爲防，一遇水發，最爲壅塞。若將民田京營地，捐其賦税一半，餘者各州縣代補，聽各自種自食。春間無水，尚堪種麥，夏間稍旱，亦可種蕎〔七七〕。其中曲防，盡爲決去，則秋水亦不致大壅，此不過一舉手之力。

邑侯郭公允厚議二策

一、起自注窩，東行至圍河，出保定之南，經留寨之北，過西營，抵蘇家橋，築月堤一道，長約二十五里有餘，遠者去河二十里，近者去河亦數里，容蓄有餘，水勢漫緩。此王大司馬展堤之遺意也。雄、霸諸水，舉不能東下而犯文安，此上策也。或曰：河之決而入文安也，多自保定之下，苑口之上。則今築月堤而護文安，亦當自保定之下，苑口之上，起于保定舊城基下，東北經孔家甫、戴家莊，至西營，抵蘇橋，不過十三里許。此其工力較前堤減半，而黑牛口、白家道口諸水之自雄入文者，尚不能救也。此中策也。

憲副井公濟博遥堤議注一

由注窩西里許，起自白家道口，西北達保定縣上五哥莊，築爲遥堤，以防廖家、黑牛等口之衝。上五哥莊經保定縣北，東至路疃村南頭，俱極高阜，仍用舊防。由路疃村南頭起，經東北西營村，達蘇家橋，亦築爲遥堤，以防路疃、口頭、杏葉等處之衝。仍修北堤以縷水，復設遥堤以豫防，北堤可守則守北堤，北堤不可守，則決蘇橋東頭之堤以洩水，而共守遥堤。水勢既寬，必無潰決患矣。

霸州道觀察王公鳳靈議

余觀直沽之上，有大淀，有小淀，有三角淀，廣延六七十里，深止四五尺。若因而增益，又爲之堤，停蓄衆水而委輸于海，水固有所受也；然後濬治舊川，爲長堤以束之，高廣倍于前功，使水有所行；又多開支河，聯絡相屬，使水有所分；見在窪淀不下數十處，又各深而堤之，使水有所積，則雖有淫潦飛流，大川瀉之，支河析之〔七八〕，諸淀瀦之，高堤防之，可以無横溢滔天之患矣。堤易壞，必有堤夫歲繕；河易淤，必有淺夫時挑；支河既分，必多有橋梁以通濟，則川得安流，田得利溉，人無病涉，戎馬不得長驅，地方大利也。文安、大城，别爲一區，亦宜用此法，多方疏濬。然非朝廷定其議，大臣董其役，勢必格而難行，功或苟而速就，求河之治，可得乎？

掖令姜公揚武議

夫水之行地，猶血脈之周身，欲疏通不欲底滯，其性一也。顧咽喉其可壅乎？脈絡其可壅乎？尾閭其可塞乎？玉帶河抵苑家口，水之咽喉也；古鹽河，水之脈絡也；三家淀與三角淀，水之尾閭也。今桑乾、巨、易，滙西北洪流而注于八十步之渠，噎乎？不噎乎？鹽河即衡漳、滹沱之故道，歲久陻閼，闢爲桑田，秋水灌河，餘波横溢，壅乎？不壅乎？三家淀塞，則衡漳、滹沱之水，不得游衍于濼塘；石溝、臺山、勝芳與三角淀，不闃于浮沙，即隘于敗葦；而滱、易、桑乾、胡梁、巨馬諸水，不得奔流于滄海。祇聞峻防，未聞疏濬，若此者，塞乎？不塞乎？用王司馬展河之策，而咽喉之病除；用元人疏河、許中丞濬河之策，而脈絡、尾閭之病除。夫水之齧隄者，與水争勢也。以八十步之渠而闢爲三里之渠，河身廣闊，波流漫衍，不惟霸、文、保、大無衝決之害，而雄縣、新城、安州、新安、高陽、任丘，俱免壅塞之患矣。往時滹沱潰而北，桑乾潰而南，南北交傾，而南患更慘于北。余昔經鹽河，見故道空曠，漫漶未疏，一加挑濬，便成寬渠。南河通流，河由北注〔七九〕，則西南之水，由真定、河間而滙于滹沱河者，亦可以殺其奔騰之勢，而文邑免交傾之苦矣。静海居民，塞三家淀者有禁。凡滹水經由之故道，悉濬之使深廣。由蘇家橋迤東，烟波浩淼，萬派朝宗，近爲沙草填淤而變爲斷港絶流者，亦濬之使深廣。下流一塞，則上流必溢；下流之趨海者既順，則上流之歸壑者愈疾。如是，則壅塞之弊撤，而九河之績奏矣。夫展北河，濬南河，疏下流，要皆相地之脈，順水之道，貫惟仍舊，費可永寧。由是而咽喉，而脈絡，而尾閭，猶閉爲關格，潰爲癰疽，無是理也。

又議云：憶余垂髫時，同鄉徐公諱貞明，奉命開三輔水利，阻于浮議，曰：「北土不宜稻也。」庚戌，陳生國紀與涿鹿覓越人之習水利者，疏畦引水，創爲稻田，阻于衆口，曰：「北土不宜稻也。」余私詫曰：「今淶、涿、漁陽，廣栽秔稻，民獲其利。矧職方氏云：『幽州穀宜三種。』鄭云：『黍、稷、稻。』賈公彦疏云：『幽與冀相接，冀皆黍、稷，幽見宜稻。』故云三種，黍、稷、稻也。是幽之宜稻，其來舊矣。」或曰：「淶、涿之間，山泉清淺，正劉靖紀勳碑所云『疏之斯溉，決之斯散也』者。吾鄉亢旱則涸及三泉，隄隤則水深五丈，障之猶虞蕩決，引之更益奔衝，談水田于豐利，非徒無益，實增之害也。」余聞之，囅然曰：「若所云云，真夏蟲之不可語冰者矣。且漳水可以灌鄴下〔八〇〕，涇水可以富關中，何吾鄉之于河，獨避之如仇而畏之如虎耶？」及讀宋史何承矩傳，自順安瀕海東西三百餘里，南北五七十里，悉爲稻田。食貨志云：「凡雄、鄚、霸州、平戎、順安等軍，興堰六百里，置斗門，引淀水溉灌。」吾鄉始爲塘濼，終爲稻田，防塞實邊，具有成績。稻田有八利：多爲溝渠，引填淤之水，利一；分爲支河，疏壅塞之害，利二；旱不虞枯槁，利三；水不虞泛漲，利四；通舟楫以便轉輸，利五；稻一斗易粟數斗，利六；逋賦易完，利七；戎馬不得馳突，利八。然始必壞民丘壠，多起丁夫，變置川原，遷延歲月，都邑易騰浮議，愚民潛布流言，未驅載穗之車，已中鑠金之口。必主之密勿，付之重臣，勿因小害而阻撓，勿徼微利而鹵莽，寬其文網，需以歲時，則數百載之曠典，庶可次第舉矣。

文安地形如釜，當十五河之衝，爲泉流滙歸之區也。其三營四淀，皆不毛之地，初無額課。自正德時，始議開墾，而大有力者乞爲莊田以進宮税，尋有牧馬、草塲、備邊等項名色，起科倍于常額，斯民已不堪命。兼以旱潦不常，相率逃亡，漸成荒蕪。時屯牧佃户生員任之龍等援霸州蒼兒淀減半折徵事例具呈，先任鄭君（鄭士僑，文水人。）痌瘝切身，力請監司撫按兩臺，俱報可。疏聞，然未邀俞旨。屯臺盧公嗟痛不已，循長孺矯詔發倉之例，准鄭君減徵之請。惟慈寧宮莊田子粒，歲如其額。自神宗顯皇帝升遐，頒詔首恤文安，除慈寧宮子粒錢糧不折外，其餘效勇等三營，火燒等四淀，俱准一體減半折徵。

保定縣志

王大司馬遴展河議

自保定縣東北路疃村起，自西徂東，由周家莊、戴家莊、西營村，直抵唐頭村，築大堤一道，務極高厚，計約四十里。計用工二千名，做工兩月，每月每夫一名，給工食銀壹兩伍錢，計銀六千兩。此二州七縣之利，義當共舉，俟堤既成，即將路疃村迤北至口頭、卜家莊、善來營、苑家口、蘇家橋沿河一帶南岸之堤，盡爲決去。即以所築之堤爲南岸，則水豈能復壅？所謂不與水争利，此策之上也。目前之計，但當于苑家口、栲栳圈二河之中，内有民田京營地，約四五十頃，亦因水患，皆曲爲之防，一遇水發，最爲壅塞。若將民田京營地，蠲其賦税一半，餘者各州縣代補，春間無水，尚堪種麥。其中曲防，盡爲決去，則秋水亦不致大壅。此又策之次也。

王應禧曰：霸屬三縣折畝，原無異同，惟是保定澤鄉堤外窪地大半，每遇泛漲，衆流蓄聚，經年不洩，糧存難辦。以故丁逃而累及於户，户逃而累及於甲，人不得不盡甲而逃，地不得不還官而荒。夫亡業蓁蕪，額賦難減，錢糧盡歸堤南五百頃内。緣是小畝壹畝伍分，折大畝壹畝，而折畝遂與文、大之叄畝折壹者異矣。無論地之肥磽什百，然均一額賦也，輕重奚啻懸絶哉？

輔兵議

汪道昆

自古畿輔之地，必設重兵，所謂彊幹弱枝，隆上都以觀萬國者也。我國家京營之弊，未易更張，環顧三輔之間，尺籍僅僅耳。昌平北捍邊圉，陵寢在焉。世宗常命大將軍軍昌平，旋以罪議罷。顧畿内巡撫，秋駐昌平，載在璽書，迄今未改。昌平故隸霸州兵備道，頃復設專道治其兵。隆慶初，言官上言兵事，請昌平團游兵三萬，召兵部侍郎譚某、總兵戚某專練之。先帝嘉納其言，召兩人者至，屬增兵增餉，議格不行。尋以薊、昌屬此兩人，僅出中策。幸而兩人者同心戮力，完繕邊防，比及數年，境外無犯。其後輔臣建議，增置兵部侍郎二人，一守昌平，一守通州，責以防虜。誠知昌平地重，宜必重爲之防。得時而行，蓋有待於今日耳。邇者薊、昌以保禦得策，宣、大以貢市弭兵，九邊晏然，胡馬不敢南牧。議者方欲休兵捐餉以紓大農，似也。不佞過計，竊以爲不然。

我國家用夏變夷，自昔一以備邊爲急。以京師而視薊、昌宣、大，皆在肩背肘腋間，則視九邊尤急矣。頻年内握勝算，外籍壯猷，財力畢殫，卒鮮底績。即其弊未可縷指，其大較有兩端：

畫地而守，聲援不通，一弊也；無所不備，無所不寡，二弊也。夫匈奴雖强，不過中國一大縣，計彼控弦十萬，其餘復何能爲？通計九邊之鬭士且什倍之，曾何負於虜？顧今督府相望，鎮撫比鄰，朝廷分信地而責成之，使各保其境内。然或聚虜數萬直趣一隅，一隅敢戰之兵，曾不足以當其什一，所謂無所不寡是也。既分信地，曾何患于其鄰？束手而坐視之，不啻秦越。虜之始至，既不能併力而扼其方張；及其惰歸，又不能出奇而乘其既敝，所謂聲援不通是也。甚或以鄰爲壑，賂虜而嫁禍于鄰，弊也久矣。

不佞之閲薊師也，薊分十一路，將士各有分區，使徒藉此以待虜來，虜且乘之矣。諜者得虜方嚮，則當虜者爲主，諸路悉自遠近赴之，譬之常山之蛇，首尾皆應。向虜犯大水峪，少師楊公帥諸部卻之，率用此也。薊、昌亡論已，宣、大相距不數百里，猶之唇齒輔車，借使虜犯宣府，則宣府爲主，大同赴之；虜犯大同，則大同爲主，宣府赴之。通力合謀，交相重矣，虜果數能得志乎？其未邪？由二鎮而觀之，則四鎮可知已。

爲今之計，請通四鎮之勢而懸衡其間。設輔兵六萬，軍昌平，左右顧以伺虜便。四鎮之諜者，皆能深入虜地，畢得虜情，縱或大舉，必先旬日知之。自此勒兵長驅，可一當虜。如虜犯薊，則薊主兵守以待戰，而輔兵赴戰以協守。如犯宣、大亦然。乃若因時制宜，戰守互用，悉在主將。即如薊、昌可戰之兵，不啻八萬，以輔兵六萬合之，則十四萬有奇。即虜大舉而來，而吾得十萬之師，足以制勝矣。宣、大故有敢戰之兵，自今部署而訓習之，當不在薊、昌下。即出宣、大，亦得十四萬有奇，以戰則勝，以守則固，事之必至者也。藉令分犯四鎮，虜勢必輕，各鎮全力足以應之，即分遣輔兵以爲之援，無不可者。夫東西一舉十餘萬衆，豈直足以禦虜而已哉？俟其聲勢既振，部曲既明，技擊既精，心力既一，猶之肩背臂指，伸縮自如，虜有不庭，因而討罪，即東擣東虜，西控西酋，惟上所命耳。我國家威德遠甚，成祖蓋先爲之。乃今復以堂堂正正之師，一收犂庭掃穴之績，虜將辟易不暇，寧復有他？由是而放馬休兵以紓國計，簡十萬以張禁旅，减半額以戍各邊，偃武修文，萬世之利也。用是謹條四事，仍以二議足之。然惟因兵爲兵，無甚高論。

方今君相一德，文武一道，中外一心，此所謂千載一時，難得而易失者矣。不佞祇事行役，竊自比于獻曝之忠，皇皇然誠懼失時，要非好從事者也。高明幸察。

三屯營

隆慶二年五月，薊遼總督譚綸疏陳邊務，言遊兵破虜，誠爲制禦長策。而行之有四難：制虜長技，非車不可，召募强壯，歲費甚多，司農告匱，一難也。燕、趙之士，自備虜以來，鋭氣幾盡，募卒吴、越，又疑用之不可北，散之不可南，二難也。燕、趙之人素驕，驟見軍法，不無大駭，且去京甚近，流言易生，三難也。我兵素未當虜，戰而勝之，虜不心服，能再破之，終身創矣，第懼忌嫉易生，奇禍或至，四難也。不若姑就薊鎮見兵，講求戰守之策。各路選兵十枝，每枝務足三千，列爲三營，營分三軍，各加訓練，仍付戚繼光以督理練兵之職。每春秋兩防，三營之兵，各移近邊，臣與繼光往來督勵，務各負牆以戰，遏之邊外，此爲上策。萬一乘罅潰入，亦願少宣罪誅，臣等決一死戰，收桑榆之功，亦不失爲中策。若先事不能禦，後事不能戰，掩取微功，苟圖塞責，是謂無策。又言中國長技，無如火器，欲練兵三萬人，必得鳥銃手三千人爲衝鋒，而時加肄習，非遲之一年不可。今防秋期近，請選取浙兵三千人，以濟一時之急。從之。既而復條上分立三營事宜，言春秋兩防之時，各屯要地，如永平有警，則遵化一營禦之，三屯出二哨應之，密雲出一哨應之；薊州有警，則三屯一營禦之，遵化出二哨應之，密雲出一哨應之；密雲有警，則密雲一營禦之，三屯出二哨應之，遵化出一哨應之。兵皆據牆力戰，以拒虜不入爲上功；其或一面失守，致虜潰入，則合三營之兵，併力奮擊，務收全捷。又言薊鎮專用主兵，將以罷調客兵，今行之而未效者，任未專也。宜責臣綸與繼光專董其事，勿使巡按巡關參與其間。俟三年補練有成，然後遣官閱視，補得主兵幾何，即罷調客兵幾何。疏入，報可。

三年，總理練兵都督戚繼光上疏言：薊鎮兵多亦少之原有七，不練之失有六，雖練無益之弊有四。又言兵形象水，水因地而制流，兵因敵而制勝。薊之地有三：平易交衡，内地百里以南之形也；半險半易，近邊之形也；山谷仄隘，林薄蓊翳，邊外之形也。虜入平原，利于車戰；虜入近邊，利于騎戰；虜在邊外，利于步戰。三者迭用，乃可制勝。邊兵所習惟馬，山戰、谷戰、林戰之道，惟浙兵能之。願予臣浙兵三千戰守，又以三千鳥銃手付臣教練，分發十區，聽臣總領車騎合練，庶臣得展布而無掣肘之虞。部議宜取回總兵郭琥而獨任繼光。上是之。

隆慶三年二月丙子兵部尚書霍冀覆總理練兵戚繼光條陳咨總督撫按會議合練是否議〔八一〕

云：太公對武王曰：「車者，軍之羽翼也，所以陷堅陣，要强敵，遮走北也；騎者，軍之伺候也，所以踵敗軍，絶糧道，擊便寇也，故車騎不敵。」又曰：「易戰之法，一車當步卒八十人，八十人當一車；一騎當步卒八人，八人當一騎；一車當十騎、十騎當一車。險戰之法，一車當步卒四十人，四十人當一車；一騎當步卒四人，四人當一騎；一車當六騎，六騎當一車。」由此觀之，則今日車騎合練之法，即太公復起，不能易矣。

且所謂險地易地，在薊、昌皆有之。今計二鎮間可練兵車七營，每營用重車一百五十六兩，輕車二百五十六兩，步兵四千，騎兵三千，駕輕車馬二百五十六匹。以東路副總兵一營，合巡撫標下一營，駐之建昌、遵化〔八二〕，以西路副總兵一營，合總督標下一營，駐之石匣、密雲；以薊鎮總兵二營，駐之三屯、昌平；總兵一營，駐之昌平。是十二路二千里之間〔八三〕，有七營車騎相兼轉戰之衆，即有數萬虜，無能爲矣。

或者疑於虜騎迅疾，車步遲不相及，臣等爲之解曰：用兵之法，有分有合，兵車七營，豈皆聚爲一處，必以一半合戰，而又一半出奇，或遮其前，或搏其後，或出其左，或掩其右，有追奔，有迎擊，有扼塞，有邀截。追奔邀截及險地用騎與輕車，扼塞用重車，迎擊及易地則輕重車騎相合。虜之所恃者，馬也，而我有車以制其馬；虜之所習者，射也，然遠不能六十步，而我之火器火箭皆可遠二三百步之外，且有車以爲之營衛，我得以展其所長，是技又不相若矣，此車騎合練堪用者一也。行則爲陣，止則爲營，以車爲正，以騎爲奇，進可以戰，退可以守，人無挑壕疊塹之勞，馬有從容飲秣之便，此車騎合練堪用者二也。車不用食，步不用馬，以車爲蔽〔八四〕，步又半不用甲，省費甚鉅，此車騎合練堪用者三也。前此虜入内地，如蹈無人之境，四散摽掠，遍地皆虜，莫之誰何。今有兵車與戰，虜既不敢分掠，又不敢久住，僅僅自保，取道以遁，此車騎合練堪用者四也。薊、昌地方險阻，車利扼塞邀截，使虜大失利，當有終身之創，此車騎合練堪用者五也。

臣等又以弃喻：駐則布車四隅，將卒馬砲，俱處其中，明以車爲衛也；行則馬步各有止節，惟車縱横遠近，所向無前，明其不可當也；砲則隔子取子，明無物可障也。此車與火器相須爲用，又因可互見矣。臣等又以字説：戰字從車，陣字從車，軍字從車，大軍所駐，名其門爲轅門，轅字從車，騎字從馬從奇，可見古人以車爲正戰，以馬出奇，其所從來遠矣，不獨太公之對武王爲然。今都督戚繼光議以車騎合練，臣等援古證今，寔以爲得制虜之長策。部覆從之，建昌自此設車營矣。其條陳有七原、六失、四弊云〔八五〕。

臣嘗見射者硬弓勁矢，射疏及遠，倏令射近，則云習遠而不能近。彼弓矢由人尚如此，今邊牆依山，山勢崎嶇，有斜坡百十丈者，有平低數丈者，所恃全在火器。火器力大奪手，又非弓矢由人之物，處高臨下，又非教塲平坦之地，若不平日演試，識其高下，臨敵一發不中，再發不中，賊已至牆下，火器爲無用矣。臣行邊每查庫貯，一區之内，多者十餘萬，少亦不下數萬，悉皆掩卧塵土。問之將領，則云俟報警方給；問之軍，曰臨警隨給；汝能用乎？皆謝曰不能。節歲費數十萬金，置造軍器萬萬發邊，以有用之物，置無用之地，誠竭江河以寔漏巵耳。此不練之失也。今之所懾虜者僅火器，火器之中惟邊銃快鎗。彼鎗銃之腹，原造未曾鑽扭，粗細不一，以致鉛子出口不直；口大子小，銃腹有隙，以致火氣先失，子大者啣於銃口，一激落地矣。且一手點火，一手執銃，手執銃後，子出銃動，低者入土，高者穿雲，賊少犯則命中不能，賊環至則銃稀無措，由是雖具火器，不能退賊。次惟弓矢，夫弓矢之力不强於賊，則與賊共，且堅甲兜鍪，非矢能貫。所謂雖練無益之弊也。

永平道葉夢熊戰車議

兵家有勝算之策，有制勝之器。今之言禦虜者非不備矣，然或各得其一端，而其策其器，多散漫而不嘗試〔八六〕，反不及虜之精專。虜所恃惟騎射，自少而壯，止一藝耳，千人萬人，亦止一藝耳。故箭不虛發，騎追逐如飛，飄風疾雨，頃刻蹂躪，勢不可當，此其所長也。中國豈獨無所長哉？火器也，輕車也，挨牌也，此吾之所長也。虜弓雖强，必近發而不能遠及，矢雖如雨，可以善避。惟火器一發，避之無措，一銃可殲數十人，千銃齊發，可殲萬人，加之萬銃，雷震山裂，絡繹響應，即虜騎百萬，亦無不撓亂矣。

古人以車戰，後人失其意，僅用以守。戰車宜輕，可便馳逐，守車太重，僅可備營壘轉輸耳。成化間工部及大同所製，用十八人推挽，即今薊鎮偏箱，亦用十六人，後要改衡鋒車，亦非十人不能運，皆安營輜重之具，非戰具也。今製雙輪稍前，遮板退後，著地如飛，平地二人可推，遇險四人可舉，上列鎗刀，行時摺竪，戰時前向，火器從中而發，隨虜所往而逐，彼止則我進，彼進則我止，人遇之披靡，馬望之辟易，可戰可守，萬全之計也。挨牌中用薄板，内外皆竹片藤編密釘，試以硬弓，十步内射之不能入。萬曆三年，本職任贛州時，曾用以破黄鄉寇三萬，彼長鎗硬弩飛鏢，俱無所施。今以直抵虜箭，一齊挨前，用砍馬刀與長短器相夾，翼車而衝，然後騎兵隨之，是兵法所謂馬步車混爲一法。敵安知吾車果何出，騎果何來，徒果何從，潛九地而動九天者也。

蓋制勝之器，中國所長也。然惟專而後精，惟精而後長。欲其精專，非練不可，欲練非選鋒不可，兵不選鋒曰北，蓋貴精也。秦、漢擊胡，常用兵三十萬，往往不利，然出塞千八百里，窮極其地，勢不得不用衆。如我成祖北征，亦用至三十萬是也。若虜入犯，與之對敵，則可以計取，如岳飛以五百人破十萬，劉錡以千人破十三萬，我太祖用中山、開平、岐陽分道驅逐胡元，皆以精鋭襲擊，所向無敵，此用寡之効也。夫虜之擁衆而來也，徒以鷙悍自驕，蜂團烏噪，奔掠無紀。若能設伏出奇，一大創之，如鳥之傷也，可以空弦下矣。故出奇之兵必練，練必選鋒。密雲、遵化、三屯，俱有標兵，每標選一千，西協四路選五千，中協四路五千，東協四路五千，以二人之食食一人，以二馬之食食一馬。南兵三營，每營選一千。又責成總兵，選家丁五百，副、參、遊以下，或二百，或一百。汰遊食冗員，虚糧冗役，積其餘以陰蓄死士，則兵馬不必加也，錢糧不必增也，於常額之中，而得轉弱爲强之術，蓋今日制虜之勝算也。戰車每兩車正一名，挨牌六名，長鎗二名，鈎鐮二名，佛郎機手二名，百子銃手三名，兼火箭三層，推車夫二名，馬八匹，馬上各稍百子銃一把，騾一頭，馱滅虜砲一函，百子銃十把，共計步兵十七名，馬兵八名。以二十五人爲一隊，十隊爲一司，十司爲一部，十部爲一軍，分爲三營，合爲一大營。勢小則分擊，勢大則合擊，處處有節制之兵，人人有敢戰之氣。此薊門之命脈，京畿之神靈，忠義之臣，所宜剜胸裂眦而圖者也。

夫天下之禍，莫大於不見其形而有其實，今之虜，形與實大勢可覩矣。虜未嘗一日忘中國，則中國亦不宜晏然無事，而坐待其變也。自貢市、撫賞、修工之外〔八七〕，宜問兵，其半菽不飽者能戰否？宜問馬，其羸弱不堪者能馳否？宜問火器，其棄置已久者能習否？宜問將，其煩文縟節以急阿奉，憂讒畏譏以希苟延，一旦有急，果可以當虜否？夫時方以歸義欵誠爲賀，而無故發深憂過計之談，昔遭譴斥，今復不戒，將至於三刖而後已也，誠不自知其狂悖。惟臺下計安社稷，熟思而鋭圖之，幸甚。

神銃議

塞上火器之大者，莫過於「大將軍」。薊鎮一年止放一次，以其勢大，人莫敢放也。銃身一百五十斤，以一千斤銅母裝發，如佛郎機樣。職熟思之，改銃身爲二百五十斤，其長三倍之，得六尺，不用銅母，徑置滚車上發之，可及八百弓；内大鉛彈七斤爲公彈，次者三斤爲子彈，又次者一斤爲孫彈，三錢二錢者二百，爲群孫彈，名之曰公領孫；尚以鐵磁片用斑猫毒藥煮過者佐之，共重二十斤，此一發勢如霹靂，可傷數百人馬。若沿邊以千萬架而習熟之，處處皆置，人人能放，則所向無敵，真火器絶技也。初疑其重，今運以車，登高涉遠，夷險皆宜。職製成，每日幾次試之，見者莫不膽寒。夫祖宗出塞，專恃神銃爲破虜先鋒。天順六年，造兵車一千二百輛，各有載大銅銃車。成化元年，造各樣大將軍三百箇，載炮車五百兩，大約與職意合。蓋善用中國之長以制虜，此上策也。觀大明會典，神鎗神銃俱内府兵仗局管，其慎重如此。知祖宗所以逐胡元，則知今日之所以爲戰守矣。

其製輕車以備戰守文

夫車戰，古今詳言之矣，用之皆有成効，歷歷可考。間亦有稱不便者，謂其重滯窒碍，難行也，不必遠引，即丘文莊、李文達、馬端肅、許襄毅，每能言之，而未身試。成化年間，工部造之，名爲小車，而一兩拽之用十八人，宣、大造之用十人，薊鎮見存，曰偏箱，曰飛車，非十五人不能駕，竟未得古人良法美意。自古謂之馳車，謂之輕車突騎，謂之興兵十萬，用輕車二千，皆越險數千里而轉戰者也，安得以重滯爲病哉？本職近日以意造之，雙輪前向，遮板稍後，上列刀鎗六把，佛郎機二函，火箭三層，新製手上百子銃二函；輪輕着地，若有自行之勢，假二人推之如飛翼。以新製鐵拒馬、竹挨牌、砍馬刀，馬見驚恐奔潰，不敢回顧。平地二人可推，遇險四人可舉，共可遮蔽。二十五人爲一隊，馬五匹。稍倣古法，合一萬人而爲一軍。見在各營舊車，存之以備運輓。其軍之壯健者，以駕輕車；其竹挨牌與百子銃、鐵拒馬，須用南兵，方可敏捷。每車一兩，并銃炮器具，價銀五兩。夫造之如法，不惜其費；練之如法，必極其精。本職願以三年之功，得精兵一萬，少効制虜安邊之策。緣係車營更改錢糧重務，伏乞臺下裁議具題，決意而早圖之，宗社幸甚。軍門、撫、按稱善。

其製每一車，用馬步二十五爲一隊；合隊爲司，有左司右司，統以百總二名；十司爲一部，爲左部右部，統以把總二員，千總一員；十部爲一大營，有左營右營，統以將官二員。計一大營，共用馬軍八千人，步軍一萬七千人，共二萬五千人，全勢也。惟薊兵既有定額，而各營路之軍，更多寡不同，況各分信守，湊合爲難，則居常訓練，欲必成全營，寔於事勢未能也。惟今因地用兵用車，各從本營本路兵之多寡，便宜各在本地相爲訓練，不必盈此虛彼，不必合遠湊近也。緣此車可用馳突，一車之兵，步馬相兼多少，可爲戰禦，進則爲陣，止則爲壘，無俟必成一營而後可用。但計有一車，即用兵二十五人，有二十五人，即用一車，則在在俱有兵車，分練爲小營，合練爲大營。卒有警急，審量機宜，勢小則相近一二路分擊之，勢大則調集諸路合擊之，何練之不効、敵之不克耶?

及查計東協見在之兵,建昌營可用車一百二十輛,燕河路可用車六十輛,臺頭路可用車八十輛,石門路可用車一百輛,山海路可用車四十輛,共計應造車四百輛,用兵一萬人。平時有步兵不足,馬兵有餘者,亦就而用之;有警主兵不足,客兵有餘者,亦就而用之。惟每車合二十五人,不必拘定馬步主客之數,要在用之得宜耳。本道每月親歷各營路,往來督練,俟稍覺精熟,再合操於建昌、臺頭適中之地,則分合通變,成効漸可睹也。至於千、把總等官,即就各營路見設馬步各員内選用責成,其兵車之數,雖多寡不一,而營制之體,則大小通融。此車器兵馬大概如此。

又議添滅虜滚車

查得舊車有騾駝滅虜砲,安營拒敵,臨時方入藥,掘土安炮,高下無法,退坐丈餘,緩急無恃。今議製滚車,上載滅虜炮三函,高下安置有法,試之炮發而舉疑「車」字。不動。以三人拽之,每戰車二輛,即帶滚車一輛,勢甚輕便,似爲火器長技。炮用營路見在者,車料、顔料、匠役、鹽菜,計該二百輛,共該銀二百八十兩,似應并前議請造用,庶兵車器用全備,禦虜利便。

巡撫蹇達議:薊鎮有險可恃,故以守爲上。先此奉有朝議,以匹馬不入爲功,然非不用戰也。見今東協當薊、遼之界，羽檄時馳，則夷情視西、中二路爲急。牆臺疏薄，舊車無多，則邊備當比西、中二路加嚴。今東路臺牆之工，必需歲月，則今之輕車，委應亟造。今准咨議，以錢糧，則取於庫貯堪動，及漢莊裁減民兵銀兩，既不煩請討；以製造，則先急東協，而責練於中、西，輕重並施，新舊互用，又不至於偏廢。誠切中機宜，無容別議。該道苦心籌畫，以圖戰守，大裨邊務，當與邊工一併議題，用成永計。

軍門王一鶚題稱：永平兵備道葉夢熊議造輕車四百輛及大炮滚車二百輛，臣等躬親試驗，委果便利，有裨邊防，且邊工卒不可完，此項尤應亟舉。已遵奉便宜事理，往返查議，審酌調停，并計處錢糧，行令該道動支永平、遵化各庫貯堪動年例料價，與支剩浮費，及省積民兵等銀九千四百三十餘兩。該道選官造完，臣等再行查覆。如果工作精堅，錢糧並無冒破，一體題請優叙，以爲邊臣任事之勸。庶事有責成，人心愈奮，其於戰守大計，各有攸賴矣。

制可。兵道練習，遂以半合營禦虜，以半分路，令南兵游擊龔子敬，查酌沿邊極衝設之，選膽勇百總一名，專管裝放。其炮房三面開門，兩傍可擊乘牆之虜，向外可擊馳突之酋。初設桃林口時，適長昂子伯魂領鐵騎千百餘，挾弓躍馬，横索賞物。撫諭之不馴，闗守備張旆，即示以大炮，盡殲羣醜甚易。不信，號笛一發，砲聲雷震，羣子飛出，北山角轟然而崩，石飛旋空若星隕。衆虜膽寒，俯首叩地，稽顙囓指，驚癡半晌方甦，遂讋服領賞亟去。此絶技神異之明驗也。

其操練有圖，曰車馬步擺列起操，曰長營衝戰，曰變方營出馬步衝戰，曰方營四面攻打，曰戰畢收營，及各號令具載。又曰五花，每一營合車八十輛，共四百輛；曰協路合營方圖，每一面用車一百輛，共四百輛，及八陣圖刻布。而變通在人，不述。

永道車制〔八八〕 木料尺寸

輕車

轅條二根，長九尺二寸，闊二寸五分，厚二寸二分。 前琶頭一根，長三尺三寸，闊一寸六分，厚一寸三分。 前遮牌一扇，高四尺六寸，闊四尺五寸，板厚六分。 立柱二根，長四尺六寸。 上横檔，長五尺一寸。 下横檔，長四尺五寸。 門二扇，高四尺六寸，闊二尺二寸五分，板厚六分。 撑棍二根，長三尺；横耳二根，長一寸五分，闊一寸五分，厚二寸。 推手木二根，長五尺二寸，方圓一寸八分。 車廂横檔二根，長二尺六寸，厚六分。 車匣一箇，長二尺四寸，高二尺二寸。 車耳二箇，長二尺四寸，闊四寸，厚一寸五分。 車輪二面，徑過三尺八寸。 車輞十四塊，厚一寸八分，闊四寸。 輻條二十八根，長一尺九寸，厚一寸三分。 車頭二箇，徑過八寸，長八寸。　火箭匣一箇，長四尺五寸，闊一尺，高七分。　郎機架木二根，長三尺，闊二寸五分，厚一寸五分。　橫檔二根，長四尺四寸，闊二寸五分，厚二寸二分。　上拒馬橫檔一根，長四尺二寸。　鎗桿三根，長四尺七寸。　下拒馬橫檔二根，長五尺二寸。　鎗桿四根，長三尺。

大神銃滚車

轅條二根，長九尺，闊六寸，厚四寸。　橫檔五根，長二尺四寸，闊六寸，厚五寸。　立柱四根，長七寸，闊二寸五分，厚二寸。　蓋板一片，長四尺六寸，闊一尺八寸。　撑棍二根，長三尺。　拒馬鎗桿二根，長三尺五寸。　前車輪二箇，徑過三尺二寸。　車綱十九塊，厚二寸五分。　輻條三十八根，長一尺六寸。　後車輪一箇，徑過一尺五分。　車綱八塊，厚一寸八分。　輻條十根，長八寸。　前車頭二箇，長一尺，徑過一尺。　後車頭一箇，長六寸，徑過六寸。　車耳二箇，長一尺八寸，闊四寸，厚一寸五分。

滅虜砲車

轅條二根，長七尺三寸，闊三寸五分，厚二寸五分。　橫檔七根，長二尺三寸，闊三寸五分，厚二寸五分。 前車輪二箇，徑過二尺六寸。 車網十七塊，厚一寸八分。 輻條三十四根，長一尺三寸。 後車輪一箇，徑過一尺五寸。 車網十二塊，厚一寸八分。 輻條十根，長八寸。 前車頭二箇，徑過七寸長七寸。 後車頭一箇，徑過六寸，長六寸。 車耳二箇，長一尺，闊四寸，厚一寸五分。 車匣一箇，長一尺八寸，闊七寸，高六寸。

永道車器

内上外下。 車上：郎機二架。 子銃十八門。 鎗六條。 鴈翎刀一把。 鉛子一百八十箇。 火藥一百八十袋計九斤。 火箭十五枝。 火繩十條。 藥線盒二箇。 藥線二百條。 車下：竹挨牌六面。 砍馬刀六把。 百子銃二門，火箭二百枝。 大旗一面。 長鎗、鈎鐮、腰刀、金鈹、旗幟，俱於各營路隨宜就用，皆護車兵執具。

昌平州志

陵寢之重，以黄花鎮爲之緊要；而黄花之重，以四海冶爲之捍衛，正猶唇齒相麗，而聲勢貴乎相接也。是故四海冶內撫屬夷，外禦强虜，凡有警有事，輒報黄花，謂之山南。欲行隄備，舊在鎮後與四海冶潛通，有一小道，以便文移往來，雖非事體，猶之可也。繼而永寧、懷來之人，咸知捷徑，間嘗由之。第恐歲久人衆，走爲常川之道，在經略之所不及，巡察之所未周。唯有本土之官，與附近軍民，安常樂便，習成故智，萬一變出不測，雖亟爲之禁，亦晚矣。今若竟塞其小道，則四海冶或有警報，必由居庸以達黄花關，內外相去二百餘里，不能朝發夕至，未免失誤軍情。爲今之計，必須使通衢絶往來之跡，文移得飛傳之速，斯圖出萬全而永無後患矣。愚意當以邊牆通道適中之處，建一寬敞高大堅固敵臺，臺之上起屋三間，以便直宿。臺分內外，俱用軟梯上下。黄花撥軍三十名，四海撥軍三十名，分爲三班，以示寬恤其勞。每日黄花軍十名、四海軍十名，在臺直宿。凡遇傳報文移到時，即刻隨自外而入者至臺下，黄花軍人傳遞；自內而出者，四海軍人傳遞。每傳遞必二人同行，以防山險疏虞。至於臺軍，輪流挨定，如有推奸恃頑失誤者，坐以軍法從事，嚴行曉示。如此，則旁徑易塞，而文移傳報，永不費難矣。

昌平添設武職

提督　嘉靖二十九年虜變之後，添設提督，兼署都督僉事，專管入衛邊兵防守。

鎮守　仍兼署都督僉事，本鎮管轄黄花〔八九〕、居庸、鎮邊三路，參將三員、遊擊四員、坐營一員、守備五員，管領永安標下兵馬二枝，及統帥鞏華、昌平、白洋道兵三枝，各三千名。黄花一路，主兵三千五百員名；居庸一路，主兵四千員名；鎮邊一路，四千員名。

遊兵　嘉靖三十七年冬，憲副楊公招募軍民三千名，立爲遊兵一營，統兵遊擊一員。

標兵　嘉靖四十二年十月，北虜犯牆子嶺，兵部會議，添設昌平總兵下標兵三千員名，就於永安營摘發軍二千名，召募家丁三百名，新軍四百名，蔚州等州縣清解軍三百名，共三千名，立一營，統兵遊擊一員。

坐營　嘉靖四十三年春，軍門議設總兵標下添坐營中軍官一員，以都指揮體統行事。

鞏華營　鞏華建設出自世宗朝，建鞏華城都督府，職爲守備官，復改副總兵官，俱都指揮，復改分守官，以指揮推補。今改設遊擊，領兵三千，遇開操日，赴才安城演武教場操備。

守備　奉勅協同内守備專保守陵寢，以署都指揮體統行事。

薊州志

薊當京、遼之會，驛通車馬之關，貢夷相續，假欵挾市，洵北邊要害也。數載東虜戒嚴，日暮征調，肩蹄如織，館轂若流，供億之費，歲計二萬有奇。牛馬車商，偶一僉派，而中上之産蕩矣。今議照地僉役，苦樂稍均，尚嗷嗷稱厲。

按今之所謂馬車商，即前之所謂馬牛頭。兵憲徐公規則簿載：每年馬牛頭各三十二名。每馬頭一名，編民地四十頃；牛頭一名，編地二十頃。擇其地多殷實人户爲頭，其餘地少者幫貼。三年一次審編，或派在第一年，其第二年第三年休息之，或在第二年、第三年亦然。照地僉頭，甘苦與同。此丁有丁差，地有地差，不相妨也。嗣天啓二年，東奴犯順，援兵調發，驛遞擾甚。有謂三年分派，一年負累難當。時遇兵憲邵公目擊民艱，每年每民地一畝，編派站銀，隨供億煩簡年分量派，徵收在公，招商應當牛馬頭役，百姓不知有差。此皆立法之善，斟酌行之，存乎其人。

邊防

薊州東北至馬蘭峪營六十里，北至黄崖營四十里，西北至將軍石營七十里，皆轄于馬蘭路參將。黄、將二營，各提調官一員及統千把關寨等以備禦之。提調寬佃峪等關下：鮎魚石關，水口數十丈，前後俱寬，其西山墩空，十馬可並。五里至平山頂寨，十里至馬蘭峪關，水口一里外，山厚窪〔九〇〕，雙馬可並。四里至獨松峪寨，十里至峯臺嶺寨，八里至龍洞峪關，水口三十丈，後山險窄，止通單馬。八里至寬佃峪關，水口數十丈，後山崎嶇，雙馬可並。八里至餓老婆頂寨，二十五里至耻瞎峪，十里至古强峪寨，山口丈許，後山陡峻，通單馬。五里至蚕椽峪寨，三十里至青山嶺寨，山口五丈，後山窄厚，通單馬。六里至大平安寨，十里至小平安寨，山口二十丈，孤絶難守。十里至黄崖口關，水口數十丈，前後俱寬，五馬可並。西乾澗墩折牆通馬。四十里至彰作里關。

提調將軍石等關下：彰作里關，山口數丈，前窄後寬，通單馬。二十里至將軍石關，水口數十丈，前後俱寬，十馬可並。三十里至黑水彎寨，十里至黄松峪關，二十五里至峨嵋山寨，二十里至魚子山寨，二十里至熊兒峪關，四十里至南水峪關，十里至北水峪關，山口數丈，後山窄狹，通單馬。三十里至灰峪口寨，三十五里至黄門子關。

貢夷

朵顔等衛，夷人進貢，一年往回六次。自東來者，由州送至三河驛；自西回者，車送至遵化驛。鞭把羊酒犒賞等費，共用銀七千六百四十三兩一錢二分。至于任載車輛，乘坐馬匹，猶在牛馬頭役。進貢雖曰來王，而驛騷，甚屬不貲，又且擄掠居民婦女，大爲民害。貢夷亦何利于中國哉！

開發貢夷議

爲酌處貢夷開發銀兩，以均勞逸，以蘇賠累事。

竊照國家約束諸夷，通之欵貢，固云開柔遠之門，實以寓羈縻之術。第其來也，果戢心以奉疆索，亦何惜贈勞之加。即不然，厚其賞以厭其心，不至生鴟張之勢，則又何事操不必然之晝哉？惟金錢費而無名，民脂竭而愈困，當事者僅支持旦夕，而時切起釁之虞，奉公者即亟於賠補，而未有息肩之日，則又不得不爲之慮矣。

卷查海、建兩夷設衛入貢，則自永樂元年始，中間叛服不常，然時時利我賞，隨叛隨貢。大率貢期定以三年，貢夷定以一千五百人，至之日，每夷一名，給馬一匹，以備騎坐，每夷十名，給車一輛，以載行李，一應犒賞，惟照原單給發，間其中或有需索，亦不過數兩之銀，無重費也。自萬曆三十年後，建酋頗稱跋扈，兩年不貢，一時疑其有異圖，令兩序班往詰之。而二三棍徒，教之爲應付減少之説。蒙兵、禮二部議定，每車一輛，貼銀拾兩以給之。廟堂以此爲柔遠之惠，而更不計夫銀之所自出；驛遞以此爲剜肉之苦，而不能辭夫役之使不來；狡夷以此收捆載之利，而不能禁夫暴之使不作。故貢夷一過，鷄犬林木，盡皆成空，驛遞頭役，一聞僉派，父母妻子，相對泣訴，甚有撇丘廬以逃者。是驛遞雖不爲貢夷設，而使之畏貢夷以避驛遞，又豈長計也。

見今三十九年，正入貢之期矣。查三十六年馬頭之費，原廩給三千分，該銀三百兩外，每馬百匹，折乾七十匹，每匹折鞭布一錢，實騎馬二十匹，每匹貼息馬銀五錢，而提鈴背本猪首之費不與焉。計往返馬三千匹，該銀六百六十六兩，而提鈴背本猪首之費，又不下數百兩，約費銀一千餘兩矣。牛頭之費，除欽賜龍虎車輛，每輛折銀二十兩、十八九兩、十五六兩不等，該銀五百四十八兩二錢外，每車一輛，正賠銀十兩，加貼銀五六兩，而鞋襪上車下車賃房米菜柴舖之費不與焉。計每車一輛，約費銀十五六兩，往返車三百輛，共費銀四千五六百兩矣。

蕞爾玉田，孑遺幾何？五千金錢，從何補辦？欲假之官帑，則懸匱而貯積原空；欲取之民間，則脂竭而皮毛皆盡；俟調停而後開發，安所得神運鬼輸之財？稍減裁而養疲癃，且先冒啓釁開邊之罪。卑縣斟酌事勢，博採人情，思一通融之，使賦不加而事集，則無如調停幫價銀之一術矣。

何者？卑縣民地五千二百一十六頃，每畝除正供徵銀一分有零外，復派有幫價銀八釐，協助驛遞，共銀四千一百七十餘兩，每年皆牛馬頭役自相兑取，并不假之官徵，其取數亦多米麥豆穀之類，不盡給之銀兩。至於開發夷人，站協不足，亦皆各役那湊，並不俟之官帑。此雖聽民之便，事誠不擾。但惟兑領自頭役，則償之不以時，得之不以實，政所謂名存實亡者。又均是頭役，無事之年，有幫價之利，無開發之苦；當貢之年，有開發之苦，而無幫價之利，是驛遞中且自相胡越矣。況財入百姓之手，其費用也甚易，役當賠累之秋，其措辦也甚難，故有開發不得而逃者，在在有之。卑縣所謂通融者，正通融三年之中，所謂不加賦者，正調停於幫價之内。

查照卑縣頭役三年一編，海夷諸夷三年一至。除三十九年幫價銀，見今出示徵收預備外，其自四十年爲始，總計三年幫價銀，該一萬二千五百一十餘兩。貢夷開發，除協站外，約費銀五千兩。於每年幫價銀中扣徵一千六百六十六兩六錢七分貯庫，其餘銀二千五百餘兩，仍舊聽民幫兑，積之三年，當有銀五千兩。貢夷一到，即以此銀開發之。論賦，則民間應納之錢，而非出重徵；論銀，則三年積貯之有，而非屬驟辦；論事，則公平久遠之舉，而不爲難行；論情，則有餘不足之濟，而不爲偏槁。卑縣所云均勞逸，蘇賠累者，此也。至於彈壓之使不鴛鶩，限制之使不多入，則又非卑縣所敢與也。伏候詳示施行。

密雲志

石塘嶺關東自陳家谷口，西抵開連口，延袤二百四十七里。屬下關寨二十三：白馬關、黄崖口、營城嶺、馮家谷、白崖谷、刬車嶺、嚮水谷、左二關、西駝骨關、東駝骨關、陳家谷、開連口、神堂谷、河坊口、大水谷、小水谷、牛盆谷、白道谷、大良谷、東水谷、西石城、東石城。共計邊城二百四十七里，附牆臺三座，空心敵臺三十九座。

古北口關東自盧家安，西抵蚕房谷，延袤一百四十七里。屬下關寨十六：師坡谷、龍王谷、磚垜子、沙嶺兒〔九二〕、丫髻山、司馬臺、鵶鶻安、盧家安、蠶房谷、陡道谷、弔馬谷、潮河七寨、潮河川關、潮河六寨、潮河五寨、潮河一寨。共計邊城一百四十七里，附牆臺一座，空心敵臺一百十一座。

曹家寨關東自小臺兒寨，西至將軍臺寨，延袤一百三十五里。屬下關寨二十二：將軍臺、栢嶺安、齊頭崖、梧桐安、扒頭崖、師姑谷、倒班嶺、大角谷、漢兒嶺關、水谷、黑谷、烽臺谷、燒香谷、惡谷、南谷、遥橋谷、大蟲谷、大水窪、蘇家谷、姜毛谷、石塘谷、小臺兒。共計邊城一百六十四里，空心敵臺五十八座。

牆子嶺關東自魚子山，西抵大黄崖口，延袤二百三十一里。屬下關寨十一：鎮虜營、灰谷口、北水谷、南水谷、熊兒谷、魚子山、大黄崖、小黄崖、磨刀谷、黄門口、南谷。共計邊城一百四十五里，空心敵臺十座。

兵制

總督標下除原設振武營外，節年題增西路協守副總兵營、左營、右營、輜重營、永勝奇兵營、鎮虜奇兵營、石匣營、石塘嶺營、古北口營、曹家寨營、牆子嶺營、西路南兵營、防守大水谷河大班軍營、防守石塘嶺大同邊軍營、防守古北口山班軍營、延綏邊軍營、京營神樞車兵營、防守曹家寨、河間班軍營、保定班軍營、大寧班軍營〔九二〕、防守牆子嶺大同班軍營、密雲守備營。已上各營設副、參、游、守、都指揮，無定員。兵馬數目俱見四鎮三關志。

壬寅五月記

密雲縣東至牆子路九十里，東北至石匣城六十里。

石匣城，四門。副總兵。東南至牆子路六十里，東至曹家寨九十里，北至古北口四十里。

石塘路，四門。都司。南至密雲四十里，西至大水峪四十里，東至石匣四十里，北至白馬關四十里。西北標騎堡，白河從堡西北塞外來，經石塘嶺，至密雲城下。東北石佛堡，北馮家谷堡，又西少北馮家谷軍堡。北有小水入焉，南亦有小水入焉，東合而下白馬關小河。

石塘東北白馬關，二門。操守。南至石匣七十里，東至古北口九十里，西至石塘路四十里，北至邊牆十里。北有小河流至石佛堡，南下白河。河口西有堡。東陳家谷堡，堡東有水流至潮河川，城西入潮河。又東爲潮河川。

大水峪，三門。操守。東至石塘路四十里，西至黄花路界四十里，北至邊牆，南至密雲三十里。北西石城堡，西北東水峪堡，東有小河。南神堂峪堡，西河坊口堡，東有小河，合而下白河。西南開連口堡。開連口南爲漕河營，二門。北有河，東下白河。北至懷柔二十里。

又南爲牛欄山堡，四門。南至順義二十里。古北口，三門。都司。東至司馬臺二十里，北至邊牆三里。北爲北關營城，二門，倚關下。川口東南爲潮河川堡，二門。操守。司馬臺，二門。操守。北有水入焉，逕古北口城中，西下潮河。北至邊牆八里。東南有蔡家店民堡、將軍臺軍堡、新城莊民堡。

東爲曹家寨路，四門。守備。西至石匣八十里，東至黑谷關二十里，北至邊牆十里。東大角谷民堡，有水從堡東入下潮河。

黑谷關，一門。操守。有水自北入。西至曹家路二十里，東、南、北三面皆邊牆。南遥喬谷民堡，有水入焉，曰南峪水口。

又南吉家莊。操守。東至曹家路三十里，西至司馬臺二十里，南至邊牆二十里。有大蟲峪水口。四水合而下潮河。其南有楊家民堡，堡東北大黄崖河口，小黄崖堡，堡南小黄崖河口。

南爲牆子路，三門。都司。西至密雲七十五里，有河西至石匣，南入潮河。河口自磨刀峪堡西入，其西又有小水門，合而下潮河。東三里磨刀峪堡，折而南黃門關堡，有河合于牆子路河。又南魚子山堡，熊兒寨堡。熊兒寨河口在堡東北。熊兒營堡。南水峪河口。牆子路之南爲北水峪堡。北水峪河口在堡東，合而下平谷東南之大河。

又南爲鎮虜營，有二城，東舊城，西新城，各二門。操守。西至密雲六十里，東至北水峪堡十里，北至牆子路三十里。

又南爲平谷縣。此按圖而録者，當更考之于書。

昌鎮邊長二百九十四里九分。

黃花鎮東至开連口二十里，密鎮交界；西至驢兒駝九十里，居庸路交界；南至蘇家口四十里，昌平交界；北至火燄山三十里，宣鎮交界。

居庸關東至龍嶺等六口，黃花路交界，六十二里；西至石峽峪等三口，鎮邊路交界，五十二里；南至昌平交界，二十里；北至宣鎮交界，三十五里。

鎮邊城東至五座墩六十二里，昌平州交界；西至南石羊二十五里，保鎮沿河口交界。

密鎮長六百八十二里。

昌鎮慕田峪城，三門。操守。東北慕田峪堡。自堡而西，賈兒嶺堡，西北有水入焉。西田仙峪堡。

西南渤海所，三門。都司。所城西北擦石口堡。磨石口堡。驢鞍嶺。大榛峪堡。南冶口堡。南冶口東南大長峪堡，南冶口西小長峪堡。

西南黃花鎮城，三門。操守。黃花鎮川河自二道關、頭道關入逕鎮城，東下懷柔界。黃花鎮而西頭道關，外又一重曰二道關。撞道口堡。谿子峪堡。西水峪堡。八達嶺。

自居庸關正城西北，石峽峪城，北石峽峪口。口東糜子峪口，東接八達嶺口，西華家窑口，西接分水嶺隘口。

自居庸關南口西，白羊城，二門。操守。西白羊新城。新城北高崖口。

白羊城正北長峪城，二門，操守。

長峪城正北橫嶺城，二門。操守。北火石嶺隘口，東北分水嶺隘口，居庸路交界。

長峪城西長峪新城。長峪新城西北橫嶺西鎮邊城，三門。都司。西北唐虞菴隘口。甲辰七月抄册。

密鎮所屬沿邊六百六十七里。

牆子路邊長二百零九里。鎮虜關東接馬蘭峪交界地名石門廠起，西至本路交界西山廠止。

牆子路正關河口花樓迤西起，至副將臺止。河水流通，無邊牆處闊二十丈。

曹家路邊長一百二十里。吉家莊東自牆子路交界地名鎮口臺起，西至曹家路劄刀峪墩止，共邊長三十三里。黑峪關東自吉家莊交界地名黑沙峪墩起，西至古北路大鋸齒安墩止，共邊長八十七里。

古北路邊長九十里。司馬臺東自曹家路交界地名楊木頂起，西至古北路紅門臺止，共邊長四十五里。潮河川東自本路紅門臺起，西至石塘路交界地名黃花臺止，共邊長四十五里。古北正關水口闊三十丈。

石塘路長二百四十八里。白馬關東自古北路交界地名陳家峪起，西至大水峪交界塔兒安臺止，共邊長一百一十八里。大水峪東自白馬關交界地名花兒臺起，西至黃花路慕田峪交界黃草窪臺止，共邊長一百三十里。石塘正關河口闊三十丈五尺。

昌鎮所屬：

黃花路邊長九十三里一分，東接石塘路大水峪開連口起，西至居庸路驢兒駝止。

居庸路邊長一百三十一里二分，東接黃花路磚廟梁起，西至鎮邊路軟棗頂止。

鎮邊路邊長七十一里，東接居庸路石峽峪界軟棗頂起，西至掛枝庵斷頭崖止。自掛枝庵迤西，俱重山疊嶂，未設邊牆，直抵渾河東岸，係保鎮地方。

遵化縣志

營制

邑舊無營，自嘉靖己未之變，始募兵爲右營，後四年而置左營，踰九年而置輜重營。三營鼎峙，而撫臺復親提虎士居重焉。

撫院中軍，或參、遊，或副總兵，間有府銜者，初以衛官攝之，事權綦重，攸關不細，類求老將洛部題陞，階級遞崇焉。

標下左營，在邑治西南，嘉靖四十二年設，統領撫院標兵，專候應援。見額遊擊一，中軍一，千總三，把總五。

標下右營，在邑治東南，嘉靖三十八年設，統領撫院標兵，專候應援并修工。遊擊一，中軍一，千總二，把總八。

標下輜重營，在邑城西門外，萬曆元年設，統領撫院輜重兵馬，轉運兵餉並應援。見額遊擊一，中軍一，千總一，把總三。

鎮守中軍坐營一員，即三屯中營，永樂年設。見額千、把總官六。

中路協守副總兵官，兼管三屯左營，隆慶三年設。原係右營。萬曆四年，立協守統領，改爲左營，駐劄三屯。萬曆二十六年，題革前車營遊擊，歸併民兵於左營，隨移協守駐劄漢兒莊。轄中軍坐營一，千、把總十三。

三屯右營，設自嘉靖四十二年，原係左營；萬曆四年，左右互易，爲右營。遊擊一，中軍一，千、把總有九。

灤陽營，設自萬曆九年。遊擊一，中軍一，坐營一，千、把總七。中路南兵營，設於隆慶三年，遊擊一，中軍一，千、把總等官四十有八。將領中軍駐劄三屯，兵士分守四路，臺空。

按南兵營故設南將統之，乃軍士分防四路，將獨居中，指臂不屬，鞭腹不及，贅疣駢指，黜爲士累。且南兵亡失，募補多北人，其長子孫者久於北，猶北地人也，兵且不盡南矣。萬曆戊午，撫臺劉公曰梧言於上，竟罷不設。

太平路，永樂二年設，屢經改移，今仍舊。參將一，轄擦崖子守備一，榆木嶺提調一，中軍一，坐營一，千、把總六。本路夷人二十八枝，共部落五千四十有奇，俱各忠順帖服。

喜峰路，永樂初係提調把總；嘉靖二十二年，因撫賞緫關，改爲守備；萬曆題加參將駐劄，轄董家口提調一，李家谷守備一，中軍一，坐營一，千、把總凡三。本路夷人一百一十枝，共部落二萬五千六十有奇，咸忠順帖服。惟駱駝一枝，恃其梟雄，沿邊騷犯，停貢革賞，罔有悛心，憑逞以挾增益。撫臺劉公不許，遣路將孫顯祖等擊之野，得首功二十餘級，已又三擒其奸細郎中等，已又行間，使其步下殺之〔九三〕。駱駝隕命，邊境稍寧，今其子卜答猶困不忘鬬也。

松棚路，舊隸馬蘭谷，至隆慶二年，添設遊擊一，轄潘家口、羅文谷守備二，洪山口提調一，中軍一，千、把總各一。本路夷人二十八枝，共部落六千三百三十餘名，俱已帖服。

馬蘭路，永樂年設，屢經改移，至正統己巳年，添設參將一員，轄大安口、寬佃二守備，黄崖營、將軍石二提調，中軍、千、把總凡十。本路夷人四十六枝，共部落四千五百四十九名口，暫稱馴帖。

關隘

太平路東自白羊谷關起，至榆木嶺止，邊垣延袤六十八里有奇。關營寨堡一十有一，樓臺二百一十有九。極衝者五：白羊谷關、擦崖子關、城子嶺關、大嶺寨、榆木嶺關。次衝緩者六：新開關、五重安關、爛柴溝關、五重安營、太平寨營、青山營。

喜峯路東自青山駐操營寺兒谷起，西至團亭寨灤河中西止，邊垣延袤六十三里有奇。關營寨堡有八，樓臺七十有九。極衝者五：青山口關、董家口關、鐵門關、李家谷關、喜峯口關。次衝三：青山駐操營，遊鄉口關，團亭寨。

松棚路東自潘家口起，至羅文谷關止，邊垣延袤一百三十九里。關營寨堡一十有五，臺一百八十有奇。極衝者十：潘家口關、西常谷關、三臺山關、龍井關、洪山口關、馬蹄谷關、干家谷關、羅文谷關、沙坡谷關。次衝緩者五：擦八谷寨、白棗谷寨、西安谷寨、捨身臺寨、羅文谷營。

馬蘭路　東自冷嘴頭關起，西至蛾眉山營止，邊垣延袤百六十八里有奇。關營寨堡二十有三，樓臺一百八十有五。極衝者九：冷嘴頭關、大安口關、鮎魚石關、馬蘭谷關、寬佃谷關、黄崖口關、彰作里關、黄松谷關、將軍石關。次衝緩者十四：龍洞谷、平山寨、馬蘭谷營、大安口營、鮎魚石營、古强谷、青山嶺寨、太平安寨、黄崖上營、黄崖下營、將軍石營、黑水灣寨、峨眉山寨、峨眉山營。

烽堠

邊城通人馬衝處，建空心敵臺。其制：高三四丈不等，周圍闊十二丈，有十七八丈不等者。凡衝處四十步、百步一臺，緩處一百四五十步，或二百餘步不等爲一臺。兩臺相映，左右相救，騎牆而立。每臺百總一名，專管調度攻打；臺頭副二名，專管臺内軍器輜重。五臺一把總，十臺一千總，悉以南兵充之。

凡無空心臺處，即以原墩充之，有空心臺所相近百步，以臺當墩。大約相距一二里，梆鼓相聞爲一墩。每墩設軍五名，備號帶火砲什物有差。近臺者聽守臺百總調度，不近臺者聽信地百總調度。烽號賞罰，立爲哨守條約，分給官軍習學遵行。每一提調下，各設把總二員；每一路，各設傳烽官一員，用南方人以其性便捷而肯用心也。凡遇賊馬所向，該墩舉烽，左右分傳，即邊牆延袤曲折，不過瞬息可遍，禦備既速〔九四〕，馳援不悮〔九五〕。

各路哨探説

薊鎮最喫緊惟是哨探。往年哨探不的，屢致闖關。蓋邊外有西虜，有東虜，而三衛屬夷繁衍，雜處其間，住牧有遠近，夷性有向背，部落有勁弱，有多寡。欲知彼中消息，設有暗哨，有明哨。暗哨則出口按撥，常川瞭望者也。明哨則賫裹入本路常洽虜營，久住採聽者也。此不論時日遠近，但聞大虜結聚，或屬夷暗搶要挾，綽有的犯，隨即星夜回關。路將預料虜情是真是假，又查酋長住某，由某可犯某，須熟知其路徑，再度其向犯。果係真信，一面通報撫鎮，調兵馳援，一面傳樓臺烽堠，晝夜加防。其所調應援兵，不必擺牆，或出口埋伏，或口裏荷戈以待。虜一猝至，我火器、火箭、矢石交下，以逸待勞，豈不坐有長算乎？所慮明哨之信不的，路將料敵或舛，我不得那緩就急，合兵待寇耳。暗哨須計日以換，酌其山川逶迤，或三四里，或五六里，每撥兩人，人各執快鎗一桿，在樹木叢密高處。如瞭見虜酋南向，十人以内，則放鎗一桿，二三十人以上，則放鎗二桿，以次傳至關下。我亦如前堵截。虜或聞砲，偵我有備，必不敢深入，自取敗亡。所慮尖夜不肯出口赴撥，而私行樵採，斧聲震山谷，往往被虜搜獲。我無耳目，賊至關搶掠而高枕卧者有之，所以屢入屢創也。

平谷縣志

邊防

將軍石營提調，統本營。峨嵋山營、黄松峪關、將軍石關、彰作裏關、黑水灣寨、峨嵋山寨。俱屬薊州兵備道及馬蘭峪營參將所轄。

鎮虜營提調，統本營。熊兒峪營，南水峪關，北水峪關，熊兒峪寨，灰峪口寨，漁子山寨。俱屬密雲兵備道及牆子嶺參將所轄。

薊鎮守邊論

主事陳綰

薊鎮，京師之環衛也，延袤二千餘里，其邊防固亦重矣。說者謂崇岡疊嶂，諸邊惟薊邊爲可守，而守之者在於兵，所患者兵不足也。愚竊謂薊邊固可守矣，而今之所謂守者，非昔之所謂守也。昔之守邊者，專守要害，而餘兵以備策應，故兵雖省而不少，力嘗聚而不分，虜不敢深入肆毒者，制防使然也。今則不擇要害，不分奇正，而徒議擺守〔九六〕；把守未必能全，而策應祇見其寡，力分勢弱，其何以支？就使加兵，亦豈能遍實二千餘里之邊乎？嘗考薊鎮原額兵止四萬有餘，自二十九年多事之後，抽垜召募〔九七〕，已增至六七萬矣，加以防秋客兵，往往不下十餘萬。去年虜自流河口入，擺守者既無如之何，經一晝夜，而參、遊所統之兵，星散瓦解，竟無一枝一隊爲之應援。副總兵蔣承勛特以數卒堵截，殲于賊手，此何以哉？良由薊鎮有擺守之兵，而無策應之兵，以十萬之衆，而分派於二千里之邊，聲威既不足以卻敵，緩急又不能以相救，蓋聚分之勢異而戰守之形不相及也。兵法云：「所備者多，則所與戰者寡。無所不備，則無所不寡。」昔之守邊者既有所擇矣，且步兵擺守，而馬兵以供策應；參將擺邊，而遊擊之兵原無定所者，備緩急也。今則盡參、遊馬、步之兵，而分派於沿邊，名曰各守信地。夫擺守果足以禦虜之入，則善矣；萬一不能使之不入，則聲援隔絶，首尾衡決，其分散者既難倉卒使之聚，而彼以各守信地爲名，方將藉口以逭其責，孰肯相機策應以冒不測之險哉？是故擺守之兵不可廢，而策應之兵尤不可缺也。

夫據險省戍，自古爲然。薊鎮岡阜層疊，虜難徑入，其平坦易馳逐者，可數而盡也，則不必隨處而守亦明矣。夫惟隨處而守，此兵之所以常不足也。誠使當事者盡閱薊邊，其岡阜層疊，虜難徑入者，略置屯堠，而省其擺守之兵；其平坦易馳逐者，則增多其兵以爲擺守。仍以有馬之兵挑選團練，分爲數隊，駐於沿邊要害及東西適中之處，一日有警，則一呼而集，或遏其衝，或邀其惰，縱不能勝，而牽制聯絡，使不得大逞以飽欲，當不至星散瓦解，如曩日之甚也。夫把守者，正也；策應者，奇也。奇正者，兵家之形也。得其形者，可以戰，亦可以守，此動之所以不跌也；不得其形者，可以守，不可以戰，徒恃其不來，不恃吾有以待之，兵家之所忌也。蓋兵固貴足矣，而有術以張之；守固爲急矣，而有略以權之。故薊鎮之守邊，不可以不深長思也。

山海關志〔九八〕

七里海。城西南七十里，周匝僅七里，可漁。

石河。城西三里，源出義院口關，南入於海。沙石叢積，褰裳可涉。灌以秋潦輒泛漲，急湍怒流，險不可渡。近頗徙決壞居民田廬云。

張果老河。城西三十里，源出温泉，南入於海。

鴨子河。城西北二十五里，源出西北山，流入於石河。

潮河。在城南六里孤山下，海潮止此。

南關河。源出關外東北諸山，由南水關穿長城入。纖流如綫，經雨潦輒洶湧，嚙城決扉。歲恒爲患，至今廑鉅役云。

北關河。山原行潦，由北水關穿長城，入横西關廂，南下流入石河注二。

山海關。即城之東門。國朝魏國徐公達所建。爲朝鮮、女直諸夷國入貢及通遼商賈所由。關法：稽文憑驗年貌出入，禁遼卒逋逃并商貨非法者。宣德九年始設兵部郎中來守注三，歷四人易以主事。正統八年添設守備武臣同事。正德三年，逆瑾怙權矯上命，以中官趙綱守之，去主事。五年，瑾伏誅，綱坐瑾黨罪廢，設主事仍舊。十二年，復用中官王秩來守，又革主事。然綱雖逆黨，尤知禮重士大夫，繩家奴以法，不敢大肆；秩則縱暴網利，錙銖靡遺，困及遐邇，荼毒之遭，在我山海尤甚注四。今上改元，剗除弊政，復設主事，而永革中官。適酆都黄公景夔來，乃呈部革守備同事。越二年，黄公代去，值主事王公冕爲遼妖卒所害，鎮守太監李能奏設抽分，而商賈之困，猶夫中官時也。主事新昌鄔公閲乃呈部題請永革之，則嘉靖八年秋也。

南海口關。城南十里海岸上。

海口敵臺。在南海口關城盡頭處，屹立海水中。嘉靖四十四年建。

北山敵臺。在旱門關外山梁上。此地高聳，虜每入犯，輒架山梁，城中虚實立見。嘉靖甲子，主事孫應元呈部建立。

四面劈鑿陡絶，東可以救一片石所轄三道關、蘇子峪，西可以救旱門關，北可以斷角山關窺伺道路。

北山品坑。角山至旱門關下，平川無阻，易于馳騁。嘉靖甲子，虜大舉入寇，首攻此關。主事孫應元呈部議，鑿品窖共計一千一百，每坑直七尺，横七尺，深亦如之。東北至山，西至旱門關，南至瓦鋪界上。

角山關。城北十二里角山之嶺。長城補山截谷，紆回其上，聯設墩臺三座，以便瞭望。以上設守關官一員，以指揮或千户充之，事總領於守備注五。

三道關。城東北二十里。

寺兒谷關。城東北三十二里。

一片石關。城東北三十里。

廟山口關。城東北三十里。

大安口關。城東北三十里。

西陽口關。城東北三十三里。

黄土嶺關。城東北三十八里。

炕兒谷堡。城東北四十五里。

無名口關。城東北四十八里。

大青山口關。城東北五十里。以上於一片石設指揮一員提調總之。

小河口關。城北七十五里。

娃娃谷堡。城北七十五里。

小毛山口關。城北七十五里。

大毛山口關。城北七十五里。

董家口關。城北七十五里。

柳河衝堡。城北七十五里。

城子谷關。城北八十五里。

水門寺關。城北七十五里。

平頂谷關。城北七十五里。

長谷口關。城北七十五里。

義院口關。城北七十里。

拿子谷關。城西北七十五里。

花塲谷關。城西北七十五里。

葦子谷關。城西北七十里。以上於義院口設指揮一員提調總之注六。

新志

一片石關。去廟山口二里。

廟山口關。去西陽口三里。

西陽谷堡。去黄土嶺五里。

黄土嶺關。去炕兒峪八里。

炕兒峪關。去大青山二里。

大青山口關。去大毛山一十五里。以上俱屬黄土嶺提調官總之。

大毛山口關。去董家口二里。

董家口堡。去城子谷五里。

城子谷關。去水門寺三里。

水門寺。去平頂谷五里。

平頂谷堡。去板場十五里，去長谷十五里。以上俱屬大毛山提調官總之。

板場谷堡。去義院口五里。

義院口關。去拿子谷三里。

拿子谷堡。去花場谷十里。

花場谷。去孤石谷二十五里。

孤石谷堡。去甘泉十五里。

甘泉堡。去平山營十五里。以上俱屬義院口提調總之，近因撫夷衝關，改爲守備職銜。

老嶺。原在舊邊之外，因山陡險，難修邊牆，後零賊每從窟窿山瞭望内地肆掠。萬曆元年，戚總理修邊，始於其上建立敵臺，以戒不虞云。按一片石、黄土嶺多有逃軍扒越。

石門路營。參將一員分守。其黄土嶺、大毛山、義院口各以欽依提調一員或守備，俱屬統轄。去一片石三十五里。

按薊鎮分東、西、中三協，而東協爲路者四。兹誌山海也，而關堡獨附石門者何？考嘉靖以前，山海、石門共爲一路，以監鎗内臣守之，而山海僅設守備一員。至嘉靖二十八年，山海召募遊兵三千，統以遊擊，時猶非額設也。暨三十六年，石門改設參將，而山海守備實屬之，俱燕河副總兵所轄。後嘉靖末、隆慶初，虜屢犯山海等處，始題准山海仍設參將，割一片石以東三道關、寺兒峪改隸山海，而屹然列爲二路矣。然要害相聯，聲勢相應，二而一者也。且今一片石關啓閉鎖鑰，尤統於山海，故附録之。

四鎮三關志

薊鎮疆域

東自山海關，連遼東界，西抵石塘路并連口，接慕田峪昌鎮界，延袤一千七百六十五里。

山海關

東至遼東廣寧前屯衛中前所三十里，西至撫寧縣九十里，南至海十里，北至義院口外。

石門路

東自一片石，西至甘泉堡，延袤一百六十里；南至撫寧縣，義院口屬下各隘口七十里。○大毛口屬下各隘口七十五里。○一片石屬下各隘口九十里。北即口外。

臺頭路

東自星星谷，西至梧桐谷，延袤一百十六里；南至撫寧縣，青山口屬下各隘口七十里。○界嶺口屬下各隘口七十五里。北即口外。

燕河路

東至桃林口，西至白道口，延袤一百三十里；南至永平府，冷口屬下各隘口十里。○桃林口屬下各隘口七十五里。北即口外。

太平路

東自白羊谷，西至榆木嶺關，延袤七十三里；南至遷安縣，榆林嶺屬下各隘口七十里。○擦崖子屬下各隘口五十五里。北即口外。

喜峯口路

東自鐵門關，西至團亭寨，延袤九十四里；南至遵化縣、大喜峯口屬下各隘口一百二十里。遷安縣，董家口屬下各隘口八十里。北即口外。

松棚路

東自潘家口，西至山口寨，延袤一百五十五里；南至遵化縣，羅文峪屬下各隘口二十五里。○洪山口屬下各隘口五十里。○龍井兒屬下各隘口八十里。北即口外。

馬蘭路

東自石崖嶺寨，西至峨眉寨，延袤二百三十六里；南至薊州、將軍營屬下各隘口五十里。黄崖口屬下隘口六十里。遵化縣，寬佃谷屬下隘口六十里。六安口屬下各隘口三十五里。北即口外。

牆子路

東自魚子山，西至大黄崖口，延袤二百三十一里；南至密雲縣，牆子嶺屬下各隘口九十里。鎮虜營屬下各隘口七十里。北即口外。

曹家路

東自小臺兒寨，西至將軍臺寨，延袤一百三十五里；西南至密雲縣，曹家寨屬下隘口一百八十里。北即口外。

古北路

東自盧家安寨，西抵鬣房谷寨，延袤九十五里；南至密雲縣，潮河川屬下各隘口一百里。○古北口屬下各隘口一百里。北即口外。

石塘嶺路

東自陳家峪口，西抵開連口，延袤二百五十里；南至懷柔縣、密雲縣，石塘嶺屬下各隘口至懷柔縣約三十五里。○白馬關屬下各隘口至密雲縣八十里。北即口外。

昌鎮疆域

東自慕田峪，連石塘路薊鎮界，西抵居庸關、鎮邊城，接紫荆關真、保鎮界，延袤四百六十里。

居庸關

東自西水峪口黄花鎮界九十里，西至鎮邊城堅子峪口紫荆關界一百二十里，南至榆河驛宛平縣界六十里，北至土木驛宣府界一百二十里。

居庸路

東自門家峪口，西至糜子峪口，延袤一百五十里；南至關，石峽峪屬下各隘口約五十里。○八達嶺屬下各隘口約四十里。○灰嶺屬下各隘口約遠六十里，近二十里。北至永寧城宣府地。各屬下隘口約一百里。

黄花路

東自慕田峪，西至棗園寨，延袤一百八十里；南至昌平州，黄花鎮屬下各隘口約八十里。渤海所屬下各隘口約一百里。北至四海冶宣府地。各屬下隘口約五十里。

橫嶺路

東自軟棗頂，西至桂枝菴，延袤一百三十里；南至居庸關，鎮邊城屬下隘口約一百三十里。○橫嶺屬下隘口約一百里。○長峪屬下隘口約一百里。○白羊口屬下隘口約一百五十里。北至懷來城宣府地。各屬下隘口一百里。

真保鎮疆域

東自紫荆關沿河口，連昌鎮鎮邊城界，西抵故關鹿路口，接山西平定州界，延袤七百八十里。

紫荆關

東至易州九十里，西至山西廣昌縣九十里，南至滿城縣一百二十里，北至馬水口一百八十里，東北至沿河口昌鎮界三百里，西南至插箭嶺一百二十里，東南至保定府一百八十里。金水口七隘口，南至關約一百里。盤石口七隘口，東至關約六十里。○黄土嶺十隘口，東至關約九里。奇峯口至東峪口五隘口，至關約二十五里。○峯門嶺口至乾河口，西至關約一百八十里。○烏龍潭口五隘口，西至關約三百里。○馬水口九隘口，南至關約一百三十里。○大龍門十一隘口，西南至關約二百里。○沿河口十一隘口，西南至關約三百里。○浮圖峪四隘口，東至關約一百里。烏龍溝九隘口，東至關六十里。○白石口十三隘口，東至關約一百三十里。

倒馬關

東至完縣界一百八十里，西至山西大同府界五百里，南至曲陽縣一百五十里，北至廣昌縣九十里。上關三隘口，東南至關約一十五里。柳角菴四隘口，南至關約四十里。插箭嶺十三隘口，南至關約六十里。○軍城八隘口，西北至關約六十里。○落路口十三隘口，東北至關約一百四十里。吴王口十九隘口，東北至關約三百五十里。

龍泉關

東至阜平縣七十里，西至涌泉寺二十五里，南至白草駝三十里，北至銀河村四十里。北路龍泉關至旛桿嶺十八隘口，至關約四十里。青桿嶺至三關子口三隘口，至關一百里。○中路谿子崖至沙嶺八隘口，至關一百六十里。○孤榆樹至紅沙崖十八隘口，至關約三百里。○南路十八盤至油溝二十二隘口，至關約三百七十里。

故關近改「故」爲「固」。

東至井陘縣四十里，西至平定州八十里，南至泉水頭口六十里，北至娘子關二十里。北路十二隘口；至關約六十里。○南路二十三隘口，至關約一百三十里。

遼鎮疆域

東起自鴨緑江，連朝鮮國界，西抵瑞昌堡、山海關，連薊鎮邊界，延袤一千五百七十五里；南起旅順海口，北抵開元境外舊歸仁縣邊界，九百八十里。

遼陽鎮

東至鴨緑江五百三十里，東北至東夷建州營七百九十里，南至海岸六百五十里，東南至東海萬灘島岸七百里，西至三岔河一百五十里，西北至曲呂金山四百五十里，北至境外舊歸仁縣四百五十里，西南至平洋橋二百五十里。遼陽城東至清和堡邊外二百五十里，西至長安堡邊界五十里，南至海州界一百二十里，北至開原界二百四十里。屬下撫順所等各邊隘口，延袤二百五十五里。○險山堡城東即邊外，西抵遼陽甜水站界，南自江沿臺邊界起，北抵孤山堡界止，邊長三十八里。○開原城東至分水嶺邊界二百里，西至遼河八十里，南至沙河、撫順驛界五十里，北至舊歸仁縣邊外二百一十里。屬下中固、汎河、懿路城所轄各隘口，延袤四百三十八里。○鐵嶺城東至老虎口西七十里，西至雙城六十里，南至瀋陽蒲河界八十里，北至開原沙河界四十里。屬下撫安堡等各隘口，延袤四十六里。○瀋陽城東至撫順關邊界一百里，西至静安堡邊界七十里，南至沙河遼陽界一百十里，北至蒲河所界四十里。屬下静遠堡等各隘口，延袤八十四里。○海州城東至鳳凰城界一百五十里，西至廣寧界一百二十里，南至蓋州界七十里，北至遼陽界六十里。屬下西寧堡等各隘口，延袤四十里。○蓋州城東至岫巖二百五十里，西至海一十里，南至復州界一百七十里，北至孛羅鋪三十里。○復州城東至東海岸二百四十里，西至西海岸四十五里，南至古城鋪金州衛界八十五里，北至八家鋪蓋州衛界一十二里。○金州城東至東海岸一百里，西至西海灘二里，南至旅順口一百二十里，北至孛蘭鋪復州衛界九十五里。○永寧監東至高煙衝二十里，西至海十里，南至孟家川十里，北至五十寨十五里。以上蓋、復、金三衛並本監俱近海，無隘口。

廣寧鎮

東至三岔河三百里，東北至屬夷福餘衛界三百五十里，南至海岸二百三十里，東南至平洋橋一百五十里，西至一片石四百五十里，西北至大寧故城四百八十里，北至屬國泰寧衛界三百二十里，西南至山海關五百五十里。廣寧城東至平洋鋪抵海州界二百里，西至牽馬嶺義州界六十里，南至大凌河義州界一百二十里，北至中平山九十里。屬下鎮遠堡等各隘口，延袤二百二十七里。○鎮武城自西寧堡東抵海州界至鎮武本堡，西抵廣寧界各隘口，邊長一百五里。○義州城東至廣寧醫巫閭山五十里，西至牛心山邊界六十里，南至廣寧中屯蛤蜊河界七十里，北至駱駝嶺廣寧界六十里，屬下大定堡等各隘口，延袤一百五十四里。○錦州城東至大凌河四十里，西至寧遠衛一百二十里，南至海岸五十里，北至義州解山界五十里，西北至舊建州邊界一百五里。屬下六興堡等各隘口，延袤一百三十里。○寧遠城東至廣寧中屯、杏山驛界八十里，西至前屯中後所界八十里，南至海岸二十里，北至松山堡抵錦州界四十里。屬下椴木衝等各隘口，延袤一百六十三里。○廣寧右屯城東至海岸三十里，西至大凌河二十五里，南至海岸三十里，北至十三山三十五里。○前城屯東至寧遠衛界六十里，西至山海關界七十里，南至海衛岸二十里，北至十八盤山邊界九十里。屬下錦州堡等各隘口，延袤一百三十九里。

昌鎮形勝

乘障

居庸路。隘口一十八。

居庸關。城一座，跨兩山，周十三里，高四丈二尺。建置年代見沿革。

灰嶺下：

養馬峪。嘉靖十五年建。緩。

虎峪口。嘉靖十五年建。緩。

德勝口。嘉靖十五年建。通大、小紅并柳溝。來騎三十里外馬蹄石。緩。

鴈門口。嘉靖十五年建。本口窄險。緩。

錐石口。嘉靖十五年建。寬漫三十里，外闌石稍險。迤南十里，西通郭家莊路，通單騎，衝。

賢莊口。嘉靖十五年建。通永寧南山塔兒。來騎東北通白龍潭，險。本口路窄，緩。

灰嶺口。嘉靖十五年建。緩。

門家峪口。嘉靖十五年建。通白龍潭路，來騎極衝。以上二路隘口尚多，内口不守者不載。

邊城二十六里。嘉靖三十年建。

附牆臺七座。

八達嶺下：

于家衝。永樂年建。水口正城迤東一空，通單騎，次衝。正關水口通大川，平漫。西山墩迤西至青石頂墩，通于家溝，俱通衆騎〔九九〕，極衝。餘通步，緩。

化木梁。永樂年建。平漫。中三墩空，通衆騎，極衝。餘緩。

黑豆峪。永樂年建。威靖墩至衝峪墩，通衆騎，極衝。餘通單騎，衝。

八達嶺口。弘治年建。自熊窩頂至門西敵樓，平漫。臨大川，通衆騎，極衝。餘通步，緩。

王瓜谷。永樂年建。趙家駝墩三空，俱平漫。通衆騎，極衝。水口寬敞，南北石門地高，衝。

青龍橋東口。永樂年建。東西頭青龍墩迤東、北山墩迤西俱平。通衆騎，極衝。

石佛寺口。永樂年建。草花頂迤南通步，緩。

邊城二十四里半。嘉靖三十年建。

附牆臺四座。嘉靖三十年建。

空心敵臺四十三座。隆慶三年至萬曆元年節次建。

石峽峪下：

糜子峪口。永樂年建。正關水口并鎮西墩至南山墩，通陳家墳，俱平漫，通衆騎，極衝。餘通步，緩。

石峽峪口。永樂年建。城東頭至石崖子口，通單騎，次衝〔一〇〇〕。

花家窑〔一〇一〕。

邊城一十六里。嘉靖三十年建。

附牆臺十座。嘉靖三十年建。

空心敵臺二十五座。隆慶三年至萬曆元年節次建。

黄花路。隘口一十有七。

渤海所下：

大榛峪口。永樂年建。通四海冶。本口通步，緩。

驢鞍嶺口。永樂二年建。通步，緩。

磨石口。永樂二年建。二道關并東山墩、空水口通衆騎，極衝。

擦石口。嘉靖二十三年建。通步，緩。

田仙峪寨。永樂二年建。緩。

賈兒嶺口。嘉靖十五年建。界牌石迤西安寧臺、大管仲渠兩口安至德勝堂，通步，緩。

慕田峪關。永樂二年建，正關迤西王家駝至界牌石各墩空，俱平漫，臨大川，通衆騎，極衝。餘通步，緩。

邊城八十一里半。嘉靖三十年建。

附牆臺四座。嘉靖三十年建。

空心敵臺四十四座。隆慶三年至萬曆元年節次建。

黄花鎮下：

棗園寨口。永樂年建。通步，緩。

石城峪口。永樂年建。通步，緩。

西水峪口。永樂年建。通永寧南山謊砲兒并韓家川，通衆騎，極衝。

石湖峪口。正德八年建。緩。

撞道口。永樂二年建。内窪外阜，受敵，極衝。桃園東、西墩空，通步，緩。

蹝子峪口。嘉靖二十三年建。寬漫，通衆騎，極衝。

本鎮口。嘉靖十七年建。二道關通四海冶。來騎由三道關往西南，道路寬漫，通衆騎，極衝。

小長峪口。永樂年建。通步，緩。

大長峪口。永樂年建。山險，通步，緩。

南冶口。永樂二年建。通步，緩。

邊城五十五里半。嘉靖三十年建。

附牆臺二座。嘉靖三十年建。

空心敵臺二十九座。隆慶三年至萬曆元年節次建。

戰臺四座。查係陵寢重地，有警，屯駐戰兵，故特設此四臺云。

橫嶺路。隘口三十九。

白羊口下：

西黃鹿院。正城嘉靖四十四年建。正安并四安俱平漫，通衆騎，極衝。

秋樹窪。嘉靖四十四年建。平漫，通衆騎，極衝。

東黃鹿院。嘉靖四十四年建。平漫，通衆騎，極衝。

桑木頂。嘉靖二十三年建。緩。

西山安。永樂年建。通步，緩。

牛臘溝。嘉靖二十三年建。通大川，平漫，通衆騎，極衝。
石板衛。嘉靖二十三年建。緩。
軟棗頂。永樂年建。緩。
邊城一十一里。嘉靖三十年建。四十四年增修。
附牆臺三座。
空心敵臺一十九座。隆慶三年至萬曆元年節次建。
長谷城下：
轎子頂。嘉靖二十五年建。平漫。東自銀洞梁西墩至轎子頂墩，再迤西至黄石磋，通衆騎，衝。
銀洞梁。永樂年建。東墩至西墩山頂一道，通單騎，衝。
分水嶺。永樂年建。東墩至西墩警門平漫，通衆騎，極衝。餘通步，緩。
鏡兒谷。永樂年建。通步，緩。
窟窿山。永樂年建。水口平漫，通騎，衝。餘通步，緩。
沙嶺兒。永樂年建。自茶芽駝墩至沙嶺兒戰臺，東、西安俱平漫，通衆騎，極衝。餘緩。
茶芽駝。永樂年建。平漫，俱通衆騎，極衝。
邊城一十五里。嘉靖三十四年建，四十四年修。

附牆臺一座。

空心敵臺二十三座。隆慶三年至萬曆元年節次建。

横嶺下：

廟兒梁。永樂年建。平漫，通衆騎，極衝。

倒翻衝。永樂年建。通川谷，平漫，通衆騎，極衝。

姜家梁。永樂年建。平漫，通衆騎，極衝。

小山口。永樂年建。溝谷通單騎，衝。

鶯窩駝。永樂年建。緩。

陡嶺口。永樂年建。通步，緩。

大石溝。永樂年建。平漫，通衆騎，極衝。

西核桃衝。永樂年建。平漫，通衆騎，極衝。

東核桃衝。永樂年建。平漫，通衆騎，極衝。

寺兒梁。永樂年建。平漫，通衆騎，極衝。

火石嶺。永樂年建。平漫，通衆騎，極衝。

西涼水泉。永樂年建。平漫，通衆騎，極衝。

東涼水泉。永樂年建。水口迤西，平漫，通衆騎，極衝。餘通步，緩。

黄石崖。永樂年建。通單騎，衝。

邊城三十一里。嘉靖三十四年建，四十四年修。

附牆臺三座。

空心敵臺二十八座。隆慶三年至萬曆元年節次建。

鎮邊城下：

掛枝菴。嘉靖三十八年建。通步，緩。

秋樹窪。嘉靖三十年建。通步，緩。

松樹頂。嘉靖三十年建。通步，緩。

水門。嘉靖三十年建。平漫，通衆騎，極衝。

南唐兒菴。嘉靖三十年建。邊外平漫，水口空闊，通衆騎，極衝。

北唐兒菴。嘉靖三十年建。平漫，通衆騎，極衝。

尖山頂。嘉靖三十年建。通步，緩。

車頭溝。嘉靖三十年建。山險，通步，緩。

黑衝峪。嘉靖三十年建。平漫，通衆騎，極衝。北梁通步，緩。

柳樹窪。永樂年建。平漫，通衆騎，極衝。

邊城二十一里。嘉靖三十四年建，四十四年修。

附牆臺五座。

空心敵臺三十二座。隆慶三年至萬曆元年節次建。

各路城堡。

鞏華城一座。内有行宫。景泰元年建。

鎮邊城一座。

横嶺城一座。弘治十八年建。

長峪城一座。正德十五年建。

白羊口堡一座。景泰元年建。

居庸上關城一座。永樂二年建。

八達嶺城一座。弘治十八年建。

黄花鎮城一座。景泰四年建。

渤海新舊營城二座。嘉靖二十七年建。

南口門堡城一座。永樂二年建。

岔道堡城一座。八達下極衝，爲居庸要害。隆慶五年建。

遼鎮形勝

乘障

遼陽下：城一，堡二十四。

中路遼陽城。洪武壬子年建。

鞍小驛堡。緩。

長店鋪堡。緩。

虎皮驛堡〔一〇二〕。緩。

沙河鋪堡。緩。

甘泉鋪堡。緩。

八里鋪堡。緩。

爛泥鋪堡。緩。

首山鋪堡。緩。

板橋鋪堡。緩。

山坳鋪堡。綏。
接官廳鋪堡。綏。
路臺二十四座。嘉靖二十八年建，隆慶六年、萬曆元年節次增建。
東路馬根單堡。綏。
散羊峪堡。嘉靖二十五年建。綏。
一堵牆堡。嘉靖二十五年建。綏。
鰜場堡。衝。
清河堡。嘉靖二十九年修。衝。
張其哈喇佃子堡。萬曆元年建。綏。
敵臺四十九座。
邊牆九十四里。洪武年設，嘉靖四十四年修。
西路長勇堡。衝。
長勝堡。衝。
武靖營堡。綏。
長定堡。衝。

長寧堡。衝。

長静堡。衝。上六堡洪武年建，隆慶五年至萬曆二年節次建。

長安堡。嘉靖四十三修。衝。

敵臺八十二座。

邊牆一百七十里。洪武年建，嘉靖四十四年修。

險山下：堡十四。

寬奠子堡。萬曆元年建。緩。

長嶺堡。萬曆元年建。衝。

洒馬吉堡。緩。

散等堡。萬曆元年建。緩。

靉陽堡。衝。

雙堆兒堡。萬曆元年建。緩。

湯站堡。緩。

鳳凰城堡。嘉靖四十四年改爲定遼右衛城。

長佃子堡。萬曆元年建。緩。

鎮東堡。綏。

草河堡。綏。

鎮夷堡。綏。

青臺峪堡。綏。

甜水站堡。綏。

敵臺七十四座。

邊牆七十四里。

開原下：城一，堡十。

開原城。洪武二十二年建。綏。

清陽堡。衝。

古城堡。衝。

慶雲堡。衝。

永寧堡。綏。

鎮夷堡。衝。

鎮北堡。衝。

靖安堡。衝。

威遠堡。衝。

松山堡。衝。已上九堡俱洪武年建，隆慶五年至萬曆二年節次建。

馬市堡。隆慶五年修。緩。

路臺七座。

敵臺一百一十八座。

邊牆二百七十一里。

中固下：城一，堡二。

中固城。永樂五年建。緩。

東路柴河堡。衝。

西路定遠堡。衝。已上二堡俱隆慶五年至萬曆二年節次修。

路臺四座。

敵臺二十九座。

邊牆六十里。

鐵嶺下：城一，堡五。

鐵嶺城。遼、金時銀州舊址。洪武二十年修。

東路撫安堡。衝。

西路鎮西堡。緩。

曾遲堡。衝。

平定堡。緩。

彭家灣堡。緩。已上五堡俱隆慶五年至萬曆二年節次修。

路臺七座。

敵臺三十五座。

邊牆五十二里。

汎河下：城一，堡二。

汎河所城。正統四年建。

東路白家衝堡。緩。

西路宋家泊堡。衝。已上二堡俱隆慶五年至萬曆二年節次修。

路臺八座。

敵臺一十六座。

邊牆三十一里。

懿路下：城一，堡二。

懿路所城。永樂五年建。

東路三岔兒堡。衝。

西路丁字泊堡。緩。上二堡俱隆慶五年至萬曆二年節次建。

路臺十座。

敵臺二十一座。

邊牆六十六里。

瀋陽下：城三，堡九。

中路瀋陽城。洪武二十三年建，隆慶三年修。

奉集堡。緩。

威寧營堡。緩。

東路撫順所城。洪武十七年建。

會安堡。衝。

東州堡。衝。

路臺七座。

敵臺三十九座。

邊牆三十六里。

西路：静遠堡。綏。

長營堡。衝。

平虜堡。衝。

上榆林堡。衝。

十方寺堡。衝。已上五堡洪武年建，隆慶五年修。

蒲河所城。正統二年建。綏。

路臺五座。

敵臺六十一座。

邊牆八十四里。隆慶五年至萬曆二年節次建。

鎮武下：西寧、西平、西興係行太僕寺所屬地方三堡，分管于此，共堡五。

鎮武堡。衝。洪武年建，嘉靖四十二年修。

西平堡。衝。嘉靖三十八年修。

西寧堡。衛。

西興堡。衛。

平洋堡。衛。隆慶五年建。

路臺二十七座。

敵臺五十九座。

邊牆一百七里。萬曆元年、二年用磚石包修。

廣寧下：城三，堡一。

廣寧城。洪武初建，永樂中修，嘉靖四十二年重修。

閭陽驛城。綏。

盤山驛城。綏。

高平堡。新增。

正安下：堡八。

正安堡。衛。

團山堡。衛。已上二堡俱隆慶五年建。

鎮寧堡。衛。

鎮遠堡。衝。

鎮安堡。衝。

鎮静堡。衝。嘉靖四十年修。

鎮邊堡。衝。

鎮夷堡。衝。已上六堡洪武年間建，隆慶五年至萬曆二年節次修。

敵臺七十九座。

邊牆一百七十二里。萬曆元年、二年用磚石包修。

義州下：城二，堡十。

義州城。洪武二十二年建，正德初年修。

牽馬嶺驛城。緩。

大清堡。衝。

大靖堡。衝。

大寧堡。衝。

大平堡。衝。

大康堡。衝。

大安堡。衝。

大定堡。以上城堡俱洪武年建，隆慶五年至萬曆二年節次建。

戚家堡。衝。隆慶五年建。

狗河寨堡。衝。

大順堡。以上二堡俱萬曆元年建。

路臺八座。

敵臺一百二十座。

邊牆一百五十六里。萬曆元年、二年用磚石包修。

錦州下：城五，堡六。

錦州城。洪武二十四年建，成化十二年、弘治十七年節次修。

松山所城。宣德年建，嘉靖四十二年修。衝。

大凌河所城。宣德年建，嘉靖四十二年修。衝。

小凌河城。緩。

杏山驛城。緩。

大茂堡。衝。

大勝堡。衝。

大鎮堡。衝。

大福堡。衝。

錦昌堡。衝。隆慶五年建。

大興堡。衝。以上各堡俱隆慶五年至萬曆二年節次修。

路臺一十七座。

敵臺九十七座。

邊牆一百四里。

寧遠下：城五，堡十六。

寧遠城。衝。宣德年間建，嘉靖四十三年修。

中左所城。衝。

中右所城。衝。以上二城俱宣德五年建，嘉靖四十二年重修。

連山驛城。衝。

曹莊驛城。緩。

椵木衝堡。衝。

長嶺山堡。衝。

沙河兒堡。衝。

松山寺堡。衝。

灰山堡。衝。

寨兒山堡。衝。

白塔峪堡。衝。

興水縣堡。衝。

小團山堡。衝。

仙靈寺堡。衝。

曲尺河鋪堡。緩。

雙樹鋪堡。緩。

團山屯堡。緩。

高橋鋪堡。緩。

王刀堡。緩。

五里橋屯堡。緩。以上十六堡俱隆慶五年至萬曆二年節次修。

路臺三十二座。

敵臺一百五十五座。

邊牆二百二里。萬曆元年、二年用磚石包修。

前屯下：城六，堡二十四。

前屯城。洪武二十五年建，宣德、正統節次修。

中後所城。衛。

中前所城。衛。上二城俱宣德三年建。

高嶺驛城。綏。

沙河驛城。綏。

東關驛城。綏。

新興營堡。衛。

三道溝堡。衛。

黑莊窠堡。衛。

錦川營堡。衛。

高臺堡。衛。

瑞昌堡。衝。

平川營堡。衝。

三山營堡。衝。

永安堡。衝。

背陰障堡。衝。嘉靖二十五年建。

鐵場堡。衝。

八里鋪堡。緩。

下馬驛屯堡。緩。

石河鋪堡。緩。

永豐大寨堡。緩。

雙墩鋪堡。緩。

長安大寨堡。緩。

徐官屯堡。緩。

古城寨堡。緩。

王二莊堡。緩。

永安寨堡。緩。

王堡屯堡。緩。

蔣千户屯堡。緩。

鐵嶺堡。緩。

路臺三十六座。

敵臺一百一十六座。

邊牆二百六十八里。萬曆元年、二年用磚石包修。

廣寧右屯下：城三，堡一。

右屯城。洪武二十六年建，永樂年修。

十三山驛城。

鐵場所城。天順年間設。

孫忠堡。緩。

路臺二十四座。

敵臺十一座。

金州下：城十七，堡八。以後四處係沿海防倭地方，無邊牆。

金州城。洪武四年建，十四年修，嘉靖四十二年重修。
南關廂城。
北關廂城。
木場驛堡。緩。
旅順口堡。洪武四年建。緩。永樂十年修。
望海堝堡。緩。
黄骨島堡。緩。
石河驛堡。緩。
鹽場堡。緩。
牛心山城。緩。
賽歌山城。緩。
金鹿山城。緩。
虎洞山城。緩。
小黑山城。緩。
中頂山城。緩。

大白東嘴山城。綏。

島山城。綏。

成兒山城。綏。

可羅山城。綏。

縮利把山城。綏。

鏇城山城。綏。

望高山城。綏。

廱子山城。綏。

歸服堡。綏。

紅嘴堡。綏。上二堡嘉靖三十二年建。

敵臺九十五座。

復州下：城四，堡二。

復州城。洪武十五年建，嘉靖四十二年重修。

大黃山城。綏。

吕紅山城。綏。

駱駝山城。綏。

欒古驛堡。綏。

羊官堡。綏。

敵臺二十九座。

蓋州下：城二十三，堡四。

蓋州城。綏。洪武五年建，嘉靖四十三年修。

熊岳堡。綏。

五十寨堡。綏。

伏兵堡。綏。

岫巖堡。綏。

鬬山堡。綏。

曹家柞子山城。綏。

鐵鑛山城。綏。

永寧監城。綏。永樂七年建，嘉靖十四年修。

赤山城。綏。

猫兒嶺山城。緩。

霹靂山城。緩。

西家山城。緩。

壅石巖山城。緩。

冰谷山城。緩。

黄孛羅背山城。緩。

一面山城。緩。

匾山城。緩。

石丘山城。緩。

小觀嘴山城。緩。

得力山城。緩。

掛剌河山城。緩。

夾河山城。緩。

馬牙山城。緩。

松山城。緩。

龍潭山城。緩。

七家嘴山城。緩。

敵臺八座。

海州下：城一，堡三。

海州城。洪武九年建。

東勝堡。緩。

東昌堡。緩。

耀州堡。緩。

路臺十二座。

敵臺四十四座。

邊牆四十四里。

各路關城：

連山關。遼陽城東南一百八十里。朝鮮入貢由此。

鎮朔關。靉陽城北三里。

撫順關。瀋陽城東北，撫順城東二十里。建州朝貢互市由此。

廣順關。開原城東六十里。靖安堡地方。
鎮北關。開原城東北七十里。夷人朝貢互市由此。
新安關。開原城西六十里。慶雲堡地方。
鎮遠關。廣寧城東北七十里。夷人互市由此。
分水嶺關。廣寧城北八里。建鎮北樓三間。
旅順口關。金州城南一百二十里。海運舟至此登岸。
梁房口關。海州城西南七十里。海運船由此入遼河。

四鎮三關志　職官

昌平：總兵，永安坐營，標兵游擊，昌平游擊，守備。
居庸：參將。
黄花：參將，守備。
鞏華：游擊。
懷柔：守備。
灰嶺口：守備。

石峽峪：守備。
八達嶺：守備。
白羊城：守備。
鎮邊城：守備。
渤海所：提調。
長峪城：提調。

鎮守總兵官開府三屯營。
協守中路副總兵駐劄三屯營。
協守東路副總兵駐劄建昌營。
分守各路參將遊擊將軍：一駐漢兒莊營，一駐灤陽營，一駐大喜峯口，一駐太平寨營。
提調各關營把總近奉欽依以都指揮體統行事：洪山口提調。龍井關提調。潘家口提調。董家口提調。擦崖子提調。冷口關提調。榆木嶺提調。李家峪提調。三屯營守備。建昌營守備。

營設管操官壹員，指揮内用之。漢兒莊營。在縣西北一百八十里。灤陽營。在縣西北一百六十里。三屯營。在縣西北一百二十里。青山駐操營。在縣西北八十里。青山營。在縣西北七十里。太平寨營。在縣西北六十里。五重安營。在縣西北五十里。建昌營。在縣北四十里。徐流營。在縣東北四十五里。劉家營。在縣東北五十里。

關寨各設守把官一員，千百户内用之。洪山口關。在縣西北二百里。李家峪關。在縣西北一百九十里。廖家寨。在縣西北一百八十五里。張家安寨。在縣西北一百八十三里。椽八峪寨。在縣西北一百九十一里。龍井兒關。在縣西北一百八十五里。小喜峯口關。在縣西北一百八十二里。大喜峯口關。在縣西北一百八十里。潘家口關。在縣西北一百七十里。董家口關。在縣西北一百五十里。大青山關。在縣西北九十里。榆木嶺關。在縣西北八十五里。爛柴溝關。在縣西北七十五里。新開嶺關。在縣西北七十里。遊鄉口關。在縣西北六十里。五重安關。在縣西北五十里。擦崖子關。在縣西北四十五里。白羊峪關。在縣北四十里。白道子關。在縣北三十八里。石門子關。在縣北三十五里。冷口關。在縣北四十五里。河流口關。在縣東北五十里。徐流口關。在縣東北五十里。佛兒峪關。在縣東北五十三里。孤窯兒寨。在縣東北五十五里。劉家口關。在縣東北六十里。

山石志　按薊鎮分東、西、中三協，而東協爲路者四。嘉靖以前，山海石門共爲一路，而山海僅設守備一員。暨三十六年，石門改設參將，而山海守備實屬之，俱燕河副總兵所轄。後嘉靖末、隆慶初，虜屢犯山海等處，始題准山海仍設參將，割一片石以東三道關、寺兒峪改隸山海，而屹然列爲二路矣。自東虜犯順，萬曆四十八年，置道山海，山、石俱爲所轄。然要害相連，聲勢相應，二而一者也。

營制

按關門營制之設，東事以來，總戎時援遼境，官如傳舍，兵若借乘。自天啓二年閣部孫公承宗始置三部元戎，設立營伍，迨崇禎五年撫臺丘公禾嘉，六年撫院楊公嗣昌，九年撫臺馮公任，俱有更置。撫臺朱公國棟熟酌人地，因勢而變通之，確然有一定之經制矣。

天啓二年始定經制。中部五營：屬總兵馬世龍。神武營、威武營、戡定營、緯武營、戢武營。南部五營：屬總兵王世欽。寧武營、襄武營、定武營、耀武營、龍武營。北部五營：屬總兵尤世威。振武營、奮武營、英武營、雄武營、翼武營。前部副將五營：趙率教。廣武營、宣武營、肅武營、壯武營、彰武營。後部副將五營：孫諫。驃武營、驍武營、捍武營、捷武營、衝武營。一片石五營：招武營、健武營、靖武營、經武營、脩武營。以上閣部孫公承宗定自天啓五年，至崇禎四年更換營制，因東援官掾陣亡，文卷無存，難稽。

崇禎五年酌定營制。驃騎營。鎮標內丁營。驍騎左營。驍騎右營。本道標下飛騎營。鎮城中營。鎮城左營。鎮城右營。羅城營。南海中營。南海左營。南海右營。北山中營。北山左營。北山右營。一片石營。黃土嶺營。城子峪營。義院口營。中前所騎營。中前所城守營。鐵場堡并永安堡。海防左營。沙唬遼船五十隻。山海軍器局。石門軍器局。以上撫院丘公禾嘉定。

崇禎六年更換營制。親丁營。鐵騎中營。鐵騎前營。鐵騎後營。鐵騎右營。驃騎營。驍騎左營。驍騎右營。鎮標內丁營。道標飛騎營。鎮城中營。鎮城左營。鎮城右營。羅城營。南海中營。南海左營。南海右營。北山中營。北山左營。北山右營。一片石營。黃土嶺營。城子峪營。義院口營。海防左營。中前城守營。鐵場堡。山海軍器局。石門軍器局。以上撫院楊公嗣昌更。

崇禎七年更營制。監標營。親丁營。內丁營。飛騎營。驍騎中營。驍騎左營。驍騎右營。鐵騎中營。鐵騎前營。鐵騎後營。鐵騎左營。鐵騎右營。鎮城中營。鎮城左營。鎮城右營。羅城營。南海中營。南海左營。南海右營。北山中營。北山左營。北山右營。一片石營。黃土嶺營。城子峪營。義院口營。海防中營。海防左營。海防右營。中前所城守營。鐵場堡。山海軍器局。石門路軍器局。以上自崇禎七年至本年終撫院楊公嗣昌更。

崇禎八年更營制，同前。

崇禎九年新定營制。撫院馮公任定。監標兩營。撫標兩營。大撥營。鐵騎中營。鐵騎左營。

海防營。陸運營。餘營仍前協中營。

崇禎十三年更定經制。撫院朱公國棟定。撫標前營。驍騎左營改。撫標後營。監標右營改。鎮標左協中營。監標右營改。鎮標左協左營。監標左營改。鎮標左協右營。驍騎火攻營改。鎮標右協中營。鎮標左營改。鎮標右協左營。鎮標右營改。餘仍舊。

東路協守營轄於三屯營正總兵，故此曰東路協守。正統元年設，鎮守以中官充之。嘉靖九年革中官，改游擊。三十三年，改分守副總兵。四十年，改游兵參將。隆慶三年，革參將，敕協守副總兵。駐扎建昌營。萬曆四年，給關防。二十四年，敕都督僉事爲副總兵，轄四路。改駐臺頭營，建公署，以便應援。

山海路

元爲遷民鎮。洪武初止設衛，則曰「衛」。洪武十五年革指揮管事，設提調守備，築城爲關，則曰「關」。萬曆三年轄于東路協守營，則曰「路」，乃所轄四路之首也。革守備，設參將。

關城。周八里一百三十七步四尺，高四丈一尺，築以磚。諸關之城，此最高堅。東、西、南、北四門，各設重建，上竪樓櫓，構鋪舍以便夜巡。水門三，居東、西、南三隅，因勢下城中積水以便蓄洩，石柱爲栅。置鋪舍，設兵值役。此關北山、南海相距十里許，爲畿東險隘，遼、薊咽喉。徐武寧王營建之力也。弘治十三年都御史洪鍾各邊修置關營三十六座，此關加修尤多，鑿池更爲深闊，冬夏不涸。

山海路舊轄城堡。自寺兒峪起，接一片石關、南山墩、南山崖止，計地五十里。

山海關 羅城。即附山海城。東，萬曆十二年建；西，崇禎十五年建。南海口關。在城盡處，瀕海。角山關。有城在城北二十里山顛，守備之所轄，以此爲界。三道關。有城。寺兒峪關。有城。旱關。塞砌。

山海路總兵、副總兵、參將、游擊、都司、守備。督標、鎮標文武職不可數計。萬曆末年置，駐劄山海。督、撫、道、鎮、户、兵二部、三協、四路皆有中軍官一員，大小不等。

山海關邊牆。南入海，北抵角山絶壁，牆外浚池，古稱長城。洪武初徐武寧建，沿牆增設敵臺防守。嘉靖以前原額牆八千五百七十六丈六尺。萬曆七年增築南海口入海石城七丈。都督戚繼光建。

敵臺 鎮城敵臺五座，羅城壹座，西、南、北三座。靖邊一號臺起至南海口盡頭，屹立海中。戚繼光增修。王受臺、白鋪臺、北小鋪臺、大灣臺、北水臺、腰鋪臺、旱門臺、角山東臺、三道小口臺、桃林東臺、三道正關臺、爛石臺、唐帽臺〔一〇三〕、尖山東臺、小山臺、松山東臺、松山臺〔一〇四〕、横嶺臺，共二十三號止。每座傳烽墩十四處，砲空三十六位〔一〇五〕，防守百總一名，南兵五名，北兵二名，統以千總一員，把總二員。每臺佛郎機八架，快鎗八桿，火箭五百枝，鉛子四千五百六十個，石砲三百位，火藥五百觔，隨火藥什物俱全。

本關烽堠 一十四處，每堠軍士六名，遇警旗砲傳接，都督戚繼光設。

營制 督師孫承宗始分中、前、後、左、右二十五營，最爲妥確。嗣後更定不一，分至三四十營，惟遴選内丁、飛騎、驍騎、銕騎爲當。

石門路

所轄關堡：東自一片石南山崖起，西至甘泉堡西畔，接星星峪堡交畔止，計一百六十里。一片石、有城，二里至。廟山口關、有城，二里至。西陽谷堡、五里至。黄土嶺關、有城，八里至。炕兒谷關、有城，二里至。大青山關、弘治年移無名口併此。有城，黄土嶺提調轄，十五里至。娃娃谷堡、小河口關歸併于此。大毛山關、有城，小毛山失守移入，二里至。董家口堡、併石門兒、柳河衝二堡移此，五里至。城子谷堡、嘉靖元年移西家莊，仍舊名，三里至。水關寺關、嘉靖元年移黄土坡，仍舊名，五里至。平頂谷堡、以上大毛山提調轄，十五里至。長谷口堡、五里至。坂塲谷堡、五里至。義院口關、城最壯麗。拿子谷關、十里至。花塲谷關、移細夯口閆家莊，仍舊名，二十五里至。孤石堡、十五里至。甘泉谷關、十五里至。黄土嶺營、長谷嶺營、平山營。俱義院口提調轄。

燕河路

所轄關堡：西自冷口、石門子口關西琵琶稍墩，東至河東關止，計八十七里。星星谷堡、移堡退四十里于潘家莊，仍舊名。中桑谷堡、舊桑坌、谷中庵二堡，後置梁家灣，合爲一堡，有城。箭桿嶺關、界嶺口關、三十三關，此關最爲要害。羅漢洞堡、青山口關、有城。東勝寨、乾澗兒口關、有城。重谷口關、有城。臺頭營、燕河營、舊寨。青山駐操營。

建昌路

所轄關堡：東自梧桐峪東尖山，至太平路擦子崖白羊峪東畔止，計六十九里零七十七丈六尺。梧桐峪堡、桃林口關、正水峪寨、孤窑兒寨、佛兒峪寨、劉家口關、有城。徐流口、有城。河流口關、有城。冷口關、石子關、有城。白道子、有城。桃林營、劉家營、徐流營、建昌營、有城。赤洋海口營、昌黎南。牛頭崖海口營、撫寧南。新橋海口營。樂亭南，俱海濱。永樂七年因倭寇樂亭設。

附海運。洪武初，徐武寧開運馬頭莊，有行舡遺址。後承平禁海，閉塞。萬曆庚申，運道不給，總督文球令關道陶珽開運，自天津至山海關南海口，或直抵寧遠，軍民大便。南海口龍武營。天啓壬戌，閣部督師孫承宗設舡兵以防海沙，唬遼舡五十號。

此四路所轄邊城，自山海路南海口關起，建昌路白道子關止，延袤二百三十六里，即古長城間爲移置。山海路下二十里，洪武年建。石門路迤西至建昌路，嘉靖後改創增修。牆臺一伯五座，山海路十二座，洪武年建。石門以東三路，嘉靖年建。墩臺一伯六十九座，舊建。敵臺、北角山、南海口各一座，嘉靖年建。空心臺三百三十五座。隆慶三年至萬曆九年，總理戚繼光創建。

山海路屬

山海南海口，明季原設海防三營，官兵三千員名。順治三年經制官兵貳百零三員名。本口分防汛守肆處：

老龍頭，極衝。上有望海樓一座，安設目兵五十名，西至南海口五里。

南海口，極衝。建天妃聖母行宫一座，三官行宫一座，小聖行宫一座，設立守備一員，目兵一百名，西至秦王島三十里。

秦王島次衝。建望海觀音殿寺一座，安設把總一員，目兵二十名，西至白塔嶺十里。

白塔嶺，極衝。海岸建有小聖廟一座，安設把總一員，目兵三十名，迤西係蒲河營分防汛守。

石門路屬

石門路義院口守備下，明季時所轄，東至大毛山，西至界嶺口扒喇嶺止，共計空樓八十一座。順治三年改設墩臺十座，邊牆隘口計長百里；每墩安設兵三名，共兵三十名。

大毛山操守下，明季時所轄，東至黄土嶺關交界起，西至義院口交界止，共計邊六十里，共計空樓七十六座。順治三年本關樓臺撥與黄土嶺關二十四座，義院口關撥給本關樓臺三十六座；東至董家口七十六號臺起，西至板長峪一百七十四號臺止，共計邊長八十餘里；共計樓臺九十座，改設墩臺十座，每墩兵三名，共兵三十名。

黄土嶺操守下，明季時所轄，東至山海路交界起，南山崖石黄一號臺至新尖山六十二號臺止。順治二年奉文均撥大毛山下空樓二十四座，至董家口八十六號臺，西至大毛山交界止；共計八十六座，止存改設墩臺十座，邊長八十餘里，每墩兵三名，共兵三十名。

燕河路屬

燕河路，明季原設參將一員，統轄界嶺、極衝。青山，次衝。守提貳員内屬，長邊九十七里零六十步，原設墩臺共一百六十七座。順治三年户、兵二部大人詣邊挨查險隘，革參將，設立守備一員，統轄臺頭、界嶺、青山三關營，設立操守三員；改那設墩臺共十六座，每臺設墩兵三名，共墩兵四十八名。

建昌路屬

桃林口。明季沿邊東至梧桐峪，西至白家山，路長三十三里。原設墩臺七十九座，傳烽墩二十一處，敵臺七十九座，每臺設臺總壹名，臺正副貳名，臺兵五名。傳烽墩貳十一處，每處設墩頭壹名，烽軍五名。順治三年更定本口，沿邊東至梧桐峪，西至香油峪、劉家口交界止；改設墩臺五座，每臺設墩兵三名，共兵十五名。

劉家口。明季係桃林口守備所管。順治三年更定操守壹員分管，沿邊東至本口月城樓，西至偏岐樓、冷口交界，路長四十二里止；設墩臺七座，每墩設兵三名，共兵二十一名。

冷口關。明季原管樓臺一百零四座，每臺設立臺總一名，臺正副二名，臺兵五名。順治年更定本口，沿邊東至劉家口，西至白羊峪交界，路長六十里止；改設墩臺七座，每墩設兵三名，共二十一名。

劉家墩海防營

灤河口，極衝要口。明季時設有木樓一座，值今將毁。至西韮菜溝三十五里。

韮菜溝，次衝要口。明季時設立土墩一座，今已築存竪旗。至西清河二十里。

清河口，極衝要口。明季時設立土墩一座，今已築存竪旗。至西高檿河八里。

高檿河，次衝要口。明季時設有木樓一座，值今將毁，有土墩一座，今已築存竪旗。至西蠶沙口四十里。

蠶沙口，極衝要口。明季時設立土墩一座，今已築存竪旗。至西望風東交界三十七里。

蒲河營

本汛海口地方，東自金山嘴起，西至小灤河交界止，共計貳百里汛長。極衝海口二處：洋河口、蒲河口，明季設有副將一員，兵三千名；舊有營房、倉廒，基址見存。次衝海口四處：沙崖口、野猪口、胡林河赤洋口、内牛頭崖赤洋海口，明季各設坐營官一員，兵各八十名，駐防海口；舊有土墩六座，今經年久，俱各倒壞，基址見存。順治新更經制，蒲河口一帶設都司一員，千總一員，把總二員，目兵四百名；按汛衝緩，安設官兵修蓋窩鋪，壘砌砲臺，督率目兵，晝夜瞭望，巡防；各縣設有木樓十座，舊基土墩六座，見今奉行各縣補修。

金山嘴土臺一座。金山嘴西嶺土墩一座，西至戴家河二十里。聯峯寺土墩一座。戴家河木樓二座，西至蒲河口四十里。洋河口西土墩一座。蘇家鏜西木樓一座。蒲河口舊修木樓一座，口南木樓一座，西至沙崖口七十里。沙崖口木樓一座。口東木樓一座，西至野猪口二十五里。野猪口補修土墩一座，西至胡林河十五里。胡林河補修土墩一座，西至劉家墩三十里。

本道所轄，自山海關南海口起，至薊州道所轄黑洋河止，共計四百四十餘里，中有極衝七處，次衝四處，緩衝二處。

南海口，守備一員，把總二員，兵丁二百名，分防極衝海口三處：老龍頭，即南海口，極衝，守備一員，領兵一百五十名。秦皇島，極衝，把總一員，領兵二十名。白塔嶺，即湯河口，極衝，把總一員，領兵三十名。

蒲河營，都司一員，千總一員，把總二員，兵丁四百名，分防極衝海口二處，次衝海口三處：戴家河，極衝，適中駐防都司一員，總攝東西一帶海口，又千總一員，領兵二百名。蒲河，即青河口，極衝，把總一員，領兵一百名。沙崖口，次衝，把總一員，領兵五十名。野猪口，次衝，防兵二十五名，把總兼攝。胡林河，次衝，防兵二十五名，把總兼攝。

劉家墩，守備一員，把總二員，兵丁二百名，分防極衝海口二處，緩衝海口二處，次衝海口一處：灤河口，極衝，把總一員，領兵五十名。清河口，極衝，適中駐防守備一員，東西調度，領兵四十名。韭菜溝，次衝，防兵三十名，把總兼攝。高糜河，緩衝，防兵三十名，把總兼攝。蠶沙口，緩衝，把總一員，領兵五十名。

疆域形勢〔一〇六〕

今之畿甸，古之冀州也。考古冀方分爲幽、并，廣博遼闊，一倍於雍、豫，三倍於青、兖、荆、揚、梁、益，迴莫與儔，詎如後世提封之有四履者虖？畿甸又幽、并地也，延袤二千里，跨有四州，亘及三國，東無疆而疆以渤海，西無域而域以太行，南襟大河，北屏乾嶽，亦猶一家之有户壁焉爾，疆域云乎哉，而形勢家且斤斤於設險之説焉。古人云：天子守四裔，在德不在險。似可置而勿道。子輿氏又曰：「天時不如地利〔一〇七〕。」殆難與縱横之談，可一切吐棄者已。明劉侗有言曰：「建都於燕，北宅南嚮，威外福中〔一〇八〕，玉食航焉〔一〇九〕。蓋用西北之勁，以制東南之饒；亦用東南之饒，制西北之勁〔一一〇〕。饒勁各馭〔一一一〕，勢長在我。」又曰：「中宅天下，不若虎眡天下。虎眡天下，不若挈天下爲瓶而身抵其口。故洛不如關也，關又不如薊也。蓋守洛必以天下，守關必以關，守天下必以薊。」斯誠諳於形勢之大較者歟！

間嘗東抵渝關，西臨雁塞，南游河、洛、王屋之間，北眺宣、雲大漠之埜，瞭然於帝京形勢之雄以壯也。太行崛起函谷，西南以趨東北，蟺蜒逶迤，倏閃騰踔，如屏擁，如襟抱，二千里而大會於碣石，形家以爲畫龍占者，以爲王氣。故千峰奔會，羣插趾于蓬瀛；萬派淵渟，共息肩于鰲柱，洵所謂斗拱天心，帶環地脈者虖！獨餘答陽一面，膴膴周原，畇畇禹甸，受梯航，來玉帛，勢誠敞焉。乃有黄流在中九折，而歷雍、豫，萬里以迄東南，曲曲流，曲曲抱。當其由豫而魯，由魯而齊，由齊而海也，收太行之左氣，攬恒嶽之全龍，既周且密。加以衛漳遶于魏北，滹沱界於趙中，拒馬、桑乾瀠漾於燕南，悉滙天津，合襟入海。左有輔，右有弼，背有倚，面有朝，弘龐完固，不更彰彰耶？朱紫陽曰：天下好風水，第一在冀州。亶其然乎？即以形勢論，由燕而達四國者，行行皆周道；由四國而適燕者，在在皆要津。履道坦坦，將軍不用，從天維石，巖巖井陘。誰能列騎踞上游而制人，限天塹而守我，文德可來，武功可競，益信劉侗之説，非揣摩也。

【原注】

注一　萬曆甲寅，邑令崔儒秀用井憲副策，自白家道口至上五哥莊，築邊堤一道，以防黑牛、廖家等口之衝，長八里。文安修五分，保定二分，大城三分。至丙寅，黑牛口決，賴以無虞。

注二　山自居庸而東，其勢漸南，海自直沽而東，其勢漸北。至我臨渝山麓，海濱不盈一視。自直沽、新橋、赤洋東，漸轉而北，抵遼境，金、復南岸，即登、萊二府界。國初海運尚通，山東一省錢鈔布花，由海道給遼東。關南十里，海濱店舍及泊舟遺址猶存。

注三　自後或郎中、或主事，無定官。景泰五年以後，始專用主事。

注四　十六年，復用主事。嘉靖元年，永革中官，定設主事，三年一代。

注五　山石志：三道關、寺兒峪關，以上二關舊屬石門寨。隆慶三年，裁革守備，改設參將，撥付山海路管理。

注六　黄土嶺營去黄土嶺關西三十里。長谷口駐標營去長谷口關南八里。石門寨營去義院口關南二十里。平山營去葦子谷關南二十里。以上營設指揮或千户一員管操，另設提調指揮一員總之，於石門寨營駐劄。遇各關警報，則督率所部兵馬分照地方策應。

【校勘記】

〔一〕舊唐書魏元忠傳　原闕「舊唐書魏」四字，據舊唐書卷九二魏元忠傳補。

〔二〕貞元十七年十月辛未　原闕「貞」字，據舊唐書卷一三八德宗本紀下補。

〔三〕新唐書賈耽傳　原闕此六字題，據新唐書卷一六六賈耽傳補。

〔四〕山川夷岨必究知之　原闕「川夷岨必」四字，據新唐書卷一六六賈耽傳補。

〔五〕爲圖又以洮湟甘涼屯鎮額籍　原闕「爲圖又以」四字，據新唐書卷一六六賈耽傳補。

〔六〕又圖海内華夷　原闕「圖海内華」四字，據新唐書卷一六六賈耽傳補。

〔七〕外夷本班固漢書　原闕「漢書」二字，據新唐書卷一六六賈耽傳補。

〔八〕又著貞元十道録　原闕「著貞」二字，據新唐書卷一六六賈耽傳補。

〔九〕舊唐書賈耽傳　原闕「舊」及「賈耽傳」四字，爲與上條區別，今據舊唐書卷一三八賈耽傳補。

〔一〇〕圖上不可備書　原無「圖」字，據舊唐書卷一三八賈耽傳補。

〔一一〕隴西北地　「北」，原作「十」，據舊唐書卷一三八賈耽傳改。

〔一二〕唐順之曰　原闕「唐順之」三字，下文出荆川先生文集卷十江陰縣新志序（四部叢刊初編集部，下同），據此補。

〔一三〕至於壤則賦額民數一切不紀　「至於」，原作「而」，原闕「不記」二字，據江陰縣新志序改補。

〔一四〕而仙佛之廬　原闕「而仙」二字，「佛」，原作「老」，據江陰縣新志序補改。

〔一五〕此何異於家之籍　「何」下原有「以」字，「於」下原有「人」字，「家之」，原作「之家」，據江陰縣新志序删改。

〔一六〕專記圖畫狗馬珍玩爲粧綴　原闕「圖畫狗」三字，據江陰縣新志序補。

〔一七〕合乞里馬出河　「馬」，原作「焉」，據敷文閣本、徐問讀書劄記卷二（道光辛卯得月簃叢書本，下同。）改。

〔一八〕今山西境　原闕「山」字，據讀書劄記卷二補。

〔一九〕迺因其迴流之性而導之　「迺」，原作「西」，據讀書劄記卷二改。

〔二〇〕一自荆隆黄陵岡經曹濮　原闕「隆」字，據讀書劄記卷二補。

〔二一〕濫溢於金鄉魚臺　讀書劄記卷二作「河流漫入于曹縣，氾濫於魚臺」。

〔二二〕自張掖郡山丹縣西至合黎山　原闕前「山」字，據讀書劄記卷二補。

〔二三〕又有濟漯濼雷夏濰沮汶泗淄濰　「濰」，原作「灘」，據濂溪堂本、敷文閣本、讀書劄記卷二改。

〔二四〕濰水出瑯邪郡經高密昌邑濰縣　「濰」，原作「灘」，據濂溪堂本、敷文閣本、讀書劄記卷二改。

〔二五〕又吐納宣歙金壇宜興洮滆湖同百瀆西來衆水而下　讀書劄記卷二作「又吐納常之江陰鎮之金壇百瀆西來衆水而下」。

〔二六〕其常之靖江則接建康之水入海　讀書劄記卷二作「皆自常之静江蘇之太倉東北入海」。

〔二七〕南流五百里　原無「百」字，據讀書劄記卷二、敷文閣本補。

〔二八〕至梧州爲府江　原闕「江」字，據讀書劄記卷二、敷文閣本、讀書劄記卷二補。

〔二九〕又南與湞水合而爲曲江　「與」，原作「爲」，據讀書劄記卷二改。

〔三〇〕古西南夷僰鳩地　「僰」，原作「縉」，據讀書劄記卷二改。

〔三一〕燕京依山帶海　「依」，原作「扆」，據章潢圖書編卷三十五（文淵閣四庫全書本，下同）改。

〔三二〕宋人按燕雲　「按」，原作「捐」，據圖書編卷三十五改。

〔三三〕但知和碩之通貢　「和碩」，原作「火節」，據圖書編卷三十五改。

〔三四〕㶟水東逕下洛縣故城南　「㶟」，原作「濕」，據水經注卷十三㶟水（上海古籍出版社一九九〇年九月版，下同）改。

〔三五〕謂之落馬河　「河」，水經注卷十三㶟水作「洪」。原案：「近刻訛作『河』。」

〔三六〕又南出山　「出」，原作「入」，據水經注卷十三㶟水改。

〔三七〕魏土地記曰　「魏」下原有「氏」字，據水經注卷十三㶟水删。下同。

〔三八〕濕水與桑乾異源同流　據文意，「濕」應爲「㶟」字。

〔三九〕入㶟水　㶟，原作「濕」，據水經注卷十三㶟水改。

〔四〇〕又東過長鄉縣北　「長」，水經注卷十二聖水作「陽」。原案：「『陽』，近刻作『長』，蓋後人所改。」

〔四一〕㶟水逕良鄉縣之北界　「㶟」，原作「濕」，據水經注卷十三㶟水改。

〔四二〕又東逕渾渥城南　「渥」，水經注卷十一易水作「涅」。原案：「近刻訛作『渥』。」

〔四三〕與滹沱合　「滹沱」，原作「雩池」，據敷文閣本、水經注卷十一易水改。

〔四四〕東過東州縣　「東」，水經注卷十一易水作「泉」。原案：「『泉』，近刻訛作『東』。」

〔四五〕自高梁橋水　「橋」，原作「槁」，據敷文閣本、春明夢餘録卷六十八（臺灣大立出版社一九八〇年影印古香齋本，下同）改。

〔四六〕出薊縣境　「境」，原作「竟」，據春明夢餘録卷六十八改。

〔四七〕神臯蘭若皆萃焉　「萃」，原作「草」，據春明夢餘録卷六十八改。
〔四八〕題石而歎　「歎」，原作「歎」，據春明夢餘録卷六十八改。
〔四九〕青如亂鬢　「鬢」，原作「鬠」，據春明夢餘録卷六十八改。
〔五〇〕判爲中路　「判」，原作「牉」，據春明夢餘録卷六十八改。
〔五一〕蘭若講堂中有蘋婆三株　「蘋婆」，原作「頻槃」，據春明夢餘録卷六十八改。
〔五二〕真可奇也　「奇」，原作「寄」，據春明夢餘録卷六十八改。
〔五三〕上之人文雅沉鷙而不狃于俗　「雅」，原作「唯」，據濂溪堂本、敷文閣本、（萬曆）順天府志卷一地理志（萬曆刻本）改。
〔五四〕今日之建置　原闕「今日」二字，據大學衍義補卷一百十九治國平天下之要嚴武備（文淵閣四庫全書本，下同）補。
〔五五〕西又次之　「西」，原作「南」，據大學衍義補卷一百十九治國平天下之要嚴武備改。
〔五六〕因其舊而加以蕃守之　「其」，原作「見」，據大學衍義補卷一百十九治國平天下之要嚴武備改。
〔五七〕然後堂室堅固　原闕「堂」字，據敷文閣本、大學衍義補卷一百十九補。
〔五八〕一一以聞　「聞」，原作「所」，據大學衍義補卷一百五十治國平天下之要馭外蕃改。
〔五九〕固取足用　「固」，原作「姑」，據大學衍義補卷一百五十治國平天下之要馭外蕃改。
〔六〇〕歲遣御史一員督察之　「一」，原作「人」，據大學衍義補卷一百五十治國平天下之要馭外蕃改。
〔六一〕順天府志　原無此四字，下文出自（萬曆）順天府志卷三食貨志，據此補。

〔六二〕皆款段之不若也　「款」，原作「欵」，據（萬曆）順天府志卷三食貨志改。
〔六三〕「英宗至治三年二月己巳」二句　今元史無此語。
〔六四〕河渠志　原無篇名，下文出自元史卷六十四河渠志，據此補。
〔六五〕景州吴橋縣諸處御河水溢　原無「橋」字，據元史卷六十四河渠志補。
〔六六〕萬户千奴爲恐傷其屯田　「其」，原作「淇」，據敷文閣本、元史卷六十四河渠志改。
〔六七〕沽頭閘自河内脩截河隁　「自」，原作「月」，據元史卷六十四河渠志改。
〔六八〕皇都水利　原無篇名，下文出自明袁黄皇都水利論開田賞功（萬曆了凡雜著本），據此補。
〔六九〕北抵檀順　「檀」，原作「擅」，據皇都水利論開田賞功改。
〔七〇〕講求利害　「求」，原作「究」，據大學衍義補卷三十五治國平天下之要制國用屯營之田改。
〔七一〕畿郡之水爲患　「畿郡」，清孫承澤天府廣記（清鈔本）卷三十六水利作「邦畿」。
〔七二〕萬曆十四年三月　原闕「三」字，據召對録（景明寶顔堂秘笈本）補。天府廣記卷三十六水利作「正月」。
〔七三〕河設淺置鋪　「置」字疑衍。
〔七四〕無攔河委差之擾　「攔」，原作「欄」，據濂溪堂本、敷文閣本、（光緒）順天府志（光緒十五年重印本）卷五十六經政志三改。下同。
〔七五〕俗呼大倉　「大」，（光緒）順天府志卷五十六經政志三作「太」。
〔七六〕自保定縣東路疃村起　下文及畿輔安瀾志清河（清武英殿聚珍版叢書本）卷下引舊霸州志於「東」下有「北」字。

〔七七〕亦可種薥　「薥」，原作「藅」，據畿輔安瀾志清河卷下改。

〔七八〕支河析之　「析」，畿輔安瀾志清河卷下引作「洩」。

〔七九〕河由北注　「河」，原作「何」，據河渠紀聞（嘉慶霞蔭堂刻本）卷十三改。

〔八〇〕漳水可以灌鄴下　「下」，原作「旁」，據天府廣記（清鈔本）卷三十六引任邱鄉官姜揚武水田議改。

〔八一〕「兵部尚書霍冀覆總理練兵戚繼光條陳」句　下文見譚襄敏奏議（文淵閣四庫全書本，下同）卷九感激非常恩遇披誠請兵備戰守以圖補報疏。西園聞見録（哈佛燕京學社印本）卷六十九兵部十八作「會同總督譚綸覆議都督戚繼光議」。萬斯同明史（清鈔本）卷一百二十四志九十八兵衛十九作「薊遼總督侍郎譚綸議覆都督戚繼光奏曰」。

〔八二〕駐之建昌遵化　「駐」，原作「住」，據譚襄敏奏議卷九感激非常恩遇披誠請兵備戰守以圖補報疏改。下同。

〔八三〕是十二路二千里之間　原無「二」字，據譚襄敏奏議卷九感激非常恩遇披誠請兵備戰守以圖補報疏、西園聞見録卷六十九兵部十八、萬斯同明史卷一百二十四志九十八兵衛十九補。

〔八四〕以車爲蔽　原無「爲」字，據譚襄敏奏議卷九感激非常恩遇披誠請兵備戰守以圖補報疏、西園聞見録卷六十九兵部十八補。

〔八五〕其條陳有七原六失四弊云　「原」，原作「策」，據譚襄敏奏議卷九感激非常恩遇披誠請兵備戰守以圖補報疏、西園聞見録卷六十兵部九、萬斯同明史卷一百十九志九十三兵衛十四改。

〔八六〕多散漫而不嘗試　原無「不」字，據敷文閣本補。

〔八七〕自貢市撫賞修工之外　「市」，原作「夷」，據西園聞見録卷七十三兵部二十二改。

〔八八〕永道車制　明王鳴鶴登壇必究(清刻本)卷之二十九所載大神銃滚車、滅虜砲車,與下文頗多出入。

〔八九〕「本鎮管幣黄花」句　「幣」,敷文閣本作「轄」。

〔九〇〕山厚窪　「窪」,敷文閣本作「窪」。

〔九一〕沙嶺兒　原闕此三字,據四鎮三關志(萬曆四年刻本,下同)卷二形勝考補。

〔九二〕大寧班軍營　原闕「大」字,據四鎮三關志卷三軍旅考補。

〔九三〕使其步下殺之　「步」,敷文閣本作「部」。

〔九四〕禦備既速　「速」,原作「夙」,據濂溪堂本、敷文閣本、練兵實紀練兵雜紀(文淵閣四庫全書本)卷六車步騎營陣解下改。

〔九五〕馳援不悮　「悮」,原作「後」,據練兵實紀練兵雜紀卷六車步騎營陣解下改。

〔九六〕徒議擺守　「擺」,敷文閣本作「把」。

〔九七〕抽垛招募　「垛」,敷文閣本作「撥」。

〔九八〕山海關志　下文出自山海關志(嘉靖十四年葛守禮刻本)卷一地理、卷二關隘,據此補。

〔九九〕俱通衆騎　「俱」,原作「供」,據敷文閣本、四鎮三關志卷二形勝考改。

〔一〇〇〕次衝　四鎮三關志卷二形勝考下有「西山墩至鎮虜墩,平漫,通單騎,衝」十三字。

〔一〇一〕花家窑　四鎮三關志卷二形勝考下有「永樂年建。龍芽菜溝通單騎,衝。城東頭至西頭水口,平漫,通衆騎,極衝」二十七字。

〔一〇二〕虎皮驛堡　原闕「虎」字,據四鎮三關志卷二形勝考補。

〔一〇三〕唐帽臺　「臺」下原複有「唐帽臺」三字，據敷文閣本删。

〔一〇四〕松山臺　「臺」下原複有「松山臺」三字，據敷文閣本删。

〔一〇五〕砲空三十六位　「空」，敷文閣本作「臺」。

〔一〇六〕疆域形勢　原無此篇，據濂溪堂本卷二、敷文閣本卷二補。

〔一〇七〕「子輿氏又曰」二句：下句出自孟子集注卷四公孫丑章句下，非子輿氏之言。

〔一〇八〕威外福中　帝京景物略序（上海古籍出版社二〇〇一年版，下同）「外」作「夷」，「中」作「夏」。

〔一〇九〕玉食航焉　原本「焉」作「輦」，據帝京景物略序改。

〔一一〇〕制西北之勁　原本「制」作「以養」，據帝京景物略序改。

〔一一一〕饒勁各馭　原本「馭」作「異」，據帝京景物略序改。

北直隸備録中

順德府知府徐翁衍祚勸課種桑栽樹

種桑之法：四月間，桑椹子熟時，揀摘黑紫色透熟的，用水淘浄，取出浄子，隨宅園牆下，或井旁，或空隙處所，密密種上，或又于園井打成菜畦，如種菜之法。家家户户，隨力栽種，長出桑秧，任意移栽，不時澆灌，務期成效。一歲要千萬株，即可得也。

一、壓桑之法：初時在桑樹根上，將發出嫩條，聽其長成，不要動；止二月間，將條壓倒，自根至梢，每尺用短繩横綳，俱令着地；至三四月條上所發之芽，不要摘壞；至五月夏至前後，其芽自然長成小秧，再將大條用土培壅，止露小秧，向上發長，頻用糞水澆灌；一兩月間，其土内大條，必生出白根。待來年正月，却照小秧之處，或五六株，或十餘株，照株裁斷，移分别地，照依後法表植。

一、栽桑之法：正月内擇離阜之地，每株周圍，相離八九尺，鋤開一坑，小者深二三寸，大者三四寸，坑底要平；將桑秧根鬚，各分曲直，竪在坑内，用糞壅培牢固，即將餘梢剪裁，與土相平。每月用糞水澆灌二三次，清明前後，自然發芽；再用糞土澆一二次，一月可長一尺，每株根上只可二芽，或一芽，隨日而長。至五六月間，將新發枝上葉内小芽，盡行摘去，亦不要留旁枝，止培原養本枝，務長直上直下。仍照前月澆灌，一年即可長成六七尺，或四五尺。臘月間，復將上梢剪去，只留三四寸。到次年，每月只澆灌一次，春分後當日暖之時，其根上復生出桑芽，不拘多少，摘去，止留一二芽，最要防護牲畜踏踐。至五六月内，看桑内有小斜枝，亦要摘去，不可容留，以奪本根脂力。長至六七尺，又怕風摇，致傷根本，可用細繩拴縛各桑根上，互相牽絆。候至次年，任從摘葉飼蠶。其栽桑地内，不宜栽種各色花草，恐奪地脈，只宜種葱韭瓜菜之類，取其頻澆頻灌，桑葉愈得茂盛；遇有草莽，即當刈除。

武宗實録〔一〕

正德元年十月〔二〕，濬滏陽河。河舊在順德府任縣新店村之東北，源出磁州，經永年、曲周、平鄉，至穆家口，會百泉等河北流，兩岸皆徵糧地。景泰間，漳水併入，漫流衝曲周等縣地方，沿河各築堤以備泛溢。成化間，舊河淤塞，於村之西南，衝決爲新河，合沙、洺等河，入穆家口，兩岸亦築堤備之。弘治初，漳水徙入御河，民棄堤不復修理。近年漳水復入新河，西岸地皆淹没，任縣民高暘等以爲言〔三〕，下巡撫官勘處。至是具奏，言穆家口乃泉河之委，請從此先濬，乃并濬舊河、新河，今兩處分流，以殺其勢，堤岸亦漸加修理，庶民患可除。工部覆奏，從之。

邢臺縣志

知府王可信百泉閘記

邢治隸順爲附郭邑，控地甫百里，西入太行，居之七八。野多墝确岡阜，土雜山石不純，可佃種獨東南一隅，泉湧百穴，因名曰百泉。傍地平坦廣衍，可爲耕耨區。顧東行不數里，民暨田盡轄屬他邑，隸邢者止十之二三而已。且勢逼山脊，西高東下，若建瓴然。每夏秋雨集，山潦横至，則衝突邢阜之土，淤漬東南諸邑。田一淤，輒沃饒二三歲，愈於附糞。而邢之田，乃或灑爲溝壑，甚至盡滌厥槁壤〔四〕，止遺沙石，不復成田者有之。旱則諸邑之民，引泉水溉田，坐收滋渥利，而邢地近泉者，反壠高水下，非大排激之，不能入田。以故山川形勝雖萃於邢，而利卒歸之他邑，民之籍邢者，率苦窳寡蓄藏，輕流易竄，而他邑接邢壤之民，視邢爲頗饒。

朱誥曰：邢迤西諸山，大都峐岨無所産，獨百泉水有無窮之利，特以水勢下注，直趨南、任兩邑，邢民獲利最少。余於華家莊創永澤閘，而珍珠堤東又創流珠堤，更須水車之制於民，而並建水磨於豫讓橋等處，業已就緒，足爲永利。又觀東南增益、永盛二源皆足灌溉，業已相度授工，或亦可垂之永利。但地利無窮，人情易怠，非上者以時料理而振勵之，安保其久而不廢耶？予識陋，特自所見者爲民圖之如此。若推而廣之，使人事益修，地利益盡，則在後之君子云。

廣平府志〔五〕

地有大地、小地之分者。地二百四十步爲一畝，自有地以來，未之有改也。由國初地有開墾永不起科者，有因洿下鹻薄磽瘠而無糧者，今皆一概量出作數，是以原額地少，而丈量地反多。當事者又恐畝數增多取駭於上，而貽害於民，乃以大畝該小畝，取合原額之數。此後上行造報，則用大地以投黄册，下行征派，則用小地以取均平。是以各縣大地，有小地一畝八分以上折一畝者，有二畝以上折一畝者，有三畝以上折一畝者，有七畝以上折一畝者，有八畝以上折一畝者。折畝之少者，其地猶中中，而折畝之多者，其地多低薄。又皆合一縣之丈地，投一縣之原額，以攤一縣之原糧，而賦役由之以出。故各縣地之折算雖有多寡，而賦之分派則無移易，宜無不均也。

屯田有邊屯，屯於各邊空曠之地，且耕且戰者也；有營屯，屯於各衛就近之所，且耕且守者也。今廣平之屯，乃於畿輔之地，而立山西諸衛之屯，謂之下屯，軍則戍于衛，而留其餘丁于屯，此祖宗之深意遠慮，相維相制之法也。

廣平牧馬之地，自宋已設。宋初養馬務，洺州置一。太宗興國二年，改爲牧龍坊；景德而後，改坊爲監。在外十四監之内，有廣平監，多擇種馬，牝牡爲群。神宗留意馬政，或請以牧馬餘田修稼政，而群牧司言廣平監餘田無幾，宜仍舊。及熙寧、元豐，坊監遂廢。元祐初，左司王巖叟上疏，謂廣平監棚基草地，疆畫具存，使臣牧卒，大半猶在，稍加招集，則指顧之間，措置可定。此前代廣平之馬政，養之於官者也。紹聖初，韓筠等建議，於邢州請以牧田募民，授田一頃者，爲官牧一馬而蠲其租。於是始行給地牧馬之政。此前代廣平之馬政，養之於民者也。我朝養馬之政，洪武自革群監官，命有司孳牧，是用宋紹聖以來之法。江北五户共養一匹，凡牝牡馬五匹爲一群，立群頭一人，五群立群長一人，每一年約一駒。永樂、宣德則論丁養馬。成化元年，例則三年課一駒。弘治年，奏定廣平等府免糧養馬，每地五十畝領兒馬一匹，百畝領騍馬一匹。正德元年，御史王濟奏大名、廣平等府，有種馬之額，而無種馬之實，有孳生之名，而無孳生之用，合行但視種馬之臕壯，不追馬駒之有無。嗣是之後，備用大馬，止照種馬之額派行買解〔六〕。此正德以前廣平馬政也。及嘉靖初，本府度地均糧之後，凡養馬之田，皆收糧地之内；納糧之地，皆輸養馬之銀。故馬無專田，必地數頃而共養一馬；駒無全育，必輸四年而馬課一駒。上之政未嘗不寬，而下之力每不能辦者，何也？雜役之煩而雜費之多也。

廣平縣志

漳水議

按漳河之源有二：一出山西潞州長子縣，名濁漳；一出平定州樂平縣，名清漳。東至林縣，合流于彰德、磁州之間，至臨漳而成大河，出廣平、大名，達于臨清。冬、春則涸，夏、秋則漲。其涸也枵腹嗸嗸，其漲也泛溢千里。今年東，明年西，一淤成地，一衝成河，固地勢沃衍平坦使然，由水勢波濤洶湧致之也。漢、唐以前，其治易，以黄河故道繞大名，出河間，達于海，則黄河深廣而漳水易洩，所以消息而不爲害。宋、元以後，其治難，以黄河繞徐州，出淮安，入于海，則黄河淤淺而漳水難洩，所以散漫而不可制。其在今日尤甚。宋、元漳河南決，從大名出臨漳，繞魏縣，過府城之南，由艾家口入于衛河，其流久，其河深，此其故道也。近則向南之河忽湧成淤，比決自臨漳，過魏縣，從元城以達于館陶，此新河之一派也。又自花佛堂南決一口，泛溢而爲四流〔七〕，魏與元城均在四流之中。而廣平西南若柳林屯、龐兒莊、南温、油房等村，泛則爲洪流，淤則爲沙礫，廬舍墳墓，其遭水害者不可悉數。

今之議者徒曰如何堤，如何塞，此不過補苴罅隙，奉漏甕沃焦釜之計也。不知治漳與治河異：黄河可資漕運，引注徐、吕二洪，水性湍急，宜防而不宜洩；漳河可資灌溉，泛濫三省五縣，水勢平緩，宜洩而不宜防。謀國者果爲經久不易之策，必當久任責成，相地勢，畫經界，立丘甸，深溝洫，時蓄洩。水一泛溢，則散于五縣溝渠，而不爲城郭宫室之害；水一乾涸，取于萬井蓄積，而可收千倉萬箱之利，則沙礫變爲沃土，洪流登于衽席。其視今年堤，明年決，塞于南，壑于北。傾有限之帑藏，填無窮之巨津；驅必不得已之民，圖必不可成之功：此兩策者，相去遠矣。

釋此不爲，而顧彼之久行，此余之所未解也。

萬曆二十八年九月〔八〕，漳河決，工科王德完陳漳流北徙二變二患三策。言河決小屯，東經魏縣、元城，抵館陶入衛，爲一變，其害小。河決高家口，厮二流于臨漳之南北，俱至成安縣東呂彪河合流，經廣平、肥鄉、永年，至曲周入滏水，同流至青縣口，方入運河，爲再變，其害大。滏水不勝漳，而今納漳，則狹小不足收束巨浪，病溢而患在民。衛水昔仰漳，而今舍漳，則細緩不能掃捲沙泥，病涸而患在運。塞高家河口，導入小屯河，費少利多，爲上策。仍迴龍鎮，至小灘入衛，費鉅害少，爲中策。築呂彪河口岸隄障水，運道固不資利，地方亦不罹害，爲下策。中雜引漢事爲證，而末復力薦原任知縣劉宇、郎中樊兆程。章下所司覆議。三策總治漳之建畫，與利害之更端，容咨河漕部院逐一從長計議，務使國計民生一舉有賴。報可。

清河志

衛河者，即所謂屯氏河、永濟渠也。始隋煬帝四年，發河北軍百萬，役及婦人，開永濟渠，導自輝縣蘇門山百門泉〔九〕，東北引淇、滏、漳、洹諸水，爲大河，賜名御河。流八百里爲元城。又百五十里，當清河之南，臨臨清，會會通，彈丸小邑，環視皆水。衛河勢湍悍，每秋霖泛濫，灌以漳、沁、安陽、高村諸河之水，洪濤奔駛，隄防稍不支，即衝決漫衍，漂室廬，没禾稼，城池府庫，岌乎殆哉。而尖塚、白廟、弔馬橋諸口，尤其最要。語曰「開了口，淹無走」者，此也。無論口決，脱有恒雨浹旬，則臨、冠諸道之水，數十里湃聚洪河、蓮花池、田家窪諸所，停蓄如盆盎，田廬盡坐魚鼈中。語曰「倒坡水，淹無底」者，此也。

口自館陶歷夏津，要害凡二十六。轄清河者，歲役夫八十爲防，水至則益鄉夫數千，晝夕戒嚴，堇堇免一決。乃尖塚、白廟、弔馬橋，屬在他境，彼民肥瘠不關，莫肯爲防，于是有開渠之議。弘治中，縣三老宗安等詣闕上書〔一〇〕，謂水歲侵清河，沼而地，魚而民，壯者携老扶幼，沾濡手足，終歲望洋，租庸無所出，不足以報縣官。今四海統一，德澤汪濊，方以愛養元元爲首務，奈何置數千頃膏腴之田，民十餘萬，指于水而不爲之所。積久不散，潰且爲漕河害，匪細故也。幸聖明哀矜，與大司空計事者，天子以爲然，乃詔部使者爲清河開渠。導自洪河、蓮花池，延四十餘里，下達古黄河，廣二丈，深等之，名曰疏水渠，以洩河決及倒坡諸窪之水，功施於不世。

其後歲久渠淤，漫流爲災，又復如前。民坐苦河伯，以聽其漸下武城，而于武城河西置減水閘一以洩之，亦猶有行水之道也。嘉靖三十七年，武城令私其民，乃召徒役於御河西接一字河，築横堤四十餘里，逆絶上流。四十一年，水患作，逼浸清河，民洶洶莫知死所，武城人且聚堤抵掌以明得意。由是二省交惡，謀動干戈，殺我民李秉，訟之臺府，屬吏勘當，又擊殺我隸人胡守仁，具獄上廷尉。朝廷下明詔，令兩省使者平其事。武城人强不服，猶豫未肯撤堤。隆慶三年，河決尖塚，平地水深丈餘，死于水者王景木等十餘人，城不下者數版，民多避居九塚得免。武城人日操兵刃，守堤如藏府。屬水勢壅迫，一夕決堤，直下如建瓴，而武城人反自貽伊戚。

夫土之有川，猶人之有口也，止啼而塞其口，豈不遽止，然死可立待也。故善爲川者，導之而已矣。曲防爲戒，五伯猶能言之，今天下一家，壤土相接，而欲以鄰境爲壑，其謂何？然此猶爭於末流也。防不弛，則河不決；渠不淤，則決不爲災，於是有濬渠之議。顧抱火厝薪，苟安旦夕；作舍道旁，三年不成。而長吏者又率傳視宦舍，誰肯焦毛髮，以身當利害？

今上萬曆六年春，水猶注地中，民田千頃，種不得布，萬姓嗷嗷。于是三老田宦何希儒等，博士諸生武綸、何九臯、魏諤等，白狀今令，請復浚渠。令方苦民水，欲言方略，會父老諸生言良合，乃著爲四論，繪圖，窮源流，條便宜數事，上請于郡太守鴈門薛公鑰、憲副膠州姜公繼曾、御史河南許公乾、御史大夫渭南孟公重，咸報可。復下郡通守蒲州南公椿來縣，召令計利害，相度故道，募山東水工高欒、孫虎，與境内老宿人，觀地形，準高下，樹幟分部。乃舁城隍神于工所，爲文，酹酒以誓，曰：「其有不若于令者，有如此河！」

是役也，計地徵夫，庶民子來，凡動衆三千餘人，以義官田宦等六十三人董其工，沈尉源溥專部其事，令則昕夕行役所，爲察勤惰而勸戒之。逾月，報成。延袤深廣，一拓舊制。乃撤洪河、蓮花池積水行渠中，沛然若決江河，注古黄河而下，然後民得平土而居之。部使者下郡理孟津王公价覆驗，與所報合，乃移檄奬禮令、尉，賞賚諸役有差。又督夫千餘修漕堤，凡四十里。以故數年雨水得不爲災，而河亦不決，決且有渠無恐，又不争于武城人。

嗚呼！清河自昔當水衝，今且闢運道。故爲運道計，莫若治隄；爲河決計，莫若治渠。兖、冀間地多流沙，豈惟渠易淤塞，百世而下，將徙決不獨衛河。余故爲論次古今顛末，俾後有君子，得以覽焉。

先是，水注古黄河，古黄河者，即馬頰也。自馬頰塞，兩岸居民盡田河壖，歲久若爲固有，而實無額税，不得與城邑較利害。奸民不省，所以一旦見水至，遂浮言惑衆，將起訟。令與南宫令邢公侗雅以論政相引重，數言爲民大計，非私一人，邢韙之，屬民自對簿，不能辭，訟遂止。

向子曰：昔太史公悲瓠子作河渠書。今治河之策，論者具備，余爲一郡邑言利害耳。往武城以千金築堤，堤成，清河乃出數百金與之訟。然水至，清河害，堤破，武城害。蓋若以其費併力治渠，豈不爲兩利之哉！

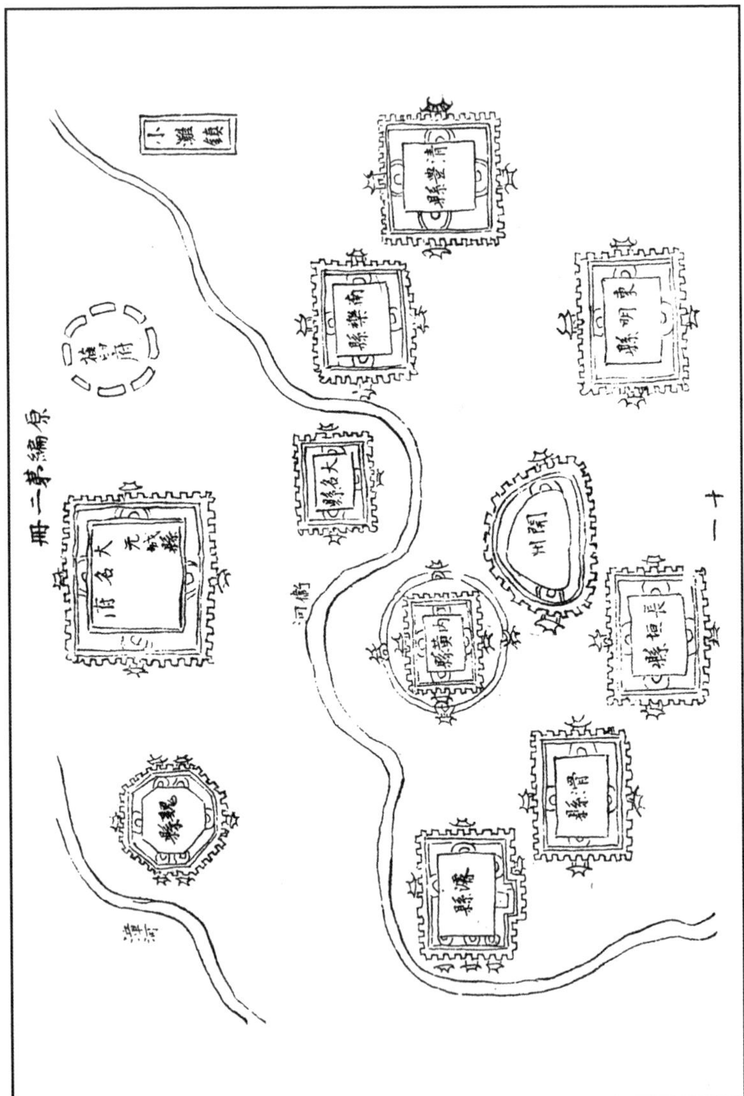
原編第二冊
十一
小灘鎮
清豐縣
南樂縣
東明縣
大名縣
開州
大名府 元城縣
衛河
內黃縣
長垣縣
滑縣
魏縣
濬縣
漳河

疆域

按元輿地圖，河北、山東、西，盡中書省所轄也。國家割鄴、汲以西隷河南，割濟、博以東隷山東，而大名郡衡距百四十里，縱特三倍之，北繚舘陶，南深入蘭陽、儀封之間，而獨領於畿内者，何哉？要之在易制耳。河朔之地，西接太行，北距崋狐，東窺齊、魯，南阻河爲險，自古稱重鎮。蓋其形勝隱然四境之外，固不區區在疆域間也。唐不能分其地而并爲河北路，故藩鎮擅其疆而唐以斃。宋不能分其地而并爲京東西路，故契丹擅其疆而宋以削。豈盡將不强、士卒不衆哉？由形制之失其利也。國家引大名獨斷而爲三，不設兵衛，而沃壤千里，輔車都甸，意深遠矣。

所屬州邑，滑爲最大，開次之。長垣魏縣，地不逺滑也，而物産稱饒焉。元城、豐、濬，三邑等耳，南樂又次之，東明又次之。内黄與開州接壤，並稱墝瘠，且多硝河下墊，故多沙鹻苦淹者，以十年之通居六七也，是以令于斯者，恒蹙額以從事。又大名縣自古稱元城之貴鄉，或置或省。

當洪武以前，府治東去縣三十里，似不可已；今既徙而西，凡大名縣所稱膏腴地，皆割而爲府治，城内外及四關皆是也。以故地益蹙，民益貧，令雖賢莫可展布。以今視之，誠可省而入於元城也。

府故城在城迤東八里，唐魏博節度樂彦禎所築也，周八十里，號爲河北雄鎮。宋慶曆間，復建爲北京，百官有司，略如東、西京故事，詔輸内府緡錢十萬築行宫。洪武三十四年，水圮爲患，都指揮吴成始徙築今城。周特故城九之一，高三丈有奇，南距衛，北負漳爲險。嘉靖以來，漳併流入衛，頗或齧城矣。

按漳、衛二河，遷徙不一，大約衛常安流，漳善猛汎。國初漳水西注魏縣北，歷西店，東注館陶，合衛水〔一一〕。正德初，徙府南閻家渡入衛；又十年，自雙井入衛〔一二〕。皆由艾家口東北，經小灘、館陶，入臨清，堤堰完固，環抱郡城，雖時小決，亦易補塞。自嘉靖三十六年，復決於回隆之下，遂舍艾家口，經大名縣南，分流汗漫，至岔道村，始入舊河身。每夏、秋水漲，輒汎溢四出，爲害甚滋。距潘誌欲求故道，引使北流以殺其勢，然嘗病其靡費頗多，似難卒復。今大名縣西漸有支流，去艾家口僅三里許，可開新河以入，循艾家口舊道，用力不費而績用可成，實道河設險之策也。

漳河之西徙也，士爲風氣慮，民爲貿易慮，雅稱不便，業先告濬者屢屢。十九年，知府塗時相蒞任，復遮道陳利病，乃循輿見，詳當道，檄該管大名知縣鄭得書，將衛河自白水村至艾家口，開渠十一里，達漳河故道，復自艾家口導支流入府城濠。壬辰年，功甫就，初擬築壩於衛河之東，全引衛水於漳，大通舟楫。適是年秋，淫雨溢，勢甚洶湧，然賴二派分流，大名縣幸不爲沼。復僅引三分於漳，仍流七分於衛，俾兩利而俱存之。乃沙堤復有衝閉，河身仍涸，近於城西南漳河村置閘，又議於忠孝祠前築壩，涸則注之，澇則洩之。

按隋、唐時，黄河在澶、滑之間，隋置黎陽倉漕粟入汴，梁節度羅紹威亦歲輸穀百萬以供京師，而宋人因之，此大名歲漕之略。國家以來，黄河南徙蘭陽、儀封之間，而餉道絶，故河南輓漕，每歲遣部使者一員駐鎮，招商估價，轉糴輸兑，凡數十萬石，於是山東之粟東至，磁、鄴之粟西至，濬、黄之粟南至，亦一都會也。鎮有浮艘二所，曰廣濟橋，大學士徐溥記。有户部分司、布政分司，規制略備。

魏　北皐鎮界成安、臨漳之間，民儌而廬者千餘家，知縣馮惟訥如檄堡北皐，明年，復堡雙井。而知縣董威繼之，置義倉及斥堠戎器之數略備。雙井阻漳、衛合流之衝，亦他日列屯地也。邑人王永壽記。嘉靖甲寅，知縣陸東復堡沙口，當郡縣之中，居民數百家。其地東倚郡城，西入魏，由邯鄲之道，走邢襄，踰恒山、上谷，以達於京師。自井陘而下，守魏則郡之全境安，非涉沙口，郡城未可窺也。邑人申旞記。

濬　濬故稱黎陽，隋、唐時城大伾山北麓，而一統志云：「廢黎陽縣在今縣西二里。」蓋黎陽漢以來嘗置兵監，聚六郡校士戍屯于此，入隋、唐咸列重鎮焉。按故址，衛水以西也。水經酈道元注曰：「黎山之北故城，蓋黎陽縣之故城也。」今黎山不可考。宋天聖間，濬州治没爲湖，始徙浮丘山巔。洪武初，復徙山之北陂。弘治十年，知縣劉台城之，周七百三十丈有奇，是時城西連浮丘，登高内瞰，指顧畢盡，不可戍守。嘉靖二十九年知縣陸光祖乃截西南隅棄之城外，據山岡險絶處改築焉，於是城小且堅，可恃爲永利云。

開州　開故城，按五代晉與梁人戰，以鐵鎖斷德勝口，築河南北爲兩城，號夾寨。宋獨守河北城，而熙寧十年，河決爲患，始徙築今城，前方列而後拱，形如卧虎，周二十四里。

東明　杜勝集在縣南六十里。邇年以來，黄河數出没經流其間，置通判一員，督夫繕塞，即宋監河堤使也。

山川

大名諸州縣，境内曼衍相屬，無他山，獨濬阻淇、衛之間。予嘗登大伾最高處望之，蓋襟太行之左麓也，故其下多山。淇水自縣西北入界，南流至枋頭，仰合衛水，折而蜿蜒，西北濚縣之右，北接漳流以出。諸山亦循二水而出。縣之最西北八十里而峙者曰黑山，周五十里，漢獻帝時，黑山賊十餘萬衆掠魏郡，即其始跡地也。山多削壁怪石，迴蹊曲澗，盤鬱其中。黑山西南曰陳家山，左揖而南五十里曰童山，隋宇文化及嘗及李密戰其下，山無草木，故曰「童」。童山之麓，連綿亘引四十里，北屬善化山，其行若遊龍，而所當脊處若龍脊也，故曰龍脊岡。岡之西，有山相輔而行，西屬太行，曰達西岡。善化去縣西北二十五里，山出雲，多樓觀亭臺，或舟車旗鼓人馬之狀，幻態百出，故曰「善化」。分而爲三，故一曰三山。俗傳紂殺比干於此，故又曰枉人山。山多花斑石，可爲屏几柱礎，或曰善化者即其氣也，近因採石衆多，變狀頗少矣。山下檻泉七十有二。而龍脊之左有山曰白祀，白祀、童山之下並有陂。按酈道元水經注云：五穴口，「一水逕五軍東，分爲蓼溝，東入白祀陂，又南分入同山陂，溉田七十餘頃。」同山即童山也。童山西麓又別有波羅河，南流至龍口峽，伏流地中，潦溢則會於長豐泊。地里志曰：天下水名泊者二：一曰梁山泊，一曰長豐泊。長豐泊即二陂所會，今爲牧馬逐水草處，聞諸父老曰，東行尚有廢閘址。今其地多沮洳，地頗不耕，稍依廣平滏河故事。沿岡穿渠，東屬屯子口入衛，則其田固多可稻也。山東行伏衛河之底，而突起繚于衛之東岸者，曰浮丘。今縣西枕衛，跨浮丘之脊而城。浮丘之東二里曰大伾，禹貢導河「東過洛、汭，至于大伾」是也。周五里有奇，上多浮屠宮、巉巖洪洞之跡焉。大伾之東曰鳳凰，東北曰紫金。二山者，大伾之餘氣也，東扼淇、衛交流之口，無復旁引，蓋大行左僾趾處矣。故世多帝王都邑，及賢豪奮跡，往往不可勝數焉。又按傳記別有黎陽山，今失其處。

若他州縣志，以山書者尤爲衆多。滑曰鮒鰅山，一名廣陽。山海經曰：「顓頊葬其陽，九嬪葬其陰，四蛇衛之。」方輿勝覽：「一名青塚山。」曰白馬山，寰宇記：「在縣東北三十四里。」水經注云：「昔有馬群行山上，「悲鳴則河決，馳走則山崩」，故津與縣皆以此名。今縣東三十里有村曰白馬牆，疑其處也。曰狗脊山，與縣城西北隅相連，其地出狗脊草，故名。曰天臺山。宋天禧三年，河決西天臺山。今城西有高堤闊百步許，疑即此也。

開曰金沙山，在州城東門内，迤北。宋建炎間，楊棣守開德。棣出，弟彭年代領。金人攻降之。棣歸，殪其守卒，嬰城固守。金兵復大至，屠其城，兄弟皆死。人爲瘞骨，立塚如山，因以「金沙」名。曰洪洋山，在州東南義井里，距城凡五里。舊志：明道郎真人嘗遊於此，後遂葬焉。今址廢。曰衛陽山，一統志：「在東南二十里，居衛之陽。」今莫知所在〔一三〕。曰雞鳴山。在儒學北百步。

東明曰白雲山，或曰：漢張良托辟穀隱東昏之白雲山，即今白雲里其處也。曰龍光山。在縣東南三十里。

清豐曰秋山。在頓丘廢縣西北。山海經云：帝嚳葬於秋山之陰。今按爲黃河故道矣。

南樂曰方山。在縣北七里方山。故時相傳有東西二土山，其形方，後爲河決所蕩。今村名仍呼之。

大名曰慪山。縣北十五里。或云：漢成帝時河決，王延世於此運土塞之，頗慪人心，故名。今舊城之西有慪山廟，即其遺址焉。

元城曰沙麓山。縣北四十五里。春秋僖公十有四年秋八月辛卯，沙麓崩，即此。漢王翁孺嘗徙居其下。間多本傳記，頗可次驗，然或爲黄河所徙，或雅由好事者所附會。予嘗行縣，半不可考見，間所指畫，唯抔土卧列草莽間，高者二三丈，下者尋尺而已。予故不詳，特附傳記所載，以備來者之覽睹焉。

右大名境内諸山紀。

按古傳記，唯黄河爲最大，濟次之，淇次之，洹水、蕩水、清水及羑、防、宜師溝諸水又次之，而漳、衛不與焉。於今多湮謬，異同不可考。桑欽水經曰：河水之東，淇水入焉。東逕遮害亭，注曰：淇水東十八里有金堤，堤高一丈。自淇東口稍至遮害亭，西五丈〔一四〕，又有宿胥口，舊河水北入焉。又右逕滑臺城，又東北過黎陽縣南，又東北逕伍子胥廟南，注曰：「廟在北岸頓丘界，臨側長河。廟前有碑，魏青龍三年立〔一五〕。」又東北逕戚城西，注曰：今爲衛河上邑。又逕繁陽縣故城東，又東北昌樂縣故城東〔一六〕，又東北逕元城縣故城西北，而至沙丘堰。濟水東逕封丘縣，又東經東昏縣故城北。注又曰：濟水自大伾入河，與河水鬬，溢爲滎澤。不可曉。淇水東過内黄縣南爲白溝，注曰：菀水東南入淇水〔一七〕，淇水右合宿胥故瀆，受河於頓丘遮害亭東、黎山西〔一八〕。屈從縣東北，與洹水合，注曰：「白溝逕高城亭，洹水從西南來注之。」「又東北逕羅勒城東，又東北漳水注之，謂之利曹口。」此下漳水、白溝、淇河咸得通稱矣。又東北過館陶縣北。洹水東北逕鄴縣南，又東過内黄縣北，入于白溝。蕩水出河内蕩陰縣西山東〔一九〕，又東北至内黄，入于黄澤。蕩水，即湯水也。注曰：蕩水，亦謂之黄雀溝，秋夏則泛，春冬則耗。清水東過汲縣北，又東入于河。注曰：清水出内黄縣。又一曰羑水，出湯陰西北四十里，流羑里城北，東至内黄，與防水合。而水經注又云：防水出安陽縣西北，東經防城，故名。又東歷黄澤入湯水〔二〇〕。宜師溝東北至内黄，入湯水。自魏武築衛河北流，四水並入于衛。欽，漢人；注之者酈道元，魏人。此漢魏以前諸水所經流略也。

然按漢書河渠志，唯黄河爲患，餘水不詳見。武帝時，河決瓠子口，又放黎陽遮害亭，帝自臨決河，令群臣從官，自將軍以下，皆負薪寘之，乃塞。成帝時復決。隋書以後，頗見傳記，爲患然亦不數。唯五代及宋南渡之際，歲決濬、滑、開、黄、南樂、清豐諸州縣之間，而諸州縣壤，半爲魚龍之宫。當是時，天子震悼，遣從臣沉白璧、白馬以祭；而州縣長吏，並兼河堤使，以嚴水患；又增置都水監使者，行視河決；賦諸州薪石楗橛茭竹輸大名，歲數千萬，然迄無成功，與宋相爲終始。何者？病在專捍堤回河，而不能順下以導也。元賈魯治河以後，河頗南徙，所爲大名境患者不數矣。今其流在封丘、蘭陽之間，去長垣、東明，遠者越百里，近者六七十里，當數世無恙，予故不論著。

而衛河者，即水經淇、湯諸水所合流以出者也。一名曰御河，近内黄以下，爲漳水所合。按經曰：漳水「東過列人縣，東北過斥漳縣南，又東北過曲周縣東，又東北過鉅鹿縣東」。按宋河渠志，唯黄河數於王供埽諸處，溢入衛河，有司輒塞，或沙河間亦引水併入，而終宋未嘗與衛合流者。國初漳西注魏縣而北，歷西店，東注館陶入衛。正德初，始徙府南闞家渡入衛；又十餘年，自雙井入衛；近復自回隆入衛。經稱漳水湍悍，併流漸南，則衛所當受處漸湫隘。邇年以來，濬縣、内黄之界，頗數患溢齧，而大名艾家口迤西，漂去廬舍，淹民田者，不可勝數。或草議循漳河故道，即入衛之處，分流北注以殺河勢，此最計也。特惜興徒繁巨，稍欲繕堤防以護河決。於乎！宋之六塔河故事可鑒，予不敢不爲土之人深長慮也。

萬曆十九年，知府塗時相議濬河，自白水村至艾家口十一里達漳河，其詳見境内圖説。

雕馬河，在大名縣北，今湮。王莽河，即屯氏河故瀆，土人誤呼爲王莽河。在元城縣，唐朱滔攻魏州，壁此。沙河，舊自府城西南，引漳入城，灌御河，復西北出城，灌流沙河。南北長二十里，東西闊一里。其流常不定，稍近沙麓。滑河，自大洛以西，百水皆會于滑。唐沈亞之嘗作魏滑分河録，此即黄河逕滑者也。誤志別爲滑河。濮水，在開州東六十里，即莊子垂釣處，今爲濮州境。鸕鷀陂，在内黄舊洹水縣西，周八十里。高鷄泊，在府界，唐節度王鐸遇害於此。龍窠河，距南樂縣四十里，自冠縣經流至龍窠村。故傳龍潛於此。其他或附會，或流徙没其處，故不著。

右大名境内諸水紀。

大名境内別有窪水。窪水者，非出泉谷，有經流，志所不載，頗瀰漫田間，葅茇爲患者也。其爲最鉅者，一曰衛南陂，由滑縣南界，受胙城孟華潭、王德口諸水北注，滙城而東，又迤北逕桃園，而東南滙爲衛南陂，所浸没者凡四十里許。或曰：「衛南陂，即古衛南縣廢治也。」二曰澶州陂，或曰古澶水也。舊志在頓丘廢縣西南二十里，伏流至古繁水，謂之繁泉。今按澶水由開州南界，東北逕清河頭，十之七分注于霸家河；又東逕濮州，入于張秋，十之三分注于清豐縣東南界孫固城北〔二二〕，滙爲朱龍河；又西受硝河之自傅家河而東注者，流次邵家灣，次英滿城，而北瀦于南樂趙莊，或即古繁泉是也；間溢，則又東引清流橋以達東舘鎮是也。三曰硝河，由滑縣北界，其一逕開州馬駕河，東北注戚城，半東滙爲趙村陂，所浸没者地七八百頃；而西引王家潭口，復會入于白倉之北，半夾戚城，逕白倉北，合趙村陂而來還者，會于傅家河，北注岳儒固，以達東舘，或北注於大名。其一由石村瀠内黄東北，逕大岩屯，横腰大名縣南界，又東北注三角潭，而十之三自飲牛口注衛，十之七自梅家口注衛是也。間水溢，硝河北注之勢不能直，則一由石村分注開州火燒店，逕清豐之秦村，而會于岳儒固；一由内黄城東逕南樂，西近德固，復注之。二流者，若經帶而交内黄、清豐、南樂之界者也，水少殺則否。漳、衛之決齧，其患固大，或數十年一適，或十餘年一適，民猶稍得繕隄廬以避之。而諸水所瀰漫，田陸之間，十歲九適，不得他徙，春冬稍耗，秋夏則溢然浴爲江湖鳬雁之澤。而硝河者，又泄鹵下墊，凡所經流，率數歲不復蒭牧。計南北縱百六七十里，衡或十數里，少者二三里。

予間行縣求之，蓋兩河之間，古受井田處也，自秦廢阡陌，歷唐、宋以來，溝洫之規，漸蕪没不治，故率爲田陸。而大名諸州縣，西南接太行之左麓而下，其地由西南俯注，而滑爲受河南界諸水最巔脊處。迤東北則開州、内黄、清豐，又東北則南樂、大名，而東爲張秋漕河，北爲衛河，東北爲山東冠縣界，乃其所壑處也。水行地中也，猶人血絡，手足百骸之間，血循絡則治，否則錯經妄行，爲痿痺崩漏。數百里之間，曠然平隰，丘阜相亘，而無丈尺之渠以豬瀉其間，雨三日二日，適爲溉滋，稍遲之旬日，則壅腫内溢矣，烏得而不壑也？予問長老疾苦狀，或言鑿開州之南隄，疏衛南陂之水，東北合澶淵，東注之以入于張秋，而朱龍河以下，特令其受清豐、南樂本境之水而已〔二二〕。鑿硝河東西二支，一則由内黄入大名之梅家口，一則由開之戚城塞趙村陂、傳家口之東折者〔二三〕，而直入于岳儒固，逕東館；大者廣二十丈，小者減三之一，深特十之一；而旁甃以隄，隄之左右，分疏田間水道，倣江南旱洞之法，而穿斗于堤之下，以瀉隄所阻捍之處。如此，則衆水各有所歸，而歲可樹穫矣。

右附論大名境内邇年諸窪水之患。

故時堤渠之蹟[注一]，在元城境者曰西渠，在縣西二十里。唐開元間，刺史盧暉開通濟渠〔二四〕，以通江、淮之貨，今淤爲平壤矣。曰寸金堤，在縣北。宋韓魏公所築。水大至而不浸者寸許，故名。曰王村堤。自清豐界延袤六十里，入元城界。

在大名境者曰逯家堤，去縣東南三里許。相傳戚里逯氏居此，因名。曰李茂堤，去縣東北八里。曰范勝堤，去縣東南十五里。曰張家堤，去縣二里。曰附城堤，環縣治以衛漳水。正德間，知縣吴拯增築之〔二五〕，植柳千株，故又名吴公柳堤。曰諸公堤注二，去縣治西北二里。嘉靖己酉，知縣諸偁增築，故名。曰紅船灣堤，在艾家口注三。弘治初，衛決爲患，亦知府李瓚所築。曰衛河堤注四，起新鎮，達館陶，延袤三百餘里。成化間，知府李瓚增築。曰沙丘堰。水經注：在貴鄉。今失其址，或云即沙堤，在舊府西北隅。

在魏縣境者曰漳堤，在縣南。其南岸起自臨漳，延袤八十里；北岸自成安五十里，俱由魏縣抵元城界。○每夏秋淫雨，河漲衝没甚慘。萬曆十六年，北徙邑南郭外堤下，知縣梅守相補築大堤以防之。二十年，教諭胡璉署篆，因河決臨漳舊口，淹損麥苗，請於道府，移文臨漳、廣平、元城三縣被患處，協力堤防。二十一年，漳河分爲三，知縣田大年因鄉民張天載等控告水災，隨親詣查審，鳩夫重堵，爲一勞永逸計。○曰鮑公堤。環護城外。弘治間，知縣鮑琦創築，今名。

在南樂縣境者曰宋堤。東去縣十八里黄河兩岸，南自清豐界六塔河入南樂。宋仁宗至和二年脩築。

在清豐境者曰復關堤。寰宇記：澶州臨河縣復關堤，自黎陽入縣界。而滑縣、開州亦有之，蓋相屬耳。

在内黄境者曰六輔渠，漢倪寬爲内黄令，開渠大溉民田，獲利甚博。曰高堤，南起高堤鎮，北接泊口集，延袤百餘里。曰黄澤堤，在縣西北五里，澤廣數十里，環之以堤。漢世祖破五校，即其地也。曰倪堤，倪寬所築。曰古偃。在衛河東，沿河修築，出境乃止。

在開州境者曰宋堤，去州南里許。宋熙寧間，河決，明道先生判州時所築。曰靈平埽。在州西三里。宋熙寧間所築，水漲隨圮隨築〔二六〕，滑縣亦有之。

在滑縣境内者曰緜堤注五〔二七〕，在南坡廢縣西十里，前人治水時築。曰瓠子堤，在城西南三里。漢武帝所築，見年紀。曰陳公堤，在南門外，州守陳堯佐築。曰大堤，東西有二，一在縣西南邢村，一在黄塔兒。曰東、西堤，一在大船頭，西接衛輝，東達開州，土人呼爲夾堤。一在八字口注六。曰新堤。正統九年，河決胙城注七，因築此禦之，東接長垣界注八。

在濬縣境者亦有緜堤，曰永濟渠。在縣北十里。隋大業四年開，今廢。内黄亦有之。○濬西城下即衛河，廣數丈，堤甚卑薄，上受淇水諸流。夏秋淫雨暴漲，淹没民田，西南二陂，水害尤劇。萬曆六年，知縣任養心於舊堤外八里許，自石羊村至侯固寨，築長堤以障之，濬人至今利賴。濬有黄河故道，衆流所歸。國初於縣北四十里大齊村東舊堤，開一堤口，以洩衆水，由田氏村順入衛河，東滑西濬，民獲安堵。萬曆十年，滑縣土豪徐守定等杜塞堤口，壅水禍濬北一帶，幾爲魚鱉。濬民張志等鳴於兵備，行大名蕭知縣查鞫得其情，徙而正之，洩注如初。

在長垣境者曰三尖口，東去縣三十五里。元賈魯築堤，始於此。曰朱家河堤，曰三春柳堤，曰大岡堤，曰閻家潭堤，以上四堤，並在宜豐里。曰油房村堤，在安亭里。曰牛家口堤，在黄岡里。曰周村口堤，在烏岡里。曰速報司堤，在亂岡里〔二八〕。曰常村堤，曰新豐堤。二堤相屬，去縣西南三十五里。自朱家河堤以下凡十堤，並弘治六年李太守瓚築。

在東明境者曰長堤，南距縣六十里，西入長垣，東抵曹州，綿亘二百餘里。弘治間李知府瓚修築。○東明縣四門俱有護城壕堤，唯北門堤外舊有普河一道，當黑羊山下流，歲久衝淤，漸成巨浸，淹没禾稼，浸害城廓。知縣區大倫增高其堤以障之，仍增橋以殺水勢。○曰杜勝堤，在縣南六十里。嘉靖十三年，通判陳萬言修築。○杜勝集長堤，屬東明者三十三里，皆近年所築。知縣區大倫督令堤夫歲增之，内外栽植柳椽一十四萬餘株，榆柳成林，根株盤結，長堤孔固，河不爲患矣。○曰七堤。西距縣四十里，亦古堤也，長七里。而曰金堤者最古，自漢文帝已有之，漢書曰「河決酸棗，東潰金堤」是也。延袤二百餘里，聯絡于元城、南樂、清豐、開州、滑縣、東明之間。弘治間，河水泛溢，李知府瓚增築云。

右志境内堤堰溝渠之蹟。

愚按：古人建城，必爲水溝，以引城内潦，出而達之壕，水通流城以内，室廬保無淹浸。即大名郡城，只南門下通一渠，而西、北、東三門更無水口，雨多水溢，聽浸溢於城内隙地，如遇霖潦泛溢，則合城爲巨湖，居民其魚矣。若西南大寺前，東南隅角樓下地，窪下可通溝。他而十州邑城，更無一通水溝，蓋未見水患，而莫肯預圖也。通判楊瑞雲識。

方物志

予嘗覽傳記，五方之産，名山多金玉，嶺海多璣翠玳瑁，豫章多漆，長沙以南多丹礦，塞以西多名馬〔二九〕。何者？山壑偏阻，瑰瑋旁薄之氣故也。大名爲中州，故其民人宜稼穡，其土宜五穀蔬菓，牛羊鷄豚以爲養，率五方所同也，無他方物書。考故時黄河經流其間，江、淮、閩、蜀之貨，往往遠者萬里，近者數千里，各輻輳至。而國家以來，河南徙，濟東阻數百里，唯臨清爲南北都會，稍稍轉輸，通有無市閭之間，然錦綺翡翠，珍異之物亦不至。予嘗按次境内，多黍，多稷，多栗，多梨棗。其耕畜牧，百畝之家，百樹梨，千樹棗，牛一頭，騾二頭；千畝之家，千樹梨，萬樹棗，牛十頭，騾二十頭，此其大較也。魏以西南多桑絲，滑、黄以北多硝多鹻。黄之人不得種樹，老少數煮鹽以贍朝夕，而有司奉法爲厲禁，不得出郡縣他境，故其價輕售而民人貧。瀕漳、衛之間，頗有魚鱉，然泉澤數殺而網罟少。木多榆柳，民間廬舍器具，各採園林所樹以自給，非勢家鉅室，不以輓五方濟、汴之材而至。土無秔稻，故酒多黍釀。土宜桑絲，然秦、漢以來，兵革代興，户口散亡，而樹桑者什一而已，故織絍不廣[注九]，男女衣服，多布，多蔴枲綾縑之屬。惟長垣有之，然亦不逮南州之精美也。嗟乎，州邑之間，庶幾長厚務本矣，此其古魯、衛遺風流美也！予謹列而識之，若他蔬草花鳥，非郡縣有司之亟也，故不詳著，特附書如左。

田賦志

予按傳記次大名境内，三代以來户口贏縮之數，蕭何嘗收秦圖籍，史記不載；下及曹魏、晉、宋、五代，略矣；漢、魏、隋、唐迄宋、金、元之際，稍稍藉記，割隸州邑與今時不同，或難詳定。嘗括其數之見存者想睹之，兩漢爲最盛。何者？休養生息世久故也。我國家洪武初承金、元之後，户口凋耗，閭里數空，諸州縣頗徙山西澤潞之民填實之。予過魏縣，長老云：「魏縣非土著者什八。」及濬、滑、内黄、東明之間，隸屯田者什三，可概見矣。然百餘年後，累聖德澤，土無兵革之鬭，民人樹畜，稍稍闐溢其中。蓋嘗次之，洪武時境内州縣爲里三百五十二；弘治十五年，則益二百二十有七；宣德以前户口不可考；正統七年，户五萬一千八百八十三，口二十九萬二千六百二十四；弘治十五年，則益户一萬七千九百二十一，口三十一萬二千五百二十五。故孝皇帝時，號爲極盛，與兩漢相當。正德來，徵需滋煩，民或不給，間多水旱凶荒，數轉徙無著，故四十餘年以來，男女稍孳息，口益三萬四千四百八十七，而里甲漸耗，減其里六十有一，減其户一千九百四十九。此其大較也。

草豐則獸肥，林茂則鳥歸。法網疏，德澤洽，則民人滋。予觀關塞北轉，力疲于戍守；江南之民，澤竭于歲徵；淮濟而下，朘削于夫役。大名諸州縣，稱河北沃土，邇年獨户口日耗者，何哉？間行諸州縣，召長老問疾苦狀，長老前曰：「江南之患糧爲最，河北之患馬爲最。且故時俵馬率隨孳生，近則必市西馬，費每數倍；近年以來，額外復有餘地之徵，民不堪命，一也。成化以前，民間自兩税、馬糧以外，不過歲給官師臺皂厮役而已。弘治以後，中外坐派，歲增什倍其六，其最鉅者，若京班皂隸及惜薪司柴夫歲入三萬，諸郡縣驛傳亦歲費二萬有奇，此實民所不堪者，二也。正統時，州縣始設機兵，正德懲薊盜之亂，復益置快手，歲費金一萬以上，三也。弘治以前，河雖數患，薪蒭夫役，徵輸有時。邇年以來，河或南徙，歲設白夫二千五百名，故時歲費計金亦七千五百，近稍從末減，然亦不止，四也。弘治以前，歲常豐稔，間有凶荒，亦什之一二而已。正德以來，水旱相仍，斗米百錢者相望，況土之俗故不爲積貯，少急則轉徙亡業，五也。國初以其土曠賦輕之時，計口而食之也，特八萬有奇，故其力贍而户日增。今則以其斂厚災數之時，計口而養之也，至六十萬以上，故其力耗而户不得不日減，此其勢也。嗚呼，爲民牧者所當欷歔太息也已！予故首國家來户口贏縮之數，次疏賦税之額，俾有司者按籍而酌計焉。」

一曰丘畝，大名之土曼衍，非若秦、隴、江、淮、會稽、豫章、長沙、象郡、閩、蜀、嶺海之間，阻川塹谷，其籍可畫而守也。然國家草昧之初，户口散亡，圖籍不存，當時州縣長吏，率據民間口畫丈度所及而籍之，故其夏地、秋地、綿花、棗株、農桑之額不同，而別有馬廠、窑廠並爲官地，其所召佃而徵入子粒額最輕，民不得買賣。邇年以來，自官地外，蓋已例攤，然諸州縣之籍草次，兵燹之餘故自相廣狹，互有不齊，有大畝，有小畝。小畝者，即周人六尺爲弓而步二百四十是也。大畝則倍之，而上下有差，或以五百四十步，或以七百二十步，或以一千二百步是也。而養馬之額亦頗贏縮，以騍馬一匹爲率，最重者二頃三十畝，而最減者爲八百五十畝。糧之次第，紛雜還出乎其間，而又聞民間隱没至頃畝以上，雖里甲什伍之中，不能私相次舉。

按大名之土連亘數百里，無甚懸隔，何盭悖至此也？予竊謂田賦必均而後可久，除沙茅之地別籍外，請檄諸州縣長吏畫一而度之，以鈔准尺，以尺准步，以步准畝，以畝准賦，倣江南魚鱗册故事而編次之〔三〇〕；舊所籍不齊之額悉罷去，而括其府之見存者，均攤于諸州縣之間，一切糧税、馬草、驛傳、均徭、里甲之類，率例視之以差，數百里之間，風土人煙同條其貫，或稍寧謐矣。此今日有司之事也。然俗習既久，稍更必咈，予不敢必其可行，特草議以待來者。今按嘉靖三十一年所入之版書之于後，其大地四萬七千一百八十一頃八十五畝二分二釐七毫四絲一忽，而諸州縣私相廣狹之數，并附見焉。

徭役志

夫徭役即古力役之征也，然地里遠近不同，故以其身入庸者曰力差，所待于府州縣境内者是也；入其庸之直而聽官轉募者曰銀差，所待于京師職署及他州縣驛遞之類是也。又歲計所入天子犧牲、果品、物料之需，以及歲貢科第諸所雜出之費者曰聽差，聽差者，言不可爲歲額而籍貯之以待用者也。大較舊時歲徵額共一十二萬二千五百七十八兩有奇，今額止共一十萬七千二百三十三兩有奇，而間或上下以差。江、淮之間率如里甲之法，十年次待者一；而河、濟以北，三歲一征特數已。故時諸州縣唯籍丁爲九品，而不計其田，里胥稍得狐伏鼠没其間，而貧弱者不堪，往往因而亡徙。嘉靖以來始倣以田准丁、以丁准田之法，相配行之，民力頗均矣。

兵防志

按大名當河山割裂之間，自古强兵鋭卒，蘇秦所稱武士奮擊，天下莫强焉者也。漢初令天下郡國城置材官騎士，以八月屬郡都尉、太守、令長、丞爲會都試，韓延壽、翟義皆以都試者起。光武以河北兵定天下，乃於濬州置黎陽營，注：伏侯云：「每營四千人。」以謁者領之，是後臧宫、度尚之屬，往往將黎陽兵逐破羌胡。按後漢書：臧宫將黎陽兵破賊。度尚將黎陽兵破零陵。馬武、竇固、陳訢將黎陽兵平羌胡。竇憲將黎陽騎士破匈奴。劉尚將黎陽兵平迷唐羌。鄧訓將黎陽兵屯狐奴，備烏桓，烏桓畏其威名，不敢近塞下。耿秉將黎陽兵逐破羌胡。是在秦、漢間已稱雄長矣。

唐天寶間，置義成軍，是時河北諸鎮數失，而義成軍者，獨全以待朝廷。厥後田承嗣父子踵亂，改義成曰天雄軍，恃其兵力，抗衡天下，九世四姓，迄於唐亡。田承嗣舉管内户口，壯者皆籍爲兵，有衆十萬，選其驍健者萬人自衛，號曰牙兵。梁貞明元年，楊師厚復置銀槍效節〔三二〕。

當宋之世，迫近契丹，建北京，置武衛，簡河北驍勇善射之士，悉爲義勇，當是時，兵力最盛。是以契丹恃其驕悍，大舉入寇，卒無成功。按宋史：太平興國間，立雲捷、雄武、武衛、勇捷、忠節、振武、通利、橋道、清塞等軍於澶州、東明、長葛、滑州，以指揮領之。咸平三年，置壯勇軍滑州指揮二。大中祥符間，置威武、虎翼軍，東明、澶州、通利指揮各二。慶曆間，置宣毅、効忠、靖戎、弩手、龍衛、廣勇、廣捷等軍於澶州、滑州、東明指揮各一。慶曆六年，詔分河北兵爲四路，北京、澶、滑、通利合爲大名路。治平元年，詔河北指揮分番團練，大名府五十三爲四番。熙寧元年，詔京東、武衛六指揮隸大名府路，而北京、澶州復置騎射軍，通利置威邊、保節、廣濟軍，大名府置宣武、廣威軍、滑州置騎射、保忠、奉化、雄勇軍。元豐四年，改五路義勇爲保甲，狄讜、劉定部領之。澶州教習、大保長四百八十二人見於崇政殿，召執政閲試，補三軍，借以職御差使。建隆中，滑州置武捷軍，大名立宣武衛馬監軍。元狩元年，大名等府置馬軍廣威、步軍廣捷。政和元年，詔滑州屯禁軍三千。蓋悉天下兵力聚於澶、滑之間，故其兵制獨備。徽、欽昏懦，乃以内侍梁方平統兵拒之，將領失人，遂至潰敗，要非兵卒之不鋭也。建炎以後，政令不行於河北，金人概籍民户爲軍，民怨滋甚，蓋虜地然也。金正隆四年，詔籍大名府西京路民，年二十以上、五十以下者，悉從征，雖親老丁多，求一子留侍，不聽。

元更其制，每二十丁起軍一名，而以萬户統之，間以江南新附軍錯置之。元太宗八年，詔大名路於斷事官忽都虎新籍民户三十七萬二千九百七十人數内，每二十丁起軍一名，令答不葉兒領之。中統二年，詔籍大名路蒙古、漢人民户悉爲軍。四年，罷大名路新僉防城戍卒。至元十六年，調江南新附軍伍千編置大名，設萬户以領之。兹秦、漢以來兵制彊弱之効，可概見矣。

本朝畿輔列郡，建衛者五，守禦所者一，而大名獨罷兵衛，豈不以魏擅兩河之樞，其人習挽强椎剽，代數爲亂，故監古割其左翼之濟、博隸山東，右翼之鄴、汲隸河南，支伏戍兵臨清、彰德、真定之間，以爲形聲犄角之勢；又以山西之寧山、蒲州，陝西之潼關諸衛所轄隸於此，以備緩急，而郡獨罷置歟？

由予觀之，大名士蔓衍，不可與列都而可與争利，自古天下無發難則已，稍發難則首兵禍，事在年紀可鑒也。當金之南渡也，虜嘗曰：「使南朝以一二千人守河，吾豈得渡哉？」已而李綱、宗澤經理兩河，並募兵數萬，屯駐大名，以形制京東西諸郡。今河既南徙，而國家復建都燕薊，宋之所謂北門，今乃爲南郡矣，故其形勢稍有不合。然由濬則可以窺洛陽，由開則可以窺山東，由洛則可以窺常山，其轉樞中原之勢，隱然在也，特首領腹心之差耳。

正統己巳之變，于肅愍始議添機兵以爲城守。正德以來，薊盗猖獗，出没境内者經年，馬太守卿檄諸州縣，繕城濬隍，收官寺銅浮屠像鑄爲戎器，召募膂力，别爲隊伍，擇縣令陳智、教諭陳悃領其事，申明號令，懸賞格以訓厲之，聲振河朔間，盗諜聞之，潛出東境不敢犯。賊既蕩平，當事者於是建議置兵備僉事一員。今上改元，用巡按歐珠議，陞僉事爲副使，隸河南按察司，奉專勅建節大名，以控兩河之間。始轄廣平、大名兩府，近乃兼轄順德，督令三郡馬步兵四千有奇，而大名所籍者，馬、步兵九百五十名，團操民壯一千五百名，快手一百九十名。以操官十一員領之，别有撫院馬兵二百九十名，步兵三百一十四名。易州道馬兵一十八名，步兵一十九名。天津道馬兵七十二名，步兵七十二名。本府守宿民壯一百名，不與此數。詳見徭役志。歲秋移鎮順德，防馬嶺等口，嘉靖三十三年，總督楊公建議順德府邊隘，北起馬嶺、錦繡堂等口，南至黄背岩、數道岩等口止，俱屬防守，順德守禦百户所、德州衛、德州左衛、寧山衛、蒲州、潼關二所，俱聽節制。六月中旬以後，暫駐順德偵探虜警緩急，調度防禦。三時則肄武，殆與古者之意稍稍合矣。

予觀國家内外置衛，戍守之兵，列屯坐食而已，無可與格虜者，往往有警，惟驅鄉兵以爲争利合刃之先。而況大名多剽悍，閭里少年，並習弓弩，酗酒使氣爲節俠，猶古魏勁兵遺風也。有司能毋徒視爲故事，悉籍諸州縣壯悍者隸之，略如唐李抱真澤潞之法，歲設賞格，特自便宜團結訓練，以備非常，寔國家腹心之地一勝策也。予故詳著其本末，及本道建置之原，以備一方戎制云。

馬政志

國朝洪武二十八年，革群監官，令有司提調孳牧，每五馬立一群，五群立一長。永樂中，始計丁養馬，每一丁養牡馬一，三丁養牝馬一，兩歲納一駒，並免税糧之半。弘治六年，兵部奏更爲計地養馬之法，每牡馬一匹，編地五十畝，牝馬一匹，編地百畝。正德二年，御史王德建議，令大名等府於種兒馬中，揀選四尺以上、十歲以下者，解寺俵印，其矮小老弱者，聽其賣價買償。近年以來，邊方多事，馬非膘壯不准印烙，往往市西馬以充額，費乃十倍，民不堪命矣。後因薊盗猖獗，巡撫都御史韓檄諸郡縣，每畝徵銀二分，以爲買馬征調之費，此特一時額外之征，不意遂貽害於無窮也，至今乃有餘地徵銀之例。隆慶五年，撫按疏請豁免，會蒲州楊少傅爲本兵，覆題奉旨免徵，始得拔去數十年禍本云。

大名府志後序

兵備副使侯一元撰

敘曰：自昔理人者，縣法憲令，曷嘗不孽孽民之故、天下之慮哉！故當時則粲然，易世則弗諼。其仁覆無窮，至與天地相敝者，惟書也，史是已。而郡國志則史之分也，非郡國志則不能以成國史，微史則無以存往迹而善治。嗟乎，其重矣哉！

夫大名者，古之魏也，以其襟帶兩河，介于山東、西之間，故常爲天下樞；至後分割，則魏又爲北户，屹然外捍。故魏者，重地也。譬魏於全盛，則人之膂也，列之則薰于心；其在偏安，則背也，拊之則扼于亢。故君子而無天下之慮則已，誠有之，其所以稽古驗今，保輔員輻，以鞏輿圖者，胡可緩哉？而其志顧久弗治，非以其重地難之耶？頃歲茅子順甫來倅，則嘗爲之。茅子文士，又憙事，然草之卒弗就去矣；而再至，又竟弗就，遺其草且落。蓋久之而值大中丞鄭公、巡察姜公、董學馬公，咸鉅人，孽孽於民之故、天下之慮。顧大名無能志之者，而潘子時乘適以太史踵而至。於是兩臺交檄余，余受以檄府，而太守李子應乾者，尤肫肫家其官，則相與委重潘子，徵召文學，夜以繼日，蓋未半歲而書成。其文悉本史遷，而備春秋編年之法，精確爾雅，近所未見也，其志之良乎！

迺余尤有重於斯志者，其孽孽於民之故、天下之慮也，蓋一篇之中，三致意焉。圖首言大名之地三割矣，縱三而衡一，固聖王所以披强枝也。然而形束壤制，則尊周者亦無以成夾輔之功，然則交鄰之誼、掎角之勢，不可不講也。地近而分，則雜五民，姦彼此窟穴，求盗或不得。是故其治衡爲急，縱次之，不可不知也。述沿革者，制也；述年紀者，政也。蓋曰：其所不可得而議者，王制也；所可得而因革張設者，官政也，不可不思也。帝后，人物之大也；山川，故蹟之聚也，是故先之。而山川之言治水尤詳。嗟乎，夫水爲魏患久矣！堙汩則有近功而多後患，寬爲之道，務以疏之，則順于水而財詘，非臚列嘉言，擇于長算，則不能以成釃沉澹災之功，是故詳之。夫夷土之於故蹟蔑如矣，然其流風宛然，責民風於上之化，夫誰得而辭之？惟土物愛，而無奇淫不近鹽者，國之利也。故其志曰：「長厚務本。」蓋余讀至于賦役之志，而有感于民之遭也。當是時，兩臺寬民歲以千萬計，曰「拊循之不休」，志中時時見焉。異日者，秩祀且有考矣。而余以書生職兵且再歲，顧不能使盗弭，得不泚顏哉！甚矣夫馬政之敝也！法使民多馬，歲攻駒而入之圉人。乃今所入非所字，所字者類不中度，徒取具文，吏操以爲姦，至有緩急，率復他市，是以民甚苦之而莫以爲言者，馬政重也。夫北方之民，以地曠税少爲饒，而不能富樂者，職以馬也。官大者，即不賢，不得以逃其名，除其恥；小者，非賢也，不得以名通。是齊豹三叛之義也。貢舉具書，而傳特記其亡者、罷而去者，以示事定，蓋其嚴矣。

夫作志者其有憂乎？故志宵人而以僭僞同傳，非以其類乎？蓋春秋之義，扶陽抑陰，莫先於正邪，而夷夏之防次之，戒其辨之不早辨也。於是乎徵之獻焉，徵之文焉，吁，其備矣！蓋志有難者八焉：不詳則事不該〔三二〕，而米鹽詳之則蕪。不簡則要不舉，而太簡則傷略。舉其大則見以爲不勤小物。忽羸豕，弛童牛，而細故毛舉，則謂之不知類。遠古之事，傳之則忽荒芒昧，近於誣，而不傳則羊去而禮亡〔三三〕。文不酌諸古則不雅醇，而古則遠于俗而不適于用。當世之顯人，善而傳之，則有官盛之嫌，而置之則無以示至公。不善不諱則怨興，而改枋頭，則傷於直筆。章而不微則戾周身之防，而微之則或不習其讀而無以鏡後。故志所以難者也。斯志也，酌繁簡，兼小大，綜今古，存美刺，不猥不并，不窕不劇，常直書而見義，則可謂曲暢微顯者矣，故曰：其志之良乎！余斯有以藉手而復于兩臺矣。後有孽孽於民之故、天下之慮者，得以考焉。

大名縣志

衛河在縣治南三里許注十，源發于河南衛輝府輝縣蘇門山，自淇門入本府濬縣界，受淇、湯諸水，經內黄，與漳水合，東北至縣境大嚴屯横腰南界，又東北注龍王廟注十一，達臨清注十二，至直沽入海。同濟漕運，故一名御河。

漳河有二：曰清漳，曰濁漳。清漳出山西太原府樂平縣沙山；濁漳出潞安府長子縣發鳩山，至相州鄴縣注十三，與清漳合。書曰衡漳，蓋漳横流也。周定王五年，河徙而東過列人縣注十四，東北過斥漳縣，又東北過曲周縣、鉅鹿縣。國初漳西注魏縣，北歷元城西店，東注山東館陶縣入衛。正德初，始徙府南閻家渡入衛，又十餘年，自雙井入衛。嘉靖初，自回隆鎮入衛注十五，後復自内黄田石村入衛。萬曆戊子，徙魏縣，旋由故道徙肥鄉、成安、曲周諸縣，會達天津。議曰：漳爲大名患久矣。近徙成安、肥鄉等縣，或者河伯有靈，不欲重困此一方乎？而今則議改之艾家口，艾家口距郡城邑城之中，去郡一里，去邑止半里。漳北溢則齧郡城，南溢則齧邑城，此必然之勢也。然郡城地稍高亢，若本縣地最窪下，漳河之湄加于縣城之巔，水勢利于建瓴。且縣南二里餘，又有衛河，衛亦每年大發，水勢洶涌，彼此加攻，勢必無大名矣。況河原非驅之使去，今則必欲引之使來，今日者以廣平之害而移之大名，異日者又將以大名之害而移之廣平，是紛争無已時矣。竊謂事之不必矯舉，工之不必詭成也。

支河在縣西，塗公新開，距城僅半里許，累肆衝没，知縣趙一鶴請郡主翟公塞之。

硝河者，泄鹵下墊，凡所經流，率數歲不能蒭牧。一由滑縣北，逕開州戚城，匯趙村坡、傅家河，注岳儒固，達館陶，或北注大名；一由石村瀠内黄縣東北，逕大名大嚴屯邊馬集馬村東注，或注南樂縣霸王溝北張鋪小支河。萬曆二十九年，知縣江騰蛟會同南樂知縣，即舊河身小加挑濬，水直東下，令居民率佃治其間〔三四〕，河身漸爲平陸矣。按郡志云：「硝河十之三自飲牛口注衛，十之七自梅家口注衛。」與今經流不大同，姑記於此。

漳河隄，隆慶五年，知縣李本意築。南接樓底舊隄，至老隄頭止〔三五〕，約三十餘里；北接龍王廟舊隄，至艾家口止〔三六〕，約二十餘里。

華侯隄，起縣西關隄北隅，至回隆九十里。嘉靖二十七年築。

甄侯隄，起駢村新河口，至内黄田石界，約百里有奇。嘉靖三十四年築。

金隄，勢如岡嶺，自東南入縣界。漢書曰：「河決酸棗，東潰金隄。」注十六則漢文帝時已有矣。凡大名、元城、南樂、清豐、開州、東明、滑臺之境皆有之，綿亘二百餘里。

牧隄，在縣東十八里。

清豐〔三七〕

淇河寰宇記云：在頓丘舊縣北五里，上接清豐縣，下入觀城縣。又載：淇水在臨河廢縣東南五里黄河北岸，東經縣界三十五里，入清豐縣。

繁泉在臨河廢縣土地。十三州志云：澶水在頓丘西南三十里，伏流至古繁水城西南，謂之繁泉。

金隄在清豐南四十五里。按地里沿革云：金隄上接清豐，下入南樂縣界，又在德清廢城東南五里，所謂德清軍，即舊之頓丘鎮也。又漢書：金隄，古堰也。成帝時王延世運土以塞河決，自金隄而增築之。堤上有金隄驛、秦女樓、金隄關。

復關堤寰宇記：澶州臨河縣復關，在南黄河北阜也〔三八〕。其堤在南三百步，自黎陽入清豐縣界。

内黄縣志

黄河故瀆在縣東十里，西南入境，經帶甚遠，内黄得名，蓋因是焉。水經云：「故瀆又逕繁陽縣故城東。」注云：「史記：趙將廉頗伐魏，取繁陽城。」是也。

衛河自河南輝縣發源，歷新鄉、衛輝、濬縣，經流境内。西南自南高堤，東北達泊口，漫衍百五十里出境。詩云：「毖彼泉水，亦流于淇。」即此。

漳河，濁漳也。水經云：「出上黨長子縣之發鳩山」，南流注于黄澤。舊合清漳水入衛河，今徙于魏縣之西，入滏陽河。

洹水，水經云：「洹水出上黨泫氏縣，經隆慮縣北」，「鄴縣南」，「又東過内黄縣北，東入于白溝」。今名安陽河，自田氏鎮入境，注于衛河。

淇水，在臨河廢縣東南五里。水經云：「淇水出隆慮縣大號山，又東過内黄縣南，爲白溝，屈從縣東北與洹水合。」注云：「淇水東北逕枉人山東、牽城西〔三九〕。」「又東北逕并陽城」，「即郡國志所謂内黄縣，有并陽聚者也。」

蕩水，水經云：「蕩水出河内蕩陰縣西山東，又東北至内黄縣，入于黄澤。」唐貞觀元年，以水微温，改曰湯水。

羑水，水經注：「羑水出蕩陰縣西北韓大牛泉」，「東至内黄，與防水合。」「地里志曰：羑水至内黄入蕩。」

防水，水經注：防水「出西山馬頭澗，東逕防城北，盧諶征艱賦所爲越防者也。其水東南流，注于羑水，又東歷黄澤，入蕩水。」

黄澤在縣西北，澤方數十里。水經注云：淇水「東北逕枉人山，東北至内黄澤，右入蕩水，亦謂之黄雀溝。是水秋夏則泛，春冬則耗。」「又逕内黄城南」，「東注白溝」。漢倪寬爲令，請爲田以給貧民。至正統間，掌縣事知州宋安以地給民居之。

白溝，在内黄縣東北。水經注云：洹水逕「内黄縣北，東流注于白溝。」

宜師溝，水經注云：淇水自晉鄙城，「又東謂之宜師溝」，「東北至内黄澤，右入蕩水」。

六輔渠，漢倪寬爲内黄令，開渠，大溉民田，獲利甚博。

孟家潭在縣西北一里，俗言即古黄澤。

鸊鷉陂在内黄洹水舊縣南五里，西周八十里，舊有蒲葦之利。

永濟渠在臨河廢縣西北三十里，自濬縣一界東北入内黄縣。隋大業中，嘗增修。

溝河方輿勝覽云：「出内黄南，自濬、滑經顓頊、帝嚳二陵之南，達東北，入内黄界。」

硝河在縣南，出朴硝，與開州接界。

集賢陂在東郭門外，南達硝河北通衛流，積雨水溢，瀰望無際，因建以橋。

金堤在縣東，上接大名，下連滑、濬，延袤數百里。漢書：金堤，古堰也。成帝時王延世運土塞河決，因金堤而增築之。上有秦女樓、金堤驛。今廢。

高堤南起高堤鎮，北接泊口集，僅百餘里。恐衛河泛漲，淹没民田，故築以防之。

黄澤堤在縣西北五里，澤廣數十里，環之以堤。漢世祖破五校，即其地也。

鯀堤。

倪公堤，倪寬所築，起自北横堤，環城西，遶至東南長固村十數里。

古堰在衛河東，沿河修壘，出境方止。

舊志　蕩水、羑水、防水、宜師溝四水，皆出安陽、湯陰二縣西，東流入内黄黄澤。後衛水漸大，北流接漳渚，不能入境，皆漸歸洹水入衛，隨流而已。故今境内四水□黄澤皆□□者矣。

治河議

王永壽

舉人王永壽議曰：魏縣地平土疏，去漳水發源不遠，瀕河之田，賴堤以稼。而西南上游，接安陽、内黄與山西潞安諸屯營；東北勢下，則與元城、大名共處委匯，故夏秋之交，水患孔棘，論者憂之而未有以捄也。蓋古之遂溝洫澮，皆以通水於川也。遂從溝横，洫從澮横。遂入溝，溝入洫，洫入澮，澮注川。溝必因水勢，防必因地埶，有周井彊之法如此。自秦廢井田，開阡陌，而溝洫之制大壞。萬世而下，井田雖不可行，而溝洫之遺制則不可盡廢。況今魏之境内，漳河故道，經絡旁午於其間者，宛然可尋。故鄉里之名，或曰某溝，或曰某口，或曰斗門，恐即前代溝渠之遺也。獨不可倣其遺制，而分支流以洩水勢乎？又按境内平原曠野，率有洿下，或曰某陂，或曰某洿，或曰某灣，或曰羅池者，固多不能皆近河道。每霖雨連朝，則隨處陂洿池灣，遞相灌注，一望無際，其患不減漳河，俗名灤水。則溝渠之制，尤不可以不講者也。苟相其地勢，其洿近河，循之而下，某陂達某陂，某灣達某灣，皆因其勢而利導之，以屬於河。則所謂堤灣陂堰者，於天時無雨，則由溝以蓄水，而田可施灌溉之功；所謂陂洿池灣者，於天時多雨，則由溝以洩水，而地可無淹没之患。蓋下流既疏，則水性順遂，不但可以拯民於旱澇，而郡城亦且永保無虞矣。

蒲潭營、倉口營、車網營、郝村營，俱在城西南四十里。劉家莊營，城西南五十里。永樂年間，以土曠人稀，徙山西潞州衛軍人散處，墾闢屯種。舊志云：「國初屯地，非止一方，不徒爲墾闢之謀，且有犬牙相制之意。」但軍民雜處，莫相鈐轄，或寄買民業而賦役是逃，或窩住奸民而勾攝是拒，甚或屯官與軍爲奸，縱肆寇掠，有司莫敢誰何。該管又遠難申達，其害嘗有不可勝言者。往時當道便宜設策，通行各屯，擇立鄉長，編排人甲，朔望亦赴有司呈遞執結，兼聽鈐轄，非但可消郡邑小梗之虞，亦可備萬一不軌之變。申明而遵守之，誠善後之良猷也。

滑縣志

按滑乃古黄河之遺墟，其在大名爲最下，衛南坡又滑之下焉。每歲暑雨暴行，凡上流倒坡諸水，悉注於此，乃由柳青河達開之澶淵，今其河形足徵矣。嘉靖十五年，柳青河因大風吹沙，漸積成堆，開之居民，遂密植榆柳，塹以守之，故舊道中塞。今被潦已十有八年，地没而租繁，民亡而産絶，有司臨之弗痛惻者，無人心也。夫澶淵乃古受水之區，其地瘠薄汙下，較衛南膏腴賦重，天壤不同。況澶淵昔年受衛南之水，曾未見爲害，今日無衛南之水，亦豈能爲可耕之田耶？予莅任來，踏詣故道，及咨土著之民，又按治河總考曰：宋、元間，滑州水溢城西北天臺山，俄復潰於城西南岸，乃走衛南，浮澶、濮、曹、鄆。益信此水從古流通，典籍河形昭然顯明，辨論非所事也。前長吏累議導復開州，動以決運河爲辭。夫衛南，一邑之災也，運道，國家之命也。若衛南足以災運河，而故洩之，是徒卹一方之利，以傷國脈之重。小惠非仁，害國不忠，君子爲之哉？

予爲此懼，乃遍詣下流，求萬全之策，既不欲壑鄰，又不使傷運，俾開之無辭於我。以甲寅四月，同開州知州劉東、清豐縣知縣温如春、長垣縣知縣崔近思，由澶淵及濮、范、張秋，沿歷河身，達之運道。又見運河東岸有五空橋，其地漸卑，直抵於海。此正洩運道之溢，立法之莫良焉者也。矧衛南不過倒坡之所漫者，其來也無源，其逝也有限。流及澶淵，自爾分漫隨竭，況能泛數百里傷運道哉？俗傳乃謂此水來於黑羊山孟華潭，若以爲山水，則是源泉不窮，當四時皆盈，何獨春涸而秋澇哉？甚矣俗傳之謬也！故開溺於俗説，憚於改疏，而司運道者，亦得藉口於此。噫！考本源而後可與言治水，明地勢而後可以決利害。今議者不信目而重耳，雖禹復起，將奈何哉！

永平府志

按元初定税制，獨水田以五升，爲其利也。中統二年，鑿沁河渠成，溉田四百六十餘所，此其水利之始。三年，詔給懷州新民耕牛二，俾種水田，此其水田之始。至元七年，以都水監司隸大司農頒農桑之制，凡河渠之利，委本處正官一員，以時濬治；或民力不足者，提舉河渠官相其輕重，察其道之地高水不能上者〔四〇〕，命造水車；貧不能濟者，官給其材木，俟秋成，驗使水家，俾均輸其直。田無水者鑿井，井深不得水者聽種區田，其有水者不必區種。近水又許鑿池養魚，并鵝鴨之畜，及種蒔蓮藕、鷄頭、菱芡、蒲葦等，以助衣食。九年，又詔諸路開復水利。三十七年，薊州漁陽等處稻户饑，給糧三十日，以東無聞焉〔四一〕。時主雖急于勸課，而丞相主其事。漢人史天澤方有事于啓土，自此首撥皆其種，未嘗知此爲先務，雖有姚樞、張文謙，北平不能大行其説焉。至答剌罕鑿稱海古渠溉田〔四二〕，少試于和林獲利，及其卒而即廢，不聞復議水田矣。

洪武六年四月，雲龍鎮守北平，言塞上諸關東自永平、薊州、密雲，西至五灰嶺外隘口，通一百二十一處，相去約二千二百里；其王平口至官山嶺口關隘有九，約去五百餘里，俱繫擾衝要之地，並宜設兵守之。若紫荆關及蘆花山嶺，尤爲要路，宜設千户所守禦。從之。

洪武十五年九月丁卯〔四三〕，北平都司言邊衛之設，所以限隔内外，宜謹烽火，遠斥候，控守要害，然後可以讋服胡虜，撫輯邊氓。按所轄關隘：曰一片石，曰黄土嶺，曰董家口，曰義院口，曰箭簳嶺，曰孤窰兒，曰劉家口，曰河流口，曰徐流口，曰冷口，曰界嶺口，曰青山口，曰乾澗兒〔四四〕，曰桃林口，曰重峪口，曰石門子，曰白道子，曰白羊峪，曰石湖洞，曰五重庵，曰新開嶺，曰佛面山，曰栲栳山，曰擦崖子，曰城子嶺，曰大峪，曰水峪，曰中寨，曰榆木嶺，曰青山，曰遊鄉口，曰鐵門口，曰大喜峰口，曰小喜峰口，曰團亭寨，曰潘家口，曰常峪寨，曰三臺山，曰隘口寨，曰龍井寨，曰胡兒嶺，曰松陀兒，曰松棚峪，曰青山大嶺，曰木潭嶺，曰臭麻峪，曰刀山寨，曰分水嶺，曰馬蹄峪，曰洪山寨，曰蔡家峪，曰秋科峪，曰于家峪，曰道溝峪，曰羅文峪，曰猫兒峪，曰山寨峪，曰小撾角山，曰大撾角山，曰會仙臺，曰沙披峪，曰山口西寨，曰片石峪，曰冷嘴頭口，曰楮皮寨，曰尖山寨，曰龍池寨，曰大安口，曰井兒峪寨，曰鮎魚石口，曰琵琶峪寨，曰馬蘭峪，曰平山寨，曰寬田峪，曰南山頂寨，曰餓老婆項寨，曰滴水峪小寨，曰北山頂，曰滴水峪北山等寨，曰録山頂，曰峰臺嶺寨，曰古强峪，曰耻瞎峪，曰鑽天嶺，曰黄崖口，曰小平安嶺，曰大平安嶺，曰三山寨，曰蠶椽峪，曰青山嶺，曰彰作里，曰將軍石口，曰蝎山寨，曰黄松峪，曰文家莊，曰魚子山，曰蕭家嶺，曰熊兒嶺，曰沙嶺兒，曰灰峪口，曰灰嶺兒，曰猪圈頭，曰山嘴頭，曰木場峪，曰灰塘峪，曰牆子嶺，曰磨刀峪，曰許家峪，曰蒼木會，曰小黄崖，曰大黄崖，曰石堂峪，曰姜毛峪，曰蘇家峪，曰大蟲峪，曰遥橋峪，曰南峪，曰燒香峪，曰墨峪口，曰峰臺峪，曰高垛子，曰小水峪，曰漢兒嶺，曰城子山，曰倒班嶺，曰杷頭嶺崖〔四五〕，曰師姑峪，曰梧桐安，曰齊頭崖，曰栢嶺安，曰將軍臺，曰盧家安，曰司馬臺，曰丫髻山，曰沙嶺兒，曰磚垛子，曰龍王峪，曰師婆峪，曰古北口，曰潮河寨，曰柞峪，曰陡道峪，曰蠶房峪，曰陳家峪，曰東駞骨，曰西駞骨，曰白馬甸，曰劃車嶺，曰馮家峪，曰營城嶺，曰黄崖口，曰石塘嶺，曰東石城，曰西石城，曰東水峪，曰白道峪，曰牛盆峪，曰小水峪，曰水口峪，曰河坊口，曰神堂峪，曰開連口，曰加兒嶺，曰驢鞍嶺，曰南冶嶺口，曰黄花鎮，曰西水峪，曰棗園峪，曰灰嶺口，曰賢莊口，曰錐石口，曰德勝口，曰虎峪口，曰居庸關，曰陽峪口，曰蘇林口，曰白羊口，曰柏峪口，曰高崖口，曰方良口，曰常峪口，曰長城嶺，曰沿河口，曰石港口，曰小龍門口，曰天井關，曰東龍關，曰天橋關，曰天門關，曰洪水口，曰西龍門，曰叚口，曰石峩口，曰蘭房口〔四六〕，曰鹿角口，曰南龍門，曰馬水口，曰道水口，曰石塘口，曰金水口，凡二百處，宜以各衛校卒戍守其地。詔從之。

弘治十三年，巡撫洪鍾脩邊。自十一年巡撫張淮躬督參將白琮、指揮羅綱、推官周瑄率軍民于大茅山捫蘿躡險，極力未就。淮卒於邊，鍾代之。次年，脩邊城二千四十八丈，丈銀一兩，酬士卒勞。是年春，檄琮同參將高瑛及同知邵逵〔四七〕，以二萬人自山海關迤西至李家谷止，延衺三百餘里，脩二萬八千一百七丈，於要害立寨堡。次年志之，具高廣丈尺。

營凡十六：曰長峪駐操，曰黄土嶺，曰石門寨，曰駙馬寨〔四八〕，曰平山，曰臺頭，曰界嶺駐操，曰燕河，曰桃林，曰劉家，曰徐流，曰建昌，曰五重安，曰太平寨，曰青山，曰青山駐操。其徐流、其灤陽、其赤洋海口、其新橋海口、其牛頭崖五營，丈尺不具。

關具者六：曰一片石，曰界嶺口，曰劉家口，曰冷口，曰董家口，曰李家口，其居城無丈尺。

及舊城：曰山海關，曰徐流口關，曰河流口關，曰石門子關，曰星星峪關，曰白道子關，曰山桑峪關，曰白羊峪關，曰葦子峪關，曰五重安關，曰花塲峪關，曰新關嶺關，曰擦崖子關〔四九〕，曰義院口關，曰大嶺關，曰長峪口關，曰平頂峪關，曰榆木嶺關，曰水門寺關，曰城子峪關，曰大毛山關，曰寺兒峪關，曰小毛山關，曰三道關，曰小河口關，曰角山關，曰北水關，曰大青山關，曰旱門關，曰南海口關，曰西陽口關，曰南水關，凡三十二云，俱舊設有城。

若箭桿嶺關，若爛柴溝關，若拿子峪關，若城子嶺關，若廟山口關，若無名口關，若黄土嶺關，若大安口關，若羅漢洞關，若火燒城寨，若孤窰兒寨，凡十二，舊有關無城。鍾城之，又立灰窰峪寨、横山寨、沙嶺寨三城，皆無丈尺也。

嗟夫，山海大衛，不志於城池，大關，不知於丈尺，所具者今皆不同，故不述之。其大、小喜峯口關至漢莊、三屯等營皆不列者，不知其爲境内地，而委之於鄰縣也，第述時新舊如此。

永平

一片石關。在府治東北一百八十里左右，皆峻山。山下有石城。城邊有關，新砌以磚，券門三空，周圍三十丈九尺。

關口新建城一座。界嶺口關。在府治東北一百二十里左右。山上舊有磚城二座，山下有石城。城邊有關，新砌以磚，券門二空，周圍一十二丈三尺，高四丈一尺。劉家口關。在府治北六十里。舊置城山上。山傍有關，以碎石堆砌，新砌以磚，周圍一十二丈，高二丈七尺。冷口關。在府治北八十里。山上舊有磚城。山下有關，石基磚城，券門二空，周圍二十丈，高二丈五尺。董家口關。在府治西北一百八十里。關傍皆大山。舊以石砌之，新砌以磚，券門三空，周圍三十六丈，高三丈九尺。關口新建城一座。李家峪關。在府治西北二百里。關傍俱大山。舊以石砌之，新脩石基，磚砌，券門二空，長六十一丈五尺，高二丈五尺。山海關。徐流口關。河流口關。石門子關。星星峪關。白道子關。山桑峪關。白羊峪關。葦子峪關。五重安關。花塲峪關。新開嶺關。擦崖子關〔五〇〕。義院口關。大嶺關。長峪口關。平頂峪關。榆木嶺關。水門寺關。城子峪關。大毛山關。寺兒峪關。小毛山關。三道關。小河口關。角山關。北水關。大青山關。旱門關。南海口關。西陽口關。南水關。以上俱舊設有城。箭桿嶺關。爛柴溝關。拿子峪關。城子嶺關。廟山口關。無名口關。黄土嶺關。大安口關。羅漢洞關。火燒城寨。孤窯兒寨。重峪口關。以上舊俱有關，無城。弘治十三年，巡撫都御史洪鍾檄參將高瑛、白琮，創砌石城，以備守望。灰窯峪寨。横山寨。沙嶺寨。以上三寨原無。弘治十三年，巡撫都御史洪鍾檄參將白琮創立寨堡，環砌石城，添設官軍以守之。長峪口駐操營。石城。在府城北一百六十里，周圍二里，高一丈，立四券門，竪樓于上以望烽火。黄土嶺營。石城。在府城東北一百六十里，周圍二百五十步。石門寨營。石城。在府城東北一百四十里，周圍二里，高一丈八尺。駙馬寨營。石城。在府城東北一百一十里，周圍二里，高二丈。平山營。在府城北一百八十里，以石爲基。成化三年，巡撫都御史閆本、總兵官宗勝添設創建，陶磚包營，周圍三里，高三丈。臺頭營。石城。在府城東北一百三十里，周圍二里，高二丈。界嶺駐操營。石城。在府城東北一百二十里，周圍二里，高二丈。河營。石城。在府城北五十里，周圍二里，高二丈。桃林營。石城。在府城北五十里，周圍二里，高二丈。劉家營。石城。在府城北四十里，周圍二里，高二丈。徐流營。石城。在府城北四十里。建昌營。磚城。在府城北八十里。宣德間，鎮守太監劉通築土爲城。正統初，少監郁永陶磚包砌，高三丈，列東、西、南三門，竪樓於上以望烽火。弘治十一年，太監張忭以舊城狹隘，用裴家窩官地易換鄰城軍民畢富等地二頃餘，起蓋營房千餘間，以居軍士。五重安營。石城。在府城北一百八十里，周圍二里，高二丈五尺。太平寨營。石城。在府城北一百二十里，周圍二里，高二丈五尺。青山營。石城。在府城西北一百三十里，周圍二里，高二丈。青山駐操營。石城。在府城西北一百五十里，周圍二里，高二丈。灤陽營。在遷安縣北一百六十里，原灤陽縣，今廢爲營。赤洋海口營。在府城東南一百里。以下三營俱在海邊，特有倭夷出没，每營設官軍伍十一員名以備之。新橋海口營。在府城南一百八十里。牛頭崖營。在府城東南一百餘里。

灤州

青河〔五二〕，距州東南十二里南閘頭，亂泉突起，一派西南行一百三十里，至樂亭縣西南馬頭營，達于緑洋溝，入于海。一派西南十六里，經破橋；又西南九里，至沙溝；又南六里，至澤頭；又西南三十五里，至公安橋；又西南四十里，至蠶沙口，入于海。此秦、漢以來漕運故道，閘蹟尚存。洪武八年，濬漕于蠶沙口，仍于新橋海口築土城，置千户所監守閘渚，遼邊多賴焉。永樂十八年，運艘遭風，議革之矣。嘗考漕運自三岔河有三道：其一由天津經白河至通州，其一由娘娘宫經糧河至蓟州〔五二〕，其一由蘆臺經黑洋河、蠶沙口、青河至灤河。是灤之漕運，三岔河之東道也。

灤河，在州東三里，發源于炭山，亂泉濆湧。合流東一百二十里，至宣府；又東北二百一十里，至雲州堡；又東北三百六十里，至桓州；又自桓州過口北；又自北而南，入上都開平界；東流七百里，至灤陽營；又一百六十里，至遷安縣；又東南六十里，至盧龍縣，西南合流于漆水；又南四十五里，至灤州；又南五十里，至岳婆港；夾樂亭縣，東爲葫蘆河，西爲淀流河；至縣南合流六十里，至馬頭營；又二十里，爲緑洋溝，入于海。

横河，在州北七里，發源自盧龍縣獨自山，南流入于横山營，東遶包皮淀，經榆山，至劉家莊，入于灤河。

沙河，在州西四十里，發源遷安縣西南草束子屯，南流入宜安社，迤逦而南，至北柳河社，達于海。

龍溪河，在州南八里，發源五子山，東五里，有大泉騰沸，流入八里河，經料馬臺東南丘官營，伏入地中，俗名地橋〔五三〕。又東南二里，經閻家莊，復見爲龍溪，入于南閘頭，即青河之源。

大泝河，在州西十八里，發源盧龍縣馬家莊，經栗園，折南經三岔院，折西轉佛住山，南經楊家院，東南經芹菜山，東南經波落橋，又東南經御駕橋，又南經于家泊，又東南入青河。

小泝河，在州城西十二里，發源烽火山，東港經拐頭山，過雙山，入大泝河，達于青河。

清水河，在州正南二十八里，龍堂寺側，源頭極清，入海二十里不溷，俗呼曰「清水」。經風淳屯、連清社，及三岔股、莊頭營，入新橋海口，達于海。

館水，即牤牛河，發源遷安縣館山，南經偏山，又西南經黄花港，入牤牛橋河，西經雙橋，入于陡河。

雙橋，在州城西八十五里，一自松粱社泉河頭西南經峯山，下入陡河；一自豐潤縣板橋河東南入陡河。經石城西，又南經唐山橋，名大河；又南經王盻莊〔五四〕，名小河；與帥家河會，入官渠。

石溜河，在州城西六十里，發源水峪，西南經孩兒屯、官套，至石城東五里，是爲帥家河；至套里莊、獅子灣，南經康家莊、聶家莊、王盻莊，名小河；西南經金溝、馬家港、大夫坨，入官渠；西南經豐潤縣胥官莊，入于海。

蠶沙口河，在州城南一百二十里，天井之别，南入于海。

撫寧

牛頭崖，在縣東三十里，形似牛頭，即牛頭崖營也。先年曾有倭夷浮海至此，故設官軍防守。

玉旺峪，在縣東北九十里。嘉靖三十六年間，有鑛銀從地中湧出，事聞，差中貴、錦衣、撫、按、道、府採煎作課，冠蓋旁午，勞費幾二年，鑛竭乃罷。

獅子河，在縣東南三十里。

張果老河，在縣東五十里。

樂亭

新河套，在縣西南三十五里，夾于清、灤之間，疑即水經新河故瀆。

東灤河，在縣東二十里，舊自淀流河東流爲葫蘆河，轉迤而南，即今乾灤河。景泰間，東流淤塞，徑自淀流河而南入海。

西清河，在縣西三十五里，源發州南之煖泉，闊僅二丈許，蜿蜒抵新橋海口猫兒港入海。

灤之域界，前代分割靡恒，莫之能詳也。遼史云：石城縣在灤州南八十里，馬城縣在灤州西南四十里。通典云：北平郡「西南到馬城縣一百八十里，西北到石城縣一百四十里」。武經總要云：灤「西至石城九十里，南至海一百二十里〔五五〕，北至平州四十里」。松漠紀聞云：平州七十里至七箇嶺，即七家嶺。又四十里至榛子店，又一百二十里至玉田縣，又七十里至薊州。夫石城、馬城、七箇嶺、榛子店皆灤地，前代可考者類如是而已。

灤志

按灤水前昔無名，禹貢：「夾右碣石入于河。」註云：「遼、濡、滹、易中高，不與河通。」遼史云：「黃洛水北出盧龍山南，流入于濡水。」五音集韻云：「濡，水名。一作『渜』，在遼西肥如、海陽。」又云：「濡，奴官切。」顔師古亦曰：「濡，乃官反。」蓋音「灤」也。今水名有「灤」而無「濡」，且渜、灤字相類，豈古或通用耶？按易州有濡水，濡音茹，非海陽濡水也。

昔秦政滅燕，置右北平石城，蓋今治之西南境也。遼西海陽，蓋今治之東境也。王莽改北平爲北順，省石城入土垠。東漢復右北平石城，仍土垠，而海陽屬遼西未改也。北齊省遼西海陽入肥如。隋開皇省肥如入新昌，未幾，改名盧龍。唐武德始置臨渝，貞觀復置石城，開元又置馬城。遼天贊析盧龍山南地置灤州，領義豐、馬城、石城三縣。遼史謂義豐本黄洛舊城，馬城本盧龍地，在漢俱屬遼西；石城屬漢之右北平。通典云：灤治本黄洛舊城，義豐倚焉。總要云：灤西九十里至石城。今開平西距灤治九十里，其爲石城地明矣，是義豐、石城本兩地也。今開平既爲石城地，而城碑里制，俱稱義豐，殆未可曉。順天府豐潤縣蓋古土垠地，灤之石城，東漢末曾省入焉。今豐潤十里有鋪，尚名垠城，是也。永平府志云：土垠在府城西南，漢置縣，屬右北平。豈謂石城地耶？

春秋之山戎，在黄帝爲葷粥，夏曰淳維，殷曰鬼方，周爲玁狁，漢曰匈奴。齊桓公越燕以伐山戎，次孤竹，還。杜預云：「山戎，北狄。」胡安國云：「桓不務德，勞中國而事外夷，争不毛之地。」又按唐李德裕幽州紀聖公碑云：「北狄之裔，或曰玁狁，或曰山戎。」是山戎之非燕地，彰彰也。今舊志云：灤在「春秋時爲山戎國。」通典亦云灤爲「山戎、肥子二國地」。誤矣。

遼史及舊志皆以灤爲漢末公孫度所據。綱目書以「公孫度爲遼東太守」。史譜云：度，玄菟人。初平初，爲遼東太守，自立爲遼東侯，傳子康及孫淵。按漢獻帝建安九年，曹操表封度爲永寧侯，度曰：「我王遼東，何永寧爲？」是度與遼西、右北平無與也。考度之別傳，自稱平州牧，東夷九種皆服事焉。豈以漢之平州爲隋、唐以後之平州而誤耶？蓋漢之平州，在遼東玄菟、樂浪等地，隋、唐之平州，乃盧龍、石城、馬城。晉、漢所謂右北平、遼西地，今之永平是也。漢靈帝中平六年，劉虞留公孫瓚屯兵右北平，瓚殺虞，盡有幽州，是遼西、右北平入於瓚矣。瓚死於獻帝建安三年，豈度與瓚同時而誤耶？

洪武三年，符下山東行省，募水工於萊州洋海倉，運糧以餉永平衛。

八年，潁川侯傅友德疏陳轉輸之法，由鴉洪橋至永平，道里頗遠，宜通青河、灤河故道漕運，則用力少而成功多。上嘉其言。

嘉靖三十七年，巡視郎中唐順之疏，灤河自永平可通灤陽營，省陸運一百五十里。後巡撫温景葵、巡按孫丕揚、梅惟和各疏請之。

隆慶元年，巡撫耿隨卿議復巡按鮑承蔭，併勘挑空青河，自王家閘至新橋海口止，凡百四十里，乃漕運故道。灤河海口至天津衛四百二十六里，紀各莊通海潮處至府西門一百五十四里，沙淺一十八里半。

又勘自天津衛至新橋海口，鹽船往來，民船亦通無滯。海洋百二十里，中流遇風，有建河、糧河，新挑大沽、小沽可避。其船撑駕，必須灤州、樂亭、昌黎附海捕魚裝載慣習海道人民。酌量人丁身家，坐派大船八名、小船三名，各領官船糧，令其駕運，糧完聽其捕魚。如年久損壞，動支官銀酌量修補。則改灤河省便，無容別議。但中間倒載之所，未免闗隔，如海口卸至紀各莊，約有二里，灤河卸至永豐倉，里亦如之。船運脚價，臨期聽管糧郎中處給。其該鎮歲用本色軍糧數多，運道既通，則前項糧石，應該户部酌派漕運。然山海離灤僅二百里，私越易便，則海防不可不謹。合令府清軍同知兼管海防，仍聽兵道督率巡視，及山海主事督巡捕把截，違禁如律。部覆從之。御史劉剽題海道險阻，罷。

知府孫維城議

本府躬視灤河，迤東二十里馬城堡，西爲王家閘，其南閘相距十里，原係海運入灤故道，閘跡尚存。原運皆由口北上王家閘，今馬頭營固其舊囤倉處。

李家莊西民田，約數十餘里，過即王塚坨河。灤河漲入，青不能容，必從李家莊西瀉，遂下注之。

自樊各莊起，凡四十餘里，至楊家莊，南有沙坨，長一里，高河五尺。若穿之，即艾家青溝，東西長七里，其地多無錢糧，堪濬爲河。過即梁各莊，而靳家河流經焉。

河名交流者，由海潮而成，故微有五里淤淺，外則大潮所至，横斜行七十餘里，入黑洋海口。

又三十里，則建河海口。又四十里，則堂兒上海口。又四十里，則大沽海口。出口入通州運糧白河，百餘里，天津衛矣。是此道一通，不過三百餘里，舟可徑天津抵灤北，西由蘆臺河，其道豈但倍近。且惟黑洋海口至大沽百十里，由海隨鹽船出入，當保無他虞，比由緑洋海口造灣，其遠近、險夷、安危，亦不啻十百相懸焉。

中間應挑之處，計大費工力者，不過交流河接靳家河五里，黄坨抵艾家青溝十二里，李家莊抵樊各莊十里，煖泉抵南閘頭八里，與夫王家坨河之經楊家莊、印步店、狗兒村、賈各莊，土淤高厚者十二三里耳。其餘或止應挑深五六尺、七八尺，闊五六步、七八步者，約以河五丈計之，論工大小折半。通算闊三丈、深一丈者，總不過百三十餘里耳，工固不甚多也。況下因川澤，不損民居，妨田不及五頃，其價未足百金。驗河所經，惟李家莊西有沙三里，楊家莊南有沙一里，其餘俱土脈膠固，無憂其善崩。河之所自，若煖泉，若沂河，若陷河，若靳家河，俱水性如常，可弗若其變遷。則語有利無害，又孰以踰乎此？

惟王家閘一處，議者每言挑接灤河，雖便通舟，然灤河西下平岸一丈八尺，焉能使之逆流而上入青河哉？且灤暴湍，常帶沙石，漲則閘不能制，退必遺沙填積，將來歲挑繁費，恐反爲青梗。莫若挑青至馬城本堡，方議脩壕，以壕土築城，而借壕爲河，使可容數十舟，南來運艘俱住此焉；雖隔灤尚五六里，道不甚多，且平坦便車，至灤易舟而運，則青不受沙石擾，而挑夫可省歲費，似於計兩全也。

遼東海運嘗苦損舟，若永平運通，則由府城而車至山海，或舟車至遼東，皆免風濤之險，其士餉尚亦有賴，是所謂無窮利也。然而不爲者，不過惜財力耳。蓋濬河非夫不成，募夫非財不濟。今議動官帑，則匱無所資；議用民力，則窮非可任。惟財力之俱詘，故議者多難之。然咽喉不進，則腹終不飽，可惜一時之勞費，而失無窮之富饒乎？惟今永鎮入衛客兵萬餘，春秋防守，不過分修邊工。今議通永運者，非爲之乏食慮乎？倘借各兵之力，而通邊餉之道，揆之于義，豈曰不然？合行各路客兵，應修邊工，暫行停減，或量分主兵代修，而移其衆以濬河，計名限日，畫地分工，若倘有不足，則量加民夫三四千佐之，仍委賢能有司，分督如法，則衆力競勸，可不月而成。無煩奏請，無費帑金，於客兵未爲勞，於邊方寔爲永賴矣。皆出委官王弘爵所稽訪。

管府事徐準議

洪武八年，潁川侯傅友德疏陳宜通青河故道，上嘉其言。是後撫、按、道、府屢屢建議行勘。職親體踏，自灤州城南十里馬城地方，原係國初囤運之處，人烟輳集，城郭遺址尚存。自馬城南八里至暖泉，即運糧故道，雖年久淤塞，可以挑濬。暖泉即青河源頭，自暖泉至新橋海口，不及百里，河水通流，但河身闊狹，深淺不同，稍加開濬，即可行舟。自新橋下海，西至黑洋海口百三十里矣，西至大直沽百二十里，不二百四五十里間，順風一晝夜可到。又藉海濱之水不甚深，中流遇風，即下鐵矛拉住，舟自無恐。且無磷石撞舟，即今爲商賈販賣糧食通行之路，不以爲險。船到新橋，即便乘潮入青河，起糧貯馬城倉内。惟馬城東北至灤河六里，地勢頗高，難於濬鑿，便賃車輛騾驢，馱至灤河上船，分運諸倉以實塞下。查得洪武三年，符下山東行省，募水工於萊州海洋運糧，以餉永平衛。此漕一復，則居民省輓輸之勞，軍士壯飽歌之氣，所謂一勞而永逸，事少而功多者也。且一帆之便，船隻往來，有無貿遷，又足以通商阜財，此漕當復甚明。當復而久不復，其故伊何？以議事非難，任事爲難。合無於府佐或州縣正官内有才幹者，擇選一員以董其事，復選賢能佐貳分效其勞，俟事告成，論功叙録。該挑丈尺，約計九萬餘丈，所費錢糧，即於丈尺可會。惟是國家大務，閭閻不堪朘削，宜出帑藏以需之。既有專官，又不乏財，不數月間，便可底蹟。其所利賴於永者，則千百世也。

自萬曆年間議開漕通海，未行而罷。至天啓、崇禎間，因添設沿邊兵馬，需糧甚多，青河卒難挑濬，乃從海運，由天津航海三百餘里，至樂亭縣劉家墩海口，入灤河二十五里，上至銀夯柳倉交卸，改用河船運至府城西門外，盤入永豐倉。計水程自銀夯柳至府西門百八十里。春、夏、秋三時水運，至冬冰堅難行，設陸運車夫，自銀夯柳輓輸永豐倉。海漕既通，商舟乃集，南北物貨亦賴以通，荒瘠之區，稍變饒腴。若云海道風波險阻，乃行之幾二十年，未聞有覆溺之患，此海運可行之明驗也。至順治初年，邊圉無警，兵衛日削，需糧不多，海運遂廢。而沿河倉房，因歷年不行修葺，坍毁無存。其樂亭劉家墩海口，爲登、萊、津、遼海道極衝，崇禎年間設海防一營駐劄汛防，今革。

永平府志

郡古盧龍塞，塞外近虜劄營，概爲三區。

直北爲中區虜營，曰大寧，曰東旱落兀素，曰哈喇五素，曰捨伯兔，曰西旱落兀素，曰青城，曰嗑裏，曰兀攔，曰捨喇素，曰湯兔。

東北爲左區虜營，曰火郎污，曰賒白兔，曰迭兒孛只英，曰捨喇哈，曰旱赤八哈，曰廠房，曰陷河，曰撥梨克，曰察漢壕，曰黜梨根卜喇兒，曰惡木林，曰兒女親，曰墒塲，曰惡力，曰常海。

西北爲右區虜營，曰五兒班，曰灤河西岸，曰捨不哈，曰斗裏庫，曰頭條道，即塔喇打垻，曰西逃軍兔，曰惱奴河，曰傍牌川，曰寬河城，曰營盤裏，曰瓦窯川，曰會州，曰昌毛太，曰長河臺。

其日馬程，皆百里爲度，或過不及，在行之緩急耳。

如虜聚于大滷場東南，由惡力之常海，南下孤山，亦至常海，犯遼東三山營、前屯衛，迤西南至中前所，必犯山海路，而石門路當備。

自三山徑入鐵場堡，則先黄土嶺，而大青山、廟山口、一片石迫矣，山海路當備。

自常海由太平臺、直北山，闖水洞南下，必犯大青山，西犯小河口，而大毛山當備。

自稍腰兔南下龍潭，由東南必犯董家口、大毛山、柳河衝，西南必犯城子谷、水門寺，而平頂谷當備。

由紅草溝、三岔口、龍王廟東至馬蹄嶺，必犯平頂谷、水門寺，而城子、長谷當備。

自龍王廟西過沙嶺、奚河川，南下小滷場、梳頭崖，必犯義院口、拏子谷；過羊圈子，則犯長谷口、板場谷；自奚河川、騰山，過瓦廟、種老、大梯、白蒿，亦犯義院口、拏子谷；由石婆南下獨石，則犯花場、細谷，而葦子柳礶孤石温泉、甘泉、前山疊障稍緩；過牛心山西南，由大、小石孔，必犯箭桿嶺口關；過金岡谷，由十八盤，必犯界嶺口關；或臨邊西南，由歡虎谷，必犯羅漢洞；自紅草溝，由兀攔直抵惡卜莊東南，亦犯界嶺口、羅漢洞；南由杓子谷，必犯青山口關；自杓子由張家墳至扒答嶺，必犯東勝寨、乾澗兒；又順溝由野猪口，必犯重谷口、梧桐谷；自惡莊西，由荆林，過青龍河，至三岔山，必犯桃林口關及水谷寨，則佛兒、劉家當備。

如於會州聚兵，東南由昌毛太之湯兔、之一揹苦列兔，自東南口由胡石達兒至三岔口，其備犯亦如之。

由黄岳川、趙家谷，其犯先水谷寨，而桃林口、佛兒谷次焉，劉家口當備。

由白灘之溜渭，必犯徐流口、劉家口、佛兒谷，而水谷、桃林當備。

自溜渭之西，由張盤山而斜崖，必犯冷口關，而河流、徐流當備。

又自苦列兔西南口，由石門之蕎麥山南下，過石門，亦犯冷口關，而河流、徐流、劉家當防。

其自蕎麥山東渡也，自過石門西，由閻王鼻，必犯白羊谷，則迫白道子、石門子矣，而新開嶺當備。

自石門西南之獅子坪，南下二路，並犯白羊谷、新開嶺，而擦崖子、白道子尤要。

自昌毛太西南，由乾河川迤南之討來打埧，下老長嶺，必犯擦崖子、新開嶺，而城子、白羊當備。

由乾河川、長河臺直抵石口兒，必先犯青山口，而及榆林嶺，則大嶺寨當備。

由熊窩頭之松嶺，則犯第四道關，迫本關矣，其擦崖、城子當備。

其自陡兒而過白石也，由長哨必犯董家口，而鐵門關次之；如自會州直下冷嶺，過龍鬚門、聶門，由三岔口之石口兒，備犯亦如之。

或不入龍鬚門，由大川徑寬河城、黄崖裏，必犯喜峰各路；如于一馬兔、一遜川、大興州、五兒班、逃軍兔聚兵，東南由惱奴河之傍牌川，之虔婆，之冰窖，之黄崖南下，亦犯喜峰路，而太平、松棚二路當備。

或灤淺及冰凍，自惱奴順河南下，必犯團亭、潘家，及大、小喜峰，東、西常谷，而洪山、羅文各關當備。

又自惱奴渡河，西由起塔兀兔之天寧寺，之流河下，稍入車河川，南下謝兒嶺，必犯三台山、蘇郎、龍井，而洪山、潘家、羅文當備。

西下喬家嶺，必犯洪山口、三台山各關，其備亦如之。

自五兒班南渡灤，由捨不哈至九道流河；或自大興川，由十字道之把漢土門，西由塔喇打垻，亦至九道流河；而十字道西由黄草川之斗裏庫，亦至塔喇打垻。

順河八十里而至斜里喇塔川，若犯羅文各關，必自九道流河渡撒；入石夾口，則犯馬蹄谷；入大羊欄，則犯蔡家谷、秋科谷；入小羊欄，則犯千家谷；入一立馬口、寧車口，俱犯羅文谷、猫兒谷，及西通山寨谷；入大淥洞，則犯沙坡谷、山口寨；入小淥洞，犯亦如之；于西則犯馬蘭路、冷嘴頭關。

郡境之哨止矣。其大寧、青城，皆二虜往來所駐劄，左寇東協，必由大墻塲；右寇中協，必由奚河川、苦列兔。則伺虜情嚮往，其塗可捶控之矣。

山海路關外川寬四十里，或半有水，東北至鐵場堡。

堡在大川中，川三十里。又至背陰障堡，在川北坡南，川里半。又至三山營，營東野馬川，營南前屯衛，共川寬六十里。衛西南至中前所，及至本關。又自營北至常海，亦名大古路，西北至横河，東北至惡力，而西北至大滷場，俱大川，乃二路總括遠哨所止，夷虜聚兵場也。又西北三十里，由兒女親而至毛挨兔，及惡木林，俱川十里，並有樹有水。東北至黜梨根卜喇兒，川寬里許，有樹。又至察漢壕，川三十丈，旁俱高崖。又至撥梨兔，廢城外有小磚塔三座。又至老河南岸，各有樹。又至旱赤八哈，亦名赤八哈兔，西順老河北岸，至廠房，俱有榆。又由陷河兔，至大寧城，少樹。其旱赤東通遼東三岔河，西北至睬白兔，北出老河，至火郎，俱有水。其睬白西北至捨喇哈，又至迭兒孛只英，亦總括路東西二虜之所會兵。又由大荒至黄台吉插、漢腦巢，千三百里，一通白馬川、一遜川〔五六〕、白廟兒穴，皆大荒，川有草木。又自墒場西北至好孫，又至心集，俱川三里，有水，合惡木林派出遼東。又至旱落兀素，溝寬三十步，高山俱有樹，其兀素東南通惡木林，川多小墁山。又北至大寧三十里夾崗川，十里外皆大荒，其川中旱落兀素也，並通大舉。又北之坤墩各，之插漢撓孛，之捨伯兔，之火郎兀，之公固兒。迤東之捨喇毋林，里未詳。自關北至

石門路一片石關，川二里，去東八里，寬四十里，迤北通鐵場堡。自關北至

○廟山口關外，川八十步，俱有水。又至

○黄土嶺關外，川里許，去東五里，寬三十里，有小樹。通鐵場堡，川亦如之。並通大舉。

自關西北至

○大青山口關外，川里許，有樹，通單馬。北從間道至鷂子山撥，又至孤山子，俱山高里許，溝寬二十步。又至茶條山，高如之，溝四十步。又至直北山，高一里，溝如之。又至大尖山，高里半，溝七十步，俱多樹。又至小尖山，高如之，溝抵横河，凡八十里，寬百步，間五六步，夾崖崎嶇通步。又自横河東北至惡力，川一里，通單馬，並有樹有水。其自關外小道東北至闖水洞，迤東至茶條衝，又至大谷裏左右峻險。又通背陰障，川俱里半。又自關西南至

○小河口，川半里西北至白洋川，溝如之；東通闖水洞。自口西溝半里，至

○大毛山關外，去城北三里，有水溝里許。又迤東溝二丈，或半通白洋，並通馬。西北溝如之。去三里，溝百餘步，或十餘丈，通董堡、龍扒山。又自關西北至

○董家口關，北至龍扒山，溝五十步，或三十步，多石坎。西北溝一二丈，通城子谷龍潭。又由山蹊至大高，俱有樹有水，並通步。又自關西至

○柳河衝，轉西北至

○城子谷關外，川半里。又至張家莊，溝里半。東北至舊關，川百餘丈，或四五丈。又至大高。又至龍潭，川四十丈，或十餘丈，潭極深，周八丈，東峻崖，西坡，寬四十步，又川六丈，或

半通單馬。至三岔口，川十丈，或三丈。又由正衝之横嶺，高五里，俱川三丈，或十步，水入本谷口。又至稍腰兔，北至十字河，俱川一里，或四五丈。河東通横河，川亦如之，近横寬百餘步，俱有樹有水，並通馬。河東北通惡力，川三里，傍墁山，馬由山行，有樹，通大舉。自舊關西北至大、小龍潭，溝寬皆二丈二，潭週八丈，兩崖壁立，西有線道，今斷，秋夏漲，容單步，冬虜揚沙布冰，通單馬，俱有樹。又至黄崖，溝五丈，或三丈。又自關外西北至

○水門寺，溝半里。又至

○平頂谷北，川五十丈，或十餘丈。至黄崖堡，在山稍高，路由崖北，通單馬。又至驢駒嶺，高里許，有水，南入城子谷，北出龍王廟，西北至馬蹄嶺，東通十字河，俱川二里，並通馬。西至義院、常海，有龍王廟址，川四里，或一里，通大舉，並有樹有水。自谷口西北通長谷龍潭，川二十丈，或七八丈。其至小口子，溝寬三十丈，或二丈。西南至

○長谷水口，有三道，東九里，西十里，中七里，東西相隔五里，川北横崗。又自本口西北，由中水口十里，東七里，西六里，俱川五里。至老嶺，高二里，有攔馬柵城[五七]，嶺北平漫，水下龍潭，嶺南陡峻，水入本口。又至龍潭，迤西至羊圈子，俱溝二三丈，傍高崖圈東，水入龍潭。又自本口西北出水口，西五里，東六里，中十里，而至盤道子，俱川五里，有樹有水，又溝寬三丈。至羊圈子，又騰山通義院、小墒場，俱有樹，並通步。又自本口西南至

○義院口關，北至梳頭崖，西南騰山，有樹，步通瓦廟、衝崖。北至小墻場，西北五里，奚河高，北四里，奚河川渡。自場從間道八里，亦至奚河川，東北至沙嶺，在奚河北岸，可瞭。又至常海。又至偏梁石堡，在奚河西山，水入奚河。又至歹彦打垻，高里許，平墁（五八），嶺水南入奚河。北由三岔口出兀攔，轉入奚河。東北至三岔口，至黄石，又至紅草溝，俱川里許，或半里，間十餘丈。又由挨石島，至兀攔打垻，川六十步，垻陋五六尺，長四五丈，左高崖，右深溝，溝西亦高崖。此大舉必經之道，虜至，架梁倚之，共寬丈餘，億衆須二晝夜乃盡。東有間道，寬三四步，長七八里，亦分人馬行之。嶺西正道遠十里。又至大墻場，有樹及水。其紅草溝東通惡力，川寬百餘步，有樹屬夷由此行。其自關外西北至三岔山，又西北有三道，一至大梯子嶺，高半里，頂平墁；一至種老嶺，高二里，北平坡，南陡崖；一至瓦廟衝嶺，高三里，腰坦平，南險峻，俱川里許，或十餘丈，有水入院口，並通大舉。其瓦廟西南騰山至種老，又至大梯，又至白蒿，多樹，並通步。又自白蒿東南，川一里，或百丈，至本院口。西過小嶺，至

○拏子谷，俱有樹，並通大舉。西北溝三丈，或二丈，有樹及水。馬通横嶺，高半里，巖壘多樹，有水。嶺南入拏子嶺。北由白蒿入院口，又至白蒿，溝寬二丈，或半之，多石坎。下馬過白蒿，西南騰山。馬通石婆婆嶺，高三里，北平漫，南多樹。下有小龍潭，水入花場，東南溝寬三丈。單馬通獨石，高丈，廣半，有古字七行，獨立川東，故名。又至清水關，乃花場舊關也。至

○花塲谷關，俱川一里，或半里。西過沙嶺，陡險，溝寬半里，有樹。至至小嶺，一名大横嶺，高二里，北平墁，南陡險，水會仰盤入細谷。

○細谷水口，並通馬。西北至仰盤，溝寬四丈，或丈餘，山頂平，有水。由大石上而下，又或丈餘，通獨石。又半里，轉西南至石虎谷抵西北〔五九〕，溝二丈，有樹有水，並通步。又自石虎谷中南抵棺材溝寬二三丈，旁陡，大樹，有水，川南疊障，馬步不通。又自本關西南騰山至

○葦子谷，西北騰山至洞兒。轉西南至

○柳礶水口有樹。又西北至勝水崖，溝丈許，兩傍高崖，有水及樹。又騰山至舊城頭，有樹。又自本谷西南至

○孤石谷水口，有水及樹。又西三里，轉東南至大偏梁山，溝二丈，本口源此，其前高山，馬步不通。又自本谷外西三里，轉北至小黄崖子，迤西至土嶺，俱川二丈。又騰山至清涼石，其石三片，高二丈，在道西，山顛登之，可望撫寧、盧龍。又西騰山至舊城頭，有攔馬廢壘，俱多樹，並通步。自本口西南至

○温泉谷，溝寬三丈，有樹。北至響泉，川八丈，或二三丈，有水及樹。又至乾河川，溝寬三丈，或丈餘，夾崖有樹。又至扒帶嶺，又通舊城頭，俱川半里。其扒帶西騰山至馬思嶺，俱有樹，並通馬。又自本口西至

○甘泉谷、石梯子墩。本堡自石梯子爲界，西北至流衝，俱溝三丈，有樹。又至鐘樓嶺，以形名也。東通響泉，溝寬五十丈，或丈，有水及樹。西北騰山通扒帶，有樹。北至土衚衕，溝寬五十步，或二三丈，有水及樹。西北騰山至舊城頭，又騰山至磚廟兒，俱有樹，並通步。轉東北五里，溝三丈，有樹。去溝十里，有水，馬通牛心南口。其東南口，一至種老，一至大梯，一至白蒿，俱漫坡，有樹，並通大舉。一至石婆婆，溝五丈，有樹，通馬。東北口順川至奚河，險要如東南口。其自本堡口外西至

○星星，西北至

○中桑口外，川五里，或三丈，有樹有水，多石坎，通單馬。東北至天橋，石磴高四尺，橋東崖壁立，西河，石坎丈高，下馬而過。北順崖至夾脚石槽，長丈，寬尺，東接懸崖，西臨深淵，間有石坎，高七八尺，步者亦緩。東溝三二丈，而通馬思嶺，本嶺即星星邊城也。又北至頭架，溝寬十里，嶺高半里，有樹，水入中桑。又至二架，嶺平墁，又通磚廟兒，俱川三丈，有樹。又自本堡西北至

○箭桿嶺口關川一里，或百步。轉東北至箭桿嶺，高二里，嶺南水入本關。又八里小石孔，在道西，山腰水由孔出牛心。又十里大石孔，如屋，在道東北崖下，俱溝五丈，或三丈，並通單馬。又至牛心西南口，溝十丈，通馬，俱有樹有水。又自本關西北至

○葛藤嶺，溝丈餘，有樹，通步，又溝五丈，或二三丈。西至

臺頭路界嶺口關，東北至十八盤，溝五丈，嶺高二里。北平墁，水合金岡水，出三岔，入奚河；南崒險，水入關。又至金岡、其義院，屬夷皆由此入關。金岡東通牛心，俱溝三丈；西北至三岔山，溝三丈；北通奚河中稍，川里許，東南通十八盤，溝五丈，俱有樹有水，並通單馬；西南由小莊巢而通界嶺兒，溝三丈，有樹，通單馬。其自關西北川里許至白臺，臺在川東，岡廢矣，又川六丈。至界嶺兒，嶺平墁，有水。南入關，北由土衚衕入青龍河，西北溝三丈，有樹，容單馬。由小莊而通三岔山，從撥道經梨花而至明朗，由山道至偏崖，川三里，有樹，兩崖若門，故號「偏崖」，爲石門也，雖通大舉，至此不得長驅。又至許家，去東三里無路，北溝五丈。至明朗而西，過小嶺，由大葦子轉南而通青山，川一里，或百步，間五六丈。又西至土衚衕，北至惡卜莊，俱川里許。自衚衕西北至松林店，川半里，或三十步，平墁。東北川二里，亦至惡卜莊。莊，青界二路會哨所也。北至寺兒山，川里許。又至白石嘴，川七里。又通奚河中稍，河五丈，連川寬七里。又至兀攔，川十里；東通紅草溝，川一里；北至東逃軍兔。又至惡力哥，俱夾高山，川一里，並有水有樹。又至磕裏，川二里，又九十里，川寬五里，外荒川，至青城俱有樹。又至哈喇五素，川斥鹵無草木。東北至大寧，俱川十餘里。其城東由一揹精轉東北，亦至大寧，俱大川，有水；城西至元胡罵嶺，川八里，有樹；西南至接白箇嶺，平墁，川一里，又川五六里，有水及樹，而至會州；又自城西北至旱落兀素，川五里；東北通捨伯兔；西南過小嶺，至呵樂賀，俱川百餘步。又至歐利兔，東南通接白箇，西南直西逃軍兔，俱溝二十餘步。其自磕裏東至那林，川二里，轉東北荒川墁山，通東旱落兀素；西至捨喇素，川六里。又至刻兒溝，川半里，有水出會州，入寬河。又至會州，川亦如之，並通大舉。又自本關西北至

○羅漢洞，北至歡虎谷，轉西通界嶺兒，俱溝五丈。又西南至

○青山口關西北，溝五十步，或二十步。至鮎魚洞東口。又至張家墳，川半里，俱有樹。東北至杓子谷，川一里，又溝三十步，或二十步。至北橫嶺，平墁，長三里。又順坡至土衚衕，俱有樹有水。其杓子西，即總牆溝，寬二里，近城址，寬百步〔六〇〕，迤南至青龍河。其張家東至大葦子，川百步，俱有樹有水，通大舉；西南至扒帶嶺，溝七十步，或三十步。其嶺西即五道溝，寬十餘步，或半之，通單馬。而至青龍河南騰山，有樹，馬通乾澗兒。又南之順巢，之麻地，之枯木，之大孛，之野猪，之桃林、青龍河，俱溝五十步，或二十步，迤遞有小樹及水，多石坎，通步。其自

燕河路桃林口關，北過河至桃源川，轉西北至白蠟谷。又自桃林東北至三岔山，俱川百餘步；東通總牆溝城址；北至金香，溝十餘步，俱有樹有水，入青龍河。又東北至荊林，溝倍之；東通惡卜莊，溝四十步；北川一里，過二小嶺，通奚河中稍。又自三岔西北至李家谷，溝十餘步，水木若桃源。又溝三十餘步，過小嶺，至胡石達兒，又至一措苦列兔，川東南口，即青龍河

岸，川五十餘步。又川一里，至一揹苦列兔，西北至把哈苦列兔。又至把哈苦列兔打垻，平墁，俱川一里，並有水，入青龍河。又北至湯兔，川二里。自湯兔東北至捨喇素，川一里；西北至昌毛太，川三十餘步，有水流出會州，合寬河派，入灤河。又至會州，川一里。其一揹苦列兔東南口，東北順青龍河，川一里，過河四次，水深二尺餘，至兀梁素。又順青龍河，川五十里，過河六次，水深如之，通奚河中稍，並通大舉。又自本關西北，順河至白蠟谷，川百步。又至安子山。

又自關西北至

○水谷寨，東北至安子山，西北至正安子山。又西北至石河，東通安子山，西通佛兒水谷，嶺高險，東北至安子山。又北至趙家，俱狹溝通步。又過青龍河，至黄岳川，西北通苦列兔川南口，俱川三十步，餘通馬。又自本寨西至

○佛兒谷寨，東北窄溝，步通水谷嶺；西北至石嶺墁山，溝七八步。自本寨水口西北過小嶺，至

○劉家口關，東北由撥道，自花臺經大野猪而至桃林第八撥峰台谷山。又自關東北至石嶺，又至小土嶺，西北至溜渭，溝寬百餘步。又北至白灘，一名臭水坑，又通一揹苦列兔川南口，俱川一里，或二十步，有樹西溝十餘步，至石門南川。又自溜渭東通七谷口，溝四步，西至張盤山，迤南至孤樹坪，俱溝六步，並通馬。又自本關水口，西至

○徐流水口關，溝十餘步。北過大川，至麻地裏，凡兵馬出口燒荒，皆此劄營。又至老鴉嶺，溝二十步；東北通溜渭，溝寬百步，或十餘步，並通大舉。自麻地西溝六七步，至砂嶺，又騰山至羊圈，並通馬。又至前石河，溝二十步。又自本關西至

○冷口關，東北至斜崖，川二百餘步。其崖東通前石河，乃沿邊夾道，溝二十餘丈；北至孤樹坪。又至石家墳，西北順河至蕎麥山，高聳可瞭，俱川一里。又北至石門，川里半；東北三里，溝二十步；二十七里，溝一里；至一揹苦列兔，俱有水，入青龍河。其石門西至召毛兔，溝二十步。自本關西北至過石門，有水。又至石牌嶺墁山，東北通蕎麥山，西北至察肚嶺，在川南，高陡，下馬而過冷口關討賞。又至獅子坪，北至龍王廟，又西北至召毛兔，俱川一里。毛兔東北通一揹苦列兔，溝二十步；西北川二里，至討來打垻，一名抄來打垻，並通大舉。其過石門東至倒梨樹，溝五十步。轉東北過嶺，至石家墳，溝十餘步。墁山西北，溝五十步，或七八步，亦通察肚嶺，並通馬。西至閻王鼻，川一里，嶺高二里，陡峻，有樹，嶺南步通邊城五里。又溝十餘步，單馬至橫嶺，嶺在溝南，路由溝中行，嶺南溝十餘步，通單馬，至邊城。又南至

太平路擦崖子提調下白洋谷水口，溝二十步。東北至白土嶺，溝一里，或三十步；又騰栲栳山，步通獅子坪。又自本谷西北至枯井兒，川一里；又至菉豆谷，溝七八里。南騰山十五里，

通邊城。東北溝三十餘步，至東長城，嶺高三里，陡峻。又溝四五步，單馬，通獅子坪。又自本關西至

○新開嶺，北至芝蔴坪，溝十餘步。東北由沙嶺，川十餘步，馬通菉豆谷。西北至獐狍谷，川六十餘步；又溝百步，有樹及水，通擦撥老長城嶺，並通大舉。又自本關西至

○擦崖子關，撥分東西。東撥北至樹木枝，川七十步。又至牌㧠嶺，迤東而至老長城，嶺高七里，陡峻，下馬魚貫而進。又西北溝五六步，或十餘步，單馬至鵉石。又至討來打垻，東北至呼奴思大嶺，溝二十步。又北至乾河川，並通馬。東北過嶺，狹溝，單馬通思太。其自鵉石東北至捨喇鎮，溝百步，有樹，通馬。東通龍王廟，川二里；東北通召毛兔，川三百餘步；西北通討來打垻，川百餘步，俱有水有樹，並通大舉。其自樹木枝東通芝蔴坪，川一里，有樹。西至蔡家嶺，又至單家嶺，俱川一里，或三十步，並通馬。西撥西北至單家嶺，又至白石山，則與榆撥陡兒互哨。又自本關西至

○城子嶺關，北至單家嶺，溝五六步；西至

○柳子谷北溝五步，步通夾山嶺；東通單家嶺，溝十餘步，或三四步。嶺西至哈哈石，又至雙樹，俱川六七步，並通單馬。又自谷西至

○大嶺寨，北至鶯窩崖，又至紅石谷，俱川三十步，至雙樹，川四十步。又至横河，川半里，

俱有樹，並通大舉。又自寨西至

○榆木嶺關，東北至馬道嶺，溝百步；又至韮菜畦，溝十餘步。北至長兒溝，川半里。西北至魚鱗溝東口，川二十步，或十餘丈，俱有水及樹；又至古城。北至松嶺，又至熊窩頭，各川半里。東至血嶺，溝五十步，又通討來打垻，又東北通呼奴里大嶺，各溝寬二十步，有樹。西至瓦窯川，又西至石口兒。東北至靴兒嶺，又至長河臺，俱川一里；又通乾河，川寬百餘丈。西北溝一里，至孤山北；川半里，至藍子嶺東通長河臺，北至三岔口。又如背答，如聶門，如龍須，俱川寬一里。其龍須夾山若門，中寬二十步。達賊若犯本關，須過此門，徑由大川，犯在喜峰。又東北之駱駝，之半壁，之打鷄，而通會州，皆大川，有樹有水，並通大舉。其聶門東至安答石，川一里，或半；又至安答打垻，溝四十步，俱有水，通馬。迄北二十里，溝狹，容單馬，外大川通湯兔。自本關北至

○第四道關，川二百餘步。東通魚鱗，溝寬二十步；北由陡兒嶺，通古城嶺。又自本關西北至

喜峰路董家口提調下青山口關，北通石口兒嶺，西南至

○艾谷口關，東北至腰嶺北，至平林，各溝四五十步；又北通孤山。自本口北至黄土臺，東北通平林，各川半里，俱有樹，並通大舉。又自本口西至

○董家口關，北至黑山砲，又東北由長哨通石口兒，俱川里許；西至花園，川百餘步；北至觀音堂，川一里；東北至駱駝嶺，川二百餘步；西北至桃樹谷，川一里。其桃樹東通黑山砲，西南過小嶺，狹溝，通單馬，至喜撥營盤裏；東北由破房通三岔口，俱有水及樹，並通大舉。又自花園西至分水嶺，川二十步，通馬。又至

○鐵門關，北至砲嶺，各川一里；又至細嶺，西北至古道嶺，各溝二十步；西至磨石谷，溝五十步；南十里通邊城，溝二十餘步；又西至鶯窩裏，溝四十步。又自本關西南，至

○大喜峯口關西北，川寬三里。至營盤裏〔六一〕，凡兵馬出口燒荒，皆此劄營。東通鶯窩崖，溝二百步。北至廟兒嶺，又至夢子嶺，平墁，先年有石碑記夢，故名，亦名濃濟嶺。西北至腰站川裏，東北至九姑嶺。又至黃崖裏，東溝十餘步，過小嶺，狹溝，單馬通聶門。又東北至寬河城，川三里，即原寬河所，今移遵化縣；又至龍鬚門，俱川里許。又自黃崖西北至冰窖，川半里。又至虔婆嶺，川里許，北即傍牌川，東北通會州。又北順灤河，至惱奴河川口，西北至西逃軍兔川南口，俱川二里。東至丫頭溝，又北通會州，各過小嶺，俱溝二十步。又東北由小子溝，迤北亦通會州，溝寬亦如之。西北至呵各得嶺，又川南二十里，寬七里，北十里，寬里許，至五兒班川，亦名呼魯伴，俱有樹有水，並通大舉。又自本關西南至

○小喜峰北，溝二三步，多石坎，通步，一里即大荒川。又西至

○團亭寨，北至栗樹灣；又至夾兒庵，至橫河，即九道流河，合灤河川口；又至傍牌川，俱川二里，有樹有水；並通大舉。其大、小喜峰，雖通大舉，近邊溝狹，石多，通步，至本寨，乃通大舉。自寨西至

松棚路潘家口關，北至小河口，即灤河西岸；西至東常谷堡；西北至太陽谷，川半里；東北至長城嶺，又通小河口；西至

○西常谷；北至到溝谷；東通太陽川，三里；西至三台水谷，溝寬六十步，並通馬。自本堡西至

○三台山關，東北至回回墓，川十丈，或一丈；又至土松嶺，長六里，俱通單馬。又至房兒嶺，平墁，通馬。又至大古道嶺，長十五里；又至橫嶺，長二十里；及至謝兒嶺，俱高險。過嶺東，即灤河。北至車河川，又至廟兒嶺，長五里，險峻，嶺北水出流河。又至流河中稍，西順灤河，至大寧寺谷口。又至起塔兀兔，過灤河，迤北通惱奴河川口，有水，並有樹，俱通大舉。又自本關西北至鷄冠山，即黑河，寬一里。又至忠義寺，址在黑河西岸。又至馬海棠，又至團漂石，二川黑河石崖夾立，寬七八步，石多水急。又至大黃茶子，在黑河東北山上。又至喬家嶺，長三十里，南陡峻，北平坡，並通步，其黑河源出本嶺西南。又東北至小河口，川二里，或五十步，通單馬，並有樹。又自本關西至水谷溝，又至

○蘇郎谷水口，又至殺達子溝，俱溝半里，或百步，有小樹。又至

○龍井谷關，西北至古道嶺，長十里，有樹西南至

洪山口關；西北至神僊嶺。又至大到溝，過撒河，步通馬蘭谷嶺。又東北至巡檢司，又至偏塘，又至青陽林，各川三十餘步。又至黄磜子，川二十步。又至分水嶺，長七里，北陡峻，南平墁，有水出撒河。又至打狗巷，川二十步；又至龍灣子，川四十步，各水入黑河，並有樹，通單馬。又至喬家嶺，險要見上。又自本關西至

○馬蹄谷關，東北至廟兒嶺，稍高，有樹有水，通單馬。又北至石夾口，寬十九丈，有水。又北出口，即撒河關，北至短嘴子嶺，高陡；東北通石夾口；西北由山路至梨樹嶺，稍高，多樹，俱通步。又北至大羊欄口，闊十五丈，通馬，並有樹及水。自本關西至

○蔡家谷堡，東北通梨樹，有水；西至

○秋科谷堡；北至廟兒嶺，稍高，有樹及水；東北通大羊欄；西北通小羊欄。又自堡西至

○千家谷，北至到谷，嶺長五里，高陡，有樹。又至小羊欄口，寬十九丈餘，有水；又出口即撒河，並通步。自堡西至

○羅文谷關，北由岔道至一立馬嶺，一名攔馬牆，川百步，水入本關。又過横嶺，至一立馬

口，寬二十四丈，有水。又過撒河，迤西北至秋木林，溝百步，俱通馬。又至廟兒嶺，長四里，北平墁，南陡岐，通單馬。又至南松嶺，長一里，嶺下有水；東南至安子嶺坡，東有水。又至擺宴塘，川二百步；南過撒河，步通秋科廟兒嶺；轉西北至窟窿山，川百餘步，旁高山。又至神偃嶺，西川寬二百步，俱有水。自馬蹄谷至此，凡水皆出撒河。又至黃石崖，川如之。又至大橫河，川四百步，旁夾山。又至白馬川，寬如之。又至石夾口，兩山頂平，中道甚狹，寬三十步。又至分水嶺，長三里，高陡，嶺南水出大橫河。又至壽堂墳，川四十步。又至干心河，山川若大橫河〔六二〕。又北至頭道流河，俱有水。自秋木至此，俱有樹；自南松至此，並通馬。又北至七道流河及九道流河，西南通斜里喇哈谷口，凡八十里，過河九次，故名；東北至捨不哈，川三里。又至灤河西岸，川五里；又過河，至五兒班。又自九道河西北至塔喇打垻，又名頭條道，溝二十步。又至捨喇不哈嶺，川二里，又通把漢土門；東北至一揹打垻，平漫，川里許。又過河，亦通五兒班。其頭條道東北至斗裏庫，川寬一里，水深三尺，出灤河，前後山阻無路；東通一揹打垻，西由黃草川通十字道土門，俱有水及樹，並通大舉。其五兒班川寬六七里，西北由隰陂兔通一遜川，三日程；西由呼答哈而通大興州，日半程，亦總括之地，黃虜常此聚兵。又自本關西至猫兒谷堡，北至新開嶺，長四里，俱有樹。嶺南水入羅文，嶺北至寧車口，寬五十丈，水俱出撒河。又過撒河，北通秋木林。又自堡西南至

○山寨谷，西北至牽馬嶺，長一里，俱通馬，嶺南水入沙坡。又至桑樹嶺，長五里，稍高，有樹。嶺北至大淥洞口，闊三十一丈，水俱出撒河。又北出口即撒河。自寨西南至

○沙婆谷，北通牽馬嶺，西北至

○山口寨，東北亦通牽馬嶺；西北至溜石坡，嶺長三里，嶺南小水入沙坡。又至安子嶺，高陡，俱有樹；嶺北至小淥洞口，寬十七丈，水俱出撒河。其安子嶺西南至桃樹谷，即楸樹嶺，東通溜石坡西至馬蘭路冷嘴頭關，並通步。其灤河、流河、撒河之源，詳見方覽經。

外內撥路

山海路撥九：自松山而李家堡，而魯家山，而鐵場堡，而掛牌山，而按馬山，而永安堡，而將軍石，而背陰障，凡九十五里；遠哨至大堝場。石門、臺頭二路同。

石門路提調三：共撥四十八。

黃土嶺關提調下撥十六：自大青山關，而鷂子山，而茶條山，而直北山，而大尖山，而小尖山，而三岔山，而黃土坎，而石門子，而小橫嶺，而大橫嶺，而太平臺，而常海頓，而平墁川，而孤山，而五指山，凡百八十七里。

大毛山關提調下撥十六：自城子谷關，而張家莊，而舊關，而大高，而龍潭，而三岔口，而正

衝，而橫嶺，而頭道河，而青陽林，而羊圈山，而稍腰兔，而十字河，而大孛羅林，而長嶺，而惡力川，凡百九十三里。

義院口關提調下撥十六：自本關而黑崖子，而小梯子嶺，而三岔口，而段木嶺，而土衚衕，而切河，而安子山，而常海，而歹彥打垻，而三岔口，而黄石，而紅草溝，而挨石島，而兀攔打垻，而委素太，凡百九十六里。

臺頭路提調二，共撥三十一。

界嶺口關提調下撥二十二，分東西二股：自本關東由十八盤而牛心山，與義院撥互哨，凡二十七里。西由白臺而界嶺兒，而梨花山，而明朗谷，而土衚衕，而惡卜莊，而寺兒山，而白石嘴，而紅石嶺，而兀攔，而兀攔嶺，而大柳樹，而兀梁素太，而歹彥嶺，而寬佃，而紅草溝，而挨石倒西，而獨木橋，而兀攔打垻西，凡二百三十里。

青山口關提調下撥九：自本關而麻地溝，而大葦子谷，而三道溝，而杓子谷，而北横嶺，而惡卜莊，而兀攔，而杏山，凡百八十里。

燕河路提調二，共撥三十二。

桃林口關提調下撥十九：自本關而寬哨頂，而梳頭崖，而三角莊，而逯馬崖，而趙家谷，而王家谷，而戚家谷，而峯臺嶺，而天橋，而總牆，而古道，而斗兒嶺，而氊帽石，而捨白兔，而蔡家谷，凡百十里；遠哨由一揹苦列兔東南口迤東北，由兀梁素太而至東逃軍兔。其劉家口三撥，由花臺而大野猪，接入桃林第八撥峯臺谷，凡二十里。

冷口關提調下撥十五，分東西二股：東由牛鼻子嶺而擖角山，而寺兒崖，而黄崖山，而大户店，而三岔山，而石門，而逃軍山，而一揹苦列兔，凡百里；遠哨西北至湯兔。西由豹崖山而察肚嶺，而龍王廟，而召毛兔，而討來打垻，凡八十三里；遠哨至聶門。

太平路提調二，共撥二十五。

擦崖子關提調下撥十六，分三股：自本關東北，由白羊谷而大石頭，而廟兒嶺，而砲兒山，而五指山，而白土嶺，而栲栳山，而菉豆谷，凡六十里；遠哨由獅子瓶通石門，而至一揹苦列兔。北由樹木枝而牌樕嶺，而老長嶺，而鵞石谷，而討來打垻，凡九十里；遠哨至聶門。西由單家嶺而白石山，凡三十里，與榆關陡兒嶺撥互哨。

榆木嶺關提調下撥九：自第四道關而陡兒嶺，而古城嶺，而松嶺，而熊窩頭，而石口兒，而靴兒嶺，而長河臺，而乾河川，凡百里；遠哨至龍鬚門。

喜峯路提調二，共撥三十一。

董家口關提調下撥十：自本關而黑山砲，而長哨，而石口兒，而三岔口，而背答嶺，而聶門，而龍鬚門，而冷嶺，凡百三十里。又自黑山砲西三十里桃樹谷轉東北，由破房司通三岔口；遠哨至會州。

李家谷關提調下撥十二：自喜峰口關，由東石梯子而孛羅台，而濃濟嶺，而天津谷，而九姑嶺，而黄崖裏，而寬河城，而龍鬚門，而冷嶺，而駱駝嶺，而打鷄嶺，凡百五十四里；遠哨至會州。又自團亭寨境外新設九撥：由煖泉而黄崖，而夾兒安，而清河，而土洞，而横河，而傍牌川，而滴水崖，而惱奴河，凡百二十里；遠哨至西逃軍兔川南口。

松棚路提調三，共撥四十六。

潘家口關提調下撥十二：自三台山關，由寬佃而回回墓，而雙橋，而段嶺塘，而寺兒山，而土松嶺，而小古道，而中古道，而大古道，而横嶺，而謝兒嶺，凡百三十五里；遠哨至白河。

洪山口關提調下撥十七：自本關而黄瓜山，而尖頂山，而柏茶山，而瞭高山，而巡檢司，而獨石，而椵木林，而梨元口，而水泉，而分水嶺，而張官堂，而黄磔子，而打狗巷，而黄土嶺，而龍灣子，而喬家嶺，凡百四十七里；遠哨至流河。

羅文谷關提調下撥十七：自本關而岔道，而一立馬嶺，而一立馬口，而秋木林，而廟兒嶺，而南松嶺，而窟窿山，而神僊嶺，而花園，而白馬川，而石夾口，而打狗巷，而分水嶺，而逢批子，而壽堂墳，而干心河，凡百七十里；遠哨至九道流河。郡境至潘家口提調轄内龍井關止，本路至山口寨止。

路營

山海路

東界遼東無接，西至七星寨上，撥路二十里。設撥二，馬軍八名，步軍一名。

石門路

大道東自長橋起，西至同野莊止，撥路七十三里。設撥六，馬軍二十六名，步軍一名。邊道西北自石喬谷起，東自一片石，北自大毛山，至義院口止。三關皆入石門，延袤境内，撥道一百里。設撥七，馬軍二十一名。外臺頭路貼馬軍二名，共四十九名。

邊路撥

石喬谷。南至石門寨十三里，東至長谷營八里，東北至義院口十二里。馬軍三名。

長谷營。東北至大毛山二十里，東南至破窑莊十里，西北至義院口八里。馬軍三名。

一片石。西至破窑莊十里。馬軍三名。

破窑莊。西南至沙河寨十里。馬軍三名。

沙河寨。西南至石門寨大道十里。馬軍三名。

大毛山。西南至長谷，里見前。馬軍三名。

義院口。東南至長谷營，西南至石喬谷，里俱見前。馬軍三名。

大路撥

山海關。西至七星寨十里。馬軍四名，步軍一名。

七星寨。西至石門界長橋莊十里。馬軍四名。

長橋莊。西至石門寨二十里。馬軍四名。

石門寨。西至老嶺九里。馬軍四名，步軍一名。

老嶺。西至小悖老九里。馬軍四名。

小悖老。西至平山營十五里。馬軍四名。

平山營。西至同野莊十里。馬軍四名。

同野莊。西界石門路平市莊十里。馬軍四名。

續表

路營	邊路撥	大路撥
臺頭路 大道東自平市莊起，西至平坊店止，撥路六十六里。馬軍二十八名。邊道東自界嶺口起，西至潘家莊，至枯井莊止，撥道延袤共一百三十里。設撥六，馬軍一十九名。內除平市莊撥貼石門路馬軍二名，共止四十五名。	界嶺口。東南至雙嶺兒十里，西接青山口二十里。馬軍四名。 雙嶺兒。西南至郭家莊十里，馬軍三名。 郭家莊。西南至臺頭營大道十里，西北至枯井莊十里。馬軍三名。 青山口。東至界嶺口，里見前。東南至枯井莊，西南至潘家莊，各十五里。馬軍三名。 潘家莊。南至平坊店大道，東北至枯井莊，各十里。馬軍三名。 枯井莊。西北至青山口，里見前。南至臺頭營十里。馬軍三名。	平市莊。西至李家莊九里。馬軍四名。 李家莊。西至聶兒莊九里。馬軍四名。 聶兒口。西至牽馬山九里。馬軍四名。 牽馬山。西至臺頭營九里。馬軍四名。 臺頭營。西至平坊店十七里。馬軍六名，步軍一名。 平坊店。西至燕河營十三里。馬軍六名。
燕河路 大道東自本營撥起，西至建昌營止，撥路六十五里。設撥五，馬軍三十名，步軍一名。腹道東自安山起，西至歹老婆莊止，撥路一百零九里。設撥六，馬軍一十八名，步軍一名。邊道桃林口南至桃林營大道十里，冷口南至建昌營八里。各馬軍三名。通共馬軍五十四名，步軍二名。	桃林口。東、西無接，南至桃林營十里。馬軍三名。 冷口營。東、西無接，西南至建昌大道八里。馬軍三名。 附腹道： 安山。東北至燕河十里，西南至張家莊十里。馬軍三名。 張家莊。西南至永平二十里。馬軍三名。	燕河營。西至桃林營二十里。馬軍六名，步軍一名。 桃林營。西至劉家營八里。馬軍六名。 劉家營。西至徐流營七里。馬軍六名。 徐流營。西至建昌營臺十五里。馬軍六名。

續表

路營	邊路撥	大路撥
	永平。西北至窑賀莊二十四里。馬軍三名，步軍一名。 窑賀莊。西北至孤莊十一里，馬軍三名。 孤莊。西北至歹老婆十二里。馬軍三名。 歹老婆。西北至建昌營二十二里。馬軍三名。	建昌營。西至太平界新店一十五里。馬軍六名。
太平路 大道東自新店起，西至白廟店止，撥路一百零五里。設撥九，馬軍五十四名。邊道東自鷄鳴店起，西至水谷嶺止，撥道延袤共一百三十五里。設撥八，馬軍二名六名。外千總下撥貼本路馬軍二名，共八十二名，三屯營撥貼本路步軍二名。	鷄鳴店。東南至三嶺兒大道十里，西北至忠義廟。十五里。馬軍三名。 忠義廟。東北至擦崖子十里，西至太平寨二十里。馬軍三名。 擦崖子。西南至忠義廟，里見前。馬軍三名。 太平寨。東至忠義廟，里見前，西南至梨樹谷十里。馬軍四名。 梨樹谷。西南至米谷口十里。馬軍四名。 石灰谷。東自太平寨，里見前，西通水谷嶺十五里。馬軍三名。 榆木嶺。西南至水谷嶺二十里，馬軍三名。 水谷嶺。西北至青山營十五里，南至石灰嶺，見前。馬軍三名。	新店。西至三嶺兒十五里。馬軍六名。 三嶺兒。西至土城八里。馬軍六名。 土城。西至羅家屯七里。馬軍六名。 東寨。西至米谷口八里。馬軍六名。 米谷口。西至韓家莊十五里。馬軍六名。 韓家莊。西至灤河店七里。馬軍六名。 灤河店。西至白廟店一十五里。馬軍六名。 白廟店。西至三屯營一十五里。馬軍六名。

續表

路營	邊路撥	大路撥
喜峯路 大道只三屯營一撥，東界白廟店，西界馬逢谷。馬軍十二名，内除派貼松棚路四名，本路八名；步軍十一名，内除派貼太平路二名，松棚路一名，三屯守備下六名，本路二名。邊道東自青山營起，西南至灰兒嶺止，共一百二十里。設撥九，馬軍三十二名。外趙家莊與松棚路合界，派貼本路馬軍二名，共馬軍四十二名；步軍除分貼各路外，本路二名。	青山營。西北至董家口十里。馬軍三名。 董家口。西至勝嶺寨一十里。馬軍三名。 勝嶺寨。西至李家谷一十里。馬軍三名。 李家谷。西至喜峯口一十里。馬軍三名。 喜峰口。西南至灤陽營二十里。馬軍四名。 灤陽營。南至鐵莊十里。馬軍四名。 鐵莊。西南至趙家莊十里。馬軍五名。 趙家莊。東南至灰兒嶺十里，西至漢兒莊二十里。馬軍三名。松棚貼本路二名，共五名。 灰兒嶺。南至三屯營大道十里。馬軍四名。	三屯營。西至馬逢谷十里。馬軍十二名，步軍十一名。

續表

路營	松棚路 大道東自馬逢谷起，西至馬伸橋止，撥路一百五十里。設撥十一，馬軍六十八名。外馬伸橋與馬蘭路合界。彼路撥貼馬軍二名，共七十名，步軍八名；三屯撥貼本路一名，共九名。邊道東南自漢兒莊起，西南至蕭家莊止，延袤一百七十三里。設撥十一，馬軍三十五名。内除本路派貼趙家莊二名外，三屯營派貼本路馬軍四名，通共馬軍一百零七名。
邊路撥	漢兒莊。東至趙家莊，里見前，北至分水嶺十里。馬軍四名。 分水嶺。東北至潘家口十五里，西北至張家庵十三里。馬軍三名。 張家庵。西至洪山口十七里，東至潘家口二十八里。馬軍三名。 潘家口。西南至分水嶺，西至張家庵，里俱見前。馬軍三名。 洪山口。西南至三道嶺，東南至榆林莊，各十里。馬軍四名。 榆林莊。東南至松棚營十里。馬軍三名。 松棚營。東南至袁家屯十里。馬軍三名。 三道嶺。西南至賈家莊十里。馬軍三名。 賈家莊。西南至羅文谷十里。馬軍三名。 羅文谷。東南至遵化大道十里，西至蕭家莊二十里。馬軍三名。 蕭家莊。東至羅文谷，里見前，西南通馬蘭路馬相營二十里。馬軍三名。
大路撥	馬逢谷。東至三屯營，里見前，西至袁家屯二十里。馬軍六名。 袁家屯。西至崔家店二十里。馬軍六名。 崔家店。西至遵化十里。馬軍八名，步軍二名。 遵化。西至十里舖十里。馬軍八名，步軍四名。 十里舖。西至藥王廟一十里。馬軍六名。 藥王廟。西至堡子店十里。馬軍六名。 堡子店。西至義井十里。馬軍六名。 義井。西至石門驛二十里。馬軍六名。 石門驛。西至淋河二十里。馬軍六名，步軍二名。 淋河。西至馬伸橋十里。馬軍六名。 馬伸橋。西至壕門十里，與馬蘭路合界。彼貼本路馬軍二名，共六名。

郭造卿曰：凡伺虜者，入胡地爲偵候，初設以東、西虜，而豈爲三衛乎哉？三衛我藩籬，即我之耳目，而乃爲二虜心腹，則我之耳目眩矣。故復設哨，哨者曰撥，有明至其營者，以偵乎二虜；有暗伏其地者，以詗乎三衛，亦可謂之密矣〔六三〕。而得其情者少，其故則難言矣。驛傳之設，原報乎軍情；烽火之舉，尤速於置郵。今有司以驛鋪傳公文，戎司多爲所閣誤，而外撥之所傳者，不得迅達京師，故復設内撥，使其一晝夜不止三百里，其後亦漸廢。材官得以通啓札〔六四〕，戎馬不爲之加疲乎？有司雖或知之，率不敢問焉，蓋恐以誤軍機，其咎孰執之乎？亦當稽以防僞，可度外乎置哉？

【原注】

注一　郡城之東南曰銅臺鋪者，元城、大名二邑之交，而漳、衛合流處也，河壖之地累爲巨浸。萬曆元年，知府匡鐸築堤，名匡公堤。大名縣志：在縣北三里。

注二　在縣北五里。

注三　又名老堤頭。

注四　東北一里許。

注五　緜堤在廢臨河縣西十五里。緜治水築。

注六　後此護靈河堤也。

注七　復泛縣之馬村、大關村三十餘里。

注八　青岡村。

注九　内黄志：土産唯木綿最夥，出販于山西澤、潞諸州縣，而又地多硝鹻，不生五穀。沙茅甲之窮民，每藉煎鹽以辦租税，而不免抵法禁。

注十　東南各五里。

注十一　三角潭。

注十二　下流與滹沱河合。

注十三　彰德府。

注十四　故漳水不入河而自達於海。

注十五　迤上三里武家莊。

注十六　沿河堤：隆慶五年知縣李本意創築衛河堤，起張二莊，至曹家道口，約八十餘里。漳河堤南接樓底舊堤起，至老堤頭止，曰三十餘里；北接龍王廟舊堤起，至艾家口止，曰二十餘里，其高闊亦視衛河堤云。

【校勘記】

〔一〕武宗實録　原無標題，下文見於行水金鑒（文淵閣四庫全書本，下同）卷一百十二運河水引明武宗實録、畿輔安瀾志（清武英殿聚珍版叢書本）漳河卷中引明實録武宗正德元年，據此補。

〔二〕正德元年十月　「元」，原作「二」，據明史卷八十七河渠志五、行水金鑒卷一百十二運河水改。

〔三〕任縣民高暘等以爲言　「暘」，原作「賜」，據萬斯同明史卷八十九志六十三河渠五、行水金鑑卷一百十二運河水補。

〔四〕甚至盡滌厥槁壤　「槁壤」，原作「稿穰」，據敷文閣本改。

〔五〕廣平府志　原無「府」字，下文出自（嘉靖）廣平府志卷六版籍志（嘉靖刻本），據此補。

〔六〕止照種馬之額派行買解　「照」，原作「炤」，據敷文閣本、（嘉靖）廣平府志卷六版籍志改。

〔七〕泛溢而爲四流　「四」，畿輔安瀾志漳河卷中引萬曆間知廣平縣陳盤漳水議作「回」。下同。

〔八〕萬曆二十八年九月　原闕「九」字，據行水金鑑（雍正三年淮陽官舍刊本）卷一百二十七補。

〔九〕導自輝縣蘇門山百門泉　「輝縣」，原作「衛輝」，據皇都水利（萬曆了凡雜著本）引衛河考改。

〔一〇〕縣三老宗安等詣闕上書　「三」，原作「二」，據濂溪堂本、敷文閣本改。

〔一一〕合衛水　「合」，原作「含」，據讀史方輿紀要（中華書局二〇〇五年版，下同）卷十六大名府魏縣漳河改。

〔一二〕「正德初」至「自雙井入衛」　讀史方輿紀要卷十六大名府元城縣漳河作「正德初，漳河決魏縣閻家渡；又十年，決雙井渡，皆合衛水」。

〔一三〕今莫知所在　（正德）大名府志（正德刻本）卷二山川志衛陽山云：「按州之東南無衛水，止有濮水，疑作濮陽爲是」。

〔一四〕自淇東口稍至遮害亭西五丈　水經注卷五河水作「自淇東口，地稍下，堤稍高，至遮害亭，高四五丈」。漢書卷二九河渠志：「至淇水口，迺有金隄，高一丈，自是東，地稍下，隄稍高，至遮害亭，高四五丈。」

〔一五〕魏青龍三年立　「三」，原作「二」，據水經注卷五河水改。

〔一六〕又東北昌樂縣故城東　「昌樂」，原作「樂昌」，據水經注卷五河水改。

〔一七〕苑水東南入淇水　「苑」，原作「宛」，據水經注卷九淇水改。

〔一八〕黎山西　原「西」下有「北」字，據水經注卷九淇水删。

〔一九〕蕩水出河内蕩陰縣西山東　原闕下「蕩」字，「西」下有「南」字，據水經注卷九蕩水補删。

〔二〇〕又東歷黄澤入湯水　原作「又東合湯水入黄澤」，據水經注卷九蕩水改。

〔二一〕十之三分注于清豐縣東南界孫固城北　「固」，原作「古」，畿輔安瀾志衛河卷五引一統志、（雍正）畿輔通志（文淵閣四庫全書本）卷二十四引開州志改。

〔二二〕特令其受清豐南樂本境之水而已　「令」，原作「合」，據畿輔安瀾志衛河卷一引方輿紀要改。

〔二三〕一則由開之戚城塞趙村陂傳家口之東折者　「折」，原作「拆」，據畿輔安瀾志衛河卷一引方輿紀要改。

〔二四〕刺史盧暉開通濟渠　「通」，原作「道」，據舊唐書卷九玄宗本紀下、唐會要卷八十七漕運「（開元）二十八年九月魏州刺史盧暉開通濟渠」改。

〔二五〕知縣吴拯增築之　「拯」，原作「極」，據讀史方輿紀要卷十六大名府大名縣衛河改。

〔二六〕水漲隨圮隨築　「漲」，原作「漳」，據敷文閣本改。

〔二七〕在滑縣境内者曰鲧堤　「鲧」，原作「縣」，據敷文閣本改。

〔二八〕在亂岡里　「岡」，原作「堈」，據（正德）大名府志卷二山川志改。

〔二九〕塞以西多名馬　「西」，敷文閣本作「北」。

〔三〇〕倣江南魚鱗册故事而編次之　「故事」，日知録集釋（上海古籍出版社一九八五年影印本）卷十地畝大小作「式」。

〔三一〕楊師厚復置銀槍效節　「效節」，原作「節校」，據舊五代史卷二十二梁書二十二楊師厚傳改。

〔三二〕不詳則事不該　「則」，原作「即」，據潛邱札記（文淵閣四庫全書本，下同）卷一改。

〔三三〕而不傳則羊去而禮亡　「則」，原作「即」，據潛邱札記卷一改。

〔三四〕令居民率佃治其間　「令」，原作「今」，據畿輔安瀾志衛河卷一引大名縣志改。

〔三五〕至老隄頭止　「至」，原作「自」，據畿輔安瀾志漳河卷下引大名縣志改。

〔三六〕至艾家口止　「至」，原作「自」，據畿輔安瀾志漳河卷下引大名縣志改。

〔三七〕清豐　敷文閣本下有「縣志」二字。

〔三八〕在南黄河北阜也　畿輔安瀾志衛河卷五作「詩地理考引寰宇記：澶州臨河縣復關，城南黄河北岸也。」

〔三九〕牽城西　「牽」，原作「童」，據水經注卷九淇水改。

〔四〇〕察其道之地高水不能上者　「察其道之」，原作「官其導之」，據天府廣記（清鈔本，下同）卷三十六水利改。

〔四一〕以東無聞焉　「聞」，原作「開」，據天府廣記卷三十六水利改。

〔四二〕至答剌罕鑿稱海古渠溉田　原「溉」下復有「溉」字，據敷文閣本删。「鑿稱」，據文意當爲「稱鑿」。

〔四三〕洪武十五年九月丁卯　「九」，皇明從信録（明末刻本）卷七作「十」。

〔四四〕曰乾澗兒　「兒」，天府廣記卷一作「口」。水陸路程便覽（明刻士商必要本）卷四作「乾澗兒口」。

〔四五〕曰杷頭嶺崖　「杷頭嶺崖」，天府廣記卷一作「把頭嶺」。

〔四六〕曰蘭房口　「房」，天府廣記卷一作「坊」。

〔四七〕「欼琮同參將高瑛」句　「瑛」下原有「瑄」字，據五邊典則（舊鈔本）卷二及下文「永平」篇删。

〔四八〕曰駙馬寨　「駙」，原作「附」，據萬曆武功録（萬曆刻本）卷九中三邊及下文「永平」篇改。

〔四九〕擦崖子關　「擦」，原作「察」，據四鎮三關志卷二形勝考、水陸路程便覽卷四改。

〔五〇〕擦崖子關　「擦」，原作「搽」，據四鎮三關志卷二形勝考、水陸路程便覽卷四改。

〔五一〕青河　讀史方輿紀要卷十七永平府灤州作「清水河」。

〔五二〕其一由娘娘宫經糧河至薊州　讀史方輿紀要卷十七永平府灤州清水河於「糧」下有「運」字。

〔五三〕俗名地橋　「名」，原作「民」，據畿輔安瀾志灤河卷上、(雍正)畿輔通志卷二十一山川改。

〔五四〕又南經王盼莊　「盼」，畿輔安瀾志陡河沙河作「聘」。

〔五五〕南至海一百二十里　「二」，作「一」，據經總要(文淵閣四庫全書本)前集卷十六下幽州四面州軍改。

〔五六〕一遜川　「一」下敷文閣本有「通」字。

〔五七〕攔馬栅城　「栅」，原作「垇」，據敷文閣本改。

〔五八〕平墁　「墁」，濂溪堂本、敷文閣本作「漫」。下同。

〔五九〕轉西南至石虎谷抵西北　「抵」，原作「泜」，據敷文閣本改。

〔六〇〕寬百步　「步」，原作「止」，據敷文閣本改。

〔六一〕營盤裏　「營」，原作「鶯」，據敷文閣本及上文改。

〔六二〕山川若大横河　敷文閣本無「山」字。

〔六三〕亦可謂之密矣　「謂」，原作「爲」，據敷文閣本改。

〔六四〕以通啓札　「札」，原作「扎」，據敷文閣本改。

北直隸備録下

邊境總圖

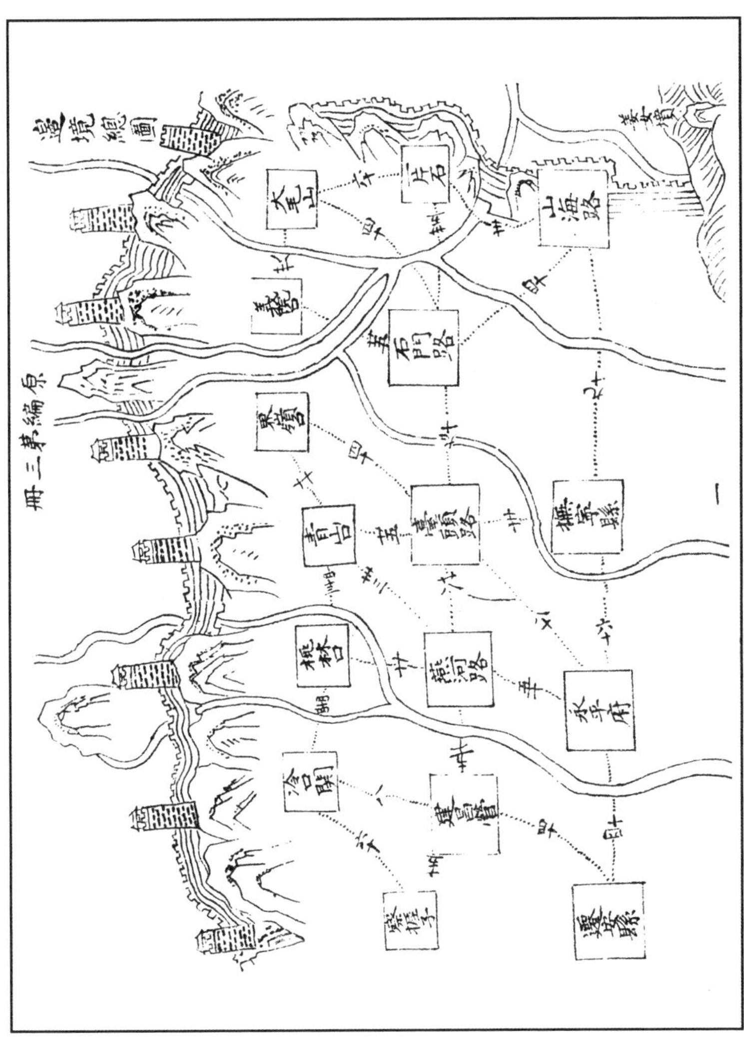

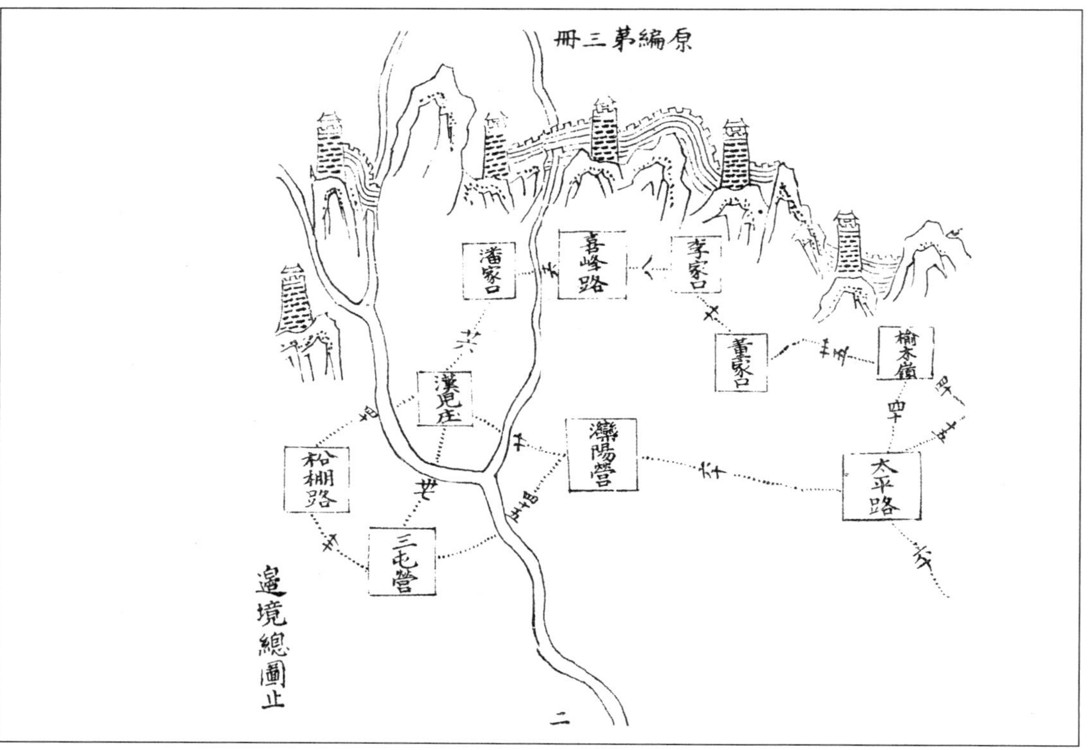
原編第三冊
潘家口
喜峰路
李家口
董家口
榆木嶺
漢兒庄
灤陽營
太平路
松棚路
三屯營
邊境總圖止

協路關營圖

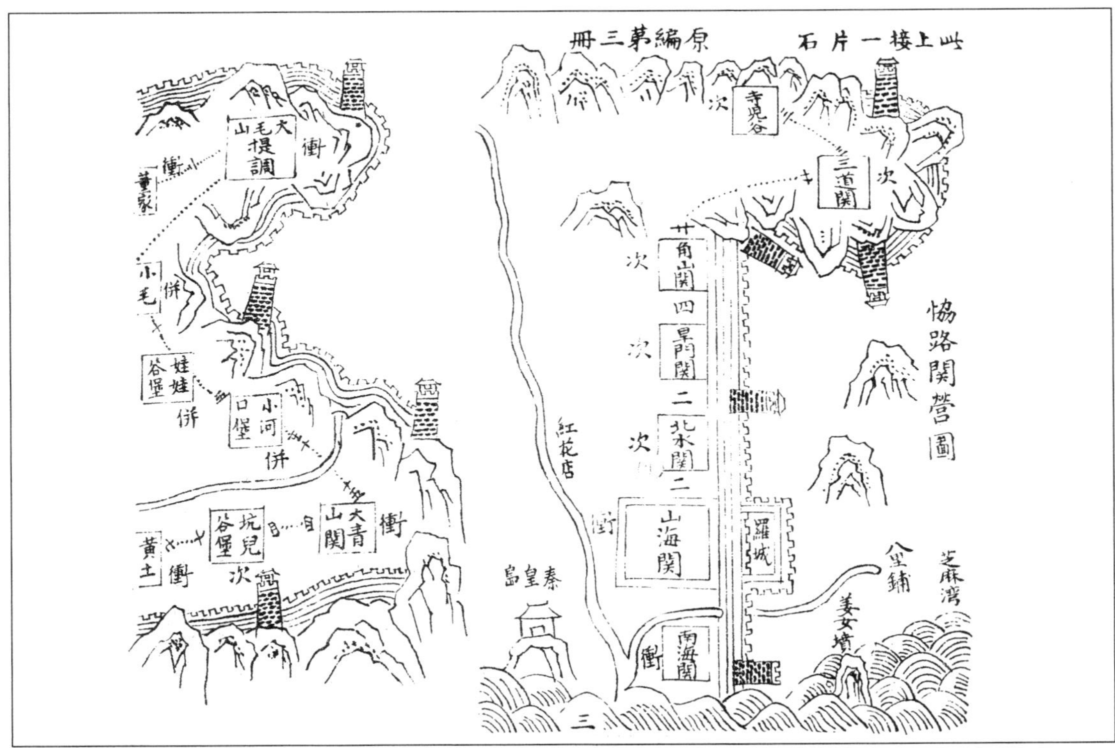
此上接一片石
原編第三冊
協路關營圖
寺兒谷
三道關
角山關
四
旱門關
二
北水關
二
山海關
羅城
南海關
紅花店
秦皇島
八里鋪
芝麻灣
姜女墳
大毛山提調
董家
小毛
娃娃谷堡
小河口堡
大青山關
坑兒谷堡
黃土

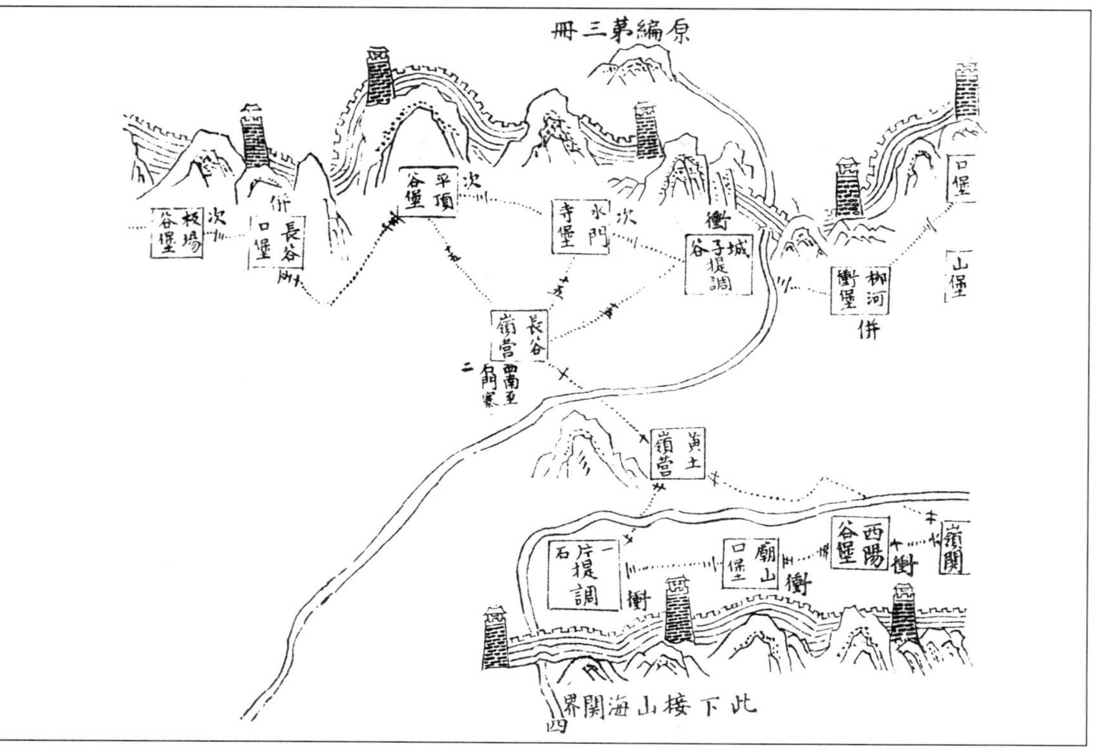
原編第三冊
口堡
山堡
柳河衝堡
併
城子谷提調
衝
水門寺堡
次
平頂谷堡
次
長谷口堡
併
椵場谷堡
次
長谷嶺營
西南至石門寨二
黃土嶺營
嶺關
西陽谷堡
衝
廟山口堡
衝
一片石提調
衝
此下接山海關界

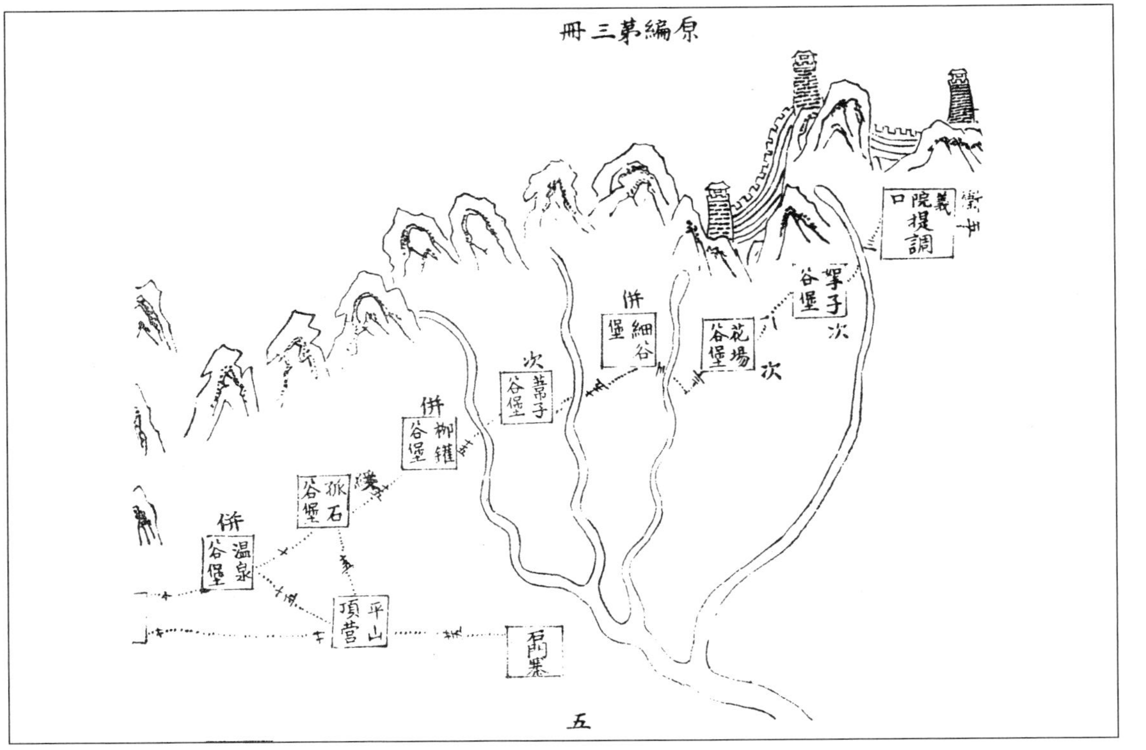
原編第三冊
花場谷堡
次
細谷堡
併
柳罐谷堡
併
溫泉谷堡
併
石門寨
五

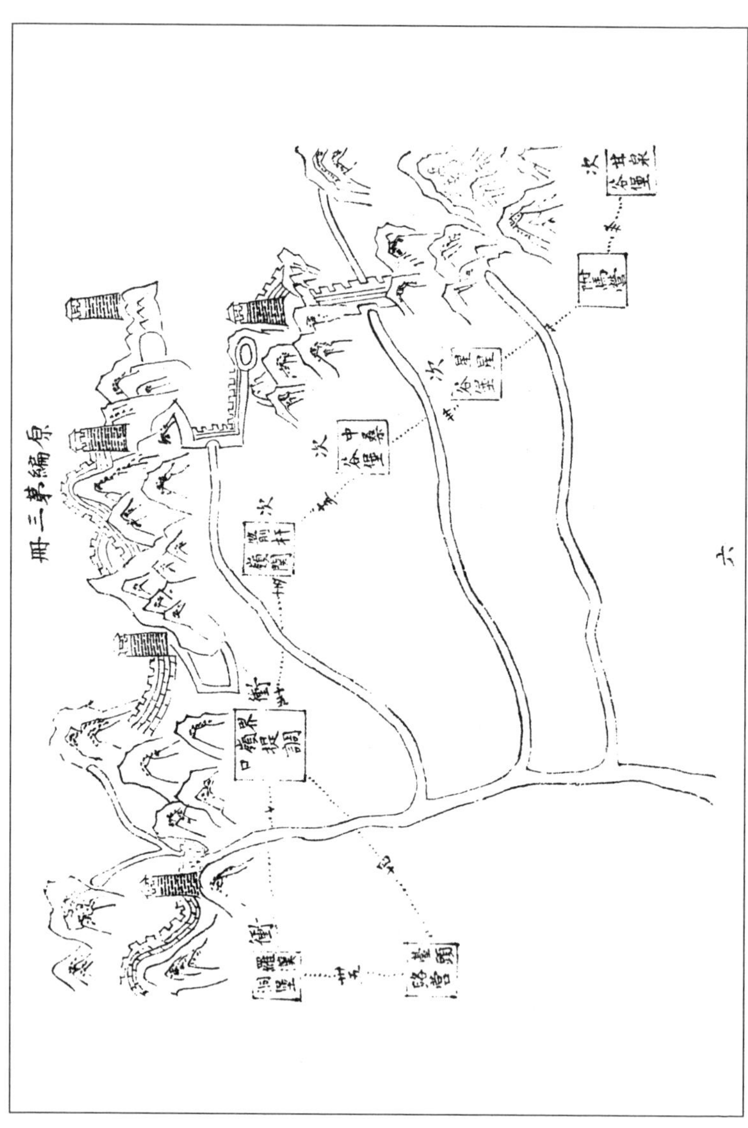
原編第三冊

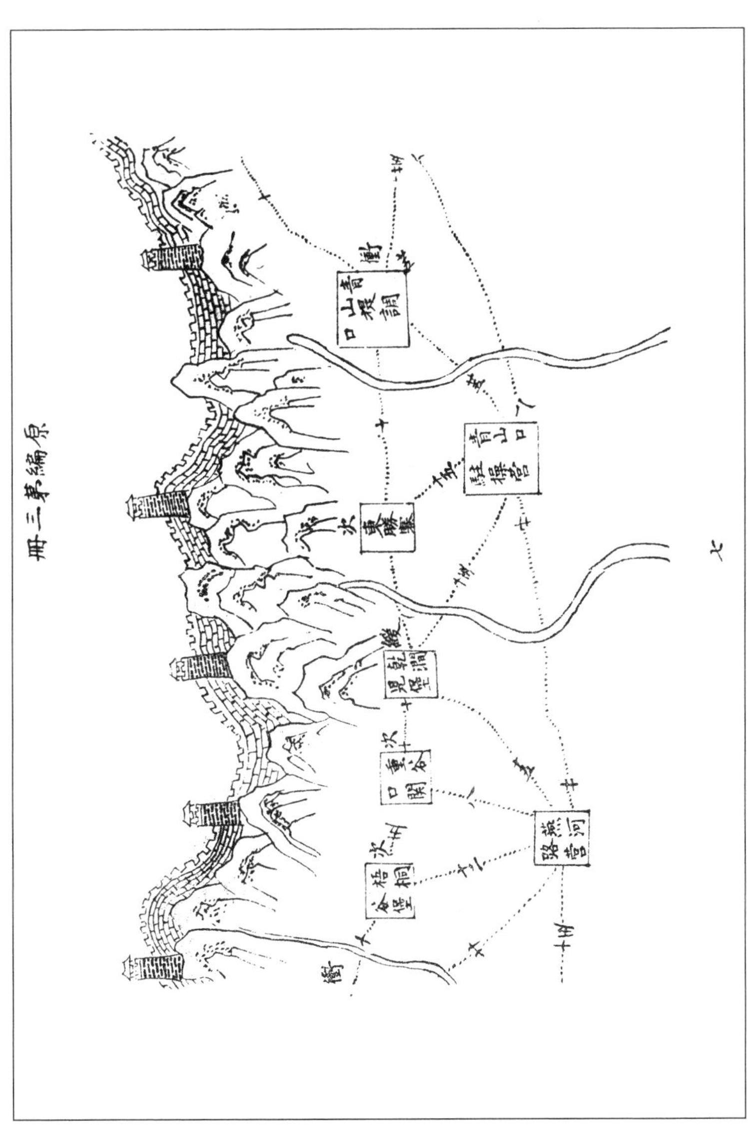

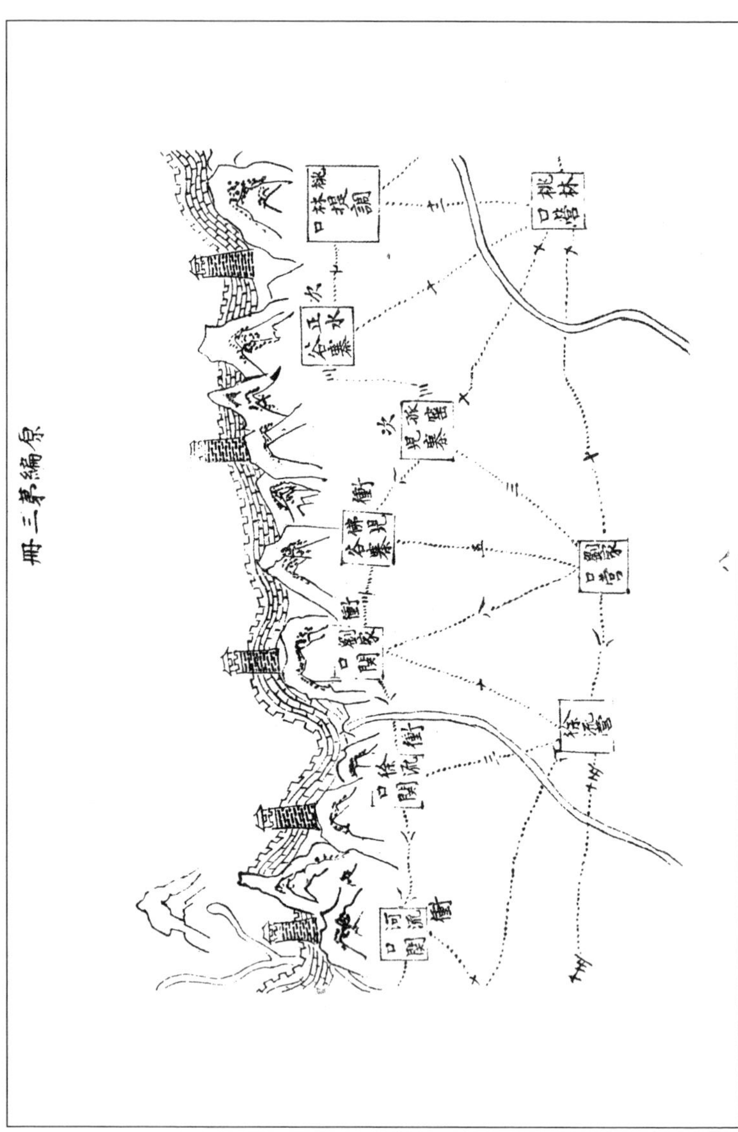

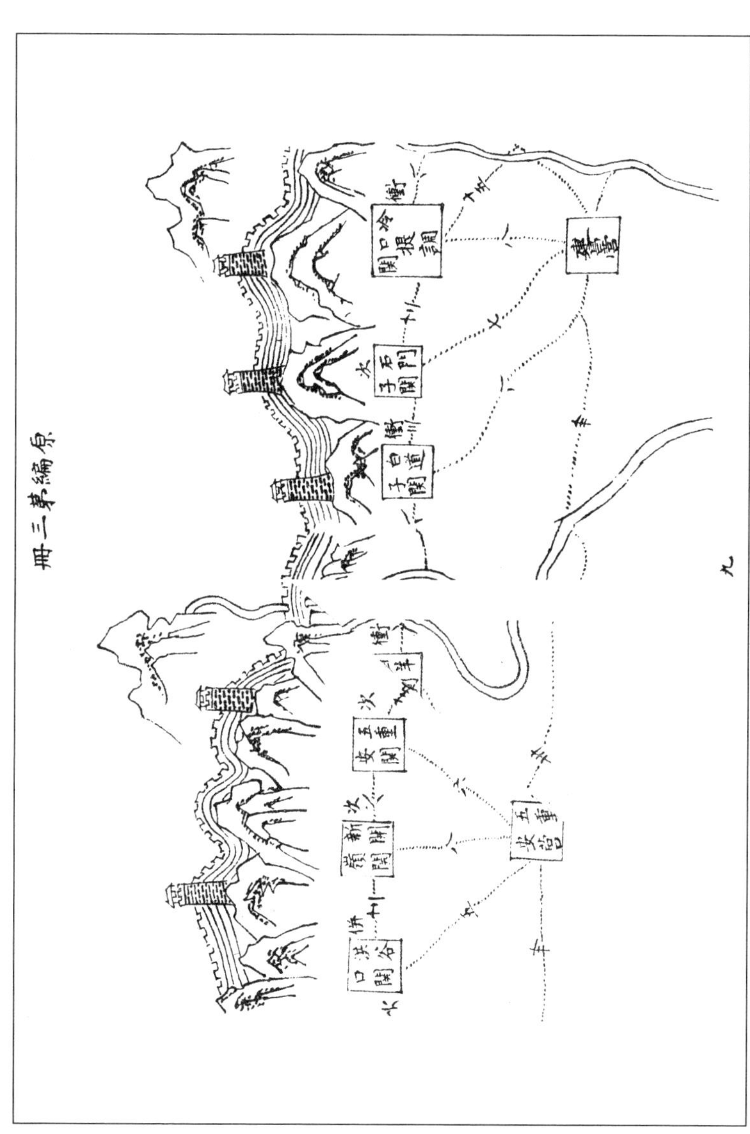

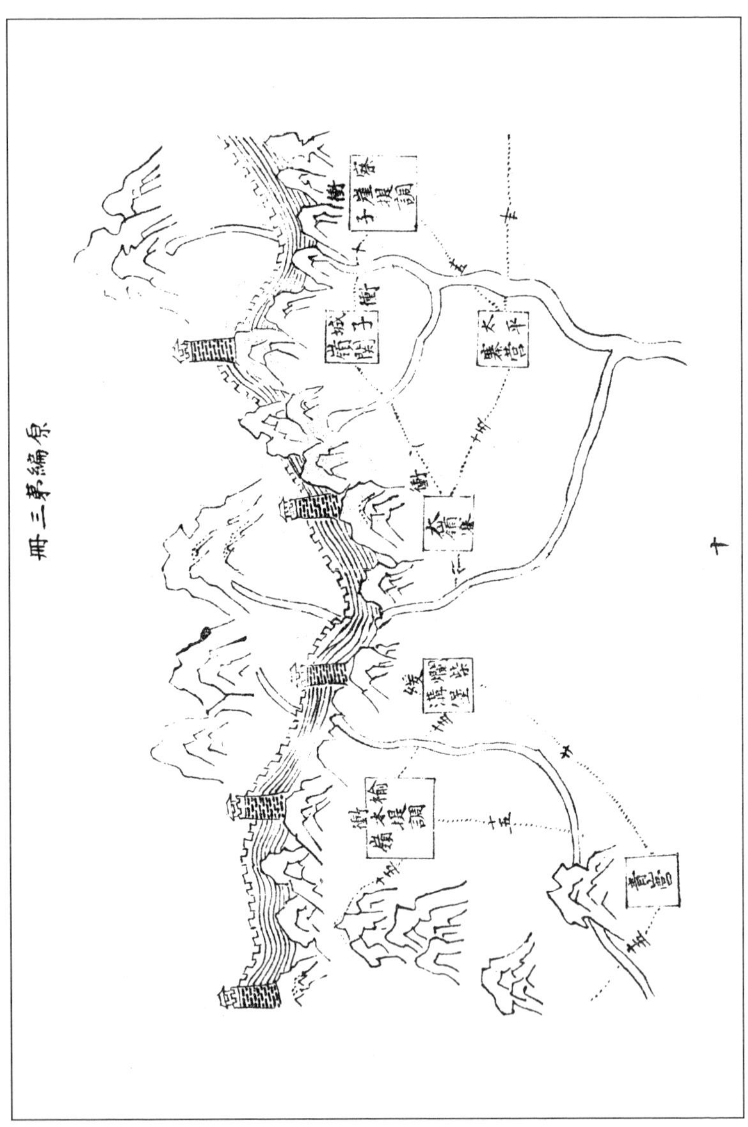
原編第三冊

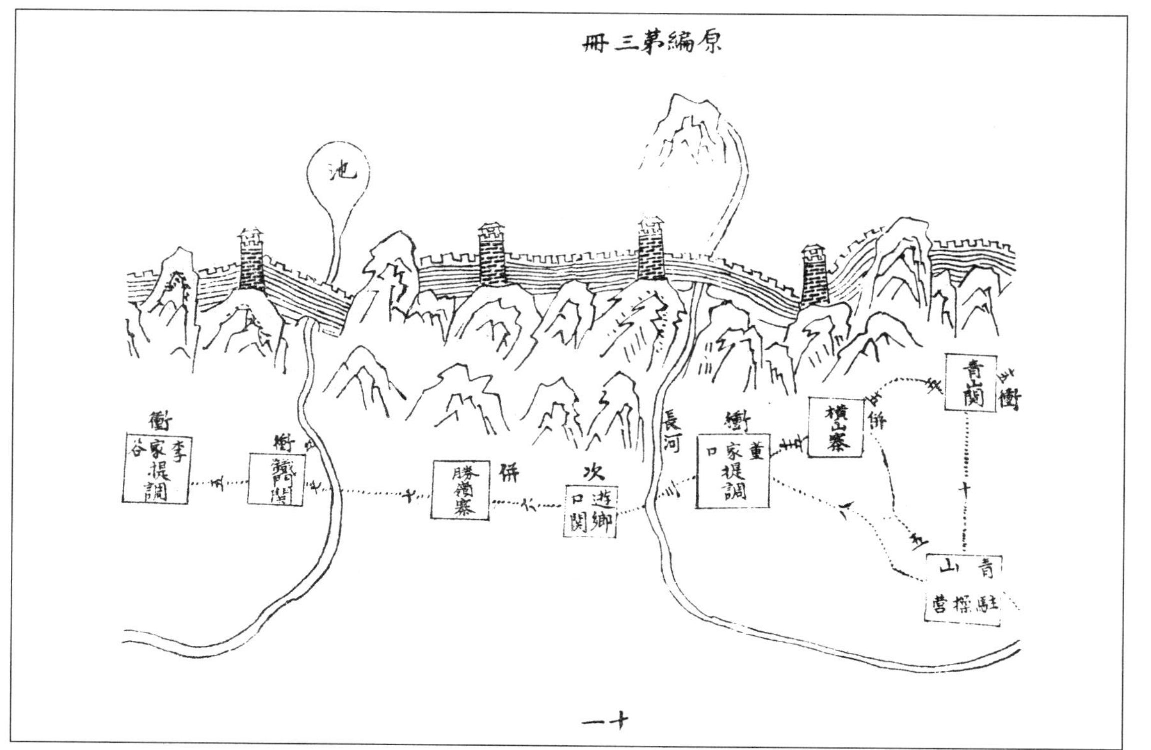
原編第三冊
池
長河
青山關
橫山寨
董家口提調
遊鄉口關
勝嶺寨
鐵門關
李家谷提調
青山駐操營
十一

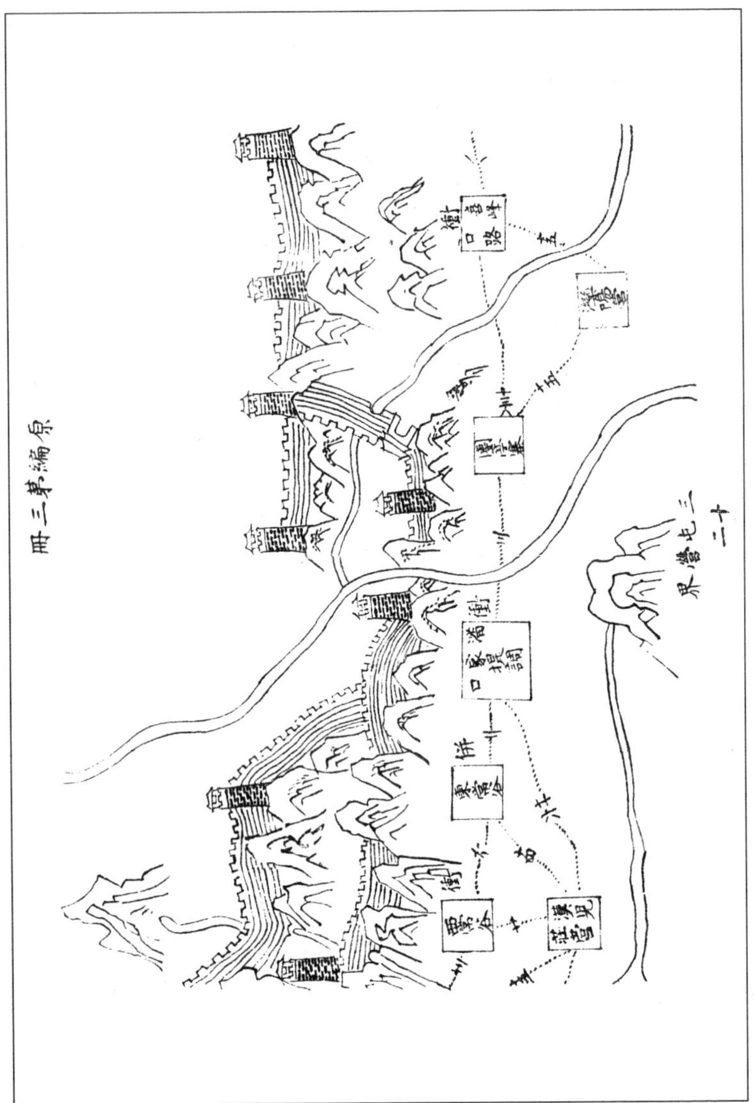
原編第三冊

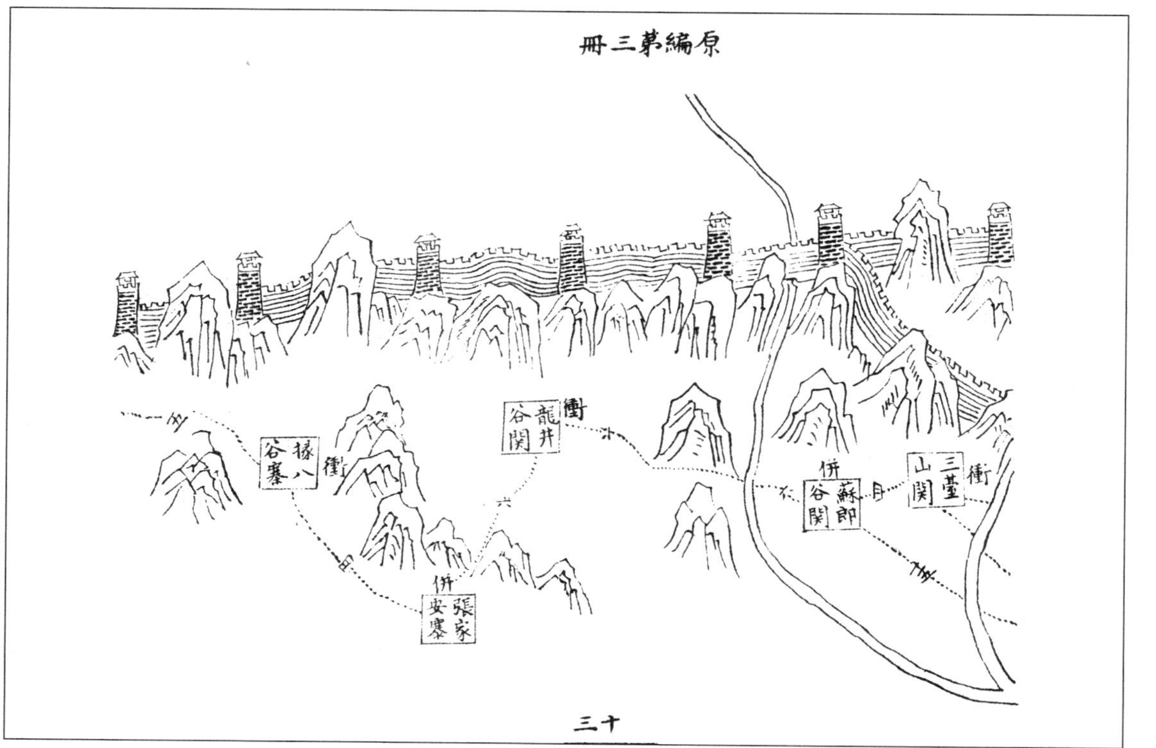
原編第三冊
三臺山關
衝
蘇郎谷關
倂
龍井谷關
衝
張家安寨
倂
掾八谷寨
衝
十三

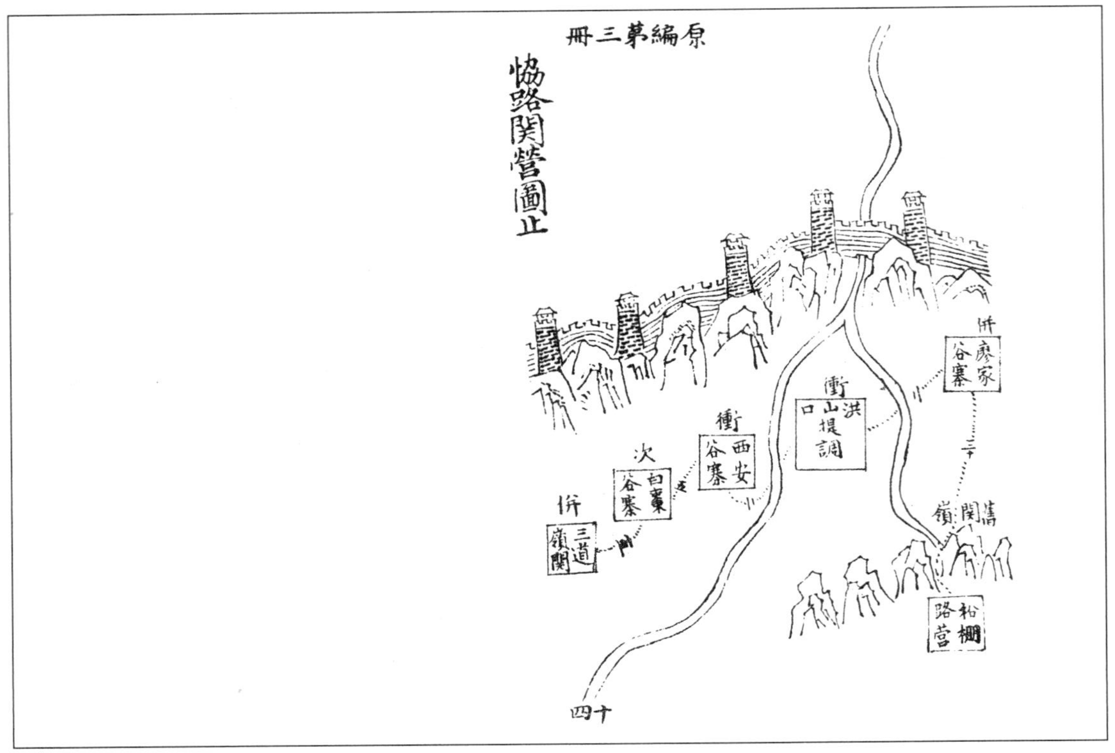
原編第三冊
協路關營圖止
併 廖家谷寨
衝 洪山口提調
衝 西安谷寨
次 白棗谷寨
併 三道嶺關
嶲關嶺
松棚路營
三十
四十

夷中地圖

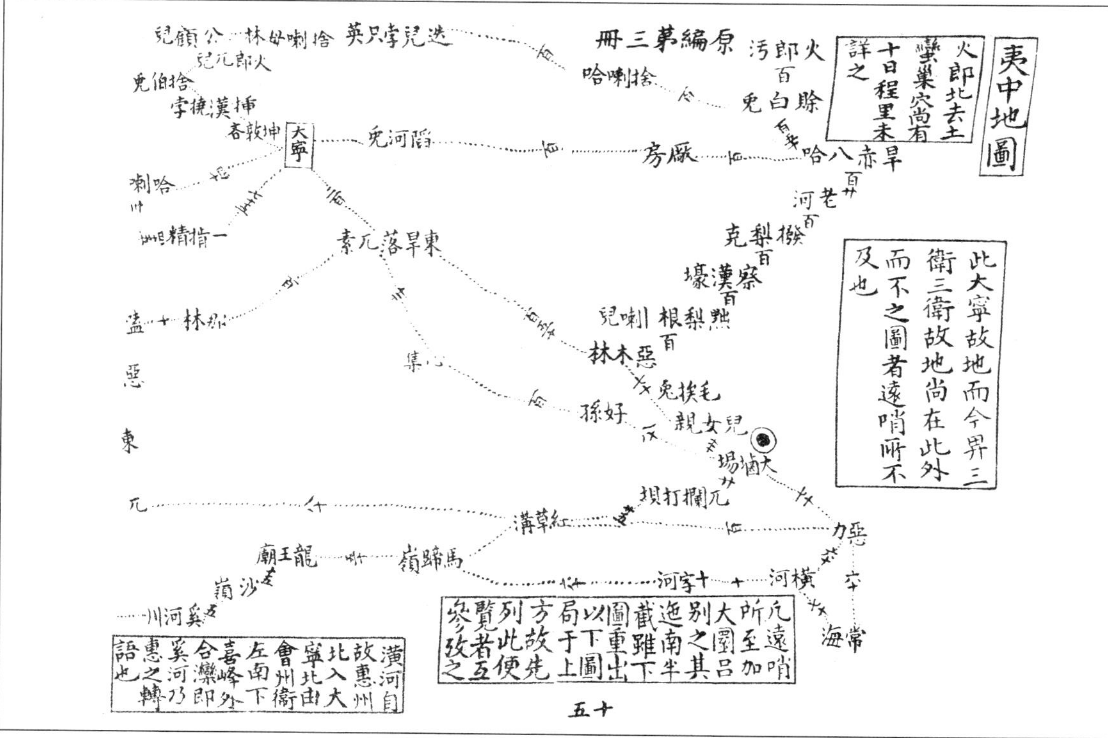
夷中地圖
火郎北去土蠻巢穴尚有十日程里未詳之
原編第三冊
大寧
此大寧故地而今畀三衛三衛故地尚在此外而不之圖者遠哨所不及也
凡遠哨所至加大圖呂別之其迤南半截雖下圖重出以下圖局于上方故先列此便覽者互參孜之
灤河自故惠州北入大寧北由會州衛左南下喜峰外合灤即奚河乃惠之轉語也
五十

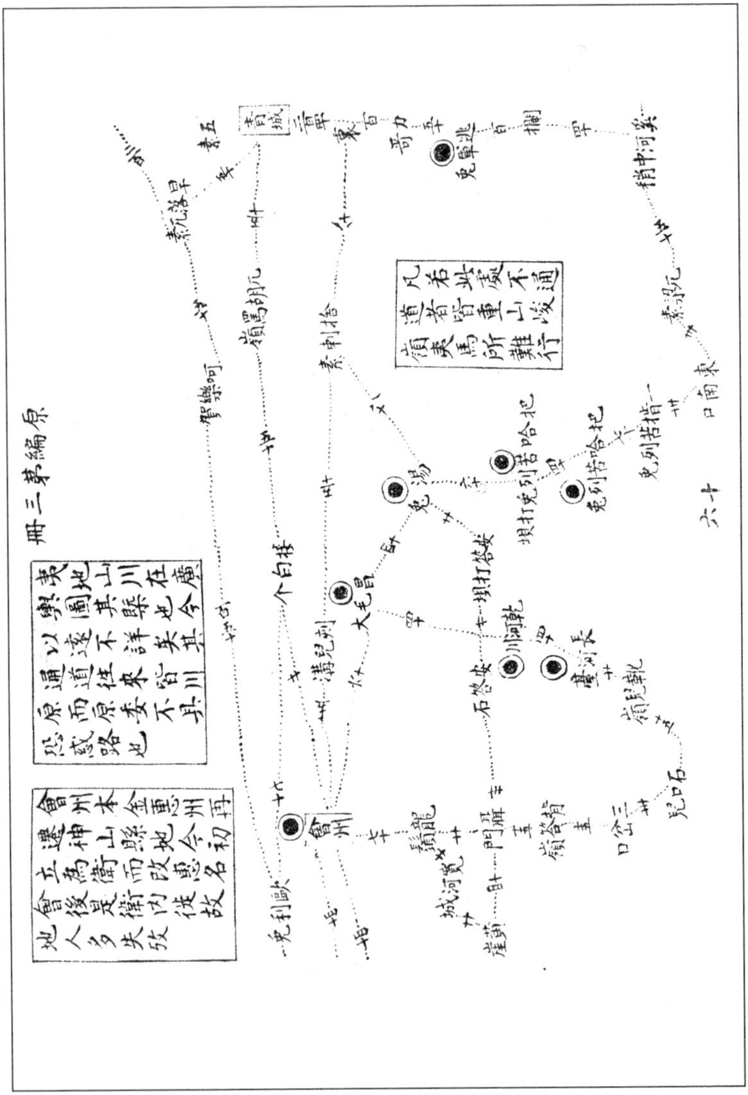
原編第三冊
會州本金惠州再
遷神山縣地今初
立為衛而改惠名
會後是衛內徙故
地人多失攷
夷地山川在廣
輿圖其槩也今
以遠不詳矣其
通道往來皆川
原而原委不具
恐惑路也
凡若此處不通
道者皆重山峻
嶺夷馬所難行
會州
青城
個白接
溝兒剌
大毛昌
兔湯
素剌捨
嶺罵胡兀
賀樂呵
乾河川
長河臺
石答安
壩打答安
把哈苦列兔
把哈苦列兔打壩
一指苦列兔
東南口
稍中河奚
兔單逃
寬河城
龍韜
嶺答背
三岔口
石口兒
嶺兒靴
六十

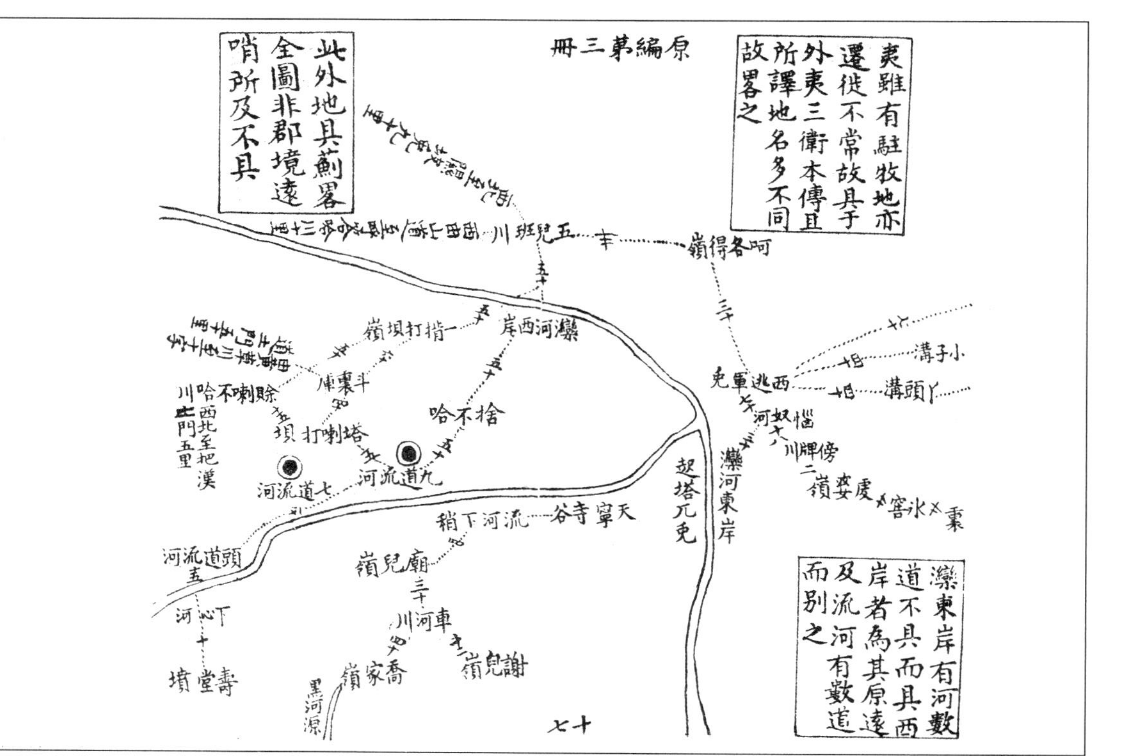
原編第三冊
夷雖有駐牧地亦
遷徙不常故具于
外夷三衛本傳且
所譯地名多不同
故畧之
此外地具薊畧
全圖非郡境遠
哨所及不具
灤東岸有河數
道不具而具西
岸者為其原遠
及流河有數道
而別之

邊外地圖

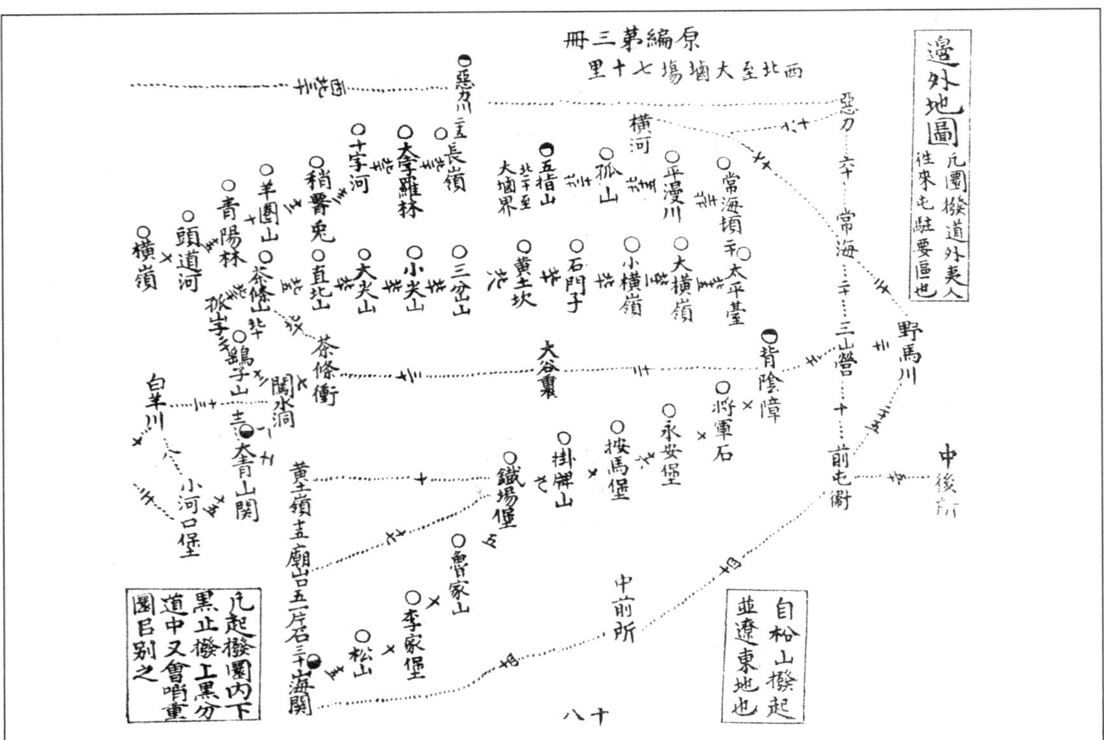
邊外地圖
凡圈撥道外夷人往來屯駐要區也
原編第三冊
西北至大墻場七十里
自松山撥起並遼東地也
凡起撥圈內下黑止撥上黑分道中又會哨重圈巳別之
惡刀
常海
三山營
前屯衛
野馬川
中後所
中前所
橫河
常海頓
平漫川
孤山
五指山
大墻界
太平臺
大橫嶺
小橫嶺
石門子
黃土坎
三岔山
小尖山
大尖山
直北山
茶條山
長嶺
大寧羅林
十字河
稍馨兎
羊圈山
青陽林
頭道河
橫嶺
背陰障
大谷囊
茶條衛
鵓子山
闖水洞
白羊川
大青山關
小河口堡
將軍石
永安堡
按馬堡
掛牌山
鐵場堡
黃土嶺
廟山口
五片石
山海關
曾家山
李家堡
松山
惡刀川
八十

原編第三冊

嶺場二路會紅草溝因各添一樣以異而書以便覽者

大嶺場
委素太
兀欄打垻
挨石倒
紅草溝
黃石
三岔口
磨打垻
偏梁石
常海
沙嶺
窦河川
小墻場
梳頭崖
一名龍王廟
安子山
切河
馬蹄山嶺
馹駒嶺
土衚衕
段家嶺
龍潭
羊圈子
黃崖
小龍潭
大龍潭
大高
舊關
張家莊
水門寺堡
城子谷關
平頂谷堡
小口子
老嶺
長谷口堡
盤道子
三岔山
小梯子嶺
黑崖子
義院口關
箭子谷堡
花場谷堡
細谷堡
蒂子谷堡
正衢
三岔口
龍潭
龍松山
董家口堡
大毛山關
柳河谷堡

閲墻内山川有圖故凡若此不具往之圖者弓背亦弦平直無別令稍存凸凹而不能盡然谷口宜有川道而此不具者恐覽之或亂而内圖具矣

九十

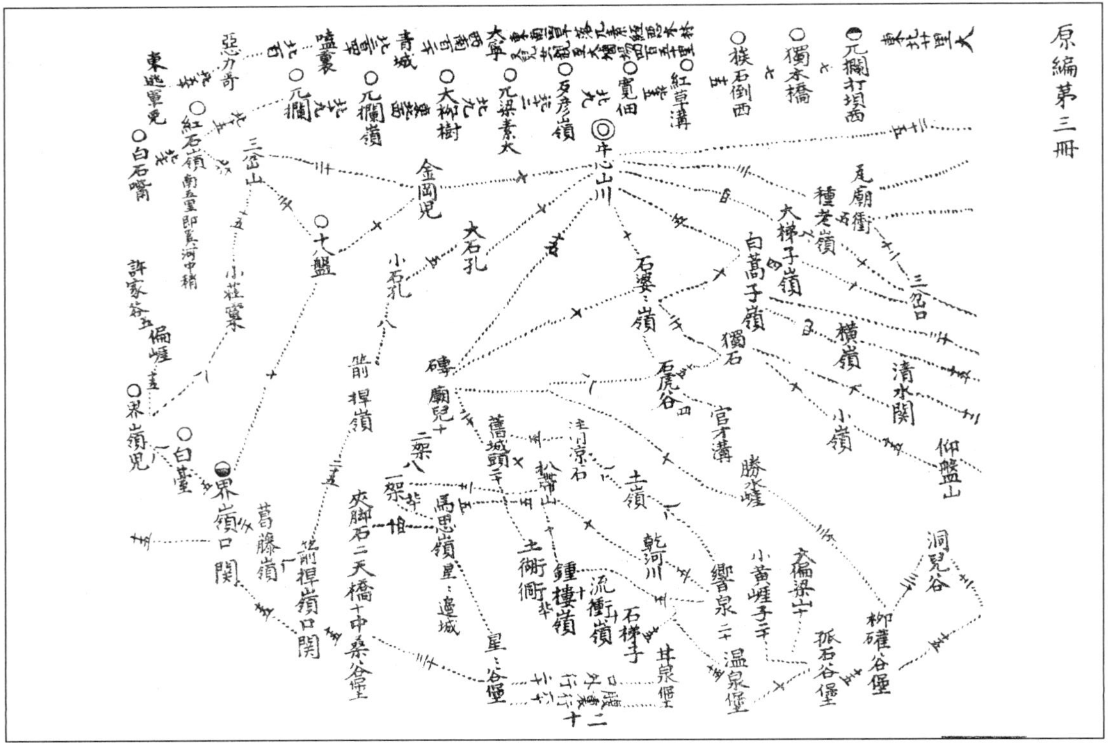
原編第三冊
兀爛打埧西
獨木橋
中山川
金岡兒
大石孔
小石孔
十八盤
三岔山
紅石嶺
白石嘴
許家谷
偏崖
界嶺兒
白臺
界嶺口關
葛藤嶺
箭桿嶺
箭桿嶺口關
尾廟衝
種老嶺
大梯子嶺
白蒿子嶺
石婆嶺
三岔口
橫嶺
清水關
小嶺
仰盤山
獨石
石虎谷
官才溝
磚廟兒
舊城頭
涼石
松棚山
土嶺
乾河川
響泉
溫泉堡
小黃崖子
洞兒谷
柳礶谷堡
孤石谷堡
土衚衕
鍾樓嶺
流衝嶺
石梯子
甘泉堡
馬思嶺
邊城
夾腳石
天橋
中桑谷堡

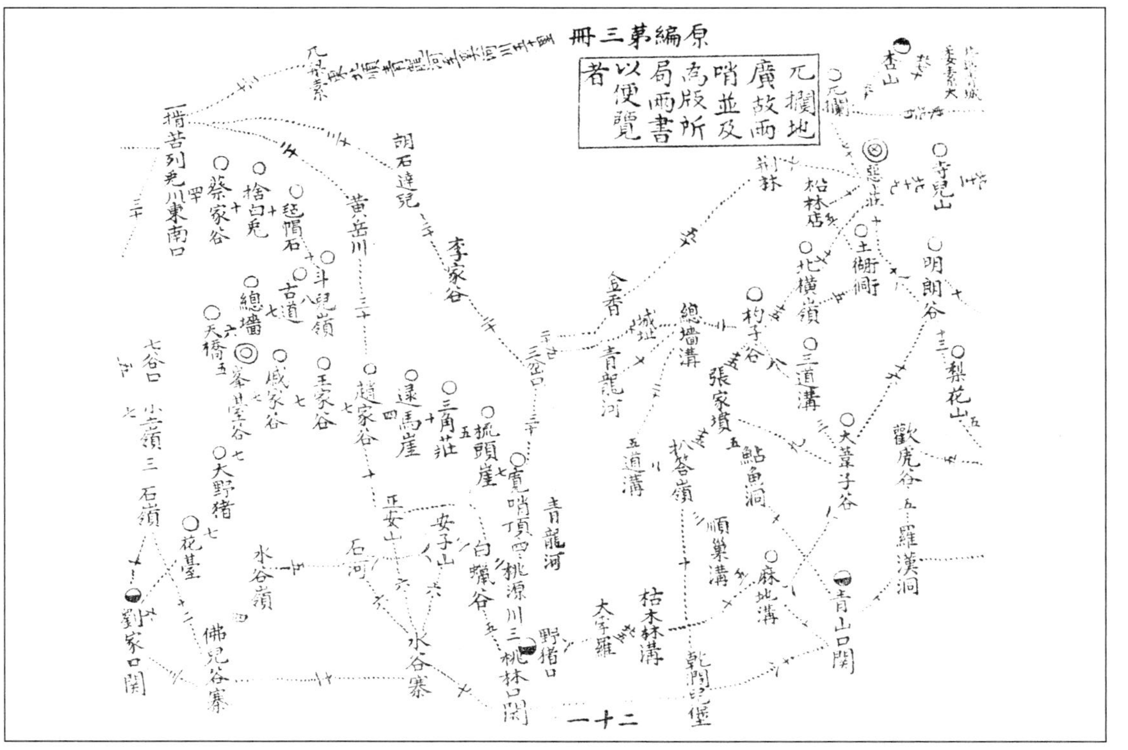
原編第三冊
杏山
寺兒山
明朗谷
梨花山
歡虎谷
羅漢洞
青山口關
麻地溝
大葦子谷
鮎魚洞
三道溝
張家墳
杓子谷
北橫嶺
土衙衕
松林店
總墻溝
青龍河
五道溝
順巢溝
枯木林溝
大字羅
乾門口堡
野猪口
桃林口關
桃源川
白蠟谷
安子山
水谷寨
水谷嶺
石河
李家谷
胡石達兒
黃岳川
趙家谷
王家谷
威家谷
三角莊
逯馬崖
總墻
古道
斗兒嶺
天橋
大野猪
花臺
佛兒谷寨
劉家口關
石嶺
蔡家谷
捨白兒
擂苦列兒川東南口

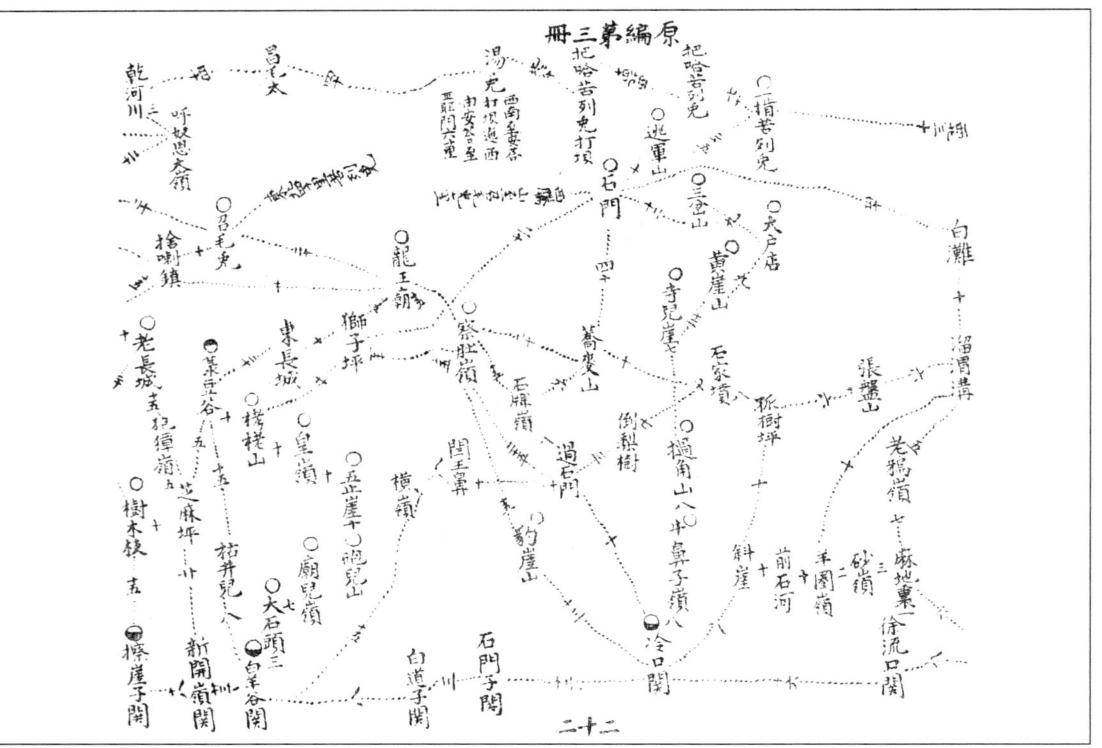
原編第三冊
二十二
白灘
溜潤溝
張盤山
老鴉嶺
麻地棗
徐流口關
冷口關
石門子關
白道子關
白羊谷關
新開嶺關
擦崖子關
石門
三岔山
大戶店
黃崖山
寺兒崖
蕎麥山
石家墳
孤樹坪
倒梨樹
摑角山
鼻子嶺
過石門
閆王鼻
豹崖山
橫嶺
石屏嶺
察肚嶺
龍王廟
獅子坪
東長城
老長城
樓樓山
皇嶺
五丘崖
碗兒山
廟兒嶺
大石頭
枯井兒
芝麻坪
樹木鎮
捨喇鎮
召毛兎
迤軍山
前石河
羊圈嶺
砂嶺
斜崖
乾河川
昌毛太
湯兎

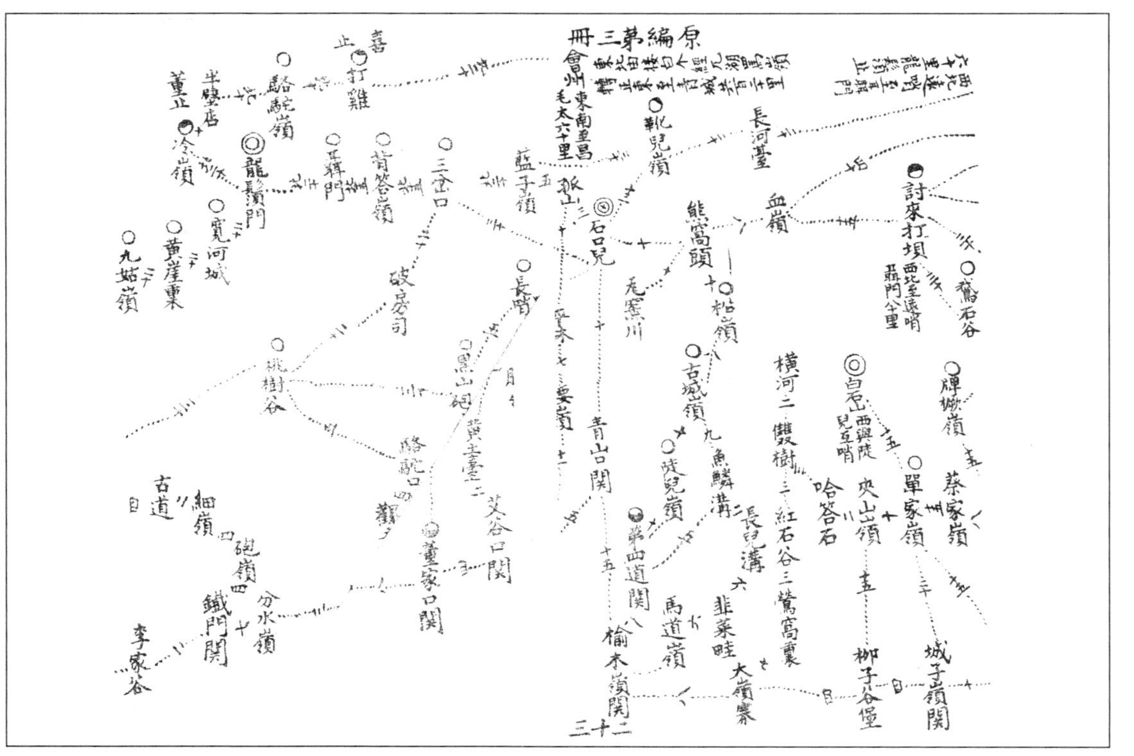
原編第三冊
西北遠哨至耳朵門六十里龍鬚嶺止
會川
東南至昌毛太六十里
鞑兒嶺
長河臺
藍子嶺
石口兒
熊窩頭
血嶺
討來打垻
西北至遠哨亓門八十里
鷹石谷
打雞
駱駝嶺
董止
半壁店
冷山嶺
龍鬚門
背答嶺
三岔口
寬河城
黃崖東
九姑嶺
破房司
長哨
毛家川
粘嶺
古城嶺
横河
雙樹
白岩山
西與陡兒至哨
卑家嶺
蔡家嶺
碑楸嶺
桃樹谷
黑山嘴
要嶺
青山口關
魚鱗溝
陡兒嶺
第四道關
長兒溝
紅石谷
哈答石
夾山嶺
駱駝口
黃土臺
艾谷口關
董家口關
古道
細嶺
砲嶺
鐵門關
分水嶺
李家谷
馬道嶺
韭菜畦
鷲窩寨
大嶺寨
榆木嶺關
柳子谷堡
城子嶺關

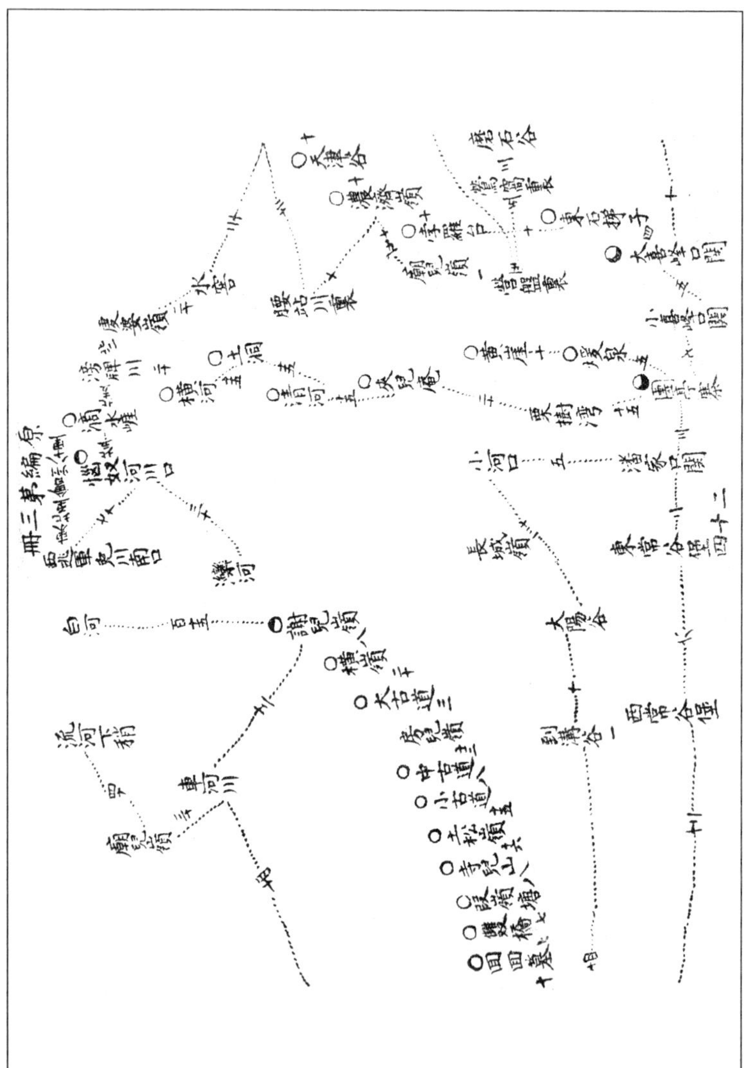

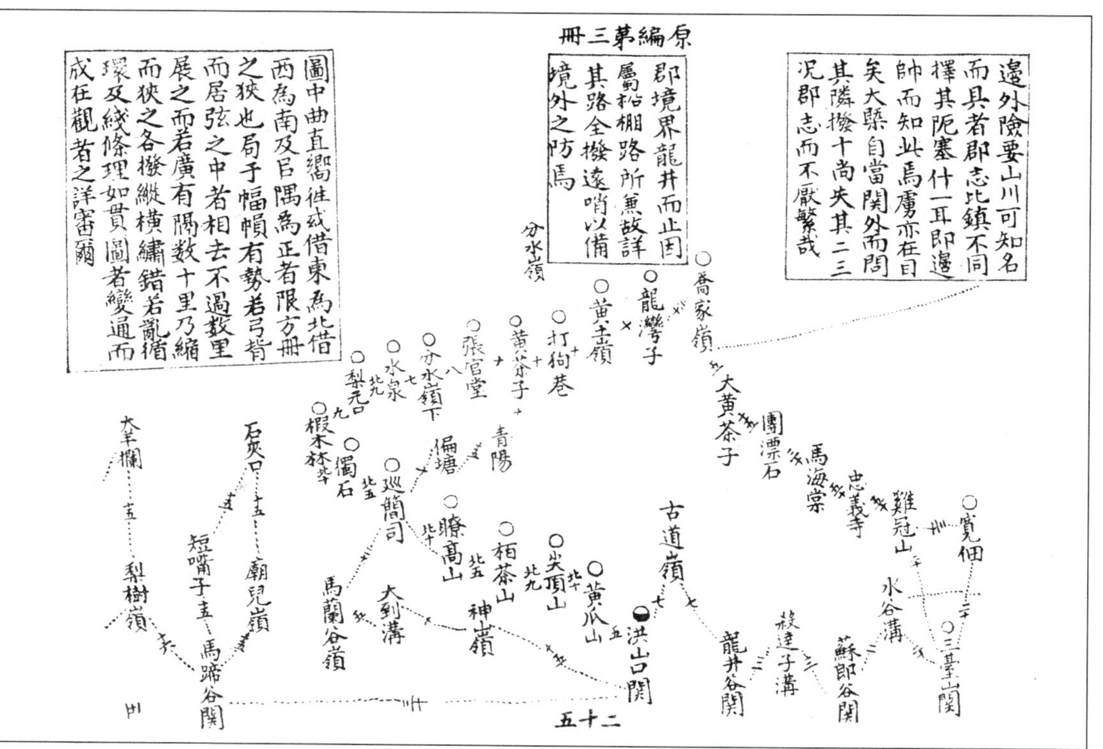
原編第三冊
邊外險要山川可知名
而具者郡志比鎮不同
擇其阨塞什一耳即邊
帥而知此焉屢亦在目
矣大縣自當関外而問
其隣撥十尚失其二三
況郡志而不厭繁哉
郡境界龍井而止因
屬松棚路所兼故詳
其路全撥遠哨以備
境外之防焉
圖中曲直總徃或借東為北借
西為南及以隅為正者限方冊
之狹也局于幅幀有勢若弓背
而居弦之中者相去不過數里
展之而若廣有隅數十里乃縮
而狹之各撥縱横繡錯若亂猶
環及綫條理如貫圖者變通而
成在觀者之詳審爾
分水嶺
喬家嶺
龍灣子
黄土嶺
打狗巷
黄茶子
張官堂
分水嶺下
水泉
梨元口
椴木林
獨石
巡簡司
偏塘
青陽
大黄茶子
團漂石
馬海崇
忠義寺
雞冠山
寛佃
水谷溝
三臺山関
蘇郎谷関
榛達子溝
龍井谷関
古道嶺
洪山口関
黄瓜山
尖頂山
柏茶山
縢高山
神嶺
大到溝
馬蘭谷嶺
大羊欄
石灰口
短嘴子
廟兒嶺
梨樹嶺
馬蹄谷関

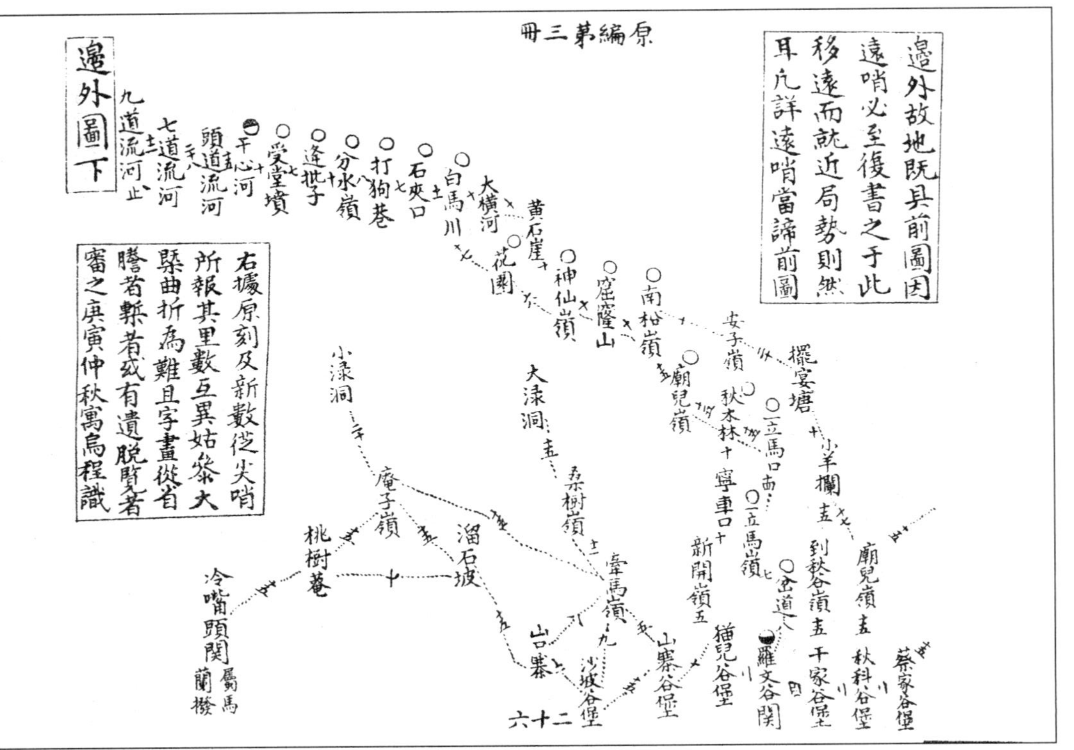
原編第三冊
邊外圖下
邊外故地既具前圖因
遠哨必至復書之于此
移遠而就近局勢則然
耳凡詳遠哨當諦前圖
右據原刻及新數從尖哨
所報其里數互異姑叅大
槩曲折爲難且字畫從省
謄者繁者或有遺脱覽者
審之庚寅仲秋寓烏程識
九道流河
七道流河
頭道流河
干心河
愛堂墳
逄批子
分水嶺
打狗巷
石夾口
白馬川
大横河
黄石崖
花園
神仙嶺
窟窿山
南松嶺
安子嶺
擺宴塘
廟兒嶺
秋木林
立馬口
小羊欄
寧車口
立馬嶺
新開嶺
到秋谷嶺
廟兒嶺
蔡家谷堡
秋科谷堡
千家谷堡
羅文谷関
猫兒谷堡
山寨谷堡
沙坡谷堡
韋馬嶺
桑樹嶺
大渌洞
小渌洞
庵子嶺
溜石坡
山寨
桃樹菴
冷嘴頭関
屬馬蘭擦
六十二

内撥圖

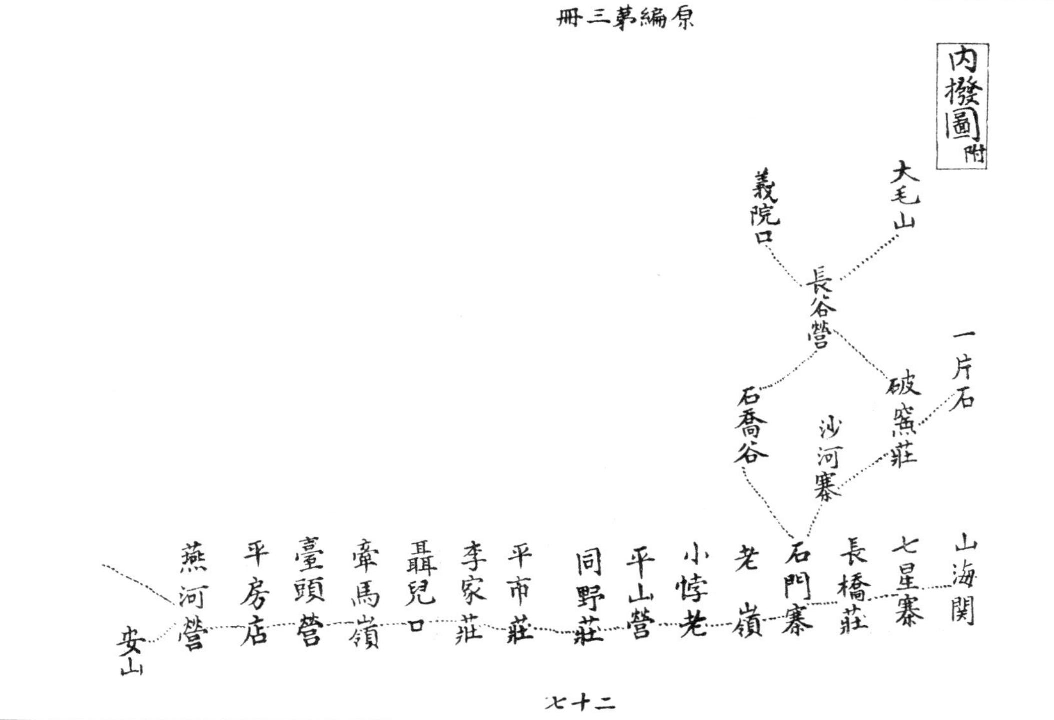
原編第三冊
内撥圖附
大毛山
義院口
長谷營
一片石
破窯莊
沙河寨
石喬谷
山海關
七星寨
長橋莊
石門寨
老嶺
小悖老
平山營
同野莊
平市莊
李家莊
聶兒口
牽馬嶺
臺頭營
平房店
燕河營
安山
二十七

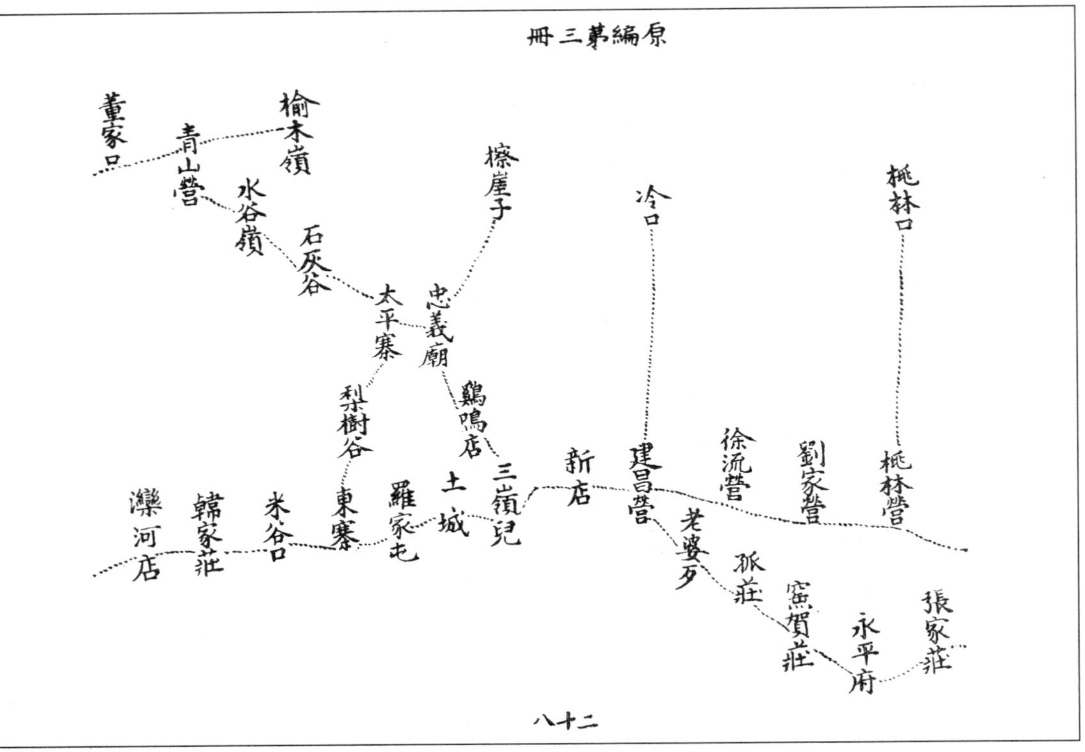
原編第三冊
董家口
榆木嶺
青山營
水谷嶺
石灰谷
擦崖子
太平寨
忠義廟
冷口
桃林口
鷄鳴店
梨樹谷
三嶺兒
新店
建昌營
徐流營
劉家營
桃林營
灤河店
韓家莊
米谷口
東寨
羅家屯
土城
老婆歹
孤莊
窰賀莊
永平府
張家莊
二十八

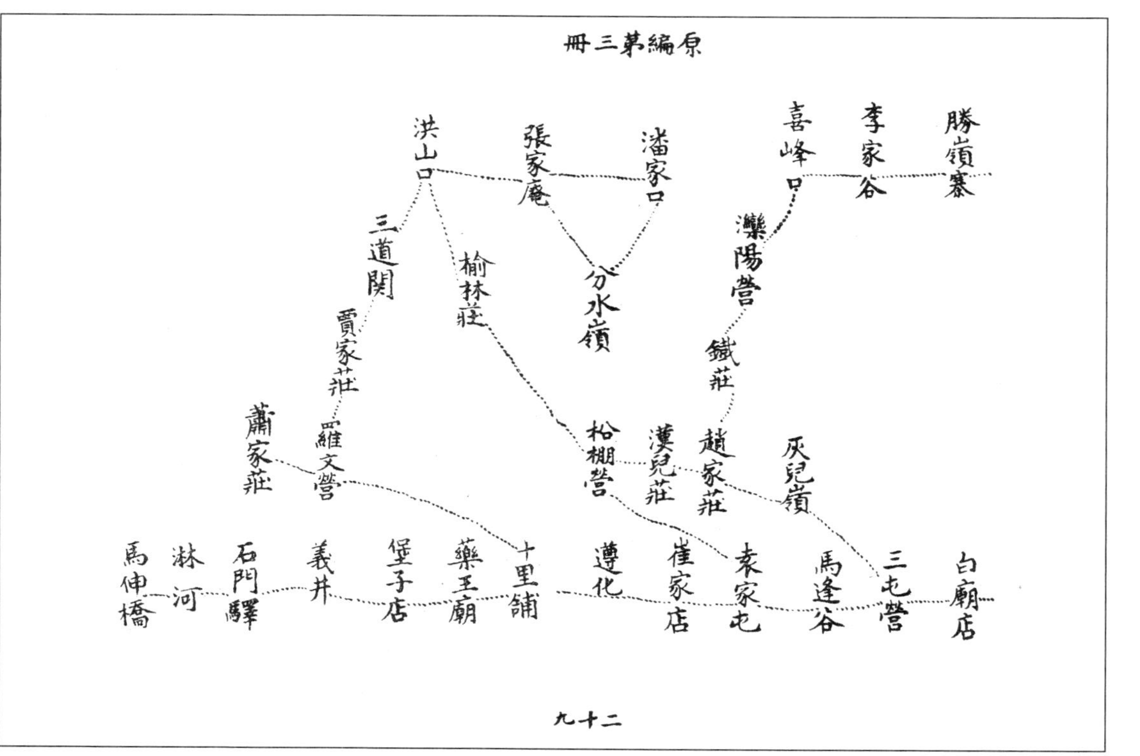
原編第三冊
洪山口
張家庵
淄家口
喜峰口
李家谷
勝嶺寨
三道関
榆林莊
分水嶺
灤陽營
賈家莊
鐵莊
蕭家莊
羅文營
松棚營
漢兒莊
趙家莊
灰兒嶺
馬伸橋
淋河
石門驛
義井
堡子店
藥王廟
十里舖
遵化
崔家店
袁家屯
馬逢谷
三屯營
白廟店
二十九

郭造卿曰：圖邊疆者，難乎哉！余十年居塞上，閲舊圖多矣，以總理之綜核，獨此未成而去，沿邊五六易稿，邊外未見之也。既余伯子遇卿奉軍檄圖薊及昌，今吴武學京所刻是也，原任王總兵嘗圖之矣。大致阨塞未曲盡，矛盾猶不免焉。其人率不盡躬閲，而取成于邊史，且致期有稽，未嘗優以歲月，故賢者亦不免塞責，豈盡奉檄之罪也與哉！余薊略乎圖，特異，不敢示以駭人。兹第於故圖稍補正，以備觀耳。如但執彼以校此，不翻以余爲不信乎？若内外撥，故無全圖釐之，自余稿亦五六易焉。嗟呼，余之爲此矻矻，視奉檄者何如耶？

海防總圖

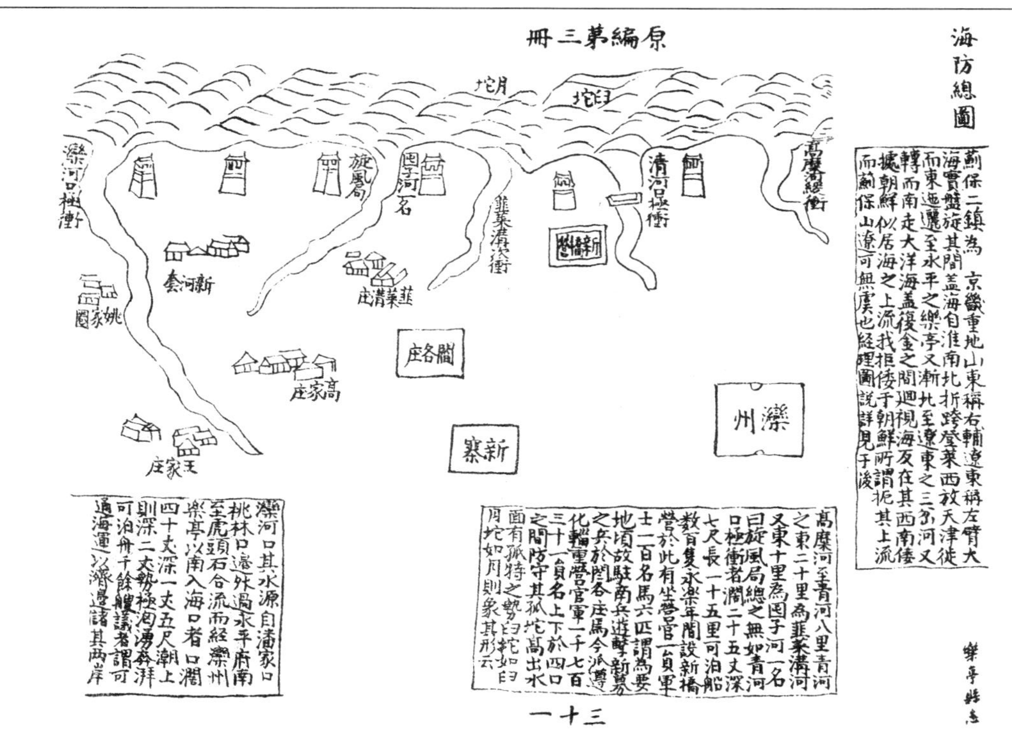
原編第三冊
海防總圖
薊保二鎮為　京畿重地山東稱右輔遼東稱左臂大
海實盤旋其間蓋海自淮南北折跨登萊西放天津從
而東逦邐至永平之樂亭又漸北至遼東之三岔河又
轉而南走大洋海蓋復金之間迴視海反在其西南倭
據朝鮮似居海之上流我拒倭于朝鮮所謂扼其上流
而薊保山遼可無虞也經理圖說詳見于後
月坨
臼坨
高麗河總衝
清河口極衝
新橋營
韭菜溝次衝
囵子河名
旋風局
灤河口極衝
新河套
姚家圈
韭菜清庄
閻各庄
高家庄
王家庄
新寨
灤州
高麗河至青河八里青河
之東二十里為韭菜溝河
又東十里為囵子河一名
曰旋風局總之無如青河
口極衝者濶二十五丈深
七尺長一十五里可泊船
数百隻永樂年間設新橋
營於此有坐營官一員軍
士二百名馬六匹謂為要
地頃故駐南兵遊擊新募
之兵於閻各庄馬今派導
化輜重營官軍一千七百
三十一員名上下於四口
之間防守其孤坨高出水
面有孤特之勢曰坨如臼
月坨如月則象其形云
灤河口其水源自蒲家口
桃林口邊外過永平府南
至虎頭石合流而經灤州
樂亭以南入海口者口濶
四十丈深一丈五尺潮上
則深二丈勢極洶湧奔湃
可泊舟千餘艘議者謂可
通海運以灤邊諸其西岸
三十一
樂亭縣志

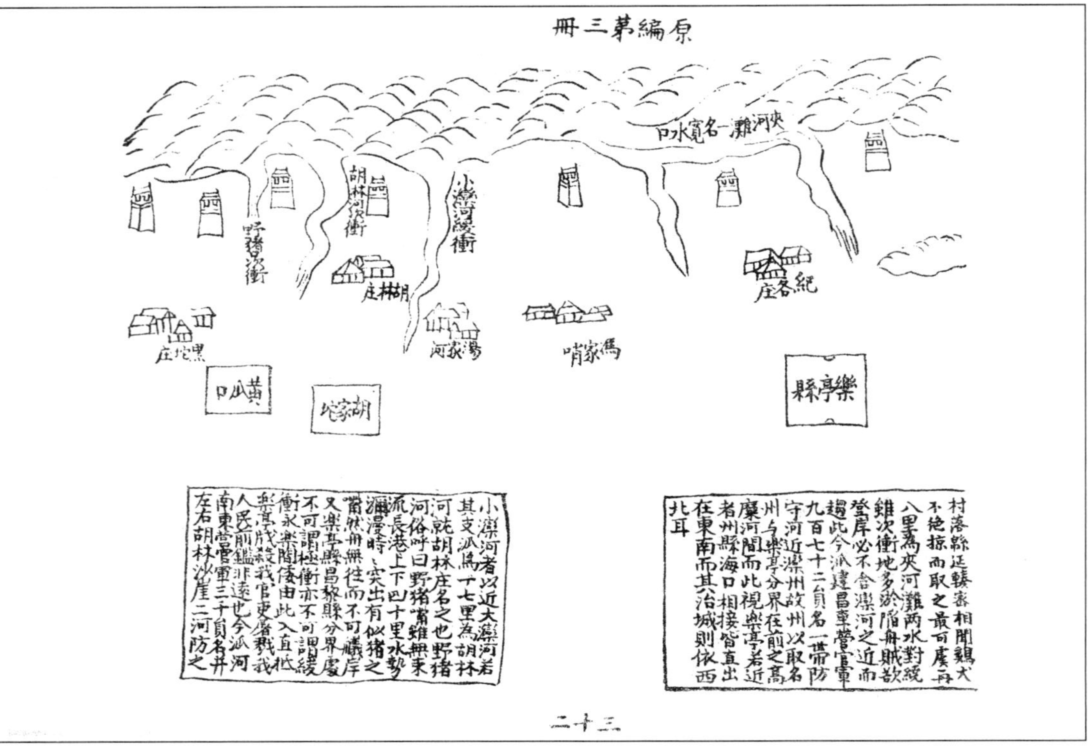
原編第三冊
夾河灘一名寬水口
野猪口汛衛
胡林河汛衛
小灤河汛衛
胡林庄
黑坨庄
湯家河
馮家哨
紀各庄
黃瓜口
胡家坨
樂亭縣
村落綿延鎮寨相聞鷄犬不絶掠而取之最可虞再八里為夾河灘兩水對綫雖汛衛地多淤陷舟賊欲登岸必不舍灤河之近而趨此今汛建昌營官軍九百七十二員名一带防守河近灤州故州以取名州与樂亭分界在前之高欒河間而此視樂亭若近者州縣海口相接皆直出在東南而其治城則依西北耳
小灤河者以近大灤河若其支派焉十七里為胡林河就胡林庄名之也野猪河俗呼曰野猪嘴雖無東流長港上下四十里水勢瀰漫時時突出有似猪之嘴然舟無往而不可艤岸又樂亭縣昌黎縣分界處不可謂極衝亦不可謂緩衝永樂間倭由此入直抵樂亭戕殺我官吏屠戮我人民前鑑非遠也今汛河南東營官軍三千員名并左右胡林汛崖二河防之
二十三

碣石叢談

山川之經，雖稍條之，其名古今殊，而多從俗爲便。水經諸書，如「難」、「濡」、「灤」，夷語相近而轉，其亦以世益殊耳。若「灤」之爲「瀘」，隋爲瀘河鎮，本水經盧水合灤，瀘河即灤河。若「渝」之爲「榆」，臨渝至爲臨閭也。或以爲洋河城，則其音義非矣。今朵顔謂商都水者，乃元之上都水耳。皆音相近，夷語通焉。其有名異而實同者，箭笴嶺者，奚離等所據，而金史爲盧龍嶺。如晉書密雲山，則盧龍塞在此矣，乃段遼之所奔，而魏書爲平岡山，是違盧龍不遠耳。密雲爲郡縣自魏始，名同而山異，志縣引之誤矣。遼據乎遼西，是之謂平岡，今石門、碣石一帶，其以雲名山多矣。遼爲石虎所攻，而避之東徙耳，今密雲未郡縣，乃趙之薊北，遼豈避此就禽，況烏得入而避哉？此名雖彼此同，事則古今別也。

碣石自禹貢、山海經及漢、魏地理志、水經，皆稱驪城，而郭璞曰：「驪城，海邊山。」漢地理志註爲大碣石在縣西南。水經注以碣石在絫縣〔一〕，王莽之選武，縣并屬臨渝，王莽爲憑德。大碣石在驪城縣西南，王莽改爲碣石，則跨二郡三邑。余方覽經具之矣。今昌黎乃古三邑地，未確。其爲碣石，自昌黎北、撫寧南皆是矣，而茲爲大碣石。今人第因天橋柱指之，剖名支分，余爲釋其要如此。

孤竹封域今不可考，但據管子諸書，有卑耳之溪焉。齊世家：「西伐大夏，涉流沙，束馬懸車登太行，至卑耳山而還。」國語：「踰太行與辟耳之谿。」卑耳、辟耳爲山爲谿異，皆太行北境，伐北戎之所至焉。蓋委在遼西，而原于上谷，洄游爲濡，或亂爲隰水，出雁門陰館縣，東北過代桑乾縣，南又東過涿鹿縣，北注有清夷水，西南得桓公泉。桓公北伐，過孤竹西征，束車懸馬上卑耳之西極，故水受斯名也。水源出沮陽縣東，西而北流入清夷水，清夷水又西逕沮陽縣故城北，秦始皇上谷郡治此。僊傳王次仲居大夏、小夏山，今謂之落翮山，在沮陽北六十里，是爲證也。然辟耳之谿，其昔濡而後灤乎？遼史以灤州本古黄洛城，灤河環繞在盧龍山南，桓公見俞兒即此，則其去太行遠矣。禹貢：「太行、恒山至於碣石。」述征記曰：太行山首始于河内。自河内北至幽州，凡有八陘。軍都陘在幽州昌平縣北十里，太行北陘盡於此。實未盡也。博物志：「太行山而北去，不知山所限極處，亦如東海不知所窮盡。」碣石東北皆太行矣，皆懸車束馬之地，豈自河内乃然耶？

元許有壬圭塘集載：「喜逢事，今闕名喜峯，失厥義矣。」其與丁文苑同科，爲哀詞曰：「文苑移官山北〔二〕，山北置大寧白霫地〔三〕，去京師東北尚八百里，陸不可以挈家，水縈紆五千里，扶病擁幼，殆不能爲謀。」即斯辭也，豈舟可通乎？按史將由灤通漕於上都，造船視爲不可而止矣。今灤河之滸尚有繫纜鐵樁，或以爲繫浮梁，或以爲繫行舟。正德初年，漁人獲一鐵纜，矛重三百餘斤，則昔灤或深於今矣，豈亦以繫浮梁者哉？元通漕艦，或不可至上都，豈其不容刀以達於大寧乎〔四〕？若召閩中清流之舟之手，今必可達小喜峯，而至大寧，亦未可知也。

邊方營寨稱谷稱莊，請命設官者，李家谷提調、漢兒莊遊擊也。然谷有兩音，南人呼「穀」切以「古禄」，北人呼「育」切以「余六」。此原有兩音，故「欲」、「俗」字並從「谷」而不妨兩音也。其土人書加山爲「峪」，而音義無異焉。若「莊」無異音，六達路爲康莊，亦舍也，從「士」，監本從「土」，誤。南北音同，但書有作「荘」，或以爲俗書，其實「莊」音平而爲別音別字矣。

南北呼山川，音義有同異。北凡山頂曰梁，故兵乘高瞭望曰架梁，不必如論語「山梁」。邢氏解亦非韓愈答張籍詩註「石絶水爲梁」也。「梁」、「涼」同音而義不相通。

元白湛淵續演雅十詩發揮，其一「灤人薪巨松，童山八百里。世無奚超勇〔五〕，惆悵度易水」者，取松煤於灤陽，即今上都。去上都二百里，即古松林千里，其大十圍，居人薪之將八百里也。蓋在松亭關外，與境外地同。關内有灤陽營及驛，而皆上都之委。此詩則爲上都作，云將「八百里」。今爲胡守中所伐。又自隆慶來，薊北脩邊臺橋舘萬役，今千里古松盡矣。凡元臣咏灤江、灤陽詩，皆上都，非此也，當辨。

祖宗法嚴禁不私親防、不忽微于地方二條，今視若緩實切焉。洪武三十年七月，以郭駙馬使遼回，私帶榛子三扛，沿途擅用驛夫遞送，事覺，令自備鈔貫給還役人工食。仍勑兵部于山海松亭等關、古北、旅順口懸掛榜文：凡公差人員，不許稍帶松榛等物進口渡海，違者一二斤、三五兩，俱分屍。號令所過，官司縱容，一體治罪。時歐陽以私茶於陝西賜死，其嚴如此。山海關禁令大弛矣，此法所當申明者。永樂六年，令軍民子弟僮奴自削髮爲僧者，并其父兄送京師發五臺山做工，畢日，就北京爲民種田及盧龍牧馬；寺主僧擅容留者，亦發北京爲民種田。今京東犯者不如京西多。盧龍馬政既廢，其自削髮，則各屯社與寺院往來者賀之，而以酒食相勞矣。

國初洪武二年，命郡縣立學。三年，開科。八年，立社學，選國子分教北方。十一年，選武臣讀書國子監。十四年，頒五經、四書于北方學校，爲久陷于夷而廣同文治也。至十五年正月丙戌，命彙編華夷譯語。上以前元素無文字號令，但借高昌書制爲蒙古字以通天下言，至是乃命翰林侍講火原潔與編修馬沙亦里等以華言譯其語〔六〕，凡天文、地理、人事、物類、服食、器用，靡不具載，復取元秘史紐切其字，以諧其聲。既成，詔刊行之。自是使臣往復朔漠，皆能通達其語矣。

孫世芳宣府志序

高皇帝光復軒、虞治區，憫四百年染夷甿庶，徙居庸關南，舊郡邑守宰盡罷，其戍居兵卒，武吏馭之，要亦一時權宜已爾。文皇帝乘三駕餘威，圖復郡邑舊制，而鼎成之亟，淵慮未紓。向微仁、宣二宗命憲臣來監，即政教號令有所不行，又何敢以一方文獻責介胄也？

秦始皇帝二十六年，分天下爲三十六郡，其一上谷。

漢高帝五年，分上谷郡地爲涿郡，各置郡守。闗南曰涿，北曰上谷。

武帝元封元年，分天下爲十三部，郡屬幽州，縣曰沮陽、今保安衛。泉上、今懷來、阪泉北。潘、今懷來衛。軍都、保安東南，後移昌平。居庸、今爲闗。雊瞀、今鎮城北。夷輿、今懷安衛。寧、今永寧北，雲州東。昌平、今隸順天。廣甯、今延慶州。涿鹿、今保安州。且居、元開平地，今棄境外。茹、棄興和地。女祁、今雲州北。下落，今鎮城。又置陽原、今順聖西。禎陵、今萬全左、右衛。代、今蔚州衛。廣昌，今置千户所。别屬代郡云。

光武十五年，從上谷吏民居庸東避匈奴，增調屯兵備之。二十六年，歸所徙吏民，以昌平、居庸南屬廣陽，今順天府。其泉上、夷輿、且居、茹、女祁並省，餘八縣存。

晉武帝太康元年，分郡地置廣甯郡，以沮陽、居庸縣屬上谷，下落、涿鹿縣屬廣甯，餘爲鎮分屬。

魏高祖太和元年，合上谷、廣甯爲東燕州，改下落曰文德，陽原曰長寧，餘仍舊，後又於長寧東置安塞軍。今順聖東城，劉守光破晉王軍于此。

齊顯祖天保九年，改東燕州爲北燕州，置長寧、永豐二郡。涿鹿西屬長寧，東屬永豐。

隋文帝開皇七年，名易州爲上谷郡，省北燕州，以諸縣屬涿郡，尋增置油雲、陽壽、關陽三縣附焉。三縣今北路地。

唐高祖武德元年，改郡稱州。七年，高開道誅，改懷戎懷來。復爲北燕州。開道據懷戎，以突厥入寇，劉世讓禦之，因虜盛進保武州。虜壞城，世讓柵拒免。至是，開道將張金樹誅開道歸正云。○武州，唐置，漢下落，今鎮城。正統間葛峪人穴地得遺碣，謂爲武川是也。若偏關，漢武州縣，則去此遠矣。

太宗貞觀八年，復改北燕爲嬀州，其武州西没於突厥者，咸取之屬河北道。

高宗永徽元年，置狼山都督府，今懷來西。永樂間王師駐此，改良山。

玄宗天寶二載，改嬀州爲嬀川郡，以山後諸縣屬，其武州仍領縣文德倚郭。

穆宗長慶二年，改嬀川郡復爲嬀州，領縣一：懷戎；鎮四：曰堆北，曰白陽度，曰雲治，曰廣邊，俱今東北路。改涿鹿爲新州，領縣四：永興倚郭。礬石、軍都。龍門、今衛。懷安；今衛。改廣甯爲儒州，領縣一：縉山，今永寧衛，古縉雲氏所都。屬盧龍道，尋改屬河東。

武宗會昌年，置山北八軍，武州曰雄武，新州曰武定，後唐同光年改威塞軍。嬀州曰清平，儒州曰縉陽，長寧曰横野，蔚州曰忠順，其彰國、順義二軍西屬應朔。

後唐天祐十一年，契丹入寇，武、新、嬀、儒州以次陷，遂改武爲歸化州，嬀爲可汗州，新爲奉聖州，餘仍舊。次年，晉王存勗命李嗣源復取之。

潞王清泰三年，河東節度使石敬塘割山後諸州賂契丹。

遼聖宗開泰八年，分歸化地置德州下刺史，德州，今萬全左衛地。領縣宣平、今張家口堡。懷安、天成成，今作城，在懷安西，改屬大同。威寧，今左衛西北。置北安州興化軍漢女祁縣地，今雲州東二百里。上刺史，領縣利民。漢且居。置弘州博寧軍下刺史，領縣永寧、縣倚州郭，即順聖，非今永寧也。順聖。廢安塞軍置，今順聖東州

興宗重熙五年，置興州中興軍，領縣宜興、興安俱漢女祁地，元屬興和路。治以節度使。又陞武定、忠順二軍俱爲節鎮。

金太宗天會六年，改弘州博寧軍爲保寧，尋廢軍存州，領縣仍二，其永寧改曰襄陰，順聖如故；其鎮曰陽門、貞祐二年改縣，今懷安地。大羅。

世宗大定七年，改歸化州爲宣化州，領縣宣德、倚郭，今鎮城。柔遠；在德勝口，即今萬全右衛。尋省德州，以所屬縣來屬。

章宗明昌三年，陞柔遠縣爲撫州，置上刺史。至承安二年，陞節鎮，名鎮寧軍，領縣柔遠、集寧、今懷安西北。豐利、今興和棄地。威寧，懷安東北。仍置昌州，即蕁麻林，今訛爲洗馬云。并寶山縣今八寶山。來屬。

明昌六年，置桓州威遠軍，雲州東北，舊開平地，即金蓮川。降節度爲刺史，領縣清塞。

衛紹王大安元年，陞奉聖州爲德興府，置尹，領縣德興、倚郭，更永興名。嬀川、今懷來衛。縉山、更儒州名。望雲、今臺州。礬山，今礬山堡。割宣德之龍門縣屬。

大安三年，元兵徇桓、撫二州，因陷德興、嬀川、縉山、弘州。

至寧元年，元陷宣德，改宣寧州，置山東路總管府。

元世祖中統元年（下缺）

丘濬大學衍義補

曰：臣聞雲、代一帶〔七〕，其設墩臺以守候也，有大邊，有小邊，大邊以謹斥堠，小邊以嚴守備。今誠於大邊墩臺之間，空缺之處，因其崖險，隨其地勢，築爲城牆，以相聯綴，實爲守邊長久之計。高閭所謂六鎮不過千里〔八〕，一夫一月之功，可成三步之地，强弱相兼，不過十萬人，一月可就。臣竊以爲今山後緣邊之地〔九〕，東起永寧之四海冶〔一〇〕，西抵保德之河壖，自東而西，計其所長，一千三百二十里而已。其間墩臺相望，遠者十數里，近者數里，就其空處而加築塞之功，延引以相連接，亦無甚勞費者。昔人謂一月可就，臣謂以三年爲期。遇夫邊方無警之秋，米穀豐登之歲，孟夏仲秋天氣温凉之候，量撥騎兵以爲防護，借十萬人之工力，費十數萬之貲糧，三年之中，僅勞一百八十日，成此千百年莫大之功。夫然則邊城寇盗永清，國家藩籬益厚，高閭所謂五利者，彼徒託之空言，而我今日實享其利矣。

又曰：斥堠以遠爲宜，以高爲貴，以簡爲便。蓋近則緩不及事，低則候不及遠，繁則人少而費多。臣請以今日邊事言之：且如宣府一處，腹裏墩口二百七十二所，沿邊共四百五十六所。即此一處以例其餘，其城寨之設，皆當要害之處，固無容議，但墩臺之類，則恐失之太多矣。臣愚以爲設墩臺，以候望也，其相去之遠近，當以火光可見、礮聲可聞爲限。夫以方丈之土堆、十數之孤卒，持一二日之水米，出於數百里之外，其孤危甚矣。苟非地險而逕迂，勢高而食足，其乘障者，幾何不爲虜持首去如狄山也哉？臣竊以爲宜遣行邊大臣，會同守邊將帥，躬行邊地，相其時勢，審其形便，於凡舊日墩臺，可省者省之，可增者增之，可併者併之。大抵主於簡而遠，聲聞可相接、目力可相及處，則立爲一墩；及於衆墩之間要害處，立爲一堡，使之統其附近諸墩，有事則相爲接應。墩統於堡，堡統於城，如臂指之相使，如氣脈之周流。於外墩之内，每二三十里，各爲總臺數處〔一二〕，以次通報於城中。其墩之制，高必極望。墩之下，於三四里間〔一三〕，四周俱築爲土牆，高四五尺，長七八尺許，横斜錯亂，彼此相入，入須委曲，然後可行，使虜馬不能侵近。其墩之上，除候卒自持口糧外，常畜一月水米，以防不測。若夫熢燧之制，古人晝則燔燧，夜則舉燧，偶遇風勁，則煙斜而不能示遠，值霖雨，則火鬱而不能大明。宜於墩臺之上，立爲長竿，分爲三等，上懸紅燈，以燈數多寡爲緩急衆寡之候〔一三〕。所謂紅燈者，煅羊角及魚魫爲之〔一四〕，而染以紅，遇夜則懸以示遠，數百里之間，舉目可見矣。

宣府鎮志

關隘

東路永寧城：韓家口、石牆口、水泉口、井泉口、柳溝口、張家口、東灰嶺口、西灰嶺口、塔兒峪口、大紅門口、小紅門口。

懷來城：合河口、石盤口、佛峪東口、石岩寺口、佛峪西口、水峪西口、水峪總口、水峪東口、盤道口、右九處係北山邊口。板槎峪口、水峪觀口、大關王嶺口、棒槌峪西口、大山口、大石嶺口、棒槌峪東口、東□崖口、小門王嶺口。右九處係南山隘口。

保安舊城：美峪關。在城西南六十里，今廢。

保安新城：井兒溶口、城東北三十里。麻峪口、城東北三十里。寺兒溝口、城東北二十五里。西洪贊口、城東北五十里。窑子頭口、城東北二十里。棗兒溝口、城東北十五里。東水泉口。城西北八里。

延慶州城：居庸關〔一五〕。在城南五十里，兩山夾峙，一水中流。關灣南北四十里，懸崖峭壁，最爲險要。

南路順聖川東城：興寧口、城東北二十里。柳溝口。城西北二十里。

蔚州衛隘關：城西南三十里。今名石門口。通靈丘、廣昌。唐山口、城西南七十里。通繁峙、崞縣。美峪口、城東北一百二十里，舊美峪關。山水秀麗，多異鳥。通保安州。九宫口、城東南三十里。通易州、淶水。鴛鴦口、城東北七十里。通宣府。神仙口、城北五十里。通順聖州。林關口、城西南九十里。通代州迤西諸縣。直峪口、城西南六十里。通五臺、代州。北口、城南三十里。又名龜峪口。通廣昌。東五岔口、與西五岔口俱在城西北三十里。通西城。松子口、城東六十里。通東五臺。金河口。城東七十里。

廣昌所：倒馬關、城南七十里。通唐縣。相傳楊彦朗過此，馬仆，因名。西十里有岳嶺口。白石口、城南二十五里。接白石山，通唐縣。景泰三年修，築石牆塞之。寧静口、城東南三十里。通易州。浮圖峪口。城東三十里。通紫荆關。

西路萬全右衛：德勝口關、城北三里。野狐嶺關。城西北三十里。

柴溝堡東洋河口。在堡西北十里。

張家口堡張家隘口關。在堡北五里。通境外。

北路龍門衛：湯池口、在城南四十里。蝦蟆口。在城南三十里。

長安所：施家口、三岔口、中路龍門關、宣德五年設。高二丈，東、西、中門三重，城樓三座。八寶山垻口、湯池垻口、蝦蟆口、香爐石垻口、常峪垻口。

墩臺

東自四海冶鎮南新墩起，至西陽河南土山天城界止，沿邊共遠一千八百六十五里五十九步。共墩臺九百八十四座，守瞭官軍共該六千八百八十八員名。附郭腹裏臺一十九座，四衛所分守。

鎮城腹裏墩臺二十三座，守瞭官軍共該一百一十五員名。泥河臺。在城東十五里。東勝臺。在城東四里。青山臺。在城北二十里。洋河臺。在城南四里。娘子山臺。在城南三十里。榆林臺。在城南六十里。十八盤臺。在城南八十里。清水河臺。在城西二十里。草場平定臺。在城西五里。草場新立臺。在城西十五里。磨兒山臺。在城北二十里。鵶兒領臺。在城東二十里。西高山臺。在城北五里。煙洞山臺。在城北十五里。雙山兒臺。在城北七十里。東沙嶺臺。在城北十五里。西沙嶺臺。在城西二十里。榆林海兒凹臺。在城北三十里。新興臺。在城東十里。預防墩。預瞭墩。預報墩。預偵墩。

東路永寧城東自鎮北墩起，西至懷來界止，地遠二百九十五里。沿邊墩臺一十一座，守瞭官軍七十七員名。腹裏墩二座，守瞭官軍一十員名。鎮北墩。關北口墩。蕨菜沖墩。關北口接墩。馬道墩。荊子村東墩。平梁墩。梁山墩。千家店墩。獨山墩。交界墩。俱係永寧衛。擒胡墩。鎮口墩。三岔墩。總接墩。右係隆慶左衛。預置墩。預竪墩。

懷來城東自盤道口起，西至保安紅贊口界止，地遠一百七十四里五十步。沿邊墩臺一十五座，守瞭官軍一百五員名。盤道墩。黄栢寺西墩。水峪總墩。佛峪西墩。懷來墩。狼山墩。土木墩。平砲墩。乾石河墩。系沿邊墩九座〔一六〕，屬懷來衛。西巖寺墩。張家營墩。佛峪東墩。石盤墩。東洪贊墩。右邊墩六座，屬隆慶右衛。棒槌峪墩。係腹裏。

保安舊城腹裏墩臺一十二座，守瞭官軍共六十員名。東南角墩。小箭口墩。灰窑東嶺墩。北尖山墩。西孤山墩。美峪站南墩。三岔口墩。石塔墩。紅橋梁墩。鳳凰山墩。水泉墩。西高山墩。

保安新城東自西洪贊口起，至宣府前衛八寶山垻口止，地遠一百四十里五十步。共墩臺一十五座，守瞭官軍七十六員名。西洪贊墩。麻峪裏口墩。麻峪小尖山墩。麻峪外口墩。井兒窐墩。窑子頭墩。永安墩。石門墩。雷家站墩。東水泉墩。右十座，屬保安衛。西水泉墩。鷄鳴山墩。威鎮墩。小尖山墩。南柴墩。右五座，屬美峪所。

四海冶堡東自鎮南墩起，西至永寧界止，地遠一百里。共墩二十九座，守瞭官軍夜不收一百二十三員名。鎮南新墩。鎮南口墩。鎮東北口墩。鎮東北口接墩。鎮南口接墩。將軍嶺東墩。將軍嶺中墩。四海治口墩。四海治新口墩。高山墩。長城嶺墩。長生口外山墩。長生口墩。大石嶺二墩。大石嶺墩。寧川墩。倉房溝墩。隆平墩。永城墩。鎮遠墩。中順墩。鎮虜墩。常寧墩。鎮南墩。靖邊墩。大石嶺三墩。寧靖墩。安邊墩。高山墩。

南路順聖川西城，腹裏墩臺共一十五座，守瞭官軍共八十五員名。黃花梁。破臺子。張見臺。孤山臺。一吐泉臺。西新莊臺。一柳營營臺。柳樹竈臺。回回村臺。白家泉臺。大峪溝臺。黃羊坡臺。嚮水溝臺。順聖臺。預澗臺。樺山臺。

順聖川東城，腹裏墩臺共一十一座，守瞭官軍共五十五員名。鰲魚口臺。寧川臺。菜山臺。東黃花梁臺。高達子梁臺。盤道山臺。水峪口臺。大蟒溝臺。段家莊臺。臺子莊臺。靠河墩。

蔚州衛，腹裏墩臺一十四座，守瞭官軍共七十員名。直峪墩。許家營墩。石門望川墩。渡口河墩。樺澗嶺墩。殷家莊墩。暖泉墩。七里河墩。古家疃墩。南新莊墩。黃梅寺墩。袁家作墩。神仙嶺墩。玉皇廟墩。

廣昌所腹裏臺共五座，守瞭官軍二十五員名。東嶽廟臺。韓村臺。玉皇廟臺。石門臺。豐山臺。

西路萬全右衛東自張家口起，西至洗馬林止。共墩臺六十五座，守瞭官軍共三百九十員名。萬載臺。野狐嶺關西臺。靖寧臺。野狐嶺西空小臺。寧遠臺。德勝臺。野狐嶺西第二臺。紅崖臺。永安臺。擒胡臺。平虜臺。小尖山臺。虜臺嶺西空小臺。防邊臺。虜臺嶺東第二臺。鎮安臺。暖嶺臺。石山新臺。永固臺。大勝臺。虜臺嶺東第一臺。永鎮臺。水溝東臺。石嘴山臺。威鎮臺。右沿邊臺二十二座，腹裏三座，屬新開口守備官轄。尖山臺。水溝臺。水泉臺。水溝西臺。虜臺嶺臺。西空小臺。虜臺嶺西嶺。絶胡臺。西河口臺。鎮静臺。鎮胡臺。鎮邊臺。西河口西臺。新河口小臺。新河口大臺。東塞臺。鎮口臺。制虜臺。新立臺。威虜臺。威勝臺。中塞臺。高山臺。桃山臺。右沿邊二十一座，腹裏二座，屬新河口守備官轄。鎮塞臺。德勝口關臺。夏家口溝臺。石嘴山臺。三岔口臺。遠靖臺。永靖臺。静寧三墩。平清墩。鎮堡臺。宣寧墩。鵰山臺。俱係腹裏，屬萬全右衛守備官轄。

萬全左衛沿邊墩臺共一十三座，守瞭官軍夜不收共八十一員名。黑山臺。石門兒臺。吕家莊臺。東寨山臺。瓦窑山臺。没皮山臺。石嘴兒臺。白腰山臺。大王山臺。柳溝臺。興寧領臺。興寧嶺南口臺。三都澗臺。

懷安衛城腹裏墩臺共一十三座，守瞭官軍共六十五員名。沙坡臺。團山臺。人頭山臺。白草梁臺。石山臺。閻家臺。馬家臺。平風塞臺。黄土梁臺。土山臺。小石山臺。栲栳臺。平頂山臺。

柴溝堡東自洗馬林平虜西臺起，西至西陽河馬頭山止，地遠四十三里一百八十步。共墩臺三十九座，守瞭官軍夜不收共一百八十七員名。平虜西空小臺。中高山東空臺。中高山臺。紅山臺。中高山西空臺。威勝東空小臺。威勝臺。南高山東空臺。南高山臺。平胡臺。東大山東空臺。紅山五臺。平胡四臺。石山西空臺。東大山臺。東北山石臺。東洋河口臺。永昌臺。湧勝臺。水關臺。萬丈崖臺。寧靖臺。沙嶺兒臺。靖邊臺。西大山臺。小尖山臺。制虜臺。平頂山臺。牛心山東空臺。以上屬柴溝堡。牛心山臺。牛心山口臺。永威臺。盤道溝臺。牛心小四墩。靖虜二墩。靖虜四墩。靖虜墩。大尖山墩。以上屬渡口堡。預靖臺。

洗馬林堡東自新河口中塞臺起，西至柴溝堡平虜小臺止，地遠四十七里二百一十四步。共墩臺六十二座，守瞭官軍三百六十二員名。鎮安臺。威靖臺。西寨臺。安邊臺。西小臺。西小石臺。東孤山臺。東孤山東臺。滅胡臺。東孤山東空臺。東孤山西臺。鎮邊臺。鎮寧臺。鎮虜東臺。鎮胡臺。鎮虜東空臺。鎮虜臺。鎮虜西空臺。鎮虜西臺。西孤山臺。西孤山東臺。永安東臺。永安臺。永安西空臺。永安西臺。青山臺。牛心山臺。杏溝臺。兔兒臺。紅梁臺。黄土梁臺。威遠東臺。威遠臺。拒虜臺。紅山臺。永寧臺。舊堡臺。沙嶺東臺。沙嶺臺。雙山臺。鎮口臺。北高山東臺。北高山臺。平虜東臺。平虜西臺。石山臺。白美臺。破虜臺。土山臺。虎山臺。洗馬林總臺。古城臺。永寧臺。沙嶺兒東空臺。沙嶺兒西臺。洗馬林護水臺。高山臺。永寧東空臺。馬鞍山臺。水泉墩。關西墩。黑龍臺。

西陽河堡東自柴溝堡起，西至天城止，地遠五十三里三百五十步。沿邊墩臺四十一座，守瞭官軍二百八十七員名。腹裏墩一座，守瞭官軍五員名。馬頭山臺。盤道山臺。大尖山臺。東箭豁臺。中箭豁臺。西箭豁臺。秦寧臺。東石山臺。總制臺。永平臺。東小石臺。境門臺。寧靖臺。鮑家屯臺。石山頭臺。西小山石臺。雅兒崖臺。西陽河臺。桃山臺。鎮口臺。靖塞臺。花山臺。西陽河中臺。黑堰臺。西河臺。制勝臺。鎮河臺。永寧臺。中土山臺。靜虜臺。南土山臺。陽河五墩。鎮西一墩。守河一墩。守河二墩。守河三墩。鎮西二墩。西界墩。鎮谷墩。威勝墩。鎮西墩。黑溝墩。

張家口堡東自東高山臺起，西至野狐嶺止，地遠五十四里五十三步。墩臺共四十七座，守瞭官軍共三百二十三員名。東高山臺。克虜臺。張家口東臺。西高山臺。張家口西臺。張家口護門臺。紅崖臺。乾河口臺。乾河口東臺。水泉臺。大乾河口臺。小乾河口臺。永安臺。拒虜臺。平頂山臺。鎮關臺。鎮川臺。大尖山臺。小尖山臺。平頂嶺臺。平頂嶺北臺。鎮寧臺。長安臺。野狐嶺東三臺。新寧臺。黑山臺。東塞臺。野狐嶺東二臺。平夷臺。野狐嶺東一臺。制勝臺。水泉三墩。鎮口臺。水泉五臺。平山臺。平靜臺。野狐嶺關臺。石花墩。境門墩。護關墩。鎮虜墩。紅崖墩。乾河二墩。水泉墩。右係沿邊。威靖臺。護水臺。右係腹裏。

防寇墩。

北路開平衛東自雲州起，西至馬營止，地遠一百三十九里一十六步。沿邊墩臺共六十一座，守瞭官軍四百六十一員。腹裏墩四十四座，守瞭官軍二百三十一員名。小松林墩。寧虜墩。鎮安門墩。青石嵯墩。接嵯墩。青泉墩。鎮虜墩。接連墩。安寧墩。安靜墩。上韭菜墩。平定墩。樺林墩。鎮胡墩。正韭菜墩。小尖山墩。尖山墩。水泉墩。永護墩。鎮北墩。鎮嶺墩。雙盤道墩。瞭川墩。平靜墩。安慶墩。平戎墩。威虜墩。深溝墩。東涼墩。韭菜南墩。永豐墩。西涼墩。瞭遠墩。青遠墩。羊川墩。鎮寧口墩。鎮寧墩。雙望墩。正盤道墩。永寧墩。偏嶺兒墩。永鎮墩。鎮門大墩。鎮門墩。柳河墩。棠梨墩。永慶墩。鎮邊墩。望海墩。鎮海墩。永定墩。平虜墩。平胡墩。寧靜墩。鎮虜墩。鎮川墩。高山墩。賽峯墩。石嵯墩。新安墩。望川墩。右係沿邊。碁盤山墩。鎮寧墩。槐家衝墩。東平墩。總高東勝墩。平夷墩。青山墩。鎮衝口墩。白塔兒墩。山泉墩。寧鎮墩。境寧墩。舊莊墩。氊帽山墩。鎮塞墩。滅胡墩。接胡墩。永靜墩。保安墩。窑子頭墩。寧塞墩。境安墩。西寧墩。火石溝墩。北山墩。永安墩。東北柵子墩。東北山墩。東山墩。常勝墩。鎮口墩。分嶺墩。總接墩。沙嶺墩。兔兒墩。敵勝墩。西衝墩。大嶺墩。獨石墩。三山墩。長寧墩。西山墩。石廠墩。右係腹裏。

馬營堡東自獨石界起，西至赤城界止，地遠一百二十二里三十步。沿邊墩四十六座，守瞭官軍二百八十八員名。腹裏墩三十四座，守瞭官軍一百四十六員名。鎮疆墩。孤石墩。鎮遠小墩。望川墩。香臺墩。鎮遠大墩。三臺墩。五臺墩。大石磋墩。鎮門墩。十臺墩。小石門墩。雷山墩。盤道墩。舊小石門墩。八臺墩。九臺墩。兔鶻嵯墩。威遠墩。沙嶺墩。小尖山墩。水泉墩。漫嶺墩。十四臺墩。石糟墩。静虜墩。十七臺。樺林墩。馱腰墩。樺皮嶺墩。二十臺墩。小團山墩。雙盤道墩。大團山墩。漫嶺新墩。三十□臺墩。大莽崖墩。夏兒嶺墩。青石磋墩。三十四臺墩。獅子墩。三十六臺墩。磨兒嵯墩。三十七臺墩。三十九臺墩。磨臺嵯新墩。右係沿邊。沙溝墩。東山墩。三岔口墩。柴溝墩。石塘墩。三岔口東墩。西梁墩。中高墩。卞家堡墩。紅山墩。鎮口墩。三盤碾墩。四望墩。總望墩。刁家梁墩。鷹窩墩。王英墩。松樹堡墩。撞胡墩。陡嶺墩。鎮虜新墩。總高墩。羊房墩。金家梁墩。鎮寧墩。西寧墩。東北角墩。水口墩。窑上墩。南菜園墩。圓頭墩。西南角墩。西北角墩。北菜園墩。右係腹裏。

雲州所北自獨石界起，南至隆門所界止，地遠九十二里八十步。沿邊墩臺二十四座，守瞭官軍一百二十四員名。腹裏墩臺二十三座，守瞭官軍七十四員名。鎮界墩。鎮胡墩。駝腰墩。小松林墩。新鎮墩。大松林墩。大松林臺。鎮北墩。鎮北口墩。虎山墩。陸文冲墩。平頂墩。盤道墩。尖山墩。定遠墩。平朔墩。盤道口墩。靜東墩。三岔墩。鎮邊墩。鎮虜墩。三岔口墩。擒胡墩。鎮遠墩。右係沿邊。鎮堡墩。打羅墩。望遠墩。鎮口墩。盤道嶺墩。駝房墩。窑子口墩。龍門口墩。廟後墩。站後墩。金閣觀墩。雙護墩。孫化墩。大莊窠墩。葦子墩。總鎮墩。煙梁墩。鎮川墩。鎮嶺墩。清遠墩。打羅栅牆墩。永安墩。右係腹裏。

赤城堡北自馬營界起，南至龍門衛界止，地遠四十里二百三十步。沿邊墩一十九座，守瞭官軍一百員名。腹裏墩三十三座，守瞭官軍八十九員名。擒胡臺。偏頭山墩。鎮虜墩。小石磋墩。小石嵯新墩。野雞山墩。野雞山新墩。鎮寇墩。野雞山門墩。紅石嵯墩。玉石溝墩。靜西墩。玉石墩。鎮夷墩。寧月墩。小平頂墩。常嶺墩。新安墩。松林墩。右係沿邊。石門墩。鎮遠墩。真武廟墩。紅山嘴墩。舊後所墩。鎮路墩。瞭遠墩。平梁墩。盤道墩。鎮門墩。柴家墩。鎮西墩。黃土梁墩。永興墩。趙家梁墩。分鎮墩。柴家新墩。寧靜墩。黃土山墩。將軍廟墩。柳河墩。袁家墩。城北東墩。青山墩。堂子口墩。西衝中墩。總鎮墩。浩門墩。青羅墩。鎮川墩。磨石梁墩。紅石窑墩。沃麻坑墩。右係腹裏。

龍門衛北自赤城松林墩界起，至宣府八角臺界止，地遠五十六里三百三十六步。沿邊墩二十八座，守瞭官軍夜不收二百八十六員名。腹裏墩三十三座，守瞭官軍一百一十八員名。盤道墩。威鎮新墩。威鎮墩。制勝墩。□遠墩〔一七〕。人頭草墩。總鎮墩。太平等墩。平梁墩。

鎮靜墩。北高山墩。馱腰墩。安邊墩。北新墩。鎮虜墩。鎮彊墩。東高山墩。石門墩。鷹窩墩。車頭溝墩。鎮寇墩。制虜墩。鎮西墩。楊家冲墩。鎮邊墩。黑山兒墩。永安墩。分鎮墩。泰安墩。東梁墩。右係沿邊。乾柴嶺墩。交界墩。總照墩。平頂口墩。永平墩。鎮寧墩。剪子峪北墩。石嵯墩。起風口墩。塔兒頂墩。雙頂墩。塔兒嶺墩。鎮安墩。鎮胡墩。大嶺墩。下剪子峪墩。雙望墩。水泉墩。閻文道梁墩。盤道墩。大木梁墩。剪子峪南墩。老王溝墩。許家衝墩。永定墩。楊家衝墩。總接墩。城北墩。城西墩。城南墩。城東墩。右係腹裏。

龍門所北自雲川界起，南至鵰鶚界止，地遠一百一里一百八十步。邊墩四十八座，守瞭官軍二百四十九員名。腹裏墩三十五座，守瞭官軍九十六員名。雙泉口墩。滅胡墩。滅胡口墩。白塔兒墩。鎮寧墩。白塔兒口墩。七峯口墩。七峯墩。鎮胡墩。青峯口墩。青峯墩。鎮遠墩。鎮夷墩。闗子口墩。鎮夷口墩。沙溝口墩。中勝墩。張鎖住冲墩。堂子口墩。正東墩。正東口墩。獅子墩。獅子口墩。朝陽墩。朝陽口墩。接連墩。靖寧墩。威鎮墩。磨石口墩。石峯墩。石峯口墩。平胡墩。平胡口墩。三岔墩。孤石口墩。松林墩。松林口墩。鎮邊墩。鎮虜墩。昇平墩。昇平口墩。慶陽墩。盤道墩。慶陽口墩。亂泉寺墩。總制墩。亂泉寺口墩。鎮靖墩。右係沿邊。北高山墩。三十九號墩。雙井兒墩。窑子冲墩。接邊墩。鎮江墩。闗子口墩。鷹窩墩。沙溝墩。盤道墩。堂子口墩。舊莊墩。平虜墩。黑峪中口墩。永安墩。雙盤道墩。瞭遠墩。總接墩。鎮戎墩。雲州嶺墩。羊房墩。西山嵯墩。西北角墩。鎮安墩。東北角墩。北柵子門墩。東南角墩。南柵子門墩。西北角墩。接嵯墩。右係腹裏。鎮冲二墩。

鵰鶚堡自大嶺暗砲起，至永寧界止，地遠一百四十一里。墩二十六座，守瞭官軍七十三員名。腹裏墩十座，守瞭官軍四十二員名。石牆兒墩。盤道嶺墩。許家冲新墩。鎮口墩。高陵口墩。許家冲舊墩。接嵯墩。盤道嶺二墩。酒務頭墩。高陵柵口墩。七號墩。雙望墩。袁矮子舊墩。東安墩。平定口墩。大屯墩。靖胡墩。青羅口墩。馮家冲墩。馮家冲二墩。靖虜墩。鎮北墩。青白口墩。寧塞墩。寧界墩。靖川墩。右係沿邊。三岔口墩。正北墩。大鵰鶚墩。倉上舊墩。倉上新墩。西北角墩。西南角墩。東北角墩。東南角墩。右係腹裏。

長安所自石盤口起，至鵰鶚界止，地遠五十二里。沿邊墩四座，守瞭官軍一十七員名。腹裏墩十一座，守瞭官軍三十四員名。東山廟墩。李老峪墩。雙尖山墩。石盤口墩。右係沿邊。東山墩。西山墩。護城墩。截路墩。鎮泉墩。護水墩。平山墩。鎮安墩。鎮門墩。松山墩。鎮遠墩。右係腹裏。

中路東自美峪所界起，西至張家口界止，地遠一百九十二里二百四十三步。沿邊臺九十五座，守瞭官軍六百六十五員名。腹裏臺十三座，守瞭官軍六十五員名。光葫蘆山臺。八寶山北臺。湯池口南臺。湯池口新臺。湯池口中臺。湯池壩口臺。湯池口北臺。蝦蟖口新臺。蝦蟖口南臺。蝦蟆口北臺。龍門關大臺。龍門關南臺。龍門關北臺。娘子山臺。娘子山西臺。垻口臺。垻口東臺。垻口西臺。新立臺。六臺子。小盤道臺。鎮蕃臺。松樹溝東臺。黑臺。總隘臺。右沿邊二十一座，腹裏四座，屬龍門關把總官轄。松樹溝四臺。靖虜臺。五臺子。永安臺。小垻口臺。永寧臺。垻口新立臺。四臺子。安邊臺。東盤道臺。鎮邊臺。三臺子。永靖臺。小尖山臺。靖虜臺。新立臺。垻口臺。永勝臺。二臺子。總瞭臺。頭臺子。永平臺。永平二臺。平安臺。總鎮臺。總垻臺。右沿邊二十二座，腹裏三座，屬宣府前衛把總官轄。葛峪小臺。葛峪中臺。寧靖臺。寧靖二臺。葛峪大臺。右沿邊臺五座，屬興和所轄。預築臺。係葛峪堡沿邊。長安臺。鎮虜臺。小尖山臺。大定臺。東高山臺。常峪口臺。常峪垻口臺。小常峪口臺。常峪新垻口臺。常峪臺。西高山臺。西高山西空臺。平頂山臺。寧遠臺。平頂山西空臺。寧遠西空臺。盤道臺。石叉山臺。石叉山西空臺。饅頭山臺。舊饅頭山臺。青邊口新臺。青邊口大臺。葛峪新立臺。鎮北臺。右沿邊二十三座，腹裏二座，屬宣府左衛把總官轄。青邊口西臺。青山臺。西高山臺。擒胡臺。何家堰臺。何家堰子臺。鎮夷臺。小何家堰臺。平虜臺。平山臺。總振臺。柳溝臺。破虜臺。破虜西空臺。新立臺。滅胡臺。永寧臺。水泉臺。水泉西空臺。定安臺。東高山臺。石山臺。接邊臺。平安臺。平遠臺。雙山臺。右沿邊臺二十二座，腹裏臺四座，屬宣府右衛把總官轄。

大學衍義補

今山前山後，皆吾中國之地。山前七州今爲畿内之地，太行西來，連岡疊嶂，環而繞之，東極乎醫巫閭之境，以爲内之籓籬。山後諸州，自永寧、四海治以西，歷雲、代之境，重關列戍，以爲外之籓籬。苟委任得人，守禦有法，可保其無外患也。惟昌平以東，遵化、永平一帶，往者有大寧都司，興、營、義、會等衛，在山之後以爲外障，其後移入内地。以此之故，京師東北藩籬單薄之甚，異時卒有外患，未必不出於此。夫天下之患，往往出於意料之外，然能謀畫於未事之先，而豫有以防備之，則所患者消泯於無迹矣。請下大臣議，居庸以東，歷黄花鎮、古北口，直抵山海關，山之後皆荒漠無人之境，非如居庸以西，大小邊鎮兩層可以防備。若何可以善其後，而使之永無外患，必有奇謀宏略出於其間。必不得已，而臣有一見，請將洪武中大寧都司後移保定者，立于永平，或遵化，或薊州，以爲重鎮；凡舊所屬衛所，移於沿山要害，相爲聲勢。仍於山之後，去山五里，或十里，或三四十里，量其地勢，因其形便，築爲墩臺，就其空缺之地，接連以爲邊牆。就於其間擇一要地，設爲關鎮，屯軍守備，以爲兀良哈入貢之道〔一八〕。一以衛都城，一以護陵寢，此誠千萬年之遠謀也。不然，國家養鋭儲材，俟吾力有餘，而其機可乘，仍復洪武中山後帥閫之舊，俾與宣府、大同列爲三鎮，直達遼東之境，則是國家之險要既失復得，籓籬厚而無可乘之隙，根本固而無意外之患矣。伏惟聖明當此太平無事之時，思患預防，有以爲國家萬年無窮之慮。

舊大寧〔一九〕

蔡　鼎

大寧居遵化之北一百里，沿山海以逮獨石，一牆之外皆其地也。獨石、山海離京皆七百里，與大寧正相等。國初建谷、寧、遼三王，與代、朔勢若連雉，以藩屏東北，爲計深矣。自成祖割大寧與夷，宣、遼從此不通，而京畿之脊背單寒。潘家、喜峰、河川、古北、黄花、四海治諸口，遂爲當夷要衝，且職貢往來，諳熟京闕。當成祖之世，已煩駕馭，厥後更爲叵測。正統己巳、嘉靖庚戌，諸虜入犯，皆從此至，則陽順陰貳，卧榻鼾睡故也。世廟以前籌邊者，議築居庸至山海爲衺以拒虜，而三衛興兵，尺寸不可得有。迨崇禎戊辰，三衛插漢，半從西徙，半歸東奴，而大寧一土遂爲狐嗥兔窟之墟，是我復大寧而通宣、遼之時也。且都邑二酋叩關求附，甚窮獸之依人，撫而用之，精卒可得數萬，以其人固其圉，中國稍爲厝置解結，事半功倍其候也。天子方鋭意復遼，當事苦無大識。失此不取，深可嘆也。夫取弱虜之所棄，與取强奴之所守，孰易孰難？拓咫尺之肩背，與復千五百里外之河東，孰緩孰急？使當時計或出此，何至大安口之突犯而京畿之糜爛耶〔二〇〕？及奴退而天子決計復遼。愚謂復遼不如復寧之急，以遼復而重遼，未若寧復而守寧之易。委河東以與奴，其禍遠而小；委大寧以與奴，其禍逼而大。乘勤王之師，無征調之勞，其事逸；藉大寧之築，爲京、薊之衛，其防週。難者曰：「得之易，守之甚難。」今日復河東，遂可易守乎？不者，奴入大寧，而我之薊、東、宣、昌，復可易守耶？謂宜令薊、宣將士遠哨外出，以漸爲復寧之舉，而司農告出，宣、大舊軍，日談裁汰，關薊援卒，亦多簡遣，名曰進寸，寔甚退尺，而天子弗寤也。嗣是大凌河不守，奴騎漸入大寧，逼山後矣。自此東顧犯薊，西顧犯宣，南策而犯京陵，皆不過一二百里〔二一〕，所以次且未前，稽延至今者，虞插之議其後也。故先逐插過宣，藉東以挾賞於張家口，插遁遂入宣、雲矣。今則拘插妻子，降插部落，併套虜而攻之，且再入忻、代矣。緣彼窟穴於大寧，與薊、宣僅隔一牆，故東西馳驟，朝發暮及，非如向日由瀋、鐵而海，蓋三岔以漸次入內邊之千有餘里也。今此而欲爲復大寧之舉，是又爭强奴之所守，彼且得族東插套，東西牽制以乘我。是我一不敵而欲四敵，棄不取而欲戰取，其非計之便，審也。

漢書　地理志〔二二〕

右北平郡秦置。莽曰北順。屬幽州。户六萬六千六百八十九，口三十二萬七百八十。縣十六：

平剛、無終、故無終子國。浭水西至雍奴入海，過郡二，行六百五十里。師古曰：「浭，音庚，即下所云入庚者，同一水也。」石城、廷陵、莽曰鋪武。俊靡、灅水南至無終，東入庚。莽曰俊麻。師古曰：「灅，音力水反，又音即賄反。」賨、都尉治。莽曰哀睦。師古曰：「音才私反。」徐無、莽曰北順亭。字、榆水出東。土垠、師古曰：「垠，音銀。」白狼、莽曰伏狄。師古曰：「有白狼山，故以名縣。」夕陽、有鐵官。莽曰夕陰。昌城、莽曰淑武。驪成、大揭石山在縣西南。莽曰揭石。師古曰：「揭，音桀」。廣成、莽曰平虜。聚陽、莽曰篤睦。平明。莽曰平陽。

遼西郡秦置。有小水四十八，并行三千四十六里。屬幽州。户七萬二千六百五十四口，三十五萬二千三百二十五。縣十四：且慮、有高廟。莽曰鉏慮。師古曰：「且，音子余反。慮，音盧。」海陽、龍鮮水東入封大水，封大水、緩虛水皆南入海。有鹽官。新安平、夷水東入塞外[一三]。柳城、馬首山在西南，參柳水北入海。西部都尉治。令支、有孤竹城。莽曰令氏亭。應劭曰：「故伯夷國，今有孤竹城。令，音鈴。」孟康曰：「支，音秖。」師古曰：「令，又音郎定反。」肥如、玄水東入濡水，濡水南入海陽。又有盧水，南入玄。莽曰肥而。應劭曰：「肥子奔燕，燕封於此也。」師古曰：「濡，音乃官反。」宋祁曰：「入玄，當作入畜。」賓徒、莽曰勉武。交黎渝水首受塞外，南入海。東部都尉治。莽曰禽虜。應劭曰：「今昌黎。」師古曰：「渝，音喻。」陽樂、狐蘇、唐就水至徒河入海。徒河、莽曰河福。文成、莽曰言虜。臨渝、渝水首受白狼東入塞外。又有侯水，北入渝。莽曰馮德。師古曰：「馮，讀曰憑。」絫。下官水南入海。又有揭石水、賓水，皆南入官。莽曰選武。師古曰：「絫，音力追反。」

後漢書　郡國志〔二四〕

右北平郡秦置。雒陽東北二千三百里。四城，户九千一百七十，口五萬三千四百七十五。土垠。徐無。俊靡。無終。

遼西郡秦置。雒陽東北三千三百里。五城，户萬四千一百五十，口八萬一千七百一十四。陽樂、海陽、令支，有孤竹城、伯夷、叔齊本國。肥如、臨渝。山海經曰：「碣石之山，繩水出焉〔二五〕。「其上有玉，其下有青碧。」水經曰：「在縣南。」郭璞曰：「或曰：在右北平驪城縣海邊山也。」

遼東屬國故邯鄉西部都尉，安帝時以爲屬國都尉。别領六城。雒陽東北三千二百六十里。昌遼，故天遼，屬遼西。何法盛晉書有青城山。賓徒，故屬遼西。徒河，故屬遼西。無慮，有醫無慮山。險瀆。史記曰：「王險，衛滿所都。」房。

魏書　地形志〔二六〕

營州。治和龍城。太延二年爲鎮，真君五年改置。永安末陷，天平初復。領郡六，縣十四，户一千二十一，口四千六百六十四。

昌黎郡。晋分遼東置。真君八年，併冀陽屬焉。領縣三，户二百一，口九百一十八。龍城。真君八年，併柳城、昌黎、棘城屬焉。有堯祠、榆頓城、狼水。廣興。真君八年，併徒何、永樂、燕昌屬焉。有鷄鳴山、石城、大柳城。定荒。正光末置。有鹿頭山、松山。

建德郡。真君八年置。治白狼城。領縣三，户二百，口七百九十八。石城。前漢屬右北平，後屬。真君八年，併遼陽、路、大樂屬焉。有白鹿山祠。廣都。真君八年，併白狼、建德、望平屬焉。有金紫城。陽武。正光末置。有三合城。

冀陽郡。真君八年，併昌黎。武定五年復。領縣二，户八十九，口二百九十六。平剛。柳城。

營丘郡。正光末置。領縣二，户一百八十二，口七百九十四。富平。正光末置。永安。正光末置。

平州。晋置。治肥如城。領郡二，縣五，户九百七十三，口三千七百四十一。

遼西郡。秦置。領縣三，户五百三十七，口一千九百五。肥如。二漢、晋屬。有孤竹山祠、揭石、武王祠、令支城、黄山、濡河。陽樂。二漢、晋屬。真君七年，併令支、含資屬焉〔二七〕。有武歷山、覆舟山、林榆山、太真山。海陽。二漢、晋屬。有横山、新婦山、清水。

北平郡。秦置。領縣二，户四百三十，口一千八百三十六。朝鮮。二漢、晋屬樂浪，後罷。延和元年，徙朝鮮民於肥如，復置屬焉。昌新。〔二八〕前漢屬涿，後漢、晋屬遼東，後屬〔二九〕。有盧龍山。○案前漢涿郡有新昌，去遼東絶遠，後漢志遼東郡新昌下亦不言故屬涿，蓋名同而地異，魏史誤也。

隋書　地理志〔三〇〕

北平郡。舊置平州。統縣一，户二千二百六十九。盧龍。舊置北平郡，領新昌、朝鮮二縣。後齊省朝鮮入新昌，又省遼西郡，并所領海陽縣入肥如。開皇六年，又省肥如入新昌。十八年，改名盧龍。大業初置北平郡。有長城，有關官，有臨俞宮，有覆舟山，有碣石，有玄水、盧水、温水〔三一〕、閏水、龍鮮水、巨梁水〔三二〕，有海。

遼西郡。舊置營州。開皇初置總管府。大業初府廢。統縣一，户七百五十一。柳城。後魏置營州於和龍城，領建德、冀陽、昌黎、遼東、樂浪、營丘等郡，龍城、大興、永樂、帶方、定荒、石城、廣都、陽武、襄平、新昌〔三三〕、平剛、柳城、富平等縣。後齊唯留建德、冀陽二郡，永樂、帶方、龍城、大興等縣，其餘並廢。開皇元年，唯留建德一郡，龍城一縣，其餘並廢。尋又廢郡，改縣爲龍山。十八年，改爲柳城。大業初，置遼西郡。有帶方山、禿黎山、雞鳴山、松山，有渝水、白狼水。

新唐書　地理志〔三四〕

平州北平郡，下。初治臨渝，武德元年，徙治盧龍。土貢：熊鞹、蔓荆實、人葠。户三千一百一十三，口二萬五千八十六。縣三。有府一，曰盧龍。有盧龍軍，天寶二載置。又有柳城軍，永泰元年置。有温溝、白望、西狹石、東狹石、緑疇、米磚、長楊、黄花、紫蒙、白狼、昌黎、遼西等十二戍，愛川、周夔二鎮城〔三五〕。東北有明埡關、鶻湖城、牛毛城。盧龍，中。本肥如，武德二年更名。又置撫寧縣，七年省。石城，中。本臨渝武德七年省，貞觀十五年復置，萬歲通天二年更名。有臨渝關，一名臨閭關，有大海關，有碣石山，有温昌鎮。馬城。中。古海陽城也。開元二十八年置，以通水運。東北有千金冶，城東有茂鄉鎮城。

營州柳城郡，上都督府。本遼西郡，萬歲通天元年，爲契丹所陷。聖曆二年，僑治漁陽。開元五年，又還治柳城。天寶元年，更名。土貢：人葠、麝香、豹尾、皮骨骴。户九百九十七，口三千七百八十九。縣一。有平盧軍，開元初置。東有鎮安軍，本燕郡守捉城，貞元二年爲軍城。西四百八十里有渝關守捉城。又有汝羅、懷遠、巫閭、襄平四守捉城。柳城。中。西北接奚，北接契丹。有東北鎮、醫巫閭山祠，又東有碣石山。

安東，上都護府。總章元年李勣平高麗國，得城百七十六，分其地爲都督府九，州四十二，縣一百，置安東都護府於平壤城以統之用其酋渠爲都督、刺史、縣令。上元三年，徙遼東郡故城。儀鳳二年，又徙新城。聖曆元年，更名安東都督府。神龍元年，復故名。開元二年，徙于平州。天寶二年又徙于遼西故郡城。至德後廢。土貢：人葠。有安東守捉。有懷遠軍，天寶二載置。又有保定軍。

宋史　地理志〔三六〕

平州，隋置。後唐時爲契丹所陷，改遼興府，以營、灤二州隸之。宣和四年，賜郡名漁陽，升撫寧軍節度。五年，遼將張覺〔遼、金二史作「瑴」〕。據州來降，尋爲金所破。縣三：盧龍賜名盧城。石城賜名臨關。馬城賜名安城。

營州，隋置。後唐時爲契丹所陷。宣和四年，賜郡名曰平虜防禦〔三七〕。縣一：都城。賜名鎮山。

尹耕地里考論

立國宰物，畫野分疆，蓋自五帝始矣。然上世即人以爲治，從化以爲俗，不以幅員較廣狹也。逞侈勤遠，其秦皇、漢武乎？是故論治者戒之。然嘗謂秦制有始之秦者，有不始之秦者。始皇、漢武之經營，有可以傳之後世者，有不可傳之後世者。始之秦者，罷侯、置守、銷兵、徙豪傑是也。不始之秦者，啓上谷、雲中、九原並陰山，歷高闕以爲塞也。不可傳之後世者，封泰山、祠汾陰、望海待邊是也。可傳之後世者，斥匈奴、嚴隘塞、增北戍、實新秦是也。而後世之君，志荒者師其弊，溺宴者忽其經，隋煬極力于高麗，唐玄殲良于黔南；德宗受維州之降，則以守信爲上；真宗聞靈州之破，則以不棄爲悔；乃至光武、潘美忍于徙民，劉琨、石敬塘敢于割地。於戲，是可慨也！

故嘗謂輿地大勢，東南日闢而西北漸淪；人事大較，東南易墾而西北難競。何者？財貨之所出，奇玩之所供，得之者足以上諛其君，下厚其殖；而又風氣孱弱，士馬僅支，進有勝敵之名，退無蹙境之患。故歲幣輸于匈奴，而尉佗之使不廢；襄、鄧潰于蒙古，而瓊崖之竄如歸。好逸惡勞，茹柔吐剛，中人之常，而不知地形有首領，人事有機要。捐首領，失機要，將有敗壞四出、不可救藥者矣。間嘗舉天下論之，而證之以往跡，無不符節合者也。蓋上谷、廣甯、雲中、九原之門户不固，則晉、冀、青、齊、河、雒之堂宇日閧；晉、冀、青、齊、河、雒之堂宇日閧，則吴、越、湖、襄、川、閩之室奥必至矣。於戲！此地里之所以考也，此秦制所以有不始于彼，而始皇、漢武之經營有可以傳之後世者也。

尹耕革命説

孔子傳易之革曰：「湯、武革命，順乎天而應乎人。」湯之有慙德也，曰「恐後世以臺爲口實」，是言放伐自湯始也。考之外紀，神農氏衰，黄帝與榆罔戰于阪泉，勝之，則似不始于湯也。孔子何以云然，而口實必于湯邪？嗟夫，此可以意論矣。上古之時，有君長而無氏姓也，及其有氏姓而無國號也，有國號而無帝稱也，君臣上下之分未大嚴也，天子諸侯之等未大明也，各君其地，各子其民。其明德者則羣走而質成之，於是乎有來享之賓；其所質成者不敢安其居也，則偏走而撫視之，於是乎有出狩之典。逮其德之衰也，則質成者莫來，而撫視者弗能舉矣。所謂「有德易以王，無德易以亡也」。其王也，不必以傳子；其亡也，亦往往就其諸侯之位，以不失其先之所世守。是故有改號而無絶國，有易主而無弑君也。德足以服人，而天下自服之，則爲太昊，爲炎帝，爲黄帝；德不足以服人，而力争之，則爲共工，爲蚩尤。力争者爲戮于垂成，而天下無惜辭；德服者奮起于一旦，而天下無難色，此古之所以爲古也。

黄帝阪泉之役，以榆罔之侵暴也，戰而勝，則諸侯免侵暴之虐，天下之志得，而黄帝之志亦得矣，尚何有他説也？外紀稱黄帝三戰得志，遂滅榆罔。今考之炎帝子孫傳祀者數國，則外紀爲可信邪？嗟夫，不求其意而泥其跡，則置尸而祭，嫌于黷倫，釐降二女，近于無别矣，豈獨阪泉之役哉？余于外紀所言黄帝習用干戈，教熊羆、貔貅、貙虎與炎帝戰之類，咸無取焉，懼惑人也。

黄帝作合宫

嗟夫，德至黄帝，可謂極矣！易稱「垂衣裳而天下治」，又曰「通其變，使民不倦；神而化之，使民宜之」，其斯之謂極乎？方術所言採銅鑄鼎、攀髯墮弓事，世主莫不甘心，而詩、書不道，固附會之辭也。又其言曰：「地有九州，黄帝皆治之，後世德薄，止治神州。神州者，東南一州也。」其言甚放，無可取者。雖然，亦有説焉。上古事簡而民純，黄帝德盛而制備，是混沌之始，開人文之大同也，其所威服，自應及遠。外紀曰「得百里之國萬區」，疑有之焉。夫東至于海，南至于江，亦爲狹矣，而曰萬國，則西北所至遐邈矣乎？以今觀之，涿鹿東北之極陬也，而以之建都；釜山在懷來城北，而以之合符，則當時藩國之在其西北者可知也。秦、漢以來，匈奴他部如爾朱、宇文之類，往往祖黄帝，稱昌意後，亦一證也。於戲，德盛者流光，其黄帝之謂乎？我朝都邑與涿鹿同，先儒所謂天地間大事，千百年無人理會者，一旦有之矣。空幕北之腥羶，進中國之禮樂，是當不遠期也。

舜都潘説

夫舜濮人也，而曰生于冀；都，蒲也，而曰在于潘，此千載所疑也。然考之，舜生于姚墟，其側微也，耕稼陶漁，在于雷澤、河濱、壽丘、負夏，率皆魯、衛之境。又濮州有歷山，山下有姚城，則舜實濮人也。二女所降，是曰嬀汭。禹貢：嬀水出雷首〔三八〕。則冀州者，舜所遷也，而謂舜爲冀人，史誤之矣。夫舜既濮人，則濮之有歷山，是；而濟南之有歷山，青州之有歷山，吾嬀州之有歷山，皆非也。堯之都也，史曰平陽，舜之都也，亦曰平陽，又曰蒲阪，斯近之矣，而曰都潘,則又非也。

然余有疑焉。太史公去古未遠也,其言曰:余北過涿鹿,長老皆往往稱黄帝、堯、舜之處。張守節曰:嬀州涿鹿城在山側,黄帝、堯、舜之所都也。皇甫謐曰:舜所都或曰潘,今上谷也。夫豈無故而爲是言哉?嘗謂古人營都,與後人異,即其生聚之繁,託之以出號令,宜則居之,無有常也。是故環轅爲衛,視虎豹九關爲甚便;上階茅茨,視殿闕盤鬱爲甚易;内官周于御,外官不備,惟其人,視屬車法從千乘萬騎爲甚省〔三九〕。一歲而五嶽之狩徧焉,一朝而方内之政舉焉,固無後世之繁也。故自五帝以來,遷徙不常,各有都邑,異其國氏,以彰明德。夫涿鹿,蚩尤之故墟,黄帝之卜守也。雖云既徙,實則名都,合宫釜山,遺跡具在,五載之巡,豈不時至。故僭爲之斷曰:舜都蒲阪,無可疑也。平陽者,堯都也,受終之廟在焉。涿鹿者,黄帝之都也,合符之山在焉,皆舜所必至焉者。生而戴之,没而祠之,理之常也。而或者遂曰都焉,百世不忘之義也。其曰歷山舜井,則後人因而附益之也。於戲,是可以觀德矣!

上谷考

或問:春秋、戰國之時,燕未置郡,上谷爲何?曰:樓煩據之也。何知?曰:穆王之伐犬戎也，荒服不至，各相雄長，往往兼并，其最强大者，則山戎、東胡、樓煩、林胡四部而已。山戎最東，在燕北；東胡稍西，在燕西北；樓煩、林胡又西，在晉北。齊桓伐山戎，至于孤竹，燕人始有寧宇。趙武靈會樓煩，斥林胡，而開雲中、九原、鴈門之地。燕昭用秦開，走林胡，而開上谷之地，於是始置郡。則未置郡之前，上谷爲樓煩據，明矣。

曰：黄帝不都涿鹿乎？曰：都。曰：都奚近胡也？曰：黄帝之時，幅員最廣，其都涿鹿也，猶爲宅中。夫東止于海，南不踰湘，非極西北，何以稱廣？詩、書稱治化首軒轅，方術家有乘雲車、御龍諸説。故知黄帝之時，西北之國執玉帛者衆矣。夫舜、禹之際也，而三苗負其固；成、康之衰也，而玁狁肆其毒。久矣，荒服之難服也！降至穆王，棄德觀兵，窮欲以逞，由是樹惇之性離，終王之職廢，歷年呑併，四部遂强。古人曰：「德隆後服，德洿先叛。」是之謂乎！

嗟夫，西北諸戎，先王所建以爲荒服者也。薰陶未久，漸及涼德，由是中州不幸而遭其侵軼之患，彼亦不幸而不覩夫禮義之俗，不亦重可傷哉！不然，則周室既衰，夷狄漸熾，薄伐不修，異類南剥。若黄帝所遂之葷粥者，來據斯土，其部落有山戎、東林胡之稱也。然則兹土也，黄帝而後，燕、秦而前，已淪異類，爲一大變矣。於戲，武靈胡服而雲中迺開，昭王用間而上谷始置，千載而下，要當知所慎也！

馭戎論

夫馭戎之道有三：弘大公之度，以開其向化之心；蓄不測之威，以消其先事之詐；嚴必然之防，以懲其窺伺之禍。是故在盛世則王會可圖，在繼世則國守不失。其來也，則撫之有道，而怨懟之心不興；其去也，則防之有常，而慢侮之釁不作。古先聖王之所以馭戎者，不過如斯而已。

夫先王之世，固有山戎諸夷雜處于侯伯甸衛之中者矣，非故欲其如此也。開闢以來，種類雜間，或依山水之險，或以草木之蕃，自限一隅，未開禮教。然先王不閉羈曲防以病之也，不草薙禽獮以殄之也。朝會也，與之通貢賦也，爲之節，其所以待之也公矣。都鄙廬井以養民，比閭族黨以成賦，方伯連帥以制兵，大司馬三令九伐以懲不恪，其所以威之也不測矣。楚、越富土不踰子爵，秦、代盛馬僻在邊鄙，有會同而無與盟，有聘問而無交質，其所以防之也嚴矣。是故等分之既明，則狂悖之莫肆；摩染之既久，則習俗之漸移。以故彼時諸戎夷，至今無復存者。白狄、赤狄、潞鮮、陸渾之類，率以頑嚚就誅；吳、楚、於越、秦、代、鄣、淮之國，悉列衣冠，同于中國矣。先王仁義之治，文德武功之施，其效固如此也。

逮至後世，所患者北胡、南越，疆外之醜而已。夫款塞求貢，其來可許也；而轉車千乘，疲勞中國，賜賞濫越，位諸王上，其所以待之者久矣。納貢請吏，其情可通也；而都護一出，兵行糧從，嗣繼與奪，恩怨蝟作，其所以震之者瀆矣。烏桓之始也分置塞下，南匈奴之附也罷斥邊關，甚者雜處于閭閻，宿衛于朝宁，其所以防之者替矣。由是烏桓、匈奴爲患于漢，羌、氐、鮮卑稔亂于晉，唐室之雜夷，宋人之不競，源皆此也。於戲，非我族類，其心必異。煦之以恩，恩極則褻；投之以利，利盡則争。始爲我役，終必至於相輕；曲爲彼謀，究必成乎自斃。其端甚多，不可不察也。

舊唐書　宋慶禮傳

初，營州都督府置在柳城，控帶奚、契丹。則天時都督趙文翽政理乖方，兩蕃反叛，攻陷州城，其後移於幽州東二百里漁陽城安置。開元五年，奚、契丹各款塞歸附，玄宗欲復營州於舊城，侍中宋璟固争以爲不可，獨慶禮盛陳其利。乃詔慶禮及太子詹事姜師度、左驍衛將軍邵宏等充使〔四〇〕，更於柳城築營州城，興役三旬而畢。俄拜慶禮御史中丞兼檢校營州都督，開屯田八十餘所，追拔幽州及漁陽、淄、青等户，并招輯商胡，爲立店肆。數年間，營州倉廩頗實，居人漸殷。

七年卒，太常博士張星議曰：「宋慶禮太剛則折，至察無徒。有事東北，所亡萬計。所謂害於而家，凶於而國。案謚法，好巧自是曰『專』，請謚曰『專』。」禮部員外郎張九齡駁曰：「慶禮在人苦節，爲國勞臣，一行邊陲三十年所。戶庭可樂，彼獨安於傳遽；稼穡爲艱，又能實於軍廩。莫不服勞辱之事，而匪懈其心；守貞堅之規，而自盡其力。有一於此，人之所難。況營州者，鎮彼戎夷，扼喉斷臂，逆則制其死命，順則爲其主人，是稱樂都，其來尚矣。往緣趙翽作牧，馭之非才，自經隳廢，便長寇孽，故二十年間，有事東鄙，僵屍暴骨，敗將覆軍，蓋不可勝紀。大明臨下，聖謀獨斷，恢祖宗之舊，復大禹之迹。以數千之役徒，無甲兵之强衛，指期遂往，稟命而行，於是量畚築，執鼛鼓，親總其役，不俟所慮，俾柳城爲金湯之險，林胡生腹心之疾，蓋爲此也。尋而罷海運，收歲儲，邊亭晏然，河朔無擾，與夫興師之費，轉輸之勞，較其優劣，孰爲利害？而云『所亡萬計』，一何謬哉！及契丹背誕之日，懼我犄角之勢，雖鼠穴自固，而駒牧無侵，蓋張皇彼都繫賴之力也。安有踐其跡以制其實，貶其謚以狥其虛，採慮始之謗聲，忘經遠之權利，義非得所，孰謂其可？請以所議更下太常，庶素行之迹可尋，易名之典不墜者也。」星復執前議，慶禮兄子辭玉又詣闕稱寃，乃謚曰「敬」。

大明清類天文分野書

開平府[四一]

親領縣一：開平[四二]

禹貢冀州之域，星分尾宿。漢靈、獻之際爲上谷、漁陽之北境。唐迭爲奚、契丹所據。金置桓州。元中統元年爲開平府，至元二年置留守司，五年陞上都路。本朝未立。

開平縣

元至元二年置。先是府有東陽古城，至元元年嘗置爲縣，三年省入興州，七年割其地屬開平縣。本朝未立。

宣德府

親領縣三：宣德、宣平、順聖。

禹貢冀州之域，星分入尾。周戰國時屬燕。秦爲上谷郡地。漢爲下落縣地，屬幽州。三國因之。晉爲馮跋所據。元魏道武帝都雲中，舊西京也，於此置文德縣。後周因之。唐陞爲武州，仍置縣。僖宗改爲毅州。五代後唐復爲武州，明宗又改爲毅州，廢帝仍曰武州。遼改名歸化，末年改爲德州。金天眷二年改宣德州，隸大同府，大定七年改宣化州，又明年復改爲宣德州。元初爲宣寧州，乙未年改爲山西東路，中統元年改爲宣德府，屬上都。本朝未立。

宣德縣

元魏道武於此置文德縣，歷代因之。元改爲宣德縣倚郭。本朝未立。

宣平縣

金本宣德縣之大新鎮，承安二年以大新鎮爲宣平縣。元移治於縣界之辛南莊，置。本朝未立。

順聖縣

隋本古安寨軍。唐因之。五代廢爲永興縣地。石晉時地入契丹。後因高勳鎮幽州，分永興縣置順聖縣。金屬弘州。元割以來屬。本朝未立。

奉聖州

親領縣三：永興、懷來、縉山。

禹貢冀州之域，星分入尾。周戰國時屬燕。秦爲上谷郡地，置涿郡。漢因之。三國、晉入于北燕。元魏平慕容氏。唐改新州。五代後唐同光二年爲威塞軍節度。石晉割賂契丹。遼會同元年改爲奉聖州。金大安元年陞爲德興府。元至元四年改宣德府，屬上都留守司，後復改奉聖州，屬宣德府。本朝未立。

永興縣

秦本涿鹿之野，爲上谷郡地。漢置涿鹿縣。唐改爲永興縣，於縣置新州。遼改爲奉聖州，縣如故。金大安元年陞爲德興府，縣居郭下。元至元四年改奉聖州，屬宣德府，縣如舊。本朝未立。

懷來縣

周本幽州之境，春秋、戰國時並屬燕。秦爲上谷郡地。漢爲潘縣地。晉屬廣甯郡。元魏罷之。北齊置北燕郡。後周置郡，去「北」字，改潘縣爲懷戎縣。隋開皇三年以縣屬燕州，大業三年屬涿郡。唐武德初爲可汗州，七年還置北燕州。貞觀八年改爲嬀州，長安二年移理舊清夷軍。天寶元年改爲嬀川郡，又析置嬀川縣，尋廢。乾元元年復以爲州。五代屬遼州，州罷，改爲懷來縣。金、元並因之，屬奉聖州。本朝未立。

縉山縣

漢廣甯縣地，屬上谷郡。唐天寶末置嬀川縣，尋廢。唐末於此置儒州。五代石晉割燕、雲十六州地賂遼，此其一也。金皇統三年罷州爲縉山縣，取縣北山爲名。元初因之。至元三年省入懷來縣，五年復置，屬奉聖州。本朝未立。

興州

親領縣二：興安、宜興。

禹貢冀州之域，星分尾宿。漢女祁縣地，屬上谷郡，又爲東部都尉治。莽曰祁。至東漢迭爲諸侯所據。唐爲奚地，屬王府，號北州，治興化縣。金初州罷爲興化郡，屬北京，泰和間復陞爲興州。元因之，屬上都路。本朝未立。

興安縣

遼本奚所據北安州之郭下興化縣。金初州罷縣存，屬北京，泰和間於縣置興州。元初州存縣罷，至元二年始於州復置縣。本朝未立。

宜興縣

金泰和元年置，尋廢。元至元二年復置，屬興州。本朝未立。

松州

漢遼西郡之文城縣地。遼爲松山州。金爲松山縣，屬北京大定府路。元中統三年屬上都路。本朝未立。

桓州

金古上谷郡地，於此置桓州，屬西京威遠軍節度使。元初罷，至元二年復置桓州，隸上都路。本朝未立。

雲州

五代古望雲川地，其地屬契丹。遼開泰二年始築城郭，爲望雲縣。金因之，屬奉聖州。元中統四年陞爲雲州，治望雲縣。至元三年州存縣罷，二十八年割宣德府之龍門來隸上都路。本朝未立。

隆興路

親領縣四：高原、懷安、天成、威寧。

禹貢冀州之城。周春秋、戰國時爲北國地。秦、漢、晉、北魏、隋屬代郡。唐屬新州。五代屬威塞軍。石晉初入契丹，是爲遼壤。金置柔遠鎮。大定十年陞爲縣，置宣德州。明昌三年陞爲撫州，屬西京。承安三年陞州之新城鎮爲威寧縣，其年又陞爲鎮寧軍。元中統初立高原縣，三年以郡爲内輔地，陞爲隆興路。本朝未立。

高原縣

金置柔遠縣，屬西京。貞祐兵後改屬撫州。元中統二年置高原縣，隸宣德府，三年來屬，爲倚郭縣。本朝未立。

懷安縣

周戰國時屬燕。秦隸上谷郡。漢爲夷輿縣地。三國、隋並爲遠人所據。唐初廢爲荒鎮,後置新州,仍領永興、礬山、懷安四縣。五代屬契丹。金因之,屬西京。元初隸宣德府,中統三年來屬。本朝未立。

天成縣

周本戰國趙雲中地。秦屬雲中郡。漢爲遠服。元魏道武徙都平城,以其地爲廣牧縣。唐武德五年置定襄縣,其地屬焉。遼於此置天成縣。金屬西京。元初屬宣德府,中統三年來屬。本朝未立。

威寧縣

金本新城鎮,初屬宣德府。大安初與西京平地縣同置。承安三年陞新城鎮爲威寧縣。元初隸宣德府,中統三年來屬。本朝未立。

遼東都指揮司舊遼陽路

支郡二:懿州、蓋州。

親領縣一:遼陽。

舜爲營州之域,尾箕之分。秦於此置東郡,屬幽州。漢初脩遼東故塞,至浿水爲界,以限朝鮮郡,領縣八,遼東居其一。東漢以郡屬青州,後還屬幽州。及漢末,公孫度自號平州牧,及其子康，據有其地。三國魏置東夷校尉，居襄平，而分遼東、昌黎等五郡爲平州，後復合爲幽州。晉武帝咸寧二年析五郡置平州，改遼東郡爲國。太元十年，北燕慕容垂據有遼東郡。元魏仍爲遼東郡。隋初職貢不廢，叛服無常。唐太宗親征，得蓋牟城，置蓋州；得遼東城，置遼州。五代契丹神册四年，脩遼陽故城，曰東平郡，後號南京。耶律德光改南京爲東京〔四三〕。金因之，於此置遼陽府，領縣二。元初爲東京路，至元六年置東京總管府，二十五年改東京曰遼陽路。本朝立遼東都指揮司及定遼五衛，州縣皆未立，因其舊名屬於本司。

遼陽縣

漢本舊縣，屬遼東郡。東漢安帝分屬玄菟郡。五代晉以後淪入高句麗，爲句麗縣。後屬渤海，爲常樂縣。遼神册四年脩遼陽故城，以所俘漢民渤海户實之。德光、天顯中，徙東丹國王居於此。金改爲金德縣，大定中改名遼陽縣。元至元六年以鶴野併入遼陽。本朝未立。

懿州

遼太平三年越國公主創置慶義軍，後更名廣順，隸上京。清寧七年，復更爲昌寧縣。金以其所居闤闠，遂置懿州，領順安、靈山、同昌等縣，屬咸平府。元初隸省府。至元六年省靈山、同昌二縣入順安。後罷順安，以州隸東京路。二十五年改東京爲遼陽路，而州屬焉。本朝未立。

蓋州衛舊州

唐本高麗蓋牟城。太宗親征得城，置蓋州，後改爲辰州。五代契丹陞爲長平軍。金皇統三年改刺史，省寧州入焉。明昌四年陞大寧鎮爲秀巖，來屬。後復改蓋州，屬東京。元初陞爲蓋州路。至元六年省秀巖入遼陽縣。八年併建安入州。十七年改隸東京路。二十五年復改東京曰遼陽，而州屬如故。本朝置蓋州衛。

海州衛舊澄州

唐本海州南海府沃沮故地，高麗卑沙城。唐李勣攻卑沙城，即此。遼太平九年於此置遷民縣，又移澤州民，仍爲南海府。金皇統三年改曰海州。天德三年以山東有海州，改爲澄州。元初罷，癸丑年復置。至元六年併入遼陽縣。本朝置海州衛。

復州衛舊復州

遼本遷民縣，屬黃龍府。後置復州，號永寧軍節度，改縣曰永寧，又更爲永康，省豐水、扶羅入焉。金因之。元初州罷而縣存。至元六年併入遼陽縣，後復置。本朝置復州衛。

金州衛

元本大寧路榆林之地。本朝置金州衛。

南京千户所　本朝以遼陽等處軍户隸之。

草河千户所　本朝以草河等處軍户隸之。

東寧千户所　本朝以舊東寧、瀋陽等處軍户隸之。

女直千户所　本朝以舊開元路等處女直軍户隸之。

毛憐千户所　本朝以毛憐等處軍户隸之。

大寧路未立

支郡九：興中州、建州、惠州、義州、利州、川州、錦州、高州、瑞州。

親領縣七：大寧、和衆、富庶、金源、惠和、武平、龍山。

禹貢冀州之域，星分尾□。周春秋時爲山戎之地。秦分其地爲遼西郡。漢新安平縣地，在營州之北，潢水之南。後部奚據之。三國魏武征三部，破烏桓，遂平其地。元魏其部族復盛於此，建牙帳，自號庫真奚。復滅遼西，其地屬焉。後周爲齊高寶寧所據。隋開皇三年討平高寶寧〔四四〕，□□□〔四五〕，隸平營。唐初其地屬營州，貞觀中，太宗□□□□□，於此置饒樂都督府，復置東夷都護府，□□□□□其地叛服不常〔四六〕。唐末分爲五部。及契丹阿保機强盛，遂服，屬之。五代石晉以鴈門、幽、薊之地賂契丹，由是奚族隸之，尋與東奚皆爲所并。遼統和二十五年，即奚王□□□創置城闕，號曰中京大定府〔四七〕。金初因之，海陵貞元元年遷都於燕，遂改此爲北京大定府。元初爲北京□□□府，至元□九年復□爲大寧路〔四八〕。本朝未立。

大寧縣

漢新安平縣地。五代契丹阿保機强盛，室韋、□□屬之[四九]，此爲白霫。遼建中京，置大定赤縣。金爲北京，治此。元中統二年省長興入焉。至元十九年改爲大寧縣。本朝未立。

和衆縣

漢本臨渝地，後隸右北平之驪城縣。晉燕北擾攘，各爲所據。隋始取之。唐初爲愼州之地。載初二年析其地置黎州，屬營州都督。神龍初又改屬幽州。天寶初奚據之。五代地屬契丹，建榆州，治和衆縣。金州罷縣存。元仍其舊。本朝未立。

富庶縣

漢本新安平縣地。遼開泰二年析宗州之民於山子川，以其地沃壤置富庶縣。人多力田，比屋豐富，故以爲名。金因之。元省入興中州，尋復置，屬本路。本朝未立。

金源縣

漢本徒河縣地，在營州東北。唐屬青山縣。遼開泰二年徙其部落於涿州范陽縣。金置金源縣，取金甸子以爲名。元因之。本朝未立。

惠和縣[五〇]

唐本歸義州地。總章中有海外數百部落降附於此，置歸義州以居之，隸幽州都督，後爲奚所據。遼徙漢民數百户於上京東兔兒山下，創城以居之，號曰惠州。金天輔五年州罷爲惠和縣。承安二年復置，治神山縣。元復改爲惠和縣，隸本路。本朝未立。

武平縣

唐本沃州地。遼太祖俘漢民，散居，以其地不可耕植，因建城池以遷之，號曰新城。宣帝統和八年更爲武安州。金罷州爲武平縣。元因之。本朝未立。

龍山縣

漢本交黎縣地。元魏契丹方興，置松漠，部落散居於此。唐貞觀二年隸營州都督，其地即古静番戍地。遼開泰二年建爲潭州。金皇統間改爲龍山縣，屬利州。元割屬大定府，至元四年還屬利州，其年復以來屬。本朝未立。

興中州

禹貢冀州之域，舜爲營州之境，星入尾度。商孤竹國。周春秋時入於山戎，戰國屬燕。秦爲遼西郡地。漢遼西郡柳城，即此地也。東漢爲遼西郡，而柳城其地尋爲烏桓、鮮卑、蹋頓所據。晉爲慕容皝所據，改柳城爲龍城。後北燕所都。元魏滅之，復於平州界立遼西郡，屬平州。隋開皇三年討平寶寧，及以其地置營州。煬帝初罷，又置柳城郡。唐武德元年改營州，以柳城爲都督府。天寶元年更名柳城郡。乾元間復爲營州。遼號霸州，置彰武軍節度使，後陞爲興中府。金省州縣，改營丘爲洪寧縣。元至元二年縣皆省，降府爲州，尋復爲興中府。七年，降爲州，屬大寧路。本朝未立。

建州

禹貢冀州之域，星分尾宿。周春秋時山戎所據。戰國屬燕。漢爲遼西郡柳城之地。東漢爲烏桓、鮮卑、蹋頓所據。三國魏平之，隸遼西郡。晉慕容氏據有其地。後爲北燕馮跋所奪。元魏平之，立遼西郡。後周爲高寶寧所據。隋始平之。唐武德元年屬營州都督，五年置昌樂縣，後復置柳城，其地屬焉。天寶元年以宗州屬柳城。乾元初復改柳城爲營州。五代自燕北擾攘，其地荒廢，契丹既盛，完葺故壘，號曰建州。遼置永霸、永康二縣。金省，後置縣曰建平。元省建平入州，仍隸大寧路。本朝未立。

惠州

禹貢冀州之域，星分尾度。漢右北平土垠縣地。晉爲北燕所據。北齊置東北道行臺。後周立總管府，並以□□郡兼領其地。唐屬無終縣，天寶間置馬監於此。後爲奚所據，以爲西郡。開泰中改爲澤州。金天輔元年州罷，改爲惠和縣。承安二年復置惠州，治神山縣。元初因之。辛亥歲縣並省，仍隸大寧路。本朝未立。

義州

禹貢冀州之域，星分尾宿。秦分置遼西郡爲絫縣。漢因之。東漢末其縣爲山戎所□。三國、晉皆爲戎。唐貞觀十九年，太宗征高麗，當駐軍于此，遂建城，號宜州崇信軍，上節度。金天德三年□□□□□□□州〔五二〕。元仍其舊。本朝未立。

利州

禹貢冀州之域，星分箕尾。周春秋、戰國屬燕。秦爲賓從縣地，屬遼西。漢東漢末爲東夷所據。晉唐武德五年分饒樂郡都督，於奚部落置鮮州，屬營州，後遷於青州。神龍中改隸幽州。天寶後爲奚所有。五代契丹平奚，其地建城。統和四年置阜俗縣，十六年更爲利州。開泰元年領阜俗縣。金因之。元至元二年降州爲利城縣。四年復置，割龍山縣隸大定府，阜俗縣併入本州，仍隸大寧路。本朝未立。

川州

禹貢冀州之域，星分尾度。唐本青山州地。遼會同三年置白川州。天禄五年改白川州領咸康等三縣，後省。金天眷二年陞州爲刺史，屬懿州。大定初州罷，隸咸平府。承安二年復置川州，仍屬懿州。元以縣併入州，屬北京路。至元二年省入懿州，尋復置川州，仍隸大寧路。本朝未立。

錦州

禹貢冀州之域，星入尾宿。周春秋屬燕。秦遼東縣地。漢因之。三國魏武帝伐烏桓，即其地也。晉爲北燕所據，置西樂郡。隋、唐其地空虚，及唐末入契丹。遼以其地實衝要，迺以所俘漢民居之，號錦州，臨海軍中節度。金因之，陞爲臨海軍節度。元至元三年，以錦州省入義州，尋復置，隸大寧路。本朝未立。

高州

禹貢冀州之域，星分尾度。唐本信州地，萬歲通天元年置。契丹失活部，屬營州都督，兵亂遷置青州。神龍初還隸幽州。遼開泰中伐高麗降三韓之人，遂建城邑以居之，故名高州。金天眷中省州存縣。承安三年復置州，析武平、松山等縣來屬。元甲戌歲陞爲興勝府，丙子歲仍改高州，隸大寧路。本朝未立。

瑞州

禹貢冀州之域，星分尾度。商爲孤竹國地。周春秋入於山戎。戰國隸幽州。秦屬遼西郡，爲遼州地。漢因之。晉慕容皝置集寧縣。隋煬帝復爲遼西郡。唐貞觀十年於營州界置營州都督。咸亨初改爲瑞州。萬歲通天二年遷於宗州。神龍初還隸幽州。五代州、邑並罷。遼開泰初女真五部歸焉，遂建城以居之，號曰來州，置來貞縣。金天德三年改爲宗州。太和六年復改瑞州。元至元六年縣並省。本朝未立。

廣寧路

親領縣二，所四：閭陽縣、望平縣，廣寧舊千户所、鍾秀舊千户所、淩川舊千户所、遼鎮舊千户所。

舜營州之境，星分尾度。秦遼東郡地。漢郡屬幽州無慮縣，爲西部都尉治所。莽廢。和帝永元十六年於遼東復置西部都尉，無慮仍屬焉。漢末爲公孫度所據。三國魏置護東夷校尉，居襄平以統之。晉咸寧二年復分遼東等郡置平州，後爲慕容廆所據。後周、隋高句麗略有遼東。唐高宗始平之，置巫閭守捉城。遼阿保機取其地。大聖會同二年，建顯州，奉先軍節度金天會七年改爲廣寧府，天眷三年改遼西路轉運司，領廣寧、望平、閭陽、鍾秀四縣。元克平遼東。辛丑歲更爲行軍民總管府，辛亥改爲軍民萬户府，中統元年復改萬户府爲總管府。至元六年降爲散府，十五年陞爲廣寧寧路總管府。本朝未立。

閭陽縣

漢本無慮縣地。遼大聖會同二年建顯州，奉先軍，又於州西南七里置乾州，廣德軍節度，立奉陵縣，後改曰閭陽。金大定七年徙閭陽治南州，後隸廣寧府。元壬寅年改縣爲閭陽千户所，至元六年改千户所爲縣，十五年又以縣爲行千户所事。本朝未立。

望平縣

漢望平地。遼爲山東縣，因割永豐縣西之民爲陵户，以其地在閭山之東而名焉。金初因之，置梁魚務。大定二十九年改爲望平縣，復漢舊名。元至元六年省鍾秀入焉，十五年割出鍾秀，治望平縣，兼行千户所事。本朝未立。

廣寧

漢無慮縣地。遼於醫巫閭山之東南建乾州奉先軍，仍置奉先縣，以爲附庸邑。金天會七年改曰廣寧縣，隸廣寧府。元壬寅歲改縣爲千户所，辛亥歲隸廣寧路，至元六年併本所入閭陽縣，十五年復析置廣寧千户所。本朝未立。

鍾秀

遼奉先縣地。金天會年置鍾秀□□□□府〔五二〕。元壬寅歲省縣入閭陽〔五三〕。辛亥歲復置千户所，隸廣寧路。至元六年省入望平縣，十五年復析置鍾秀千户所。本朝未立。

凌川

金本新茂州。元辛亥歲始置千户所，取凌川爲名。至元六年併入閭陽縣，十五年復析置千户所。本朝未立。

遼鎮

遼爲西州。金天會七年廢州爲遼鎮。元壬寅歲置遼鎮千户所，辛亥歲隸廣寧路。至元五年省入廣寧，十五年立遼鎮千户所，仍隸廣寧路。本朝未立。

瀋陽路

古挹婁故地也。唐渤海大氏建定理府，都督瀋、定二州，管領定理、平丘等九縣，此爲瀋州地也。遼定州與縣並罷，即瀋州爲興遼軍節度。金改爲昭德軍節度，大定中又改曰顯德軍，領樂郊等五縣。元丙子歲高麗神騎都領洪福源率西京、都護、龜州四十餘城來降。壬寅歲高麗國復叛，明年洪福源引衆拔歸，乃徙民散居遼陽、瀋州，初創城郭，置司僑，治遼陽故城。中統二年改爲安撫高麗軍民總管，治瀋州。元貞二年併兩司爲瀋陽等路安撫高麗軍民總管府，仍治遼陽故城。本朝未立。

開元路

古肅慎氏之地。元魏時始見中國，號曰勿吉。隋曰黑水靺鞨。唐武德五年酋長阿固郎來朝。貞觀□年以其地爲燕州。開元十年置黑水府〔五四〕，以部長爲都督刺史，十四年置黑水都督，幽州都督。咸通年間，渤海王玄錫强盛，以肅慎故地爲上京，號龍泉府。五代唐同光間，黑水兀兒及獨鹿皆遣使朝貢，其地東瀕海，南界高麗，西北與契丹接壤，即大金也。金始祖部落初號女真，後改曰女直。太祖烏古打既滅遼，即上京設都。皇統間□都於燕，正隆二年改爲會寧府，置上京留□□，十□年陞爲上京，治會寧〔五五〕，置曲□、□春二□□焉〔五六〕。元癸巳年師至開元，東土悉平，於建州故城□□□□□行路事，轄女直等户。□□年設開元□□□□户府，治黃龍府。至□□□二年□開元路，屬遼東道宣慰司〔五七〕。本朝屬女直千户所。

咸平府

服屬焉〔五八〕，秦以屬遼東郡外徼。及秦末，燕人衛滿略真番、朝鮮，置吏，築鄣塞。漢以其地遠難守，復修遼東政塞，至浿水爲界，封盧綰爲燕王，與朝鮮接壤，後綰叛，衛滿聚黨破朝鮮而自王。武帝元封三年，析其地置真番、臨屯、樂浪、玄菟四郡，而朝鮮、浿水二縣屬樂浪。東漢因之。漢末公孫度據有遼東，自號平州牧，其地屬焉。三國魏分樂浪等五郡爲平州，復合於幽州。晉分樂浪等郡置平州，以慕容廆爲刺史，後爲所據。朝鮮仍屬樂浪，後高句麗侵其地，慕容寶即以高句麗王安爲平州牧，復置銅山郡。唐滅高麗，置安東都護以統之，尋爲渤海大氏所據。遼平渤海，開泰八年遂招置平營流民，建城居之，號咸州，安東軍節度，亦曰咸平。金爲咸州。天德二年陞爲咸平府。元屬開元路，後復割屬遼東道宣慰司。本朝未立。

東寧路

支郡：都護府定遠府、黃州、德州、朔州、宣州、成州、熙州、孟州、靈州、延州、雲州、慈州、嘉州、順州、殷州、宿州、郭州、昌州、撫州、渭州、鐵州、泰州、价州、龍州、博州、鳳州、谷州。

親領縣二，鎮一：土山縣、中和縣，鐵化鎮。

古朝鮮地，星分箕宿。漢本平壤城，又號長安城，樂浪郡也。武帝元封二年滅朝鮮，置玄菟郡，以高麗爲縣，屬焉。晉安帝義熙後，其王高璉始居平壤城。唐太宗親征，攻拔二城。高宗又遣李勣攻拔扶餘、平壤，高麗遂平。垂拱中立高寶元爲朝鮮王。五代唐同光元年，高麗遣使來朝。長興二年，王建權知國事，遣使者來。明宗拜建黄州都督，充大義軍使，封高麗國王，逮傳子孫，以平壤爲西京。元至元六年李延齡等以六十城來歸〔五九〕。八年改西京爲東寧府，十三年陞爲路，仍領二府、二縣、一鎮、二十六州。本朝高麗王倎職爲臣，州縣並因其舊。

土山縣。沿革已見本路。

中和縣。沿革已見本路。

鐵化鎮。沿革已見本路。

都護府

古朝鮮幽州之域，星分箕宿。唐高宗總章元年，李勣平高麗國得城百七十，其地爲都督府，置安東都護府於平壤以統之。開元二年徙于平州。天寶二年又徙于遼西，改郡城。自唐之季，地入高麗。元至元六年，李延齡等以其地來歸，此爲都護府，領府、州、縣、鎮六十餘城，雖因唐舊而無其實，仍存舊名，隸東寧路。本朝因之。

定遠府

古朝鮮國，舜爲幽州之地，星分箕宿。元其地舊爲高麗所有，列置郡邑此爲定遠府。至元六年，李延齡等以其地來歸，仍存舊名，隸東寧路。本朝因之。

德州

親領縣四，鎮三：江東縣、永清縣、通海縣、順化縣，寧遠鎮、柔遠鎮、安戎鎮。

古朝鮮國，舜幽州之地，星分箕宿。元舊爲高麗之壤，列置郡邑，此爲德州，舊有縣鎮沿革並同。本朝因之。

昌州安義鎮。沿革見前。已下州縣並同。

鐵州定戎鎮。

泰州。

价州。

鳳州。

谷州。

博州遂安縣。

黄州安岳縣、三和縣、龍岡縣、咸從縣、江西縣、長命縣。

雲州。

慈州。

嘉州。
順州。
殷州。
宿州。
朔州。
宣州寧朔鎮、蓆島鎮。
成州樹德鎮。
熙州。
孟州三登縣、椒島鎮、椵島鎮、寧德鎮。
延州陽巖鎮。
雲州。
郭州。
撫州。
渭州。
龍州。

大金國志　許奉使行程録

宋著作郎許亢宗爲賀金主登位使，時太宗嗣立之次年，往宋爲宣和六年也。自雄州起，直至金主所都會寧府，共二千七百五十里。是時金國禮南使甚厚，猶未渝盟。今自臨安府餘杭門起，至雄州三千二百七十里；又自雄州至上京會寧府二千七百五十里，通計六千零二十里。

第一程，自雄州六十里至新城縣。

離州三十里至白溝，巨馬河源出代郡淶水，由易水界至此合流，東入于海。河闊止十數丈，深可二丈，南宋與契丹以此爲界。舊容城縣附雄州歸信縣寄里，自壬寅年冬于河北岸創築容城縣新壘，過河三十里到新城縣。契丹阿保機入寇，唐莊宗以鐵騎五千敗之于新城，即此地。舊爲契丹邊面，自與宋朝結好，百餘年間樓壁僅存。

第二程，自新城縣六十里至涿州。

涿州，古涿郡，黄帝與蚩尤戰于涿鹿之野，即此地。昔爲契丹南寨邊城，樓壁并存。及郭藥師舉城内屬，不經兵火，人物富盛，井邑繁庶。近城有涿河、劉李河〔六〇〕，合范河東流入海，故名范陽。

第三程，自涿州六十里至良鄉縣。

良鄉縣乃唐莊宗時趙德鈞銀鎮也。幽州歲苦契丹侵鈔轉餉，乃于鹽溝置良鄉縣，即此地。置燕山府，自經兵火之後，屋舍居民，靡有孑遺，師臣復加修築，樓壁煒然更新。離良鄉三十里，過蘆溝河，水極湍激，每候水淺深，置小橋以渡，歲以爲常。近年都水監輒于此河兩岸造浮梁，建龍祠宫，彷彿如黎陽三山制度〔六一〕。

第四程，自良鄉六十里至燕山府。

燕山乃古冀州地，舜以冀州廣遠，分置幽州，以其地在北方幽陰之地。東有朝鮮、遼東，北有樓煩、白檀〔六二〕，西有雲中、九原，南有滹沱、易水。唐制：范陽節度臨制奚、契丹。自晉割賂，建爲南京，又有燕京析津府，户口安堵〔六三〕，人物豐庶〔六四〕。州宅用契丹舊大内，壯麗曼絶。城北有市，陸海百貨，萃于其中。僧居佛寺，冠于北方。錦綉組綺，精絶天下。蔬蓏菓實，稻粱之類〔六五〕，靡不畢出。桑柘麻麥，羊豕雉兔，不問可知。水甘土厚，人多技藝，民尚氣節，秀者讀書，次習騎射，耐勞苦。既城後，遠望數十里，宛然如帶，回環繚繞，形勢雄傑，真用武之國也。國初更府名曰燕山軍，額曰「永清」〔六六〕，城周圍二十七里〔六七〕，樓壁高四十尺，樓計九百一十座，池塹三重，城開八門。

第五程，自燕山府八十里至潞縣。

潞縣東半里許有潞沙，曹操征烏丸，袁尚等鑿渠，自滹沱由派水入潞沙，即此地也。

第六程，自潞縣七十里至三河縣。

三河縣隸薊州，後唐德鈞于幽州東置三河縣，以護轉輸，即此。

第七程，自三河縣六十里至薊州。

薊州乃漁陽也，因問天寶禄山舊事，人無能知者。

第八程，自薊州七十里至玉田縣。

玉田縣之東北，去景州百二十里。自甲辰年金人雜奚人直入城内劫擄，每邊人告急，四月之内凡三至，盡軍民一火而去〔六八〕。宣撫使王安中創築此縣，後改爲經州。

第九程，自玉田縣九十里至韓城鎮。

鎮有居民可二百家，並無城。

第十程，自韓城鎮五十里至北界清州。

出韓城鎮東行十餘里，至金國所新立地界，並無溝塹，惟以兩小津堠，高三尺許。其兩地界，東西闊約一里許内，兩界人户不得耕種。行人並依奉使契丹條例，所至州，備車馬護送至界首。前期具國信使副職位姓名關牒，北界備車馬人夫以待，彼中亦如期差接伴使副于界首伺候〔六九〕。兩界各有幕次行人，先令引接，賫國信使副門狀過彼，彼亦令引接，以接伴使副門狀回示，仍請過界。于例三請方上馬，各于兩界心對馬立，引接互呈門狀，各揚鞭虚揖如儀〔七〇〕，以次行焉〔七一〕。四十里，至清州各相勞問。州原是石城縣，金國新改爲清州，兵火之後，居民纔百餘家。是晚酒五行進飯，其食品不可向口。自此以東，遇館頓或宿程〔七二〕，其供應人旋于民漢兒内選之。每遇迎南使，則給銀牌，入主幹者各懸一枚于腰間，名曰「銀牌天使」。

第十一程，自清州九十里至灤州。

灤州古無之，唐末天下亂，阿保機攻陷平營，劉守光據幽州暴虐，民不堪命，多逃亡依阿保機爲主，築此以居之。州處平地，負麓西崗；東行三里許，亂山重疊，形勢險峻；河經其間，河面闊三百步，亦控扼之所也。水極清泚，臨河有大亭，名曰「灈清」，爲塞北之絶郡。守將迎于此，回程錫宴是州。

第十二程，自灤州四十里至望都縣。

民既入契丹依阿保機，即于所居處創立縣名，隨其來處鄉里名之，故有望都、安喜之號。唐莊宗以鐵騎五千退保望都，即此縣也。

第十三程，自望都縣六十里至營州。

營州古柳城，舜所築也，乃殷之孤竹國，漢、唐、遼西地。金國討張瑴，是州之民屠戮殆盡，存者貧民十數家。是日行人館于州宅〔七三〕，古屋十數楹，庭有大木十數株，枯腐蔽野，滿目凄凉，使人有吊古悼亡之悲。州之北有六七里，聞有大山數十，其來甚遠，高下皆石，不産草木，特立州後，如營衛然，恐州以此得名。

第十四程，自營州一百里至潤州。

離營州東行六十里至渝關，並無堡障，但存遺趾，有居民數家。登高回望，東自碣石，西徹五臺，幽州之地，沃野千里。北限大山，重巒中有五關：居庸可以行大車，通轉餉；松亭、金坡、古北口止通人馬，不可行車；外有十八路，盡兔徑鳥道，止能通人，不可行馬。山之南地，則五穀百菓，美木良材，無所不有。出關未數十里，則有山童水濁，皆瘠鹵彌望，黄茅白草〔七四〕，莫知其極。蓋天設此以限南北也。茲以來類皆如此，更不再叙。

第十五程，自潤州八十里至遷州。

彼中行程並無里堠，但以行徹一日即記爲里數。是日行無慮百餘里。金人居常行馬，率皆奔軼。此日自早飯罷行，至暝方到。道路絶人烟，不排中頓，行人饑渴甚。自茲以東，類皆如此。

第十六程，自遷州九十里至習州。

遷州東門外十數步，即古長城，所築遺址宛然。

第十七程，自習州九十里至來州。

無古跡。

第十八程，自來州八十里至海雲寺。

離來州三十里，即行海東岸，俯挹滄溟，與天同碧，窮極目力，不知所際。是寺去海半里許，寺後有温泉二池。望海中有一大島，樓殿萃堵波之上，有龍宫寺，見安僧有數十人。是夜行人皆野盤。

第十九程，自海雲寺一百里至紅花務。此一程盡日行海岸，紅花務乃金人煎鹽所，去海一里許。至晚，金人餽海魚數十枚烹作，美味極珍。

第二十程，自紅花務九十里至錦州。自出渝關，東西路如平掌，至此微有登陟，徑由十三山下〔七五〕。

第二十一程，自錦州八十里至劉家莊。是夜行人皆野盤。

第二十二程，自劉家莊一百里至顯州。出渝關以東，南行瀕海，北限大山，盡皆麄惡不毛。至山，忽峭拔摩空，蒼翠萬仞，全類江左，乃醫巫閭山也。成周之時，以醫巫閭作鎮，其遠如此。

第二十三程，自顯州九十里至兔兒渦。

第二十四程，自兔兒渦六十里至梁魚務。

離兔兒渦東行，即地勢卑下，盡皆萑苻，沮洳積水。是日凡三十八次渡水，多被溺，名曰遼河。瀕河南北千餘里，西二百里，北遼河居其中，其地如此〔七六〕。隋、唐征高麗路皆由此〔七七〕。秋夏多蚊虻，不分晝夜，無牛馬能致行，以衣被包裹胸腹，人皆重裳而披衣，坐則蒿草薰烟，稍能免。務基依水際，居民數十家，環繞彌望，皆荷花，水多魚。徘徊久之，頗起懷鄉之思。

第二十五程，自梁魚務百單三里至没咄寨。

離梁魚務東行六十里，即過遼河，以舟渡，闊狹如淮。過河東亦行淀五十里，舊廣州惟古城有貧民三五家。是夜宿没咄寨。

第二十六程，自没咄寨八十里至瀋州。

第二十七程，自瀋州七十里至興州。

契丹阿保機破渤海國，建爲東京路。自此所至屋宇，雖皆茅茨，然居民稍盛，食物充足。

離興州五十里至銀州中頓，又四十里至咸州。

第二十八程，自興州九十里至咸州。

未至咸州一里許，有幕屋數間，供帳皆備。州守出迎，禮如制。就坐，樂作，有腰鼓、蘆笛管〔七八〕、琵琶、方響、箏、笙、箜篌、大鼓、拍板，曲調與南朝一同。酒五行，樂作，迎歸館。次日早，有中使撫問，別一使賜酒果，一使賜宴。赴州宅，就坐，樂作，酒九行，食品雜進，名曰茶飯。

金國每賜宴〔七九〕，必貴臣押伴。是日押伴貴臣備酒，輒大言説：「金國之强，控弦百萬，無敵于天下。」使長折之曰：「宋有天下二百年，幅員三萬里，勁兵百萬，豈爲弱耶？某啣命遠來賀大金皇帝登寶位〔八〇〕，大金皇帝止令太尉來伴行人酒食，何嘗令大言以相罔也？」辭氣俱厲，押伴者氣慴。及賜宴畢，例有謝表曰：「祇造鄰邦。」中使讀之曰：「使人輕我大金也。」表辭不當用邦字，論語云『蠻貊之邦』。」使長正色而言曰：「書不云乎，『協和萬邦』；詩不云乎，『周雖舊邦』，皆邦字。而中使止誦此一句以相問。表不可换，須到闕，當與讀書人理會，中使無多言。」中使無以答。使長許亢宗，饒之樂平人，以才被選，爲人藴藉〔八一〕，似不能言者，臨事敢發如此，金人壯之。

第二十九程，自咸州九十里至同州。

自咸州四十里至肅州，又五十里至同州。離咸州即北行，州地平壤〔八二〕，居民所在成聚落。新稼殆遍地，宜穄黍。東望大山，金人云：「此新羅山。」山内深遠，無路可通，其間出人參、白附子，深處與高麗接界。山下至州，可行路三十里。

第三十程，自同州三十里至信州。

回程錫宴于此。

第三十一程，自信州九十里至蒲里孛堇寨。

第三十二程，自孛堇寨四十里至黄龍府。

契丹阿保機初攻渤海，射黄龍于此地，即建爲府。是日州守迎迓如儀。有中使撫問，賜酒果，錫宴，一如咸州制。自此東行。

第三十三程，自黄龍府六十里至托撒孛堇寨。府爲契丹東寨，當契丹强盛時，擒獲異國人，則遷徙散處于此。南有渤海，北有鐵離、吐渾，東南有高麗、靺鞨，東有女真、室韋，北有烏舍，西北有契丹、回紇、党項，西南有奚。故此地雜諸國俗，凡聚會處，諸國人語言不通，則各爲漢語以證，方能辯之。

第三十四程，自托撒九十里至漫七離孛堇寨。道傍有契丹舊益州、賓州，皆空城。

第三十五程，自漫七離一百里至和里閑寨。離漫七離行六十里，即古烏舍寨。寨枕混同江湄，其源來自廣漠之北，遠不可究。自此有南流五百里，接高麗鴨緑江入海，江面闊可半里許。寨前高岸有柳樹，沿路設行人幕次于下。金人尤師李靖居于是，靖累使宋朝。此排中頓，由是飲食精細絶佳。時當仲夏，藉樹陰俯瞰長江，涼飆拂面〔八三〕，槃薄少頃，殊忘鞍馬之勞。過江四十里，宿和里閑寨。

第三十六程，自和里閑寨九十里至句孤孛堇寨。自和里閑寨東行五里，即有潰堰斷塹〔八四〕。自北而南，莫知遠近，界隔甚明。乃契丹昔與女真兩國古界也。八十里直至來流河，行終日無寸木，地不産泉，人携水以行，豈天以限兩國也？來流河闊三十餘丈，以船渡。又五里，至句孤寨。自此以東，散處原隰間，盡女真人，更無異族。無市井，賣買不用錢〔八五〕，惟以物相貿易。

第三十七程，自句孤寨七十里至達河寨。

第三十八程，自達河寨四十里至蒲撻寨。

是日金使前來排辨祇候。

第三十九程，自蒲撻寨五十里至館。

行三十里，至元寶郎君宅，接伴使副具狀辭，館伴使副于此始見，如接伴禮。金國每差接伴、館伴、送伴客省使，必于女真、渤海、契丹人物白皙詳緩能漢語者爲之。復有中使撫問，賜酒果宴如常儀。畢，又行三十里至館。館惟茅舍數十間，堂室皆帟幕，武夫守護甚嚴。此去北庭尚十里。次日，賜酒果。次早，館伴同行，馬可五七里，一望平原。曠野間有居民千餘家，星羅棊布〔八六〕，更無城郭里巷〔八七〕，率皆背陰向陽。又三里，命去傘，近闕地作百步，有阜宿圍繞三數頃，並高丈餘，云皇城也。至于宿門，就龍臺下馬，歇定，酒三行。少頃，聞鞞鼓聲，人歌，引三奏，樂作，閤門使及祇候班引入，即捧國書及陳禮物于庭下，傳進如儀。贊通拜舞抃蹈訖，使副上殿，以次就坐，餘並退。山棚之左曰「桃源洞」，右曰「紫微洞」，中作大牌曰「翠微宫」，高五七丈，建殿七棟，甚壯，榜額曰「乾元殿」，堦高四尺，堦土壇方闊數丈，名曰「龍墀」。殿内以兵數十人，分兩壁立〔八八〕。四面興築架屋數千百間。金主御座前施朱漆銀裝金几案，果楪酒器皆金玉，酒味食品皆珍美〔八九〕。樂部二百人，乃契丹教坊四部也。酒五行，食畢，合賜襲衣袍帶，使副以金，餘人以銀。謝畢，歸館。次早，中使賜酒果，復賜餼，以綿帛折充。次日，再謁北庭，赴花宴，並如儀。酒三行，樂作，鳴鉦擊鼓〔九〇〕，百戲出場。酒五行，各起就帳，戴色絹花各二十餘枝，謝罷，復坐。酒七行，歸館。次日，又有中使賜酒果，復有貴臣就賜，併伴射于館内。庭下設樂作。酒三行，伴射貴臣、館伴使副、國信使副離席〔九一〕，就射三矢，弓弩從便用之，勝負各有差，就賜襲衣鞍馬。次日，朝辭，儀如見時。酒果畢，就殿上請國書，捧下殿〔九二〕。賜使副襲衣物帛鞍馬三節，人物各有差。拜辭訖，就館，酒行樂作，名爲「惜別之會」，又曰「换衣燈宴」。酒三行，各出衣服三數件或幣帛交遺。常時相聚〔九三〕，惟勸酒食，不敢多言。至此夜，語笑甚歡，不計其巡，以醉爲度，皆舊例也。次日，回程起發，至兀室郎君宅，館伴使副展狀辭，送使副于此，相見如儀。有中使撫問，賜酒果皆如來時。至信州、灤州同此，回程更不再叙。至清州將出界，送伴使副夜具酒食，亦爲惜别之會，出衣服數件或幣帛交遺，情意甚勤。次早，發回至界，有幕次。下馬而望，我界旗幟、甲馬、車輿、䜌幕以待，人皆有喜色。少頃樂作，酒五行，上馬復送至兩界中；彼使副回馬對立，馬上一盃换所執鞭，以爲異日之記；引展接狀，舉鞭揖，各則背馬回顧；少頃，進數步，躊躇爲不忍之狀，如是乃行。彼中人情皆悽惻，爲之揮淚，南人無之。

【校勘記】

〔一〕水經注以碣石在絫縣　「絫」，原作「參」，據敷文閣本、水經注卷十四濡水改。

〔二〕文苑移官山北　圭塘小稿（文淵閣四庫全書本）卷十一哈斯布色哀辭無「官」字。

〔三〕山北置大寧白霫地　「白」，原作「古曰」，據圭塘小稿卷十一哈斯布色哀辭改。

〔四〕豈其不容刀以達於大寧乎　「刀」，原作「刁」，據毛詩正義（中華書局一九八〇年影印本十三經注疏）卷三衛風河廣「誰謂河廣，曾不容刀」改。

〔五〕世無奚超勇　「勇」，原作「南」，據白珽湛淵遺稿（武林往哲叢書本）卷中續演雅十詩改。

〔六〕「至是乃命翰林侍講火原潔與編脩馬沙亦里」句　「馬沙亦里」，吾學編皇明四夷考（隆慶元年鄭履淳刻本）卷上、昭代典則（萬曆二十八年萬卷樓刻本）卷九等作「馬懿赤黑」。

〔七〕臣聞雲代一帶　「代」，原作「谷」，據大學衍義補卷一百五十一治國平天下之要馭外蕃改。

〔八〕高閭所謂六鎮不過千里　大學衍義補卷一百五十一治國平天下之要馭外蕃於「六鎮」下有「東西」二字。

〔九〕臣竊以爲今山後緣邊之地　「爲」，原作「謂」，「緣」，原作「沿」，據大學衍義補卷一百五十一治國平天下之要馭外蕃改。

〔一〇〕東起永寧之四海冶　「冶」，原作「治」，據大學衍義補卷一百五十一治國平天下之要馭外蕃改。

〔一一〕「於外墩之内」以下三句　原本「之」下闕「内每」二字，「里」下闕「各爲總臺數處」六字，據大學衍義補卷一百五十一治國平天下之要駁外蕃補。

〔一二〕墩之下於三四里間 「三四」，原作「二三」，據大學衍義補卷一百五十一治國平天下之要駁外蕃改。

〔一三〕以燈數多寡爲緩急衆寡之候 原本「爲」下有「虜」字，據大學衍義補卷一百五十一治國平天下之要駁外蕃删。

〔一四〕煅羊角及魚魫爲之 「及」，原作「效」，據大學衍義補卷一百五十一治國平天下之要駁外蕃改。

〔一五〕延慶州城居庸關 「延」，原作「隆」，據明史卷四十地理一改。

〔一六〕系沿邊墩九座 「系」，原作「李」，據敷文閣本改。

〔一七〕□遠墩 □，敷文閣本作「靖」。

〔一八〕以爲兀良哈入貢之道 「兀良哈」，四庫全書本大學衍義補卷一百五十一作「烏梁海」。海南書局一九三一年重版丘濬進呈、陳仁錫評閱本大學衍義補亦作「兀良哈」。

〔一九〕舊大寧 敷文閣本「寧」下有「論」字。

〔二〇〕「何至大安口」句 「糜」，原作「縻」，據敷文閣本改。

〔二一〕皆不過一二百里 「過」，原作「遇」，據濂溪堂本、敷文閣本改。

〔二二〕漢書地理志 原無「地理志」三字，下文出自漢書卷二十八下地理志八下，據此補。

〔二三〕夷水東入塞外 「入」，原作「東」，據漢書卷二十八下地理志八下改。

〔二四〕後漢書郡國志 原無「郡國志」三字，下文出自後漢書卷三十三郡國志五，據此補。

〔二五〕繩水出焉 「繩」，原作「編」，據山海經校注（上海古籍出版社一九八〇年版）卷三北山經改。

〔二六〕魏書地形志 原無「地形志」三字，下文出自魏書卷一百六中地形志二中，據此補。

〔二七〕併令支含資屬焉　「含」，原作「合」，據魏書卷一百六中地形志二中改。

〔二八〕昌新　原作「新昌」，據魏書卷一百六中地形志二中改。

〔二九〕前漢屬涿後漢晉屬遼東後屬　魏書卷一百六中地形志二中校勘記〔八三〕引温日鑑魏書地形志校録：「按此縣亦後魏僑置，當從朝鮮注爲例。且營州遼東郡新昌縣『二漢、晉屬』，此復書『後漢、晉屬遼東』，而以前漢涿郡之新昌合二爲一，抵牾甚矣。漢志卷二八下新昌，明是兩縣。一屬蜀涿郡，後漢省，今固安縣南三十里；一屬遼東，在今海城縣東。」

〔三〇〕隋書地理志　原無「地理志」三字，下文出自隋書卷三十地理中，據此補。

〔三一〕温水　「温」，原作「涅」，據隋書卷三十地理中改。

〔三二〕巨梁水　「巨」，原作「臣」，據隋書卷三十地理中改。

〔三三〕新昌　「新」，原作「親」，據隋書卷三十地理中改。

〔三四〕新唐書地理志　原無「地理志」三字，下文出自新唐書卷三十九地理三，據此補。

〔三五〕愛川周夔二鎮城　「夔」，原作「愛」，據新唐書卷三十九地理三改。

〔三六〕宋史地理志　原無「地理志」三字，下文出自宋史卷九十地理六，據此補。

〔三七〕賜郡名曰平虜防禦　原無「虜」字，據宋史卷九十地理六補。

〔三八〕禹貢嬀水出雷首　今尚書正義（中華書局一九八〇年影印本）卷六夏書禹貢無此語。

〔三九〕視屬車法從千乘萬騎爲甚省　「法」，敷文閣本作「佐」。

〔四〇〕左驍衛將軍邵宏等充使　「左」，原作「右」，據舊唐書卷一百八十五下宋慶禮傳改。

〔四一〕「開平府」　大明清類天文分野之書（明刻本，下同）卷二十三燕分野作「上都路」。

〔四二〕「親領縣一開平」　大明清類天文分野之書卷二十三燕分野及卷二十四，於路、府、州名下均無「親領縣」內容。

〔四三〕耶律德光改南京爲東京　「耶律」，原作「律耶」，據遼史卷四太宗本紀下改。

〔四四〕開皇三年討平高寶寧　原闕「三」字，據隋書卷一高祖本紀上補。

〔四五〕□□□　通典卷一百七十八州郡八古冀州上：「隋文帝時討平寶寧，復以其地爲營州。」

〔四六〕「太宗」至「其地叛服不常」　新唐書卷二百一十九奚傳：「帝伐高麗，大酋蘇支從戰有功，不數年，其長可度者內附，帝爲置饒樂都督府……復置東夷都護府於營州……顯慶間，可度者死，奚遂叛。」

〔四七〕「統和二十五年」以下三句　「五」，原作「四」，據金史卷二十四地理志上、續文獻通考卷二百二十九輿地考（文淵閣四庫全書史部十三政書類）改。蒙古遊牧記（同治祁氏刻本）卷二喀喇沁部：「遼統和二十五年，以故奚王牙帳置中京大定府。」

〔四八〕「初爲北京」二句　元史卷五十九地理志二：「元初爲北京路總管府……（至元）七年，興中府降爲州，仍隸北京，改北京爲大寧。」

〔四九〕室韋□□屬之　新五代史卷七十四四夷附録三：「契丹安巴堅彊盛，室韋、奚、霫皆服屬之。」按：「安巴堅」即「阿保機」。

〔五〇〕惠和縣　「和」，原作「河」，據上、下文改。

〔五一〕「天德三年」句　金史卷二十四地理志上：「義州下崇義軍節度使，遼宜州，天德三年更州名。」

〔五二〕天會年置鍾秀□□□□府　讀史方輿紀要卷三十七遼東行都司：「金天會八年改置鍾秀縣，屬廣寧府。」盛京通志（文淵閣四庫全書本）卷一百一錦州府境内郡縣古蹟：「金天會八年改置鍾秀縣，屬廣寧府」「會」，原作「眷」，據此改。

〔五三〕壬寅歲省縣入閭陽　原闕「入閭」二字。明一統志（文淵閣四庫全書本）卷二十五遼東都指揮使司：「鍾秀城：……金置此縣，屬廣寧府，元省入閭陽縣。」據此補。

〔五四〕開元十年置黑水府　原闕「十」字。據新唐書卷二百十九黑水靺鞨傳、唐會要（上海古籍出版社二〇〇六年版）卷九十六靺鞨補。

〔五五〕「皇統間□都於燕」至「治會寧」　金史卷二十四地理志上：「天眷元年，號上京。海陵貞元二年，遷都于燕，削上京之號，止稱會寧府。」「天眷元年，置上京留守司」。「大定十三年七月，復爲上京」。

〔五六〕置曲□□春二□□焉　續通典卷一百三十一州郡「金上京路」：「天眷元年，置上京留守司……後置上京海蘭等路提刑司，領縣三：會寧、曲江、宜春。」

〔五七〕「癸巳年」至「遼東道宣慰司」　元史卷五十九地理志二作：「元初癸巳歲，出師伐之，生禽萬努。師至開元率賓，東土悉平。開元之名，始見於此。乙未歲，立開元、南京二萬户府，治黄龍府。至元四年，更遼東路總管府。二十三年，改爲開元路，領咸平府。後割咸平爲散府，俱隸遼東道宣慰司。」

〔五八〕服屬焉　原本前多損闕，僅存「營州東」、「天下朝鮮畏秦襲」十字。三國志魏志卷三十韓傳引魏略：「及秦并天下，使蒙恬築長城到遼東，時朝鮮王否立，畏秦襲之，略服屬秦。」

〔五九〕李延齡等以六十城來歸　原闕「六」字，據元史卷五十九地理志二、大明清類天文分野之書卷二十四補。

〔六〇〕劉李河　原無「劉」字，據大金國志校證（中華書局一九八六年版）卷四十補。
〔六一〕彷佛如黎陽三山制度　「彷佛」，原作「旁佛」，據大金國志校證卷四十改。
〔六二〕白檀　「檀」，原作「柂」，據大金國志校證卷四十改。
〔六三〕户口安堵　「安」，原作「按」，據大金國志校證卷四十改。
〔六四〕人物豐庶　「豐」，原作「典」，據大金國志校證卷四十改。
〔六五〕稻粱之類　「粱」，原作「梁」，據大金國志校證卷四十改。
〔六六〕額曰永清　「永清」，原作「青青」，據大金國志校證卷四十改。
〔六七〕城周圍二十七里　原無「城」字，據大金國志校證卷四十補。
〔六八〕盡軍民一火而去　原無「火」字，據大金國志校證卷四十補。
〔六九〕差接伴使副于界首伺候　「伴」，原作「判」，「使副」，原作「副使」，據大金國志校證卷四十改。
〔七〇〕各揚鞭虚揖如儀　「揚」，原作「虚」，據大金國志校證卷四十改。
〔七一〕以次行焉　「焉」，原作「馬」，據大金國志校證卷四十改。
〔七二〕遇館頓或宿程　「遇」，原作「過」，據大金國志校證卷四十改。
〔七三〕是日行人館于州宅　「人」，原作「入」，「州」，原作「周」，據大金國志校證卷四十改。
〔七四〕黄茅白草　「黄」，原作「白」，據大金國志校證卷四十改。
〔七五〕徑由十三山下　「三」，原作「二」，據大金國志校證卷四十改。
〔七六〕其地如此　原闕「地」字，據大金國志校證卷四十補。

〔七七〕隋唐征高麗路皆由此　「征」，原作「往」，據大金國志校證卷四十改。

〔七八〕蘆笛管　大金國校證卷四十作「蘆管笛」。

〔七九〕金國每賜宴　「每」，原作「再」，據大金國志校證卷四十改。

〔八〇〕「某唧命遠來」句　「某」，原作「其」，據大金國志校證卷四十改。

〔八一〕爲人蘊藉　「蘊藉」，原作「醖釀」，據大金國志校證卷四十改。

〔八二〕州地平壤　「地平」，原作「平士也」，據大金國志校證卷四十改。

〔八三〕涼飆拂面　原無「涼」字，據大金國志校證卷四十補。

〔八四〕即有潰堰斷塹　「塹」，原作「擊」，據大金國志校證卷四十改。

〔八五〕寶買不用錢　「用」，原作「能」，據大金國志校證卷四十改。

〔八六〕星羅棊布　「棊」，原作「纅」，據大金國志校證卷四十改。

〔八七〕更無城郭里巷　「郭」，原作「廓」，據大金國志校證卷四十改。

〔八八〕以兵數十人分兩壁立　「十」，原作「千」，「分」下原有「人」字，「立」，原作「六」，據大金國志校證卷四十删改。

〔八九〕酒味食品皆珍美　「品」，原作「美」，據大金國志校證卷四十改。

〔九〇〕鳴鉦擊皷　「擊」，原作「百」，據大金國志校證卷四十改。

〔九一〕國信使副離席　原無「副」字，據大金國志校證卷四十補。

〔九二〕就殿上請國書捧下殿　「請」，原作「捧」，「捧」，原作「請」，據大金國志校證卷四十改。

〔九三〕常時相聚　原闕「時」字，據大金國志校證卷四十補。

蘇州備録上

蘇州府

疆域

東至東沙海岸三百一十四里，西至常州府宜興縣界一百里，南至浙江嘉興府秀水縣界九十四里，北至揚州府通州界一百五十里，東南至松江府華亭縣界一百二十六里，東北至大海一百七十二里，西南至浙江湖州府烏程縣界一百五十一里，西北至常州府無錫縣界四十九里。

城

周三十四里五十三步九分注一。

衛

蘇州衛，領四千户所注二。

驛遞

姑蘇驛注三。

鈔關

滸墅鈔關，在府西北三十里。

形勢

南近諸越，北枕大江。漢武帝賜嚴助書。川澤沃衍，有海陸之饒。隋地理志。

往事

國都二：吴闔廬都姑蘇，至其子夫差，越人滅之。元末張士誠據平江，稱吴王，我太祖平之。

帝幸一：宋高宗紹興四年，金人入犯。十月，幸平江。至明年二月，還臨安。

起兵二：楚項梁及羽，自會稽以江東子弟八千人渡江。宋建炎三年，韓世忠自平江入杭，定苗劉之變。

山水

大江在常熟縣之北，上接江陰縣界，下入海，與通州對岸。

海在太倉州嘉定縣之東，上接江流，南至上海縣界。

太湖在府城西南四十里，禹貢謂之「震澤」，周官、爾雅謂之「具區」，史記、國語謂之「五湖」。其大三萬六千頃，東西二百餘里，南北一百二十里，周五百里，跨蘇、常、嘉、湖四府界。北有百瀆，納建康、常、潤數郡之水，南有諸漊，納宣、歙、臨安、苕、霅諸水，其東則入于三江。其名五湖者，圖經以貢湖、游湖、胥湖、梅梁湖、金鼎湖爲五，魏韋昭以胥湖、蠡湖、洮湖、滆湖與太湖爲五。吴虞翻云：太湖東通淞江，南通霅溪，西通荆溪，北通滆湖，東連韭溪，凡五道，故名。志曰：今湖亦自有五名：自莫釐山之東，與徐侯山相值者中爲菱湖。周迴三十里，西口闊二里。莫釐之西北，與菱湖連者爲莫湖。南連莫湖，東逼胥山者爲胥湖。二湖各廣五六十里。長山之東曰游湖。周五六十里，西口闊二里，其東岸即樹里。長山之西北，連無錫老岸曰貢湖。周迴一百九十里。別有金鼎湖、梅梁湖、東臯里湖，其浸則通謂之太湖。

太湖圖。圖原闕。

嘉靖中，崑山鄭若曾作太湖圖而爲之論曰[注四]：太湖延袤五百餘里，雄跨蘇、常、湖三境，全吴巨浸，無大于此。論水利，則三郡田賦豐歉係焉。論兵防，則三郡封疆安危係焉。全吴利害，亦無大于此。向來論經略者，多未之及。或謂東西洞庭及濱湖諸山，古來兵火不及，奚必議守？然自古大兵之下江南也，或從京口，或從三壩，志在城郭，則山林必在所棄。若倭夷、土寇則不然，志在鹵掠，棄無就有。今腹内諸村鎮搜括已盡，必趨于未經兵火之地，則沿湖諸境非所當防者耶！況自太湖入宜興，以至金陵，爲道甚捷，不可不先事而爲之防也。或曰：湖中風波與江、海異，若之何其禦之？曰：此非漁網船不可。蓋江船與海船不同，海船與内河之船不同，内河之船與湖泖船又不同。内河之船，即今之官航民船是已。江船大者爲川、爲襄，小者爲滿江洪[一]、爲擺渡之類。海船十餘種，廣東新會船、東莞船、大福船、草撇船、海滄船、開浪船、高把稍船、艙艏船、蒼山船、八槳船、鷹船、漁船、蜈蚣船、兩頭船、網船、沙船。曾已圖形于籌海圖編，可覽而知。若湖泖之船，雖生長吴地者，問之多不知，況以宦游之人而知用之乎？請詳言之。夫湖泖之船，大小不齊。運石者謂之山船，運貨者謂之駁船，民家自出入者謂之塘船，衛所巡司所用者謂之巡船，鄉夫水兵所駕者謂之哨船，往來津口者謂之渡船。之六者，雖皆習知湖中風濤之性，尤未若漁船之便利也。漁船莫大于帆罟，其桅或六道，可裝二千石。或五道，可裝一千四五百石。或四道，可裝千石。無間寒暑，晝夜在湖，每二隻合爲一舍，素爲賊之所畏。聯而艅之，太湖攻戰，此其最善乎！此船小者，亦可入港，桅三道、可裝五百石。二道可裝百石以下。是也，江湖中皆有之。若風息時，無問大小，皆不適用。蓋罟之所利者，狂風怒濤也。其尾無櫓，其旁無槳。風息帆弛，即不如巡、哨船之擊楫爲有用矣。其次爲江邊船，大者可裝二千石，以漸而降至於百石。自五桅以至二桅，亦專使帆，無櫓與槳。其中號以下者可入港，最大者不可入港。若欲出揚子江，則繇錫山高橋下江水寬處行，然須重載壓船喫水，方可過高橋也。其次爲廠梢船，大者可裝六七百石，漸降至六七十石。又其次爲小鮮船，即湖中航船是也[二]，大者不滿百石。二者皆有帆而有櫓。又其次爲剪網船，亦合二隻爲一舍。船雖狹小，第一迅駃。又其次爲絲網船，駕使不過三人，而風帆迅駃，人亦堪用。此二者，各湖所共有也。又其最小者爲划船，三四人盪槳如飛，疾于剪網，但不用風帆，不利湖浪，用之以探報，諸舟所不及矣。其遇賊也，以槳超淖泥潑賊舟，舟滑難立，大爲賊之所憚。此船惟吳江、長洲有之，他縣皆無。而吳江之二十九都者，慣一行劫，至爲可惡。凡此皆漁船之可用者也。其他湖泖内港漁船，尚有輒網、一人坐于船首輒魚者是。趕網、一輒一趕者是。逐網、一二口網在于船頭者是。罩網、秋冬罩魚，夏月則歇而捕田雞者是。江網、立木于吳淞江鮎魚口水中，兩兩相峙，其人登架，其船下泊是也。溏網。一隻帶頭，一隻安坐溏岸上起網者是。六者皆遲鈍不適于用，所適用者惟鸕鷀船，一名水老鴉，一櫓一槳，或二槳。出于吴江、長洲二縣。其駕使不過二三人，其缺埒于剪網，善用之，大爲軍旅之助。或又曰：週湖港口無慮百數，焉得港港而備之？曰：不然。湖口雖多，通舟往來者，不過如吴江之韭溪、葉港、雪落洪、坍闕、鮎魚口，吴縣之莫舍漊、胥口港，無錫之獨山、浦嶺、吴塘門，武進之馬蹟山，宜興之荆溪、東蠡河、忻溪、直瀆之類，可指而數也。各練鄉兵守之，而以巡、哨船爲之探報，帆罟、邊江等船常居深水，賊豈能入湖也哉？然大小漁船未經刷集，一旦用之，欲望其出死力，不能也。須平時籍之於官，蠲其役，專委一廉仁有司訓教之，則善矣。

三江

禹貢：「三江既入，震澤厎定。」周禮職方氏揚州：「藪曰具區，川曰三江。」國語：子胥曰：「三江環之，民無所移。」范蠡曰：「與我争三江五湖之利者，非吴耶？」戰國策：黄歇上秦王書曰：「越王禽之三江之浦。」吴越春秋曰：「范蠡乘舟出三江之口。」越絶書曰：「出三江之口，入五湖之中。」三江之名，見于古者如此。史記正義曰：「三江者，蘇州東南三十里名三江口，一江西南上七十里至太湖，名曰淞江，古笠澤江；一江東南上七十里至白蜆湖，名曰上江，亦曰東江；一江東北下三百餘里入海，名曰下江，亦曰婁江。於其分處，號曰三江口。」顧夷吴地記云：「淞江東北行七十里，得三江口，東北入海爲婁江，東南入海爲東江，并淞江爲三江。」按今淞江自吴江縣東長橋東行二百六十里入海，自元立松江府于水之南，而此江遂名吴淞，禹迹之存于今者，此一江而已。婁江，或曰自府城東經崑山、太倉入海，今名劉家河者是。今府城東門名婁門，亦其證也。元海運，國初下洋，皆由此。崇禎末，漲塞。東江，大抵在府東南與松江府境，自海塘障于南，水北折爲黃浦，而東江不可考矣。元潘應武以爲「太湖之水，出白蜆江、急水港，下澱山湖，東自小漕、大瀝諸港以入海者，即古之東江」。金藻本其説，以爲可復。而松江志曰：「上海縣黃浦支河曰閘港，閘港之東曰新塲，舊有海口，論者指此爲東江。」王圻曰：「東江疑在華亭、海鹽、平湖界中，後爲捍海塘所截。」而歸有光則「以禹貢之文本不相蒙，二江並是淞江之支流，只有一江，無三江也」。今以其形勢大略爲之圖，并次歷代開治之蹟于左。

三江圖。圖原闕。

歷代水利

唐元和五年，王仲舒治蘇，隄松江爲路。即今石塘。

吴越錢氏嘗置都水營田使以主水事，募卒爲都，號曰撩淺。

宋天禧間，轉運使張綸于常熟、崑山各開諸浦以導積水。

天聖初，詔轉運使徐奭等自市涇以北、赤門以南，築石隄九十里，起橋十有八，或云四十餘。浚積潦，自吴江東赴海。

景祐中，范仲淹守郡，開浚五浦，以疏諸邑之水。仲淹上宰臣書曰：姑蘇四郊略平，窊而爲湖者十之二三，太湖尤大，納數郡之水，東入于海，名曰淞江。積雨之時，湖溢而江壅，支流並塞，勢必横潰。今當爲之疏導，不惟使東南入于淞江，又使東北入于大江，以至于海。又必設閘于外，以禦潮沙。每春僅理閘外，工減數倍。又松江一曲，號曰盤龍。父老傳云：「出水尤利。」總數道而開之，菑必大減。

寶元元年，兩浙轉運副使葉清臣開松江，疏盤龍滙及滬瀆入海。

慶曆中，通判李禹卿隄太湖八十里爲漕渠。

至和二年，崑山主簿丘與權等作崑山塘，爲橋梁五十二，名至和塘。

嘉祐三年，轉運使沈立開顧浦。

四年，招置蘇州開江兵士，立吴江、常熟、崑山、城下四指揮。

六年，轉運使李復圭、知崑山韓正彦大脩至和塘，又開松江之白鶴滙，如盤龍之法。

熙寧三年，廣東安撫機宜郟亶上言蘇州水利。五年，除亶司農寺丞，提舉兩浙興修水利。

元豐元年正月，有旨罷奪。

亶書有「六失」「六得」。其論地形高下之宜，曰：蘇州五縣，號爲水田。其實崑山之東，接于海之岡壠，東西僅百里，南北僅二百里。其地東高而西下，所謂東導於海而水反西流者是也。常熟之北，接于江之漲沙，南北七八十里，東西僅二百里。其地皆北高而南下，所謂欲北導於江而水反南下者是也。是二處，皆謂之高田。而其崑山堈身之西，抵于常州之境，僅一百五十里。常熟之南，抵于湖、秀之境，僅二百里。其地低下，皆謂之水田。高田常欲水，今水乃流而不蓄，故嘗患旱。水田常患水。今西南既有太湖數州之水，而東北又有崑山、常熟二縣堈身之流，故常患水也。

論古人蓄泄之跡，曰：今崑山之東，地名太倉，俗號「堈身」。之東，有一塘焉，西徹淞江，北通常熟，謂之横瀝。又有小塘，或二里，或三里，貫横瀝而東西流者，多謂之門，若所謂錢門、張堈門、沙堰門、吴堈、顧廟堈、丁堈、李堈門及斗門之類是也。夫南北其塘，則謂之横瀝，東西其塘，則謂之堈門、堰門、斗門者，是古者堰水於堈身之東，灌溉高田。而又爲堈門者，恐水之或壅，則決之入横瀝，所以分其流也。故堈身之東，其田尚有丘畝、經界、溝洫之跡在焉。是皆古之良田，因堈門壞，不能蓄水，而爲旱田耳。堈門之壞，豈非五代之季，民各從其行舟之便而廢之邪？此治高田之遺跡也。若夫水田之遺跡，即今崑山之南所謂夏駕、小虞等浦者，皆決水於松江之道也。其浦之舊跡，闊者二十餘丈，狹者十餘丈，又有横塘以貫其中而棊布之。是古者既爲縱浦以通於江，又爲橫塘以分其勢，使水行於外，田成於内，有圩田之象焉。故水雖大，而不能爲田之害，必歸於江海而後已。以是推之，則一州之田可知矣。故蘇州五門，舊皆有堰。注五今俗呼城下爲堰下，而齊門猶有舊堰之稱。是則隄防既完，則水無所潴容，設堰者恐其暴而流入於城也。至和二年，前知蘇州李侍郎開崑山塘，而得古閘於夷亭之側，是古者水不亂行之明驗也。及夫隄防既壞，水亂行於田間而有所潴容，故蘇州得以廢其堰，而夷亭亦無所用其閘也。爲民者因利其浦之闊，攘其旁以爲田，又利其行舟安舟之便，決其堤以爲涇。今崑山諸浦之間，有半里，或一里、二里而爲小涇，命之爲某家涇、某家浜者，皆破古隄而爲之也。浦日以壞，故水道湮而流遲。涇日以多，故田隄壞而不固。日隳月壞，遂蕩然而爲陂湖矣。此古人之跡也。今秀州濱海之地，皆有堰以蓄水，而海鹽一縣有堰近百餘所。湖州皆築堤於水中以固田，而西塘之岸，至有高一丈有餘者。此其遺法也，獨蘇州壞之耳。

論治田先後之宜，曰：今欲先取崑山之東，常熟之北，凡所謂高田者，一切設堰潴水以灌溉之。又浚其所謂經界溝洫，使水周流於其間以浸潤之，立堈門以防其壅。則高田常無枯旱之患，而水田亦減數百里流注之勢。然後取今之凡謂水田者，除四湖外，一切罷去其某家涇、某家浜之類，循古今遺跡，或五里七里而爲一縱浦，又七里或十里而爲橫塘，因塘浦之土以爲堤岸，使塘浦深而堤岸高厚。塘浦闊深，則水通流而不能爲田之害也。堤岸高厚，則田自固而水可壅，而必趨於江也。然後擇江之曲者，若所謂槎浦、金竈子浦而決之，使水必趨於海。又究五堰之遺址而復之，使水不入於城。昔有七堰，今復五堰者，今只有五門故也。案白居易詩有「七堰八門六十坊」之句，是唐之世已有堰。至端拱二年，轉運使喬惟岳方始廢之。蓋隄防既壞，水得潴于民田之間，水勢稍低，故可廢其堰也。是雖有大水，不能爲蘇州之患也。如此則高低皆利，而無水旱之憂。然後倣錢氏遺法，收圖回之利，養撩淺之卒，更休迭役，以浚其高田之溝洫與水田之塘浦，則百世之利也。

又具蘇州、秀州及沿江沿海水田、旱田、見存塘浦港瀝堈門之數，凡臣所能記者，總七項共二百六十五條。

一、具水田塘浦之跡，凡四項共一百三十二條。

一、吴淞江南岸自北平浦，北岸自徐公浦，西至吴江口，皆是水田，約一百二十餘里。南岸有大浦二十七條，北岸有大浦二十八條。是古者五里而爲一縱浦之跡也。其横浦在淞江之南者，臣不能記其名。在淞江之北六七里間，曰浪市横塘，又下北六七里而爲至和塘，是七里而爲一横塘之跡也。淞江南大浦二十七條：北平浦、破江浦、艾祈浦、愧浦、顧匯浦、養蚕浦、大盈浦、南解浦、梁乾浦、石臼浦、直浦、分桑浦、内薰浦、趙屯浦、石浦、道褐浦、千墩浦、錐浦、張潭浦、陸直浦、甫里浦、浮高浦、塗頭浦、順德浦、大姚浦、破墩浦、盞頭浦。淞江北大浦二十八條：徐公浦、北解浦、瓦浦、沈浦、蔣浦、三林浦、周浦、顧墓浦、金城浦、木瓜浦、蔡浦、下駕浦、浜浦、洛舍浦、楊梨浦、新洋浦、淘仁浦、小虞浦、大虞浦、馬仁浦、浪市浦、尤涇浦、下里浦、戴墟浦、上顧浦、青丘浦、奉里浦、任浦。淞江北横塘二條：浪市横塘、至和塘。已上淞江塘浦五十七條，並當淞江之上流，皆是闊其塘浦，高其隄岸以固田也。只因久不修治，遂至隳壞。每遇大水，上項塘浦之岸並沉在水底，不能固田。議者不知此塘浦元有大岸以固田，乃謂古人浚此大浦，只欲泄水，此不知治田之本也。臣今擘畫，並當浚治其浦，修成堤岸，以禦水酱，不須遠治他處塘浦，求决積水，而田自成矣。

一、至和塘，自崑山西至蘇州，計六十餘里，今其南北兩岸〔三〕，各有大浦十二條，是五里而爲一縱浦之跡也〔四〕。其横浦南六七里，而有浪市塘是也。其北皆爲風濤洗刷〔五〕，不見其跡。臣前所謂至和塘徒有通往來〔六〕、禦風濤之小功，而無衛民田、去水患之大利者，謂至和塘南北縱浦、横塘皆廢故也。謹具下項：至和塘南大浦十二條：小虞浦、大虞浦、尤涇浦、新瀆浦、平樂浦、戴墟浦、真義浦、朱塘浦、界浦、鳳凰涇、任浦、蠡塘。至和塘北大浦十二條：小虞浦、大虞浦、尤涇浦、高墟浦、雍里浦、諸昌涇、界浦、任浦、上雉瀆、下雉瀆、蠡塘、官瀆。横塘在南者曰浪市塘，已具淞江項内，更不再出。在北者皆廢。已上至和塘兩岸塘浦二十四條，在塘北者，今猶有其名，而或無其跡。在塘南者，雖存其跡，而並皆狹小斷續，不能固田。其間南岸又有朱涇、王村涇，北岸又有司馬涇、季涇、周涇、小蕭涇、大蕭涇、歸涇、吴涇、清涇、譚涇、褚涇、楊涇之類，皆是民間自開私浜，即臣向所謂某家涇、某家浜之類是也。今並乞廢罷，只擇其浦之大者，闊開其塘，高築其岸，南修起浪市横塘，北則或五里、十里爲一横塘以固田。自近以及遠，則良田漸多，白水漸狹，風濤漸小矣。

一、常熟塘，自蘇州齊門北至常熟縣一百餘里，東岸有涇二十一條，西岸有涇十二條，是亦七里十里而爲一横塘之跡也。但目今並皆狹小，非大段塘浦，蓋古人之横塘隳壞，而百姓侵占及擅開私浜，相雜於其間也。謹具下項：常熟塘東横涇二十一條：闞墓涇、楊涇、米涇、樊涇、蠡涇、南湖涇、湖涇、朱涇、永昌涇、茅涇、薛涇、界涇、吴塔涇、尚涇、川涇、黄土涇、圃涇、廟涇、卞莊涇、新橋涇、黄母涇。常熟塘西横涇十二條：石師涇、楊涇、王婆涇、高姚涇、蘇宅涇、蠡涇、皮涇、廟涇、永昌涇、野長涇、譚涇、墓門涇。已上常熟塘兩岸横涇三十三條，蓋記其略耳。今但乞廢其小者，擇其大者，深開其塘，高修其岸。除西岸自擘畫爲圩外，其東岸合與至和塘北及常熟縣南新修縱浦，交加棊布以爲圩。自近以及遠，則良田漸多，白水漸狹，風濤漸小矣。

一、崑山之東至太倉堈身凡三十五里，兩岸各有塘浦七八條，是五里而爲一縱浦之跡也。其横塘在塘之南六七里，而爲朱瀝塘、張湖塘、郭石塘、黄姑塘。在塘之北爲風濤洗刷，與諸湖相連，不見其跡。謹具下項：崑山塘南有塘浦七條：次里浦、新洋江、任里浦、下駕浦、下吴浦、上吴浦、太倉横瀝。崑山塘北有塘浦七條：婁縣上塘、婁縣下塘、新洋江、低里浦、黄剪涇、上吴塘、下吳塘。橫塘四條：朱瀝塘、張湖塘、郭石塘、黄姑塘。已上塘瀝十八條，除新洋江、下駕浦曾經開浚，餘並未嘗開浚。今河底之土反高於田中，每遇天雨稍闕，則更不通舟船。天雨未盈尺，而田盡淹没。今並乞開浚以固田。

一、具旱田塘浦之跡，凡三項一百三十三條。

一、淞江南岸自小來浦，北岸自北陳浦，東至海口，並是旱田，約長一百餘里。南有大浦一十八條，北有大浦二十條，是五里而爲一縱浦之跡也。其横浦之在江南者，臣不記其名，在江北者七八里而爲鷄鳴塘、練祈塘，是七里而爲一横塘之跡也。謹具下項：淞江南岸有大浦一十八條：小來浦、盤龍浦、朱市浦、松子浦、野奴浦、張整浦、許浦、魚浦、上燠浦、丁灣浦、蘆子浦、滬瀆浦、釘鈎浦、上海浦、下海浦、南及浦、江苧浦、爛泥浦。淞江北岸有大浦二十條：北陳浦、顧浦、桑浦、大黄肚浦、小黄肚浦、章浦、樊浦、楊林浦、上河浦、下河浦、僊天浦、鎮浦、新華浦、槎浦、秦公浦、雙浦、大塲浦、唐章浦、貴州浦、商量灣。横塘二條：鷄鳴浦、練祈浦。已上塘浦四十條，各是畝引江水以灌溉高田，只因久不浚治，浦底既高，而江水又低，故逐年嘗患旱也。議者乃謂於此諸浦決泄蘇州崑山、長洲及秀州之積水，是未知古人設浦之意也。今當令高田之民治之，以備旱甾，則高田獲其利也。

一、太倉堈身之東至茜涇，約四五十里，凡有南北大塘八條。其横塘南自練祈塘，北至許浦，共一百二十餘里，有堈門及塘浜約五十餘條，臣能記其二十五條。旱田而横塘多欲水之周流於其間，灌溉之意也。今皆淺淤，不能引水以灌於田。謹具下項：南北之塘八條：太倉東横瀝、半徑塘、青堈横瀝、五家堈横瀝、鴨頭塘、支涇、楊墓子涇、茜涇。東西之塘及堈門等二十五條：方秦塘、錢門塘、劉塘、張堈門、薛市門、黄姑塘、吉涇塘、沙堰門、太倉塘、包涇、古塘、吴堈門、顧堈門、廟堈門、岳瀝、李堈門、丁堈門、湖川門、黄涇、杜漕塘、雙鳳塘、斗門、直塘、支塘、李墓塘。已上堈身以東塘浜門瀝共三十三條。南北者各長一百餘里，接連大浦，並當浚治，以灌溉高田。東西者横貫三重堈身之田，而西通諸湖。若深浚之，大者則置閘斗門，或置堰而下水，亟遇大旱，則可以車畎諸湖之水以灌田，大水則可以通放湖水以灌田，而分減低田之水勢。於平時則潴聚春、夏之雨澤，使堈身之水常高於低田，不須車畝，而民田足用。

一、沿海之地自淞江下口南連秀州界，約一百餘里，有大浦二十條，臣今能記其七條。自淞江下口北繞崑山、常熟之境，接江陰界，約三百餘里，有港浦六十餘條，臣能記其四十九條，是五里爲一縱浦之跡也。其横塘在崑山則爲八尺涇、花莆涇，在常熟則爲福山東横塘、福山西横塘。謹具下項：淞江口下南連秀州界，有大浦七條：三林浦、杜浦、周浦、大臼浦、卹瀝浦、戚崇浦、羅公浦。淞江口下北繞蘇州崑山、常熟縣界，至江陰軍界，有港浦四十九條：北及浦、下田浦、堀浦、上夾浦、下練祈浦、桃源浦、練祈浦、顧涇浦、六岳浦、採桃浦、川沙浦、下張浦、新漕浦、茜涇浦、楊林浦、七丫浦、𨚗港浦、北浦、尹公浦、甘草浦、唐相浦、陳涇浦、錢涇浦、湓湖浦、吴泗浦、鐺脚浦、下六河浦、黄浜浦、沙罾浦、白茆浦、金涇浦、高浦、許浦、塢溝浦、千步涇、耿涇浦、新涇浦、崔浦、水門浦、鰻鰶浦、吴涇、高涇、西陽浦、新涇、陳浦、張涇、湖涇、奚浦、黄泗浦。横塘四條：八尺涇、花浦涇、福山東横塘、福山西横塘。已上沿海港浦共六十條，各是古人東取海潮，北取揚子江水灌田，各開入堈阜之地，七里、十里或十五里間作横塘一條，通灌諸浦，使水周流於高阜之地，以浸潤高田，非專欲決積水也。其間雖有大浦五七條，自積水之處直可通海，然各遠三五十里至一百餘里，地高四五尺至七八尺，積水既被低田，堤岸隳壞，一時漫流瀦聚於低下平闊之地，雖開得上項大浦，其積水終不肯遠從高處而流入於海。唯大水之年決之，則暫或東流爾。今不拘大浦小浦，並皆淺淤，自當開浚，東引海潮，北引江水以灌田。

已上水田、旱田、塘浦之跡共七項，總二百六十五條，皆是古人因地之高下而治田之法也。其低田則闊其塘浦，高其隄岸以固田，其高田則深浚港浦，畎引江海以灌田。後之人不知古人灌田固田之意，乃謂低田高田之所以闊深其塘浦者，皆欲決泄積水也，更不計量其遠近，相視其高下，一例擇其塘浦之尤大者十數條以決水，其餘差小者更不浚治，及興工役，動費國家三五十萬貫石，而大塘大浦終不能泄水，其塘浦之差小者更不曾開浚也。而議者猶謂此小塘小浦亦可泄水，以致朝廷愈不見信，而大小塘浦一例更不浚治，積歲累年，而水田之隄防盡壞，使二三百里肥腴之地概爲白水，高田之港浦皆塞，而使數百里沃衍潮田盡爲荒蕪不毛之地，深可痛惜。臣竊思之，上項塘浦既非天生，亦非地出，又非神化，是皆人力所爲也。然自國朝統御已來，百餘年間，除十數條大者間或浚治外，其餘塘浦，官中則不曾浚治。今當不問高低，不拘小大，亦不問可以決水與不可以決水，但係古人遺跡，而非私浜者，一切併合公私之力，更休迭役，旋決修治。係低田，則高作堤岸以防水。係高田，則深浚港浦以灌田。其堈身西流之處，又設斗門或堈門或堰閘以潴水。如此則高低皆治，而水旱無憂矣。

亶既卒，其子將仕郎僑又嗣緝其説，曰：

浙西昔有營田司，自唐至錢氏時，其來源去委，悉有隄防堰閘之制，旁分其支脈之流，不使溢聚，以爲腹内畎畝之患。是以錢氏百年間，歲多豐稔，唯長興中一遭水耳。暨納土之後，至于今日，其患方劇。蓋由端拱中，轉運使喬惟岳不究堤岸堰閘之制，與夫溝洫畎澮之利，姑務便於轉漕舟楫，一切毀之。初則故道猶存，尚可尋繹，今則去古既久，莫知其利。營田之局，又謂閑司冗職，既已罷廢，則隄防之法，流決之理，無以考據，水害無已。至乾興、天禧之間，朝廷專遣使者興修水利。遠來之人，不識三吴地勢高下，與夫水源來歷〔七〕，及前人營田之利，不過採愚農道路之言，以目前之見爲常久之策，指常熟、崑山枕江之地，爲可導諸港而決之江，開福山、茜涇等十餘浦，殊不知古人建立堤堰，所以防太湖泛溢淹没腹内良田。今若就東北諸渚決水入江，是導湖水經由腹内之田，瀰漫盈溢，然後入海，所以浩渺之勢常逆行，而瀦於蘇之長洲、常熟、崑山，常之宜興、武進，湖之烏程、歸安，秀之華亭、嘉禾。而東北一路，又以水勢之方出於港浦，復爲潮勢抑回，所以皆聚於太湖四郡之境而不可治也。又況太湖蓄積十縣之水，一水自江南諸郡而下，出領阪重複間，當其霖潦，積貯谿澗，奔湍迤邐而至長塘湖。又潤州之金壇、延陵、丹陽、丹徒諸邑，皆有山源，併會於宜興以入太湖，一水自杭、睦、宣、歙山源，與天目等山衆流而下杭之臨安、餘杭及湖之安吉、武康、長興，以入太湖。昔禹治水，凡以三江決此一湖之水。今則二江已絶，唯吴淞一江存焉。疏洩之道，既隘於昔，又爲權豪請占，植以菰蒲蘆葦，又於吴江之南築爲石塘，以障太湖東流之勢，又於江之中流，多置罾斷以遏水勢，是致吴江不能呑來源之瀚漫，日淤月澱，下流淺狹。迨元符初，遽漲潮沙，半爲平地。積雨滋久，十縣山源併溢，陂淹浦港悉皆瀰漫，四郡之民，惴惴然有爲魚之患也。吴淞古江，故道深廣，可敵千浦，向之積潦尚或壅滯，議者但以開數十浦爲策，而不知臨江濱海地勢高仰，徒勞無益。

愚今者所究治水之利，必先於江寧治永陽江與銀林江等五堰，體勢故跡，決于西江；潤州治丹陽練湖，相視大崗，尋究函管水道，決于北海；常州治宜興滆湖、沙子淹及江陰港浦入北海，以望亭堰分屬蘇州，以絶常州輕廢之患。如此，則西北之水不入太湖爲害矣。又於蘇州治諸邑限水之制，闢吴江之南石塘，多置橋梁以決太湖，會于青龍、華亭而入海。仍開浚吴淞江，其諸江湖風濤爲害之處，並築爲石塘。及於彭蠡與諸湖瀼等處，尋究昔有江港，自南經北，以漸築爲堤岸，所在陂淹築爲水堰。杭州遷長河堰，以宣、歙、杭、睦等山源決于浙江。如此，則東南之水不入太湖爲害矣。此所謂旁分其支脈之流，不爲腹内畎畝之患者此也。

今之言治水者有二：一則以導青龍江，開三十浦爲説；一則以使植利户浚涇浜作圩埒爲説。是二者各得其一偏。若止於導江開浦，則必無近効。若止於浚涇作埒，則難以禦暴流。要當合二者之説，相爲首尾，乃盡其善。但施行先後，自有次第耳。必不得已，欲兩者兼行以規近効，亦有其説。若欲決蘇州、湖州之水，莫若先開崑山縣之茜涇浦，使水東入於大海；開崑山之新安浦、顧浦，使水南入於淞江；開常熟縣之許浦、梅里浦，使水北入於揚子江；復浚常州無錫縣界之望亭堰，俾蘇州管轄，謹其開閉，以遏常、潤之水，則蘇州等水患可漸息，而民田可治矣。若欲決常州、潤州之水，則莫若決無錫縣之五卸堰，使水趨於揚子江，則常州等水患可漸息，而民田可治矣。何以言之？茜涇浦在蘇州之東南，去海止二十里，泄水甚徑。然其地浸高，比之蘇州及崑山縣，地形不啻丈餘。而往年開此浦者，但爲文具，所開不過三四尺、一二尺而已，又止於以地面爲丈尺，而不知以水面爲丈尺，不問高下而匀其淺深，欲水之東注，不可得也。水既不東注，兼又浦口不置堰閘，賺入潮沙，無上流水勢可衝，遂致浦塞。愚故乞開茜涇等浦，須置堰閘，所以外防潮之漲沙也。常、潤之地，比蘇州爲差高。而蘇州之東，勢接海岸，其地亦高。蘇州介於兩高之間，故每遇大水，西則爲常、潤之水所注，東則爲大海岸道所障，其水瀦蓄，無緣通泄。若不令蘇州管轄望亭堰閘，則無復有防遏之理。故愚乞謹守望亭閘，俾水無西衝之憂。既望亭之西，自有五卸堰，可以決水徑入於北江。若使常、潤之水決下此堰，則不唯少紓蘇州之水勢，而常、潤之水亦自可以就近順流而入於江矣。此堰決水，其勢甚徑。往者官吏非不施行，然決堰未多而民田已没，何也？蓋止知決堰，而不知預築堰下民田之堤岸，以防水勢故也。至于吴淞江北岸三十餘浦，唯鹽鐵一塘，可直瀉水北入揚子江，餘皆連接乎江湖瀼合而爲一，非徒無益，爲害大矣。乞措置一面開導河浦，即便相度淞江諸浦，除鹽鐵塘及大浦開導置閘外，其餘小河，一切並爲大堰，或設水竇以防江水。即吴淞江水徑入東海，而吴之河浦不爲賊水所壅，諸縣圩岸亦免風波所破。某聞錢氏循漢、唐法，自吴江縣淞江而東至于海，又沿海而北至于揚子江，又沿江而西至于常州、江陰界，一河一浦皆有堰閘，所以賊水不入，久無患害。今之言治水者不知根源，始謂欲去水患，須開吴淞江，殊不知開吴淞江而不築兩岸堤塘，則所導上源之水輻湊而來，適爲兩州之患。蓋江水溢入南北溝浦，而不能徑趨於海故也。儻効漢、唐以來堤塘之法，修築吴淞江岸，則去水之患已十九矣。

震澤之大，纔三萬六千餘頃，而平江五縣積水幾四萬頃，然非若太湖之深廣瀰漫一區也，分在五縣，遠接民田，亦有高下之異、淺深之殊，非皆積水不可治也。但與田相通，極目無際，所以風濤一作，回環四合，無非水者。既非全積之水，亦有可治之田。潴瀉之餘，其淺淤者皆可修治，永爲良田。況五縣積水中，所謂湖瀼陂淹，其間深者不過三四尺，淺者一二尺而已。今乞措置深者如練湖，大作隄防以匱其水，復於隄防四傍設爲斗門水瀨，即大水之年，足以潴蓄湖瀼之水，使不與外水相通，而水田之圩垾無衝激之患；大旱之年，可以決斗門水瀨以浸灌民田，而旱田之溝洫有畎畝之利。其餘淺者，本是民田，皆可相視，治爲良田。

元祐中，宜興人單鍔著吴中水利書，以爲三州水患：一，由于五堰之廢。由宜興而西，溧陽縣之上有五堰，古所以節宣、歙、金陵九陽江之衆水，由分水、銀林二堰直趨太平州蕪湖。後之商人由宣、歙販運簰木東入二浙，以五堰爲艱阻，因相爲之謀，罔紿官中以廢去五堰。五堰既廢，則宣、歙、金陵九陽江之水，或遇五六月山水暴漲，則皆入於宜興之荆溪，由荆溪而下太湖。一、由于百瀆之塞，荆谿受宣、歙、蕪湖江東數郡之水，行四十五里至震澤。古人以谿流不足以勝數郡奔注之勢，復於震澤之口，開瀆百條，各有地分之名，而總謂之百瀆。又開横塘瀆一條，綿亘四十里，以貫百瀆，而通瀕湖諸鄉阡陌之水。蓋横塘直南北以經之，百瀆直東西以緯之，既分荆谿之流下震澤，由震澤入太湖，抵淞江，由江入海。是以昔年未嘗有水患，而震澤亦不爲吴中害。今荆谿受數郡之水不少減，而百瀆、横塘大半堙塞。一，由于淞江之長堤，三州之水潴爲太湖，由淞江以入海。慶曆二年，以淞江風濤，漕運多敗官舟，遂接續築淞江長堤，界於江湖之間，横截江流五六十里。震澤受吴中數郡之水，乃遏以長堤，雖時有橋梁，而流勢不快。又自淞江至海浦諸港，復多沙泥漲塞，茭蘆叢生，隄傍亦沙漲爲田，是以三春霖雨，則蘇、湖、常、秀皆憂瀰漫。雖增吴江一邑之賦，顧三州逋失者不貲。今莫若治五堰，使上之水不入於荆溪，而由分水、銀林二堰直歸太平之蕪湖；下治吴江之岸爲千橋，使太湖之水東入于海；中治百瀆之故道，與夫蘇、常、湖三州之有故道旁穿于太湖者，則三州之水可以無患。

別畫：

一、先開吴江縣江尾茭蘆地。

一、先遷吴江沙上居民，及開白蜆江通青龍鎮，又開青龍鎮安亭江通海。

一、先去吴江岸土爲千橋〔八〕。

一、先置常州運河斗門一十四所，用石礎并築堤，管水入江。

一、次開夾苧干、白鶴溪、白魚灣、塘口瀆、大吴瀆，令長塘湖、滆湖相連，走泄西水入運河，下斗門入江。

一、次開宜興百瀆，見今只有四十九條，東入太湖。

一、次開蘇州茜涇、白茅、七鴉、福山、梅里諸浦及茜涇。

一、次開江陰下港、黄田、春申、季子、竈子諸港。

一、次開宜興東、西蠡河。

一、次根究諸臨江湖海諸縣凡泄水諸港瀆，並皆疏鑿。

按：國初因五堰舊迹，立爲銀渚東壩，禁商簰往來，既可以挽東壩以西之水北會於南京，以成朝宗之勢，又使東壩以東之水返注蕪湖，不下震澤，而三吳成陸海之饒，乃東南萬世之利也。

崇寧元年，置提舉淮浙澳閘司于蘇州。

二年，宗正丞徐確提舉常平，自封家渡古江開淘至大通浦，直徹海口七十四里。

政和六年，以户曹趙霖提舉常平，開脩平江諸浦。

霖上言三説：一曰開治港浦，二曰置閘啓閉，三曰築圩裹田。三者闕一不可，又各有先後緩急之序。

其置閘篇曰：治水莫急於開浦，開浦莫急於置閘，置閘莫利於近外。若置閘而又近外，則有五利焉。江海之潮，日兩漲落。潮上灌浦，則浦水倒流。潮落浦深，則浦水湍瀉。遠地積水，早潮退定，方得徐流，幾至浦口，則晚潮復上，元未流入江海，又與潮俱還。積水與潮相度往來，何緣減退？今開浦置閘，潮上則閉，潮退即啓，外水無自以入，裏水日得以出，一利也。外水不入，則泥沙不淤於閘内，使港浦常得通利，免於堙塞，二利也。瀕海之地，仰浦水以溉高田，每苦鹹潮，多作堰斷。若決之使通，則害苗稼。若築之使塞，則障積水。今置閘啓閉，水有泄而無入，閘内之地盡獲稼穡之利，三利也。置閘必近外，去江海止可三五里，使閘外之浦日有澄沙淤積，假令歲事積治，地里不遠，易爲工力，四利也。港浦既已深闊，積水既已通流，則泛海浮江，貨船木栰，或遇風作，得以入口住泊，五利也。復有二説：崑山諸浦，通徹東海，沙濃而潮鹹，當先置閘而後開浦，一也。閘之側各開月河，以堰爲限，遇閘閉，小舟不阻往來，二也。

築圩篇曰：天下水田之利，莫盛于平江。平江之田，以低爲勝。自田圩既盡，水通爲一，故昔日良田，並沉水底。古人築圩裹田，非徒謂得以播殖也，將恃此以狹水之所居耳。必于開浦置閘之後，凡積水之田，盡令脩築圩岸，使水無所容，斯爲治之成矣。

崑山、常熟共三十六浦，除常熟之許浦及白茆、福山三浦，見今深闊，水勢通快，不須開治。餘三十三浦，崑山十有二：掘浦、下張浦、七丫浦、茜涇浦、楊林浦、六鶴浦、顧逕浦、川沙浦、五嶽浦、蔡浦、琅港浦。常熟二十有一：黄泗浦、奚浦、西成浦、東成浦、水門溏、崔浦、耿涇浦、魚磹浦、鄔溝浦、瓦浦、塘浦、高浦、金涇浦、石撞浦、陸河浦、北浦、甘草浦、千步涇、司馬涇、金涇、錢涇、黄鶯漕。

紹興二十九年，詔監察御史任古開浚平江水道，從常熟東栅至雉浦，入丁涇，開福山塘，自丁涇口至尚墅橋，北注大江。

隆興二年，詔知平江沈度開崑山、常熟十浦。

淳熙二年，詔知平江陳峴開許浦。

十三年，提舉常平羅點奏開澱山湖。

點上言：浙西圍田，湮塞水勢，所在皆有，獨澱山湖一處，爲害最大。此湖東西三十六里，南北一十八里，旁通太湖，匯蘇、湖、秀三州之水，上承下洩，不容少有壅遏。華亭在湖之南注六，崑山在湖之北，水自西南趨東北，所賴洩水去處，其大者東有大盈、趙屯、大石三浦，西有千墩、陸虞、道褐三浦，中間南取澱山湖，北取吴淞江，凡三十六里。並湖以北，中爲一澳，係古來吐吞湖水之地，今名山門溜，東西約五六里，南北約七八里，正當湖流之衝，非衆浦比。貫山門溜之中，又有斜路港，上達湖口。當斜路之半，又西過爲小石浦，上達山門溜，下入大石浦。凡斜路港、大小石浦，分爲三道，殺洩湖水，並從上而下，通徹吴淞江。江湖二水，曉夕往來，疏灌不息，以此浦港通利，無有沙泥壅塞，可以宣導水源。今來頑民，輒於山門溜之南，東取大石浦，西取道褐浦，並緣澱山湖北，築成大岸，延跨數里，遏截湖水，不使北流，盡將山門溜中圍占成田，所謂斜路及大、小石浦洩放湖水去處，並皆築塞。父老嘗言：圍岸初築時，湖水平白漲起丈餘，盡壅入西南華亭縣界。大、小石浦并斜路港口既被圍斷，其浦脚一日二潮，則泥沙隨潮而上，湖水又不下流，無緣蕩滌通利，即今淤塞，反高於田，遇水則無處洩瀉，遇旱則無從取水，請乞開浚。

理宗朝，置魏江、江灣、福山水軍數千人，專脩江河湖塘。

元大德二年，立浙西都水庸田使司，尋罷，復立行都水監。

八年，以海道千夫長任仁發言，命行省平章徹里開吴淞江，西自上海縣界吴淞舊江，東抵嘉定石橋洪，迤邐入海，置木閘。

仁發著水利問答，大略謂：宋蘇軾有言：「若要吴淞江不塞，吴江一縣之民可盡徙於他處。」庶上源寬闊，清水力盛，沙泥自不能積，何致有湮塞之患哉？自歸附後，將太湖東岸出水去處，或釘柵，或作堰，或爲橋，及有湖泖港汊，又慮私鹽船往來，多行塞斷，所以清水日弱，渾潮日盛，沙泥日積，而吴淞江日就淤塞，正與蘇軾所見相合。大抵治水之法有三：浚河港必深闊，築圍岸必高厚，置閘竇必多廣。設遇水旱，就三者而乘除之，自然不能爲害。儻人力不盡，而一切歸數於天，寧有豐年耶？

又曰：開江身闊二十五丈，置閘十座，每閘闊二丈五尺，可以泄水二十五丈。吴淞江係潮水往來之地，范文正公曰：「一日之潮，有損有增。三分其時，損居二焉。」四時辰潮漲，八時辰潮落。所設之閘，晝夜皆去水之時也。所以江面雖二里之寬，不如十閘之功也。議者曰：吴淞江自古無閘，何不疏通故道，一任潮之往來？答曰：新開江道，水性未順，兼以河淺，約住泥沙，不數月間，必復淤塞，前工俱廢。故范文正公曰：「新導之河，必設諸閘。」若欲再復吴淞江故道，須候流順河深，衆水歸源，當於此時，諸閘都閉，挑開一處堰壩，任潮往來，借清水力東衝西決，自復成江矣。考工記曰：「善溝者水嚙之。」此之謂也。

計吴淞江東南黄浦口起，至大盈浦口止，一萬五千一百丈；大盈浦口起，至永淮寺東止，一千六百丈；永淮寺東起，至趙屯浦口止，一千五百丈；趙屯浦口起，至陸家浜止，二千三百五十丈；陸家浜起，至千墩浦口、新洋江止，一千六百丈。通計長二萬二千一百五十丈。

泰定元年，復立都水營田使司，命行省左丞朵兒只班、知水利前都水少監任仁發開吴淞舊江，于嘉定州之趙浦注七、嘉興上海縣之潘家港、烏泥涇各置石閘注八。

至正元年，命工部尚書秃魯、行省平章政事只里瓦歹等撩漉吴淞江沙泥，浚各閘舊河直道，與漕渠、張涇及風波、南俞、北俞、鹽鐵、官紹、盤龍、浦匯、六磊、石浦等塘。

潘應武言注九：澱山湖中有山寺，宋時在水中心，東有出水港，曰斜瀝口，曰汊港口，曰小曹港，曰大瀝口，曰小瀝口，各闊十餘丈，通潮水往來。潮退，則引湖水下大曹、大盈等浦，入青龍、蟠龍江而出海。古人謂水之尾閭門。宋法，禁人占湖爲田，爲洩水路故也。歸附後，權勢占據爲田。今山寺在田中，雖有港漊，悉皆淺狹，潮水湖水不相往來，攔住去水。東南風水回太湖，則長興、宜興、歸安、烏程、德清等處泛濫。西北風水下澱山湖泖，則崑山、常熟、吴江、松江等處泛濫。皆因下流不決，積水往來爲害。圍占日久，率難復舊。澱山湖北有道褐浦、石浦、千墩浦、小瀝口四處，取江頗近，水勢順便。今若先於此四處開浚，決放水路，以救百姓，以保公私，實爲居安慮危、經理根本之計。候水減退，然後次第開浚諸處河港，此即古人所謂下流既通，上流可導也。

一、澱山湖北一帶，自廟兒頭港至趙屯浦一百餘里，共有港浦一十三條，今皆淤淺。惟有道褐浦、石浦最低下，取江頗近，水勢甚便。耆老俱曰：「十年前潮水往來，近方湮塞。」此處宜及早脩浚。

一、沿塘三十六座橋道，及葑門外至吴江七里橋，多有上下橋道壩塞不通，數内第四橋下水路，來自湖州大錢港，衝出塘東湖泊間，入笠澤湖、汾湖、白蜆江，下急水港，直至澱山湖，水勢洶湧。歸附後，被人占據，又造橋築堤，水益淺狹。宜委官相視，仍復通放。

一、長橋南堍，古來水到龍王廟後。歸附後，築塞五十餘丈，見蓋房與軍户居，以致太湖出口狹小，易致泛濫。宜委官往視，指定龍王廟基，諭令軍户移入營内，仍舊造橋相接。

都水書吏吴執中言：吴淞古江，已被潮沙堙漲，役重工多，似非人力可及。其澱山舊湖，多爲豪户圍裹成田，恐亦未易除毁。即今太湖之水，迂迴宛轉，不流于江，而北流入至和塘，經太倉，出劉家港入海。并澱山湖之水，東南自大曹港、柘澤塘、東西横泖，達于上海新涇入海。不若因其就下之性，順其必趨之勢，於上海、太倉等處，相視可開河港，挑浚通流，仍踏視吴淞古江應有舊來出水支港，可以容易出海去處，盡行疏浚，爲工差便。

元末，張士誠開白茆塘。

大明永樂二年，命户部尚書夏原吉開崑山東南下界浦，掣吴淞江之水，北達劉家河。又挑嘉定縣四顧浦，南引吴淞江水，北貫吴塘，亦由劉家河入海。又浚常熟白茅塘，導引太湖諸水入揚子江。于上海東北浚范家浜，接黄浦，通流入海。

原吉奏曰：吴淞江延袤二百五十餘里，廣一百五十餘丈，西接太湖，東通大海。前代屢疏導之，然當潮汐之衝，沙泥淤積，屢浚屢塞，不能經久。自吴江之長橋至夏駕浦下界，約一百二十餘里，雖云通流，多有淺狹之處。自夏駕浦抵上海縣南蹌浦口，一百三十餘里，潮沙壅障，茭蘆叢生，已成平陸。欲即開浚，工費浩大，且灩沙游泥，浮泛動盪，難以施工。臣等相視得嘉定之劉家港，即古婁江，徑通大海，常熟之白茅港，徑入大江，皆係大川，水流迅急。宜浚吴淞江南北兩岸安亭等浦港，以引太湖諸水入劉家、白茅二港，使直注江海。又松江大黄浦乃通吴淞江要道，今下流壅遏難即疏浚，傍有范家浜至南蹌浦口，可徑達海，宜浚令深闊，上接大黄浦，以達泖湖之水。此即禹貢「三江入海」之迹。俟既開通，相度地勢，各置石閘，以時啓閉。每至水涸之時，修築圩岸以禦暴流。如此，則事功可成，於民爲便注十。

徐獻忠曰：原吉北掣吴淞之水入于劉河，是矣。然徒浚其流而不開其源，七十二水門之湮塞如故，則吴淞之流不加迅疾，夏駕與四顧二浦潮汐之入者不能敵住，奈何而不塞也？必須大開吴江長橋有大洪者三五處，以其石砌水門，三併爲一，除其占塞，決其壅滯，與寶帶橋急流無異，則吴淞入於夏駕、四顧可也，直達於新城海口可也，決無壅塞之患矣。

正統五年，命巡撫、工部侍郎周忱浚吴淞江及崑山縣顧浦。

天順二年，巡撫、左副都御史崔恭開吴淞江。

錢溥記曰：崔公奉勑巡撫東南，首詢水患，以吴淞爲尤甚，乃舉府判洪景德等治之。以爲江之故道，雖浚必合，莫若從新地鑿之，力易爲而功不壞。起自大盈浦，東至吴淞江巡司，計二萬二千丈。又自新涇西南至浦匯入江，計四千丈。闊皆一十四丈，深皆二丈，而低鄉之潦可洩。東北則自曹家河平地鑿及新塲，計三萬餘丈，深闊皆與江同。又新華涇塘、六磊塘、嬰竇湖〔九〕、烏泥涇入浦，而高鄉之旱亦免注十一。

成化八年，置僉事于浙江，專治蘇、松等府水利。正德八年，改設兵備副使，兼水利。

弘治七年，命工部侍郎徐貫開吴淞江并白茆等塘。

貫奏曰：竊見嘉、湖、常、鎮水之上流，蘇、松水之下流。上流不浚，無以開其源。下流不浚，無以導其歸。於是督同委官人等，將蘇州府吴江長橋一帶茭蘆之地疏浚深闊，導引太湖之水，散入澱山、陽城、昆承等湖。又開吴淞江并大石、趙屯等浦，洩澱山湖水，由吴淞江以達于海。開白茅港并白魚洪、鲇魚口等處，洩昆承湖水，以注于江。又開七浦、鹽鐵等塘，洩陽城湖水，以達于海。下流疏通，不復壅塞。開湖州之漊涇，洩天目諸山之水，自西南入于太湖。開常州之百瀆，洩荆溪之水，自西北入于太湖。又開各斗門以洩運河之水，由江陰以入江。

金藻三江水利論曰：

治水之道有六，曰探本源也，順形勢也，正綱領也，循次序也，均財力也，勤省視也。所以行之者有一，曰任得人而已矣。任得人而六事不舉者，未之有也。六事舉矣，水不爲利而爲害者，亦未之有也。

所謂任得人者，臣聞堯、舜治水，必委之於神禹，而輔之以伯益，故能成萬世之功。今之治水者，總之以一僉憲而已。臣愚不知其才德與禹、益何如，而其爵位實有未及，既非考察之官，又無司牧之柄，殿最課績不在其掌握，錢穀斂散不由其調度，欲開河而上或未許，欲給餉而上或未從，欲任府佐而上或委之催科，欲任縣佐而上或委之别幹，上下矛盾，互相掣肘，臣愚以爲雖有禹、益之才之德，亦不能成其功，況未必有乎？必專任大臣一員，如夏忠靖公者，而輔之以僉憲，分之以守令，又必精選其人，乃爲有益也。

所謂勤省視者，臣聞神禹治水，十三年居外，三過其門而不入。今之治水者，乃欲不出郊原，而求其刑罰中、水利通，自生民以來，無是理也。是故省視之法，必與民約集，某日到某區，某月到某處，三月一周，一年三徧，非大寒暑不休息，非大風雨不更期，如此可以知肥瘠，可以驗荒熟，可以則高下，可以察勞逸，可以觀勤惰，可以辨賢愚，可以審貧富，可以識强弱，可以定征徭，可以計官吏，而地方之事，無一不在其心目中矣。豈獨知夫水之淺深，岸之大小，河之廣狹而已哉！大約省視一年二年，圩岸可成，省視三年四年，溝洫可深，省視五年六年，浦港可通，省視七年八年，三江可入，省視九年十年，閘竇可完。一圩溝岸，任在排年，一圖溝岸，任在里長，此法之經也。百夫河港，任在老人，千夫河港，任在糧長，此法之緯也。一縣水利，任在縣佐，一府水利，任在府佐，此則兼經緯而總之也。提一縣之綱者，令也；提一府之綱者，守也；提七郡之綱而殿最之者，大臣也；往來乎中而考其功效者，僉憲也；相與糾舉以懲其慢者，侍御也；相與調劑以諧其事者，都憲也。如此而水利不興、菽粟不如水火者，臣未之信也。

所謂均財力者，臣愚以爲財不均則無食，力不均則無功，故圩岸溝洫，不須起倩。假如一圩有田若干，有户若干，有岸若干，有溝若干，隨其田旁而責其户以自修之，一尺一步皆有歸着，明註於圩圖之下，而以排年掌之。圩大者分之，官則累其圖以成册。圩之南中立一高牌，書曰「幾保某圩排年某管下」。省視官到此，展其圖而驗其圩，則一賞一罰，無不得其當矣。往年開河，每里起夫二十五名，其餘人户又無津貼。雖或有之，不過弱者官府給糧，只是數斗，倉廪有限，其能再乎？臣以爲總是民財，何須勞擾。爲今之計，不待給糧，且省厚斂。每排年一甲，朋出人夫一名，其餘九户，每歲每名貼錢三百六十文，自上上以至下下，分爲九等，自二月以至十月，亦有九月，逐月對户，以票支領，則貧富自均，又無侵尅。人夫十名，備舟一隻，可以宿食，可以往來。七人上工，三人更休。百夫十舟，擇一老人掌之。千夫百舟，擇一糧長掌之。自二月起運已畢，水利方興，所謂「四之日舉趾」是也。至十月開倉辦糧，水利適止，所謂「役車其休」是也。千夫開一河，萬夫開十河，各自立功以憑賞罰。七府一年須開百河，大約十年須開千河。以財言之，貼錢借力者每一日一文，費不多而强弱又均；得錢出力者每一年五兩，用不虧而公私又省。以力言之，十户之中，朋一長夫，人誰不服？一年之内，實用六月，功何不成？但能痛革管事者之貪虐，則其開江之功可計日而待也。

所謂循次序者，昔人以開江、圍岸、置閘爲第一義，又以河道、田圍二事兼修不可偏廢，此皆至當之論。後人祖之者，率多以開江爲務，而圩岸溝洫漫不之省。臣愚以爲江固當開，閘固當置〔一〇〕，然圩岸溝洫又在開江置閘之先，而圩岸又當先於溝洫也。以時言之，水浸則溝洫難爲下手，故圩岸爲急；水涸則圩岸不消載土，故溝洫爲先。以地言之，高鄉雖水浸亦可兼舉，低鄉須水涸方可並行。凶年則先其所易，後其所難。樂歲則小以成小，大以成大。脩圩次序，水浸則專築其裏，土不狼籍；水涸則專築其外，岸方堅固。裏外栽茭，可防風浪。開溝次序，略與開河同。開河次序，須待水涸，先從兩旁去其高土，見水而止，然後囊沙以爲節，量力以爲劑，水易乾而功易完，晴可爲而雨可止，豈待臨時然後盤土於高、運土於遠而剩土於一哉[一二]？臣愚以爲必如是，然後財無空費，人無徒勞，時無虚度。河成而兩旁爲田，雖有驟雨，亦難衝塞矣。開江次序亦與開河同，但要先將各處遞年包帶絶户積荒田地，與夫沙塗水蕩，畫以疆理，開以溝洫，墾闢成功，召人耕種，抵足原租，餘充閘費，待至開江之時，遇有所損之處，即便以此對直償之，寧過於厚。臣愚以爲必如是，然後上不煩官，下不煩民，而害事而横議自息矣。蓋圩岸不高固，有小水尚可支持，一逢大潦，則與無岸者同矣。溝洫不深利，有小乾尚可接引，一逢大旱，則與無溝者同矣。老農云：「種田先做岸，種地先做溝。」此兩句切中連年之病。蓋高鄉花荳不收，爲無溝故也。低鄉稻禾不收，爲無岸故也。是故高鄉溝洫爲急，而圩岸次之。低鄉圩岸爲急，而溝洫次之。若其池塘潭沼，又是高鄉所務。大約有田十畝，開池一畝，有田一頃，開潭十畝，平時可以養魚，旱月可以救稻。必圩岸溝洫池潭浦瀆以次完備，開江置閘之功始可得而言也。凡開浦港，亦是各據地方，只在一縣之中，不出一府之外。惟是三江閘竇湖塘海塘，所關七郡利害，必須合力共財而補助之也。開江雖在圩岸溝洫之後，而源頭水口要害去處，則不可緩。置閘雖在開浦開江之後，而打石辦料募工給食，則不可遲。此又次序中之節度也。

所謂正綱領者，臣愚以爲七郡之水有三江，譬猶網之有綱，裘之有領也。支河派港，綱之條目也。湖潭泖瀼，裘之襟袖也。開一瀆，治一浦，不過條目之大者耳，如其網之無綱何？修一湖，理一泖，不過襟袖之廣者耳，如其裘之無領何？昔者東江既塞，而澱湖之水無所泄，故人以爲千墩浦等處可泄澱湖之水，殊不知此處雖通，但能利此一方之水道耳，而澱湖之水乃屬東江，終不可逆入於淞江，此不明于綱領之説也。淞江既湮，而太湖之水無所泄，故人以爲劉家河可泄太湖之水，蓋不知此河雖通，但能復此婁江之半節耳，其南來之半節與夫新洋江及千墩等浦者，反被其横衝淞江之腰腹，而爲害莫除，此則舉其一而遺其二者也。或又以爲浦者導諸處之水，自江以入海，殊不知山水下於太湖，湖水分于三江，江水入于大海，初無與於浦也。然而浦不可無者，如古井田之有澮也。水漫則泄溝水以入江，水涸則引江水以入溝，此乃古人之水利，非若後人反藉其導湖水以趨江也。此皆綱領之不正者也。若其溝洫既深，浦瀆既通，然後尋東江之舊跡，以正東南之綱領，而澱湖所受急水港以來之水，與夫陳湖所接白蜆江之水，皆得以達於東南以入海，則黄浦之勢可分，而千墩浦等水不横衝於淞江，而淞江可通矣。又開松江之首尾，以正東西之綱領，則黄浦之勢又可分，而蹌口既通，吴江石竇增多，而松江可以不塞矣。又開婁江之崑山塘以至吴縣胥塘，另接太湖之口，添置石竇，則新洋江之潮勢可分，而不使横衝淞江，而東北之綱領又正矣。

所謂順形勢者，臣見今人之論，有以爲黄浦即是東江，而黄浦通，淞江通者，蓋不知江浦之子母縱横，水勢之大小順逆也。臣愚以爲淞江乃東西之水，其勢大而横，譬則母也。黄浦乃南北之水，其勢小而縱，譬則子也。太湖之定位在西，大海之定位在東，必藉東西之江以泄之，則爲順而駛。若藉南北之浦以泄之，則爲逆而緩。蓋淞江之塞，西由吴江石門之少，中由千墩等浦與新洋江之横衝，東由黄浦竊權之盛，而蹌口所以不通也。况黄浦不獨北爲淞江之害，而南又爲東江之害。蓋其中段南北勢者乃是黄浦，其至北而反引淞江迤邐東北達于范家浜以入海者，又名上海浦也。臣愚以爲江有入海之名，浦無上海之理，而今皆反之者，此即江變爲浦之明驗也。其至南而折于西以接潢潦涇者，又名華涇塘也。華涇塘東去有閘港。此皆東江之東段也，但欠深廣而東入于海耳。大泖西北有爛路港，陳湖西去有白蜆江。此即東江之西段也，但東南與朱涇斜塘橋等處欠通順耳。三江既通，則太湖東之形勢順矣。然後尋曹涇入海之閘河，金山衛入海之閘河，海鹽縣入海之閘河，以泄嘉興秀水塘等處以來湖、杭之水，而謂之南條者，則太湖南之形勢順矣。疏江陰下港等河、常熟白茆等港，復常州運河斗門一十四處，走泄夾苧干等瀆，築堤管水入江，而謂之北條者，則太湖北之形勢順矣。修溧陽之五堰，疏宜興之百瀆，則太湖西之形勢又順矣。四面高鄉，皆置石閘，以時闔闢，不使其反而趨内，則高低之形勢又順矣。

所謂探本源者，臣見弘治四年、五年，連歲大水，田禾盡没，室廬漂蕩，上厪聖主之憂，屢下寬恤之詔，兩年税糧，或減或蠲，不啻億萬。延至六年，疫癘交作，七郡之民，死者亦不啻億萬。雖曰天災流行，亦由人事不修之故。臣以爲救其已然之災，不若救未然之災；救一二年之災，又不若救千百年之災。救一二年之災，倉廩府庫是也。救千百年之災，江湖通達是也。江湖通達，然後田野豐登。田野豐登，然後倉廩盈溢。倉廩盈溢，然後府庫充足，盜賊可息，詞訟可簡，教化可興，禮樂可作，上下各安其分，神人各正其所，尚何災患之足憂哉！荀卿曰：「田野者，財之本也。倉廩者，財之末也。事業者，貨之源也。府庫者，貨之流也。」然則江湖者，又本源之本源也。

九年，工部主事姚文灝築沙湖堤。

府城東二十里曰沙湖，凡太倉、崑山、嘉定、崇明之人所必經者。其廣袤各數十里，横絶道上，客舟以風濤之阻，集于岸下，多爲盜劫。至是于道之南，截湖爲堤。

十年，浚七丫浦。

十三年，府通判陳暐浚湖川塘。

祝允明記曰：太倉州北數里有塘曰湖川，延袤九萬七千一百尺有奇。西分源于太湖，歷婁江而下，由巴城湖、新塘以來匯，東連小塘子，貫石婆港，以達劉家河，海潮西突，巴城東注，清濁互嚙。又劉家潮之緯州而西出者，由鹽鐵塘到湖川而定，東北自七丫港而花蒲、而楊林塘。潮之來亦及湖川而尼，渾沙迎合，淀壅淤滂，可立而待。州民兩奏浚之，未幾復淤。自徐昌橋至于金雞口，八萬五千一百尺，入崑山西段，又六千尺，廣百尺，底廣四十四尺，深九尺。

正德十六年，命工部尚書李克嗣發軍民夫六十餘萬，起常熟東倉至雙廟，濬白茆港故道一萬三千八百二十餘丈，起雙廟至海口，改鑿新河三千五百五十餘丈。又濬尚湖、昆承、陽城等湖支河一十九道，吴淞江下流六千三百三十餘丈，并吴江長橋大石、趙屯、大盈、道褐等四浦，常州府烏涇等瀆六十三，桃花等港、市河等河各四，湖州府大錢、小梅等河及溇港七十二。

嘉靖二十三年，巡按御史呂光洵開蘇、松諸水[一二]。

光洵奏水利五事：一曰廣疏濬以備潴洩，二曰修圩岸以固横流，三曰復板閘以防淤澱，四曰量緩急以處工費，五曰專委任以責成功。

何謂廣疏濬以備潴洩？蓋三吴之地，古稱澤國。其西南翕受太湖、陽城諸水，形勢尤卑。而東北際海岡隴之地，視西南特高。大抵高者其田常苦旱，卑者其田常苦澇。昔人治之，高下曲盡其制。既於下流之地疏爲塘浦，導諸湖之水，由北以入於江，由東以入於海，而又畝引江潮，流行於岡隴之外，是以潴洩有法，而水旱皆不爲患。近年以來，縱浦横塘，多湮塞不治，惟二江頗通，一曰黄浦，二曰劉家河。然太湖諸水，源多而勢盛，二江不足以洩之。而岡隴支河，又多壅絶，無以資灌溉。於是上下俱病，而歲常告災。臣據各府所報河浦湮塞之處，在下流者以百計，而其大者六七所，在上流者亦以百計，而其大者十餘所。治之之法，當自要害者始。宜先治澱山等處一帶茭蘆之地，導引太湖之水，散入陽城、昆承、三泖等湖。又開吴淞江并大石、趙屯等浦，洩澱山之水以達于海。濬白泖港并鲇魚口等處，洩昆承之水以注于江。開七浦、鹽鐵等塘，洩陽城之水以達于江。又導田間之水，悉入于小浦，小浦之水，悉入于大浦，使流者皆有所歸，而瀦者皆有所洩，則下流之地治，而澇無所憂矣。乃濬臧村等港以溉金壇，濬㙟港等河以溉武進，濬艾祁、通波以溉青浦，濬顧浦、吴塘以溉嘉定，濬大瓦等浦以溉崑山之東，濬許浦等塘以溉常熟之北。凡岡隴支河湮塞不治者，皆濬之深廣，使復其舊，則上流之地亦治，而旱無所憂矣。此三吴水利之大經也。

何謂修圩岸以固横流？蓋四府最居東南下流，而蘇、松又居常、鎮下流，其水易瀦而難洩，雖導河濬浦，引注于江海，而每遇秋霖泛漲，風濤相薄，則河浦之水逆行田間，衝齧爲患。宋轉運使王純臣常令蘇、湖作田塍禦水，民甚便之。而司農丞郟亶亦云「治河以治田爲本」，其説多可採行。臣嘗詢問故老，以爲二三十年以前，民間足食無事，歲時得因其餘力營治圩岸，而田益完美。近年空乏勤苦，救死不贍，不暇修繕，故田圩漸壞，而歲多水災。是吴下之田，以圩岸爲存亡也。失今不治，則坍没日甚，而農桑日蹙矣。宜令民間如往年故事，每歲農隙，各出其力以治圩岸。圩岸高則田自固，雖有霖澇，不能爲害，且足以制諸湖之水，不得漫行而咸歸於河浦。則河浦之水自高於江，江之水自高于海，不待決洩，自然湍流。而岡隴之地，亦因江水稍高，又得畎引以資灌溉。蓋不但利於低田而已。

何謂復板閘以防淤澱？河浦之水，皆自平原流入江海，水漫而潮急，沙隨浪湧，其勢易淤，不數年，即沮洳成陸，歲修之，則不勝其費。昔人權其便宜，去江海十餘里，或七八里，夾流而爲閘。平時隨潮啓閉以禦淤沙，歲旱則閉而不啓以蓄其流，歲澇則啓而不閉以宣其溢。志稱置閘有三利，蓋謂此也。而宋臣郟僑亦云：「錢氏循漢、唐遺事，自松江而東至于海，又遵海而北至于揚子江，又沿江而西至于江陰界，一河一浦，大者皆有閘，小者皆有堰。」臣按郡志，蓋與僑之言頗合。然多湮廢，唯常熟縣福山閘尚存。正德間，巡按御史謝琛議復吴塘等閘而不果。即今金壇縣議復莊家閘，江陰縣議復桃花閘，嘉定縣議於横瀝、練塘等處各置閘如舊。臣訪諸故老，皆以爲便。以是推之，凡河浦入海之地，皆宜置閘，然後可以久而不壅，蓋不獨數處爲然也。

何謂量緩急以處工費？夫經略得宜則事易集，施爲有漸則民不煩。往歲凡有興作，皆併役於一時，是以功未成而財食告匱。爲今之計，宜令所在有司簡勘某水利害大，某水利害小，某水最急，某水差緩。其最大而急者則今歲修之，次者明年修之，次者又明年修之，則興作有序，民不知勞，而其工費之資亦可以先時而集矣。但方今歲時荒歉，公私俱絀，既不可加斂於民，而內帑又不敢望，乞將見查節年未完錢糧，係糧解大户侵欺者，督令有司設法清追。自嘉靖二十四年以後者照舊起解，二十三年以前者量支數十餘萬兩存留在官，略倣宋臣范仲淹以官糧募饑民修水利之法，行令有司查審應賑人數，籍其老病無力者爲一等，壯健有力者爲一等，無力者日給米一升，聽其自便，有力者日給米三升，就令開濬。通將前項官銀及賑濟錢糧一體通融給散，各另造册查考，則官不徒費，民不徒勞，所謂一舉而兩利者也。以後年分，每於冬月募民興作，至次年二月而罷。其費用皆取於侵欺，不足則繼之以贓贖，大約三四年而止，通計所費不過三四萬，而水利大治矣。夫計利害者必權輕重。四府所入，歲不下數百萬，而今年一遇災傷，放免者即三四十萬，他日荒亡逋負不能追徵者，又不知幾十萬。以此較彼，孰得孰失，不待再計而決也。

何謂專委任以責成功？夫論事非難，而建事爲難，建事非難，而成事爲難。臣嘗仰稽先朝大臣奉命經理吳中者凡數十餘人，其有功於水者殆不過數人，惟正統間巡撫、侍郎周忱功效最著，吳民至今思之。夫忱之才固有過人者，蓋亦先朝委任特專，而歷年又久，故忱得以盡行其志。近來江南數被水患，常遣大臣疏治，多欲以歲月成功，故雖賢者亦不暇爲國遠慮。此臣所謂成事之難也。臣願申明先朝委任周忱事例，特勑撫臣務爲長久之計，凡一應錢糧夫役，與夫疏治經略之宜，工成緩急之序，聽其以便宜從事而責成功焉。其府州縣有司官員，凡遇陞遷行取給由者，皆必考其水利有效，方許離任。其遷延玩愒，及處置乖方，費財而僨事，仍聽臣等隨事糾治，以懲不恪。如是，則事有定規，人有定志，而成功可期矣。

此五者，治水之要也，然臣猶有三慮焉。臣聞群志難集，浮言易興，是以事每阻於旁撓，功多毁於垂成。臣竊見上流咽喉之地，淤澱豐衍，多爲民間所據，一旦欲取而疏之，是必游揚其説，以爲興作不便，此臣之所慮者一也。工役之廢，出於侵欺，而善侵者類多豪猾，憑藉根連，堅不可破。臣嘗廉治二十餘人，而有司皆畏其口語，莫敢窮竟。今欲悉其類而清之，亦必游揚其説，以爲興作不便，此臣之所慮者二也。郡縣有司，咸受約束，而責以成功，其志在生民者，固皆欣然樂於從事矣，而其因循觀望、隨俗俯仰以規速化者，亦必游揚其説，以爲興作不便，此臣之所慮者三也。臣愚以屏此三者，而後五事之功可成也。

隆慶三年，命巡撫、都御史海瑞開白茆港、劉家河、黄浦港諸海口及湖浦涇漊并浙、直交界湮塞處所注十二。

時江南大飢，疏留蘇、松、常三府漕糧二十萬石，募民興工，開吴淞江自王渡起至宋家橋口七十里，并以餘剩工銀開白茆港。

萬曆三年，又開黄浦、白茆、吴江諸湮塞口及修浙江海寧、海鹽等縣衝壞海塘。其海鹽石塘，南環澉浦，北接金山、上海等界，尤爲要害。越三年，工成。

弘光元年，命工部主事朱子覲開吴淞江，以國難不果。

歸有光曰：吴地庳下，爲民利害尤劇，治之者皆莫得其源委，禹之故迹，其廢久矣。太湖之廣三萬六千頃，入海之道獨有一路，所謂吴淞江者。顧江自湖口距海不遠，有潮泥填淤反土之患，湖田膏腴，往往爲民所圍占，而與水争尺寸之利，所以淞江日隘。議者不循其本，沿流逐末，取目前之小快，别浚浦港以求一時之利，而淞江之勢日失。所以沿至今日，僅與支流無辨，或至指大於股，海口遂至湮塞，此豈非治水之過與？蓋自宋揚州刺史、始興王濬以淞江滬瀆壅噎不利，從武康紵谿爲渠浛，直達于海，穿鑿之端自此始。夫以江之湮塞，宜從其湮塞而治之，不此之務而别求他道，所以治之愈力而失之愈遠也。嗟夫！後世之論，徒區區于三十六浦間，或有及于淞江，亦不過浚蟠龍、白鶴匯，未見能曠然修禹之跡者。宜興單鍔著書，爲蘇子瞻所稱。然欲修五堰，開夾苧干瀆，絶西來之水不入太湖，殊不知揚州藪澤，天所以豬東南之水也。今以人力遏之，夫水爲民之害，亦爲民之利，就使太湖乾枯，于民豈爲利哉！禹治四海之水而獨以河爲務，此所謂執其利勢者。故余以爲治吴之水，宜專力于淞江。淞江既治，則太湖之水東下，而餘水不勞餘力矣。單鍔以吴江堤横截江流，而岸東江尾茭蘆叢生，泥沙漲塞，欲開茭蘆之地，遷沙村之民，運去漲土，鑿堤岸千橋走水，而於下流開白蜆、安亭江，使湖水繇華亭青龍入海，雖知松江之要，而不識禹貢之三江，其所建白猶未卓然，所以欲截西水，壅太湖之上流也。蘇軾有言：「欲松江不塞，必盡徙吴江一縣之民。」此論殆非鍔之所及。今不鐫去堤岸而直爲千橋，亦守常之論耳。崇寧二年，宗正丞徐確提舉常平，考禹貢三江之説，以爲太湖東注，淞江正在下流，請自封家渡古江開淘至大通浦，直徹海口。當時唯確欲復古道。然確爲三江之説，今亦不可得而考。元泰定二年，都水監任仁發開江自黄浦口至新洋江，江面財闊十五丈，仁發稱古者江狹處猶廣二里。然二里，即江之湮已久矣。自宋元嘉中，滬瀆已壅噎，至此何啻千年。郟氏云：「吴淞古道，可敵千浦。」又江旁縱浦，郟氏自言小時猶見其闊二十五丈，則江之廣可知。故古江蟠屈如龍形，蓋江自太湖來源不遠，面勢既廣，若徑直則又易泄，而湖水不能蓄聚，所以迂迴其途，使如今江之淺狹，何用蟠屈如此？余家安亭，在淞江上，求所謂安亭江者了不可見。而江南有大盈浦，北有顧浦，土人亦有「三江口」之稱。江口有渡，問之百歲老人，云：「往時南北渡，一日往來僅一二迴。」可知古江之廣也。本朝都御史崔恭鑿新道，自大盈浦東至吴淞江巡檢司，又自新江西南蒲匯塘入江，自曹家河直鑿平地至新場，江面廣十四丈。夫以郟氏所見之浦尚有二十五丈，而都水所開江面才及當時之浦，至本朝之開江廼十四丈，則興工造事，以今方古，日就卑微，安能復見禹當時之江哉？漢賈讓論治河，欲北徙冀州之民當水衝者，決黎陽遮害亭，放河北入海，當敗壞城郭、田廬、塚墓以萬數，以爲大禹治水，山陵當路者毁之，墮斷天地之性，此乃人功所造，何足言也。若惜區區漲沙茭蘆之地，雖歲歲開浦，而支本不正，水終橫行。今自嘉靖以來，歲多旱而少水，愚民以爲不復見白水之患。余嘗聞正德四年秋，雨七日夜，吴中遂成巨浸。設使如漢建始間霖雨三十日，將如之何？天災流行，國家代有，一遇水潦，吾民必有魚鱉之憂矣。或曰：今獨開一江，則其餘溪港當盡廢耶？曰：禹决九川，距四海，浚畎澮，距川。江流既正，則隨其所在，可鉤引以溉田畝。且江流浩大，其勢不能不漫溢，如今之小江，尚有勦娘江分四五里而合者，則夫奇分而旁出，古婁江、東江之跡，或當自見。且如劉家港，元時海運千艘所聚，至今爲入海大道，而上海之黄浦，勢猶洶湧，豈能廢之？但本支尊大，則支庶莫不得所矣。

又奉熊分司書曰：聞永樂初，夏忠靖公治水於吴，朝廷賜以水利書。夏公之書出於中秘，求之不可得見，獨於故家野老搜訪得書數種。嘗見漢世國家有一事，必令公卿大臣與博士、議郎雜議。始元中，諸儒相論難鹽鐵，及宣帝時，桓寬推衍之至數萬言，而盛稱中山劉子、九江祝生之徒，欲以究成治亂，定一家之法。某所取水利論，僅止一二，然以爲世所傳書，皆無逾于此者。郟大夫考古治田之跡，蓋浚畎澮距川，瀦防溝遂列澮之制，數千百年，其遺法猶可尋見如此。昔吴中嘗苦水，獨近年少雨多旱，故人不復知其爲害，而隄防一切廢壞不修。今年雨水，吴中之田淹没幾盡，不限城郭、鄉村之民，皆有爲魚之患。若如郟氏所謂塘浦闊深而堤岸高厚，水猶有大于此者，亦何足慮哉！當元豐變法，擾亂天下，而郟氏父子，荆舒所用之人，世因以廢其書。至其規畫之精，自謂范文正公所不能逮，非虚言也。單鍔本毘陵人，故多論荆溪、運河古跡、地勢蓄泄之法。其一溝一港，皆躬自相視，非苟然者。獨不明禹貢三江，未識淞江之體勢，欲截西水入揚子江上流，工緒支離，未得要領。揚州藪澤曰具區，其川三江，蓋澤不患其瀦，而川患其不流也。今不專力于淞江，而欲涸其源，是猶惡腹之脹，不求其通利，徒閉其口而奪之食，豈理也哉？近世華亭金生綱領之論，寔爲卓越。然尋東江古道，于嫡庶之辨終猶未明。誠以一江泄太湖之水，力全則勢壯，故水駛而常流；力分則勢弱，故水緩而易淤。此禹時之江所以能使震澤底定，而後世之江所以屢開而屢塞也。淞江源本洪大，故别出而爲婁江、東江。今江既細微，則東江之跡滅没不見，無足怪者。故當復淞江之形勢，而不必求東江之古道也。周生勝國時以書干行省及都水營田使司，皆不能行。其後僞吴得其書，開浚諸水，境内豐熟，迄張氏之世，略見功効。至論淞江不必開，其乖謬之甚有不足辨者。尋周生之論，要亦可謂之詭時達變，得其下策者矣。某獨謂大開淞江，復禹之跡，以爲少異于前説。然方今時勢財力，誠未可以及于此。自執事秉節海上，邇者風汛稍息，開疏瓦浦，五十餘年湮没之河一旦通流，連月水勢泛濫，凡瓦浦之南相近二十餘里，水皆向北而流，百姓皆臨流嘆誦明公之功德。蓋下流多壅，水欲尋道而出，其勢如此。不得其道，則瀰漫横暴而不制，以此見淞江不可不開也。淞江開，則自嘉定、上海三百里内之水，皆東南向而流矣。頃二十年以來，淞江日就枯涸，惟獨崑山之東，常熟之北，江海高仰之田，歲苦旱災，腹内之民宴然不知，遂謂江之通塞，無關利害，今則既見之矣。吳中久乏雨水，今雨水初至，若以運數言之，恐二三年不止，則仍歲不退之水何以處之？當此之時，朝廷亦不得不開江也。天下之事，因循則無一事可爲，奮然爲之，亦未必難，明公于瓦浦實親試之矣。且以倭寇未作之前，當時建議水利，動以工費無所于出爲解，然今十數年遺將募兵，築城列戍，屯百萬之師于海上，事窮勢迫，有不得不然者。若使倭寇不作，當時有肯捐此數百萬以興水利者乎？若使三吳之民盡爲魚鱉，三吳之田盡化爲湖，則事窮勢迫，朝廷亦不得不開江矣。弘治四五年大水，至六年，百姓饑疫死者不可勝數。正德四年亦如此。今年之水不減于正德四年，尚未及秋，民已嗷嗷矣。救荒之策決不可緩，欲望早爲措置米穀，設法賑濟。或用前人之法，召募饑民，浚導淞江。姑且略循近世之跡，開去兩岸茭蘆，自崑山慢水江迤東至嘉定、上海，使江水復繇䟣口入海。放今年停潴之流，備來年薦至之水，亦救時之策也。

案：水利之説不一，而總其要，不過三四端而已。其曰復溧陽之五堰、杭州之長河堰、常州之望亭堰，務使水不入于太湖者，此殺其上流之説也。其曰開吳淞江、劉家河、白茆、七丫諸浦，使水或南或北，並入于海，此決其下流之説也。于江河之旁，倣古人之跡，各分爲塘浦，是又于下流而貫通之也。築圩岸以圍田，作堰以遏水，使之畢歸于塘浦，而東去之水自然滿盈迅疾，所以爲内之勢也。置閘以限海水之至，使沙不入而水易出，所以爲外之坊也〔一三〕。是數者盡之矣，而歸氏之論尤爲卓越，故著之篇終，以俟有王者作，權乎時而行之，以爲東南萬世之利焉。

大明弘治八年，令浙江按察司管屯田官帶管浙西七府水利，仍設主事，或郎中一員專管，三年更代。

正德九年，設郎中一員，專管蘇、松等府水利。

十二年，遣都御史一員，專管蘇、松等七府水利。

十六年，遣工部尚書一員，巡撫應天等府地方，興修蘇、松等七府水利，浙江管水利僉事聽其節制。尋設郎中二員於白茆港、吴淞江，分理開濬。

嘉靖三年，罷蘇、松等府管水利郎中，仍行浙江管水利僉事帶管。

六年，令巡撫官督同水利僉事用心整理蘇、松水利，毋得虚應故事。

十三年，令各處按察司屯田官兼管水利。

四十五年，題准東南水利不必專設御史，令兩浙巡鹽御史兼管。

隆慶六年，特降勑書，以東南水利專責成巡撫。

萬曆三年，令巡江御史督理江南水利。

漕運〔一四〕

運河南自杭州來入吴江縣界，由石塘北流經府城，又北繞白公堤出望亭，入無錫界，達京口。隋大業六年，敕開江南河，自京口至餘杭郡八百餘里，面闊十餘丈，擬通龍舟巡會稽。《宋史》：浙西運河自臨安北郭務至鎮江江口閘六百四十一里。

兵防

鄭若曾曰：或問蘇之險要有幾，曰：倭寇之犯郡城也，水港浩繁，塍路交錯，所當控扼者不過十四處而已。請詳言之。賊若自海口而入，則嘉定之吴淞江、黄窑港，太倉之劉家河、七丫口，四者其險要也。若自大江而入，則常熟之福山港、許浦、三丈浦，三者其險要也。此皆本府險要之在外境者也。能守此七處，不容賊舟輕入，則一州六縣皆晏然無虞，況府治乎！但海濱不止于嘉、太兩邑，在南則嘉興之海鹽、平湖，在東南則松江之華亭、上海皆是也。江口亦不止于常熟，在西北則常州之江陰、武進，鎮江之丹陽、丹徒皆是也。鎮江路遠且置勿論，嘉、松、常三郡江海口岸，賊一内犯，則長驅至蘇。蘇之所恃以禦之者，不在于交界設險乎？此之謂腹内險要也。若不能守而縱賊過界，則海口、江口所設之險均爲無用，與不設同。故設險外境，制敵上游，策之上也。而腹内險要，亦不可視爲輕緩。在南方則吴江之平望，所以禦海鹽、平湖之衝；長洲之周莊，所以禦華亭南路之衝。在東南則長洲之陳湖，所以禦華亭中路之衝；崑山之磧礇、安亭，所以禦華亭、上海之衝。爲途不同，同于備海寇之深入也。在北方則長洲之蠡口，所以禦無錫間道之衝；長洲之望亭，所以禦江陰南來之衝；吴縣之太湖洞庭兩山，所以禦江陰、無錫、武進寇舟逸入之衝。爲途不同，同于備江寇之深入也。總而計之，外境之險要有七，腹内之險要亦有七，皆蘇郡之安危所係也。

財賦

丘濬大學衍義補曰：臣按韓愈謂「賦出天下，而江南居十九」。以今觀之，浙東西又居江南十九，而蘇、松、常、嘉、湖五郡又居兩浙十九也。考洪武中，天下夏税秋糧以石計者總二千九百四十三萬餘，而浙江布政司二百七十五萬二千餘，蘇州府二百八十萬九千餘，松江府一百二十萬九千餘，常州府五十五萬二千餘，是此一藩三府之地，其民租比天下爲重，其糧額比天下爲多。今國家都燕，歲漕江南米四百餘萬石以實京師，而此五郡者幾居江西、湖廣、南直隸之半。自宣德、正統以來，每擇任有心計重臣巡撫其地，以司其歲入。蓋以此地朝廷國計所資故也。竊以蘇州一府計之，以準其餘。蘇州一府七縣，其墾田九萬六千五百六頃，而居天下八百四十九萬六千餘頃田數之中，而出二百八十萬九千石稅糧於天下二千九百四十餘萬石歲額之内，其科徵之重、民力之竭可知也已。諺有之曰：「蘇松熟，天下足。」伏願明主一視同仁，念此五郡財賦所出，國計所賴，凡百科率悉從寬省，又必擇任巡撫大臣，假以便宜之權，任其從宜經制，而不拘以文法，必使上無虧於國計，下不殫於民力，一方得安，則四方咸賴之。

楊芳曰：元耶律楚材定天下田稅，上田畝三升，中田二升五合，下田二升，水田五升。我朝天下田租，畝三升三合五勺。蘇、松後因籍没，依私租額起稅，有四五斗、七八斗至一石者。蘇在元糧三十六萬，僞吴百萬，今二百七十餘萬矣。臣按今日糧額之重，莫甚于蘇州矣。然國初民田大率以五升起科，則固未嘗有增于耶律楚材所定之額也。惟抄没之田最重，有至一石以上者。而蘇在國初克平僞吴之後，抄没獨多，故總計之有二百八十萬之額，安有聖祖而爲加賦之事乎？迨後宣廟深憫斯民之困，下詔每田一畝納糧，自一斗至四斗者各減十分之二，自四斗一升至一石以上者各減十分之三，永爲定制。然一石而減其三，猶是七斗，而民困未蘇。至嘉靖中，巡撫歐陽鐸始行牽耗之法，均其稅于民田，而各縣之田皆不及四斗，人以爲便。此因一時裒益之權，然使當日五升起科之田，莫非三斗以上小民自有之田，與抄没者同其科，而久遠之後，遂忘聖祖取民中正之大制。後之人不考其本，相傳之妄，至謂太祖忿東吴久抗王師，而重其賦者。庶吉士張溥文集。耗之法，太祖止科抄没之田，原未概加三吴之賦。至于蠲免之恩，在洪武中，蘇州止蒙一次，自緣入版圖之日淺耳，豈有以一士誠之故而并罪其民乎？聖明在上，念一方之困已二百八十年，而又念今日所謂抄没之田，並已子孫數十傳，忘所自來，以爲己有，而册籍亦多不存，儻得一切舉而平之，俾得比于民田之賦，即不敢望復五升之額，而則爲三壤，不過一二倍之而止。其他各郡以次推行，使三吴之田曠然一反古初之舊，而聖祖中正之制亦大白于天下。朝廷獲減賦之名，而歲入之數無損于宋、元之盛，豈非一方之幸哉！

吴縣

疆域

附府城西。

巡司

木瀆巡檢司。東山巡檢司。甪頭巡檢司。舊有横金巡檢司，革。

山水

陽山一名秦餘，杭山一名萬安，在府城西北三十里，逶迤二十餘里。其大峰一十五，而箭缺爲絶頂。戰國策云：「越王以散卒三千禽夫差于干隧。」今萬安山有遂山是也。其下有射瀆。

横山在府城西南二十里，隋初嘗遷郡于此。

太湖中山有七十二，而洞庭東、西二山爲大。又其大者曰馬跡山，今屬武進縣。

東山一名莫釐山，去胥口西南四十里，周迴四十里。國初原屬甪頭巡司，因去西山遼絶，復置東山巡司以轄之。居民稠密，商賈爲業，重利而輕生，一遇寇警，合山之人齊奮而出，自相抗禦。嘉靖中，設兵哨營寨有八，在北曰嘶馬哨、曰梁山哨，在南曰渡船營，在東曰北湖口，在西曰長圻寨，在東北曰烽折哨，在西北曰毛園哨，在西南曰葑山營，各統之以耆民、團長。

西山古名洞庭山，一名包山，一名林屋山，去胥口西八十里，周迴一百三十里，甪頭巡司在焉。廬聚物産，大略與東山同，盗素難犯。嘉靖甲寅，倭寇登劫，一艅爲團長徐木等所截，自黄麻門從漫山而下，向空湖常州境去；一艅爲耆民周瓚等所逐，至獨山，轉戰三四十合，往無錫境去。蓋山民重于保家而輕于用命，又其在湖諸船素狎風濤。設旱寨有六，北曰大勝，南曰石公，東曰元山，西曰角山，東南曰䶮山，西南曰廟山，各領之以團長、隊長。

蘇州出湖有二口，曰胥口，曰鮎魚口。胥口在府城西四十里。周益公游山録云：「太湖東邊，兩山對峙，南曰胥山，北曰香山。中一水曰胥口，蓋太湖支流之東出者也。」凡至東、西二山，並由此道。鮎魚口在府城南十五里〔一五〕。

石湖在府城西南一十二里，西南通太湖，東北一水入横塘，曰越來溪。

澹臺湖在府城南一十八里，東接運河。

郊聚

木瀆鎮在縣西南三十里，西出胥口。

横金鎮在縣西南三十里。

光福鎮在縣西五十里鄧尉山下。

古蹟

姑蘇臺在縣西南三十里横山西北麓。

長洲縣

疆域

附府城東。

巡司

吴塔巡檢司。陳墓巡檢司。舊有塘浦巡檢司，革。

山水

虎丘山在府城西北七里，吴王闔廬葬此，上有劍池。

陽城湖在府城東北二十里，界長洲、崑山二縣之間，周迴□□里，滙諸水東北入于海。

至和塘在府城東，自婁門至崑山七十里，宋至和二年，崑山主簿丘與權築，中爲橋梁五十二。其南爲沙湖，北爲陽城湖，而至和塘隔絶其中。

沙湖在府城東二十里，横絶崑山道上，風濤爲患。弘治九年，工部主事姚文灝于塘之南截湖爲堤，廣三丈，袤三百六十丈。

陳湖在縣東南三十五里〔一六〕，自葑門瓦屑涇東行，歷王墓、大姚而注澱山、謝澤、圓泖，入華亭界。

蠡湖。

郊聚

滸墅鎮在縣西北二十五里，南北運道之要衝，户部分司在焉。

甫里鎮在縣東南四十里用直浦上，東接崑山界。

陳墓鎮在縣東南五十五里，東接崑山界，南近澱山湖。

陸墓鎮在縣北二十里。

尹山市在縣東南二十里，南接吴江界。

臣按：吴縣所轄皆山，防守止一太湖而已。長洲分界在府南東北三面，並皆水道，旁接三縣，又當海口東來之衝，故嘉靖中設營防守之制尤詳，合具載于左。

陸涇壩在婁門東六里，嘉靖中，兵部任環破倭于此。長洲之東四十里至陸市舖，而交崑山縣界，舊之設險者凡三重焉。官瀆橋營所以捍衛婁門，爲第一重也。陸涇橋築土壩，建木城、敵樓，設團營于陽城湖濱，所以爲唯亭、官瀆二營之策應，乃第二重也。最東近陸市鋪，設小唯亭營，所以禦敵之來，若外户然，乃第三重也。其北陽城村團營、相城團營，皆爲湖防而設，荻匾團營乃爲彭淹而設，皆所以羽翼陸涇、官瀆者也。

葑門東六里爲黄石橋營，又六里爲金雞淹，又六里爲斜塘營，又六里爲唐浦巡司，乃吴淞江轉折而南處也，土壩在焉。自此而東爲用直浦，與崑山交界。

葑門之東南三里有瓦硝涇，在蔑渡橋北，從此涇入〔一七〕，歷黄天蕩六里至瀆墅湖，又三里至鑊底潭，又東八里至陳湖，又東南至澱山湖，又東南至泖塔湖，並曠野，難于設備。惟鑊底潭有村落，可以控三泖之路。

葑門直南而行，歷蔑渡橋營、尹山鎮而浮橋鎖于水口者，夾浦也，乃吴淞江之上流也。東通澱湖、三泖，西對夾涇港，連太湖，南抵吴江諸江，北接長洲尹山諸湖。賊舟若至夾浦，則南犯吴江，北犯長洲，勢不可遏矣。夾浦設團營官兵，而其東吴淞江、章練塘又各設兵，所以爲外障也。

齊門外直北五里爲陸墓，又五里爲周涇鋪，又二里爲蠡口巡司。從此而北至永倉敵樓，與常熟接壤，所謂常熟官塘是也。通計團營之設者七。無量營、石家浜營夾塘東西而立，乃齊門外第一層險也。陸墓營、南橋鎮營亦東西夾塘而設，乃第二層也。陸墓之北爲蠡口營，蠡口之西北爲治長營，治長之東北爲永倉營，其形若鼎足者，乃第三層也。塘之東爲彭漊，爲陽城湖、施澤湖，直通常熟、崑山二縣。塘之西爲長蕩，爲曹湖，爲黄埭蕩，直通無錫縣。若蠡口者，郡城之北門也。又有錢萬里橋團營，則緣郡城西北空野，其水與長蕩相連而設，露城鎮團營，則緣郡城東北空野，其水與陽城湖相通而設，一則爲婁、齊門之羽翼，一則爲閶門之羽翼也。

吴塔在縣北五十五里常熟界，舊設巡司，今移蠡口。

閶門外要衝莫若滸墅。往年倭寇五十三人自南京至吴縣之横涇，爲官兵所截，正繇乎此。其南爲楓橋，商賈駢集，乃入蘇之正道也。又有虎丘山塘涇，貨物亦阜，乃入蘇之間道也。今設滸墅鎮營，其北又設望亭團營。

吴江縣

疆域

在府東南四十五里。

城

周五里二十七步。

驛

平望驛。舊有松陵驛，革。

巡司

震澤巡檢司。汾湖巡檢司。平望巡檢司。同里巡檢司。簡村巡檢司。舊有長橋、瀾溪、因瀆三巡檢司，俱革。

形勝

松江太湖，水國之勝。宋范成大集。

山水

太湖在縣西二里，入湖有三路，西北曰柳胥，西南曰簡村，其一則西郊。徐師曾志曰：太湖中一十八港，樞紐湖心，朝夕呑吐，利害最大。其西之田日蝕于湖者謂之堋湖，其東之沙日漲爲田者謂之新漲，歲有新增，其數難定。各以萬計。東南二湖俱成原隰，則壤爲科亦以萬計。城南高壤俱成民居，今之議水利者，每於斯而歎息焉。又曰：堋湖、新漲，本同一體。然堋湖出於天數，新漲則猶有人助焉。近年以來，堋者少而漲者多，蓋由蘆葦日蕃，則沙泥易積，非若堋湖之專俟乎風濤也。又其地充斥，難於丈量，故易隱而難明，其爲水利之害，非一日矣。

松江一名吴淞江，禹貢三江之一也。枕縣東門，自長橋下東流至尹山，北流至甫里，東北流至澱山，北合趙屯浦，又東合大盈浦，又東合顧會浦，又東合松子浦，至宋家橋與黄浦合流入海，其口名曰滬瀆。

鶯脰湖在縣南四十里，源自天目，東流至荻塘，會爛溪水，併出平望匯于此。

汾湖在縣東南六十里，與嘉興分界，東出三泖。

龐山湖在縣東北三里〔一八〕。太湖水自長橋東北入此，合吴淞江東注。

白蜆江在縣東南四十里〔一九〕。或云即古之東江。

荻塘自平望鎮西行，至烏程縣南潯鎮，凡七十里。

關梁

長橋在縣東門外，宋慶曆八年，縣尉王廷堅建，以木爲之，東西千餘尺，橋中有垂虹亭。元泰定二年，判官張顯祖甃以石，下開六十二洞。至元十二年，增開八十五洞。

志曰：橋之西北有渚曰葉家匯，又名蕩上，沿城二里漲爲民居，太湖、松江吞吐之交，自來言水利者往往以橋爲礙。但其來已久，居民千計，又難輕議。惟宜節制，毋令日填月築以塞江口可矣。

宋時有減水則石二，各長七尺有奇，樹于垂虹亭之北。其左一石横爲七道，道爲一則，以下一則爲平水之衡。水在一則，則高低田俱無恙。過二則，極低田淹。過三則，稍低田淹。過四則，下中田淹。過五則，上中田淹。過六則，稍高田淹。過七則，極高田俱淹。如某年水至某則爲災，即於本則刻之曰「某年水至此」。每年各鄉報到災傷，官司雖未及遠臨踏勘，而某等之田被災，已豫知於日報水則之中矣。其右一石分爲上、下二横，每横六直，每直當一月。其上横六直刻正月至六月，下横六直刻七月至十二月。月三旬，故每月下又爲三直，直當一旬。三季二十九旬，凡二十九直〔二〇〕。其司之者，每旬以水之漲落到某則報於官，其有過則爲災者，刻之法如前。沈啓曰：二碑石刻甚明，正德五年猶及見之。其横第六道中刻「大宋淳熙三年水到此」，第七道中刻「大元至元二十四年水到此」。正德五年大水，城中街路皆斷不通，人往稽其碑，水到六則，與宋淳熙中同，則元之水猶過也。今石尚存，而宋、元字跡與横刻之道盡鑿無存矣。

郊聚

平望鎮在縣南五十里，爲嘉興、湖州二府必由之路，其南三十里曰王江涇，秀水界。其西爲荻塘，入烏程。宋置寨，僞吴張士誠嘗築城于此。嘉靖三十三年，爲倭所焚。三十四年，復犯平望，知縣楊芷守盛墩，在平望之北。幕府調宣慰彭藎臣兵二千至，大敗之于平望。

徐師曾曰：平望邑之屏蔽也，雄據南北，戰守咸宜。使城尚存，則乙卯之變豈至此極乎？小民恡于用財，有司沮于浮議，此識者之所深憂也。

爛溪在縣西南一十八里，北連鶯脰湖，爲蘇、嘉、湖三府之界諸水之所會也。烏鎮爲湖州望鎮，而爛溪之南，實抵鎮之北柵，故甲寅之亂，寇屢經此。舊設巡司，國初移置嚴墓村，萬曆初革。

震澤鎮在縣西南九十里，北濱太湖，東通鶯脰，西接南潯，南連諸漾，凡嘉興以北、湖州以東諸水悉會于此。

夾浦在縣北一十里，乃吴淞江之上源，太湖之委流也。賊若自吴淞江而來，南犯吴江，北犯長洲，此爲分蹤要衝。或寇入太湖，欲出東海，而繇鮎魚口、瓜涇港以來，亦自夾浦橋出，乃往來必經之道也。況爲運河關隘，賊若據此，則本縣與郡城聲援不相接矣。此爲縣北第一要害。

鮎魚口在太湖之北，距縣治十八里南，受太湖北流，匯爲蠡塘，又北過五龍橋入吴縣界，爲盤門運河，爲古塘口，入長洲縣界，爲澹臺湖，與運河合。賊若自郡城走吴江，必自五龍橋出蠡塘，或從太湖，或從古塘，而鮎魚口乃必繇之道也。

簡村在縣西南一十里，北至鮎魚口，南至震澤鎮。舊設巡司于此，國初移置充浦村。

同里鎮在縣東一十里，四面皆湖，民居稠密，縣東之藩籬也。賊若自松江而來，繇三泖、澱山而至，或自崑山而來，繇新洋江、甪直而至，則同里並當其衝。

汾湖東通三泖，西接勝墩。賊自松江而來，此亦一大道也。

臣按：吴江一縣界浙、直之間，當運道之衝，天下有變，所必争之地。而淞江一帶，限乎其中，宋人所謂重江之險者也。考之于史，越伐吴，吴子禦之笠澤。南齊王敬則反，吴郡太守張瓌拒之于松江。梁侯瑱追侯景，及于松江，並在今吴江之境。其時未立縣治，故以水名其地也。宋建炎二年，高宗幸杭，命張俊以八千人守吴江。四年，以巨師古守吴江。五年，金人自南來，師古兵潰，當日有焚橋之議者，亦以江流迅急，阻水易守也。迨元至元十三年，伯顔引兵南下，而置鎮守長橋水軍萬户府者，亦慮宋人之扼水而斷其後也。自泰定中立石橋，截江而爲陸路，京口一騎可達錢塘，而松江之險失矣。然運道之外，四郊泱莽，皆爲水區，非舟不通。而又西南抵苕、霅，西北至宜興，東出吴淞江口，則此一邑者，固水中之衢地也。水窟深阻，盗賊固之，故國初巡司之設，每邑僅二三，而吴江遂至于八。及海寇之作，吴江以腹内之邑，而出入獨多。盛墩一捷，倭氣遂沮，則此邑之伏戎，亦不易防也哉！

常熟縣

疆域

在府北一百五里。

城

周九里三十步。

巡司

許浦港巡檢司。白茅港巡檢司。黄泗浦巡檢司。舊有福山港巡檢司，革。

形勝

濱江控海，吳之北門。縣志。

山水

虞山在縣治西北。越絶書云：「古巫咸所居。」其上有仲雍墓。

福山在縣北三十六里，下臨大江，與通州狼山相對。宋置水軍寨，今爲福山鎮。嘉靖中，爲倭寇出入之道，乃築堡設把總水兵于此。

鄭若曾曰〔二一〕：常熟爲蘇之北門，而福山又常熟之北門也。舊有巡司，而嘉靖中又設把總指揮，統水兵在江巡哨，府縣官統陸兵在鎮屯守，可謂密矣。然寇犯本港，須自三爿高家縣後以至三沙，然後西至本港。則三沙之防守，尤所當重。必須奏分蘇州一所官軍常川住劄〔二二〕，如吳淞江事例，方爲長策。又修復五代錢氏建閘之制，外可以限海舶之來，而内可以節水，兵農兩利之道，莫善于此。

尚湖在縣西南四里。

華蕩在縣西南十五里〔二三〕。

昆承湖在縣東南五里。

白茆港在縣東北八十里，自縣城東南受尚湖、昆承湖諸水，東北入于海。國初置巡檢司，天順五年置寨。每春夏，蘇州衛分委指揮一員、千户二員、百户四員，領軍士四百餘人至此操練備倭。

萬曆三十四年，知縣耿橘水利書曰：白茆港自本縣東南門起至于海，長八十里而遥。凡太湖之水，自長洲、無錫而下者，若蠡湖，若常熟塘，若陽城、傀儡、巴城等湖，皆會于本縣之華蕩、昆承湖、尚湖，由白茆入海。故白茆通，則長洲、無錫東注之水咸有所洩，太湖底定，而常熟爲樂國。白茆不通，則常熟爲巨浸，而長洲、無錫諸水皆無所洩，而太湖不定。國朝開浚之役凡五舉，若夏司農公原吉、徐司空公貫、李司空公充嗣、海都御史公瑞、林侍御公應訓，咸後先相繼主其事者，而經費有繁簡之異，享利有久暫之殊，何耶？自今考之，有調夫旁郡貳萬餘人者，有大發近郡徒卒、工費視前加倍者，皆載在志書。而海公、林公之役，猶有卷可查。海公之役，計費四萬有奇，不三年而旋淤，説者謂稽查無法、委任欠當之故，是非卑縣之所敢知。林公之役，費不過貳萬伍千，而迄今廿餘年，吴地無苦大旱大澇者，咸頌德林公不衰焉。奈何數年來此港淤沙漸起，日甚一日？識者謂有海變桑田之勢。今查自海口至于墩頭三里間，一帶陰沙，或東或西，恒無定勢，其水深不過一二尺，此爲塞漲之根。自墩頭而西抵于雉浦七十餘里之間，雖淤疏相間，然大半淺狹矣。淺者水不過一二尺，狹者僅容一舠。吁，可畏哉！卷查萬曆七年林公之役，實濬者不過中間四十五里之長，自海口至横塘二十一里，自歸家橋至東南門一十五里，當時俱未之淤、未之濬也。夫横塘以東，歸家橋以西，當時既係深闊，則其中間四十五里之内，定未必如今日之淺狹。矧今日之淺狹者且有七十里之遥也，一旦告塞，無論邊港高區，失其灌溉之利，而縣南、東南、西南一帶低區，東洩之道既絶，西來之水日潴，不必于大澇之年，而滔天之勢已在目中。萬一商羊爲災，有不敢逆料逆言者。當其時其勢，常熟必爲長洲、無錫之壑；華蕩、昆承湖、尚湖不安其位，長洲、無錫必爲太湖之壑；蠡湖、常熟塘、陽城、傀儡、巴城等湖俱不安其位，太湖必將汎溢而靡定也。吁，可畏哉！本縣查看水利，白茆港不敢不列于急濬之條，以告于當事者。

鄭若曾曰[二一四]：港口西距縣治九十里，東臨大海。洪武初，本港原設巡檢司。天順初，因江面水闊，倭舶乘風而上，輒抵城下，添設官兵，立教場操演，爲防春之計。成化中，置營寨、官廳、鼓樓、軍房七十餘間。嘉靖中，因倭寇，復撥衛所官兵及游兵把總廣、福、蒼沙等船水陸防守，且建朱家堡于近地，較之國初，聲勢十倍。然寇所從入之路，必自東北洋乘輕舸，道三爿高家縣後以至三沙，視風汛之順逆以犯福山、白茆而犯本港之路，則登舟沙其緊要門户也。若遏之于登舟之東北，賊不能登犯本港矣。此又拒寇于上游之策也。

許浦在縣東北七十里，西接梅李塘，北入大江。宋設水軍寨二，以都統制領之。國初，改爲巡檢司。

鄭若曾曰[二五]：許浦要害與白茆同。宋詳于本港而略于白茆，我朝則反其制，何也？許浦在宋時爲大道，故苗、劉之變，韓世忠提兵勤王，李寶奏膠西之捷，皆繇此入。今其壤半嚙于江，存者亦漲而爲田矣。近年，倭寇屢從此岸陸行至梅李，蓋避白茆、福山兵船之阻，而乘我之無備也。本港司兵不足以當之，寇遂横行擄掠，或直擣城下。今宜設兵船于此防禦，而團結鄉兵爲扼險之計，水陸兩利矣。

福山塘自縣北門行三十六里入大江，福山渡在焉。元末，張士誠由此入據全吴。

奚浦在縣西北七十里。

三丈浦在縣西北八十里，迤而二里爲黄泗浦，並北通大江。嘉靖乙卯，三丈浦嘗爲賊巢，參政任環殲賊于此者再，乃遁去。

州塘自縣南門八十里至府城齊門，本名元和塘，一名雲和塘，唐元和四年郡守李素築。

郊聚

梅李鎮在縣東北三十六里，又東北爲許浦，東南爲白茆，西北爲福山，道里適中之地。吴越錢氏遣二將梅世忠、李開山戍此以防江，故名。嘉靖中，賊首劉鑑自許浦入寇，嘗巢于此。

吴塔在縣南三十里，與長洲分界在尚湖、華蕩之東南，蠡口之東北。其南爲入蘇大道，而華蕩、蠡口皆通無錫。往年賊自無錫而來，北入三丈浦賊巢，嘗繇此道。而掠洞庭兩山之賊，過齊門去者，亦此道也。設巡司，屬長洲縣。

唐市在縣東南三十里，南接崑山斜堰。

耿橘平洋策曰：昔龔遂治渤海，悉罷逐捕盗賊吏，諸持鉏鈎田器者皆爲良民，吏毋得問，持兵者乃爲賊。于是羣盗解散，復爲良民，不殺一人，不費一餉，而大盗悉平。然則治今日江海之盗者，亦宜略倣此意而行之耳。吴中風俗，農事之獲利倍而勞最，愚懦之民爲之；工之獲利二而勞多，雕巧之民爲之；商賈之獲利三而勞輕，心計之民爲之；販鹽之獲利五而無勞，豪猾之民爲之。吁！私鹽之行，官鹽之滯，勢不得不設爲重禁，添兵巡捉，名之曰賊，然其實皆良民也。夫鹽之爲物，乃人家常用，如水火之不可缺也。故禁之愈嚴而價愈涌，價愈涌而私販愈多。大利在前，走死地如鶩，無足怪者。而自有諸巡役以來，兵舡周遊，列械張旗，而販者之船亦各具旗械以應之矣。應者人日益衆，勢日益張，而巡者止有此數。奚啻止有此數而已。始棼常例以縱之販，繼且躬爲販而假之巡，終且尋一二愚懦買鹽自食者而誣之販，甚且以己鹽計趁商民船中而誣之販。彼販者視諸兵役之往來巡視，直蠅翼過前耳。始具械以應諸巡，已而巡無足應，械有可恃，往往于空闊之處，波濤之中，劫擄人財矣。勢大黨多，横行江海，如無人矣。至于今日，名爲販而實爲盜矣。故愚以爲不大弛鹽禁而欲靖江海之盜，必不得之數也。惟鹽禁弛，則販鹽者無不諱之名，得與諸商賈等。與諸商賈等，自無用多招亡命，厚設兵械，亦不必豪猾之民始爲之，吾乃視其船有旗械者即爲賊，無旗械者即爲商賈，商賈通，鹽價平，彼豪猾者將驅之販而亦不爲已。此令一申，而諸盜可保十九爲良民也。即有一二怙終不悛者，其勢孤，其擒勦易易耳。第鹽法之設，乃祖宗之制，臣子不得議弛。若論其實，祖宗之所以設行鹽法者，不過得鹽之利以濟國計耳。若查各州縣舊例，如每年應獲囚鹽若干，應賣官鹽若干，定爲規則。其囚鹽令有司均派各販名下，如典税之法，四季易銀類解。其官鹽引到日，仍發各販易銀交付商人，于國計何損？不然，争錙銖之利，陷赤子于不赦之條，而以誅殺從事，即能勝之，于元氣必有所損，萬一不勝，其所損可勝道哉！夫天下有禁之而反以熾，弛之而反安于無事者，此計是也。此化盜爲良之最上策也。

崑山縣

疆域

在府東七十里。

城

周一十二里二百七十八步。

驛

舊有寧海驛，革。

巡司

石浦巡檢司。巴城巡檢司。

山水

馬鞍山在縣治西北。

吴淞江在縣南九里，西接長洲，東入嘉定縣界。

新洋江在縣東南六里，南納吴淞江，北入太倉塘，以達于海。

澱山湖在縣東南六十里，北岸屬崑山，南屬青浦。其源自吴淞江分流，由急水港鍾爲湖曰薛澱，一自長洲白蜆港分流入此，周迴幾二百里。北由趙屯浦，東由大盈浦，入于吴淞江，南由爛路港入三泖。

按志載澱山湖北中爲一澳曰山門溜，溜之中又有斜路港，與磧澳鄰，及大石浦、小石浦通洩湖流，後潮淤圍田，湖去西北已遠。今趙屯、大盈去湖益遠，反由何家港及南、北漕港受湖水以洩于江，水患多矣。

巴城湖在縣西北二十五里。

小虞浦在縣西南三里，潮汐南北兩來，故古於嚴村灣置閘，今尚有閘頭之名。

下界浦在縣東南二十里。永樂初，夏忠靖公開鑿倍廣于昔，因易名夏駕。

千墩浦在縣南四十里。永樂初，夏忠靖公開鑿。

至和塘即婁江故道，又名崑山塘，古連湖瀼，無陸途，甚爲民患。宋至道中，議欲修治，不果。皇祐中，發運使復申前議，命王安石相視，又不果。至和二年，主簿丘與權始陳五利，知縣錢公紀復言之，於是興役，塘成，名曰至和。嘉祐六年，轉運使李復圭、知崑山韓正彦大修治之，益加完厚，民得立塍堨，以免水患。

七丫浦在縣北三十里，西通陽城、傀儡二湖，西南通巴城湖，東北入于海。昔人以一浦不能泄三湖，于縣西北三十二里長洲、常熟二縣接界地名斜堰，建大閘以遏陽城、傀儡二湖，北由黄涇下白茆入海，今廢。

郊聚

真義鎮在縣西二十里，巴城巡司在焉。其西三里與長洲交，謂之界浦。西北二三里爲陽城湖，東北五里爲傀儡蕩，又北數里爲巴城湖。水澤環屬，舟楫通利，鹽盜出没，真義實當三面之衝。賊若繇府治而來，必經此道，蓋西境之咽喉也。

石浦鎮在縣東南四十里，南接青浦縣界。

歸有光與邑令論三區賦役水利書曰：

竊承明侯以本縣十一、十二、十三保之田土荒萊，居民逃竄，歲逋日積，十數年來官於兹土者未嘗不深以爲憂，而不能爲吾民終歲之計，明侯下詢芻蕘。竊惟三區雖隸本縣，而連亘嘉定，迤東沿海之地，號爲岡身，田土高仰，物産瘠薄，不宜五穀，多種木棉，土人專事紡績。周文襄公巡撫之時，爲通融之法，令此三區出官布若干匹，每匹准米一石。小民得以其布上納税糧，官無科擾，民獲休息。至弘治之末，號稱殷富。正德間，始有以一人之言而變易百年之法者，遂以官布分俵一縣。夫以三區之布散之一縣，未見其利，而三區坐受其害，此民之所以困也。夫高阜之地，遠不如低窪之鄉。低鄉之民，雖遇大水，有魚鱉菱芡之利，長流採捕，可以度日。高鄉之民，一遇亢旱，彌望黄茅白葦而已。低鄉水退，次年以膏沃倍收。瘠土之民，艱難百倍也。前巡撫歐陽公與太守王公行牽耗之法，但於二保、三保低窪水鄉特議輕減，而于十一、十二、十三保高阜旱區却更增賦。前日五升之田與概縣七、八等保膏腴水田，均攤三斗三升五合，此蓋一時失於精細，而遂貽無窮之害。小民終歲勤苦，私家之收，或有不能及三斗者，田安得不荒？遁安得不積？此民之所以困也。吴淞江爲三州太湖出水之大道，水之經流也。江之南、北岸二百五十里間，支流數百引以灌溉。自頃水利不修，經河既湮，支流亦塞。然自長橋以東，東流之水猶駛。迨夏駕口至安亭，過嘉定、青浦之境，中間不絶如綫。是以兩縣之田，與安亭連界者無不荒。以三區言之，吴淞既塞，故瓦浦、徐公浦皆塞。瓦浦塞，則十一、十二保之田不收，重以五六年之旱，溝澮生塵，嗷嗷待盡而已。此民之所以困也。

生愚妄爲執事者計之，其一曰復官布之舊。乞查本縣先年案卷，官布之徵於三區在於某年，其散於一縣在於某年，祖宗之成法，文襄之舊税，一旦可得而輕變，獨不可以復乎？今之賦役册，凡縣之官布，皆爲白銀矣。獨不思上供之目，爲白銀乎？猶爲官布乎？如猶以爲官布，則如之何其不可復也？古之善爲政者，必任其土之所宜以爲貢，文襄之意蓋如此。即今常州府有布四萬匹，彼無從得布也，必市之安亭，轉展折閱，公私交敝。有布之地，不徵其布而必責其銀；無布之地，不徵其銀而必責其布。責常州以代輸三區之銀，則常州得其便。責三區以代輸常州之布，則三區得其便。是在一轉移之間也。

其二曰復税額之舊。牽耗之法，係蘇州一郡之事。前王公已定耗法，均攤之田三斗三升五合，歉薄之田二斗二升。既而會計本縣薄田太多，而三十六萬之外，乃增餘積米數千。王公下有司再審歉薄之田，均攤數千之米。此王公之意欲利歸于下也，有司失於奉行。如三區者終在覆盆之下，而所存餘積之米，遂不知所歸。欲乞查出前項餘積作爲正糧，而減三區之額，復如其舊。此則無事紛更，而又有以究王公欲行而未遂之意矣。夫加賦至三斗，而民逋日積，實未嘗得三斗也。復舊至五升，而民以樂輸，是實得五升也。其于名實較然矣。既減新額，又于逃户荒田開豁存糧，照依開墾荒田事例，召募耕種，數年之間，又必有甦息之漸也。

其三曰修水利之法。吴淞江爲三吴水道之咽喉，此而不治，爲吾民之害未有已也。先時言水利者不知本原，苟徇目前，修一港一浦以塞責而已。必欲自原而委，非開吴淞江不可。開吴淞江，則崑山、嘉定、青浦之田皆可墾。議者不究其本，因見松江種蘆葦之利，反從而規取其税，自用直浦、索路港諸地，悉爲豪民之所占，向也私占而已，今取其税，是教之塞江之道也。上流既壅，下流安得而不閼乎？生愚爲三區之田而欲開吴淞江，似近於迂。然恐吴淞江不開，數年之後，不獨三區，而三州之民皆病也。若夫開瓦浦溉十一、十二保之田，開徐公浦溉十三保之田，此足支持目前，下策也。

生愚聞之，古之君子爲生民之計，必不肯拘攣于世俗之末議，而决以敢爲之志。况此三區，本縣蕞爾之地，在明侯之宇下，得斗升之水，可以活矣。伏願行此三策，庶幾垂死而再甦之，其有德於吾民甚大。又今旱魃爲災，明侯昔日車馬所通、瀕河人跡所至之處，禾稼僅有存者，至于腹裏，無復青草。近經秋潦，往往千畝之田，枯苗數莖，隨水蕩漾而已。救荒之策，免租之議，此如拯溺救焚，尤不可緩者。又今三區無復富户，所充糧役，不及中人之産，賠貱之累，尤不忍言。此乞念顛連無告之民，照弘治間例及太守南岷王公新行事例，免其南北運庫子馬役解户之類，此亦可以少紓目前之急也。惟明侯留意焉。

嘉定縣

疆域

在府東一百四十里。

城

周一千六百九十四丈一尺八寸。

所

吴淞守禦千户所，在縣東南四十里，城周五里一十四步，洪武十九年，滎陽侯鄭遇春等築，屬太倉衛。

守禦寶山中千户所，在縣東南八十里。嘉靖三十六年，自太倉衛移此，名協守吴淞中千户所。萬曆五年，改名寶山。

鄭若曾曰〔二六〕：嘉定東濱大海，南據吴淞江，北枕劉家河，誠三面受敵之地。倭船之來也，大海渺茫，難于收泊，以寶山爲表識，故蘇之寇患，惟嘉定受之。嘉定沿海地方共七十里，吴淞江口乃適中之處也。繇江口延袤而南，則自老鸛嘴以至寶山、南匯、金山。出江口迤邐而北，則自綵淘以至黄窑、劉家河。繇江口而深入，則南迤五十里即爲黄浦，直至上海。繇黄窑而登岸，則嘉定、太倉、崑山，蘇、常連數百里。是吴淞江者，南爲上海門户，西爲蘇、常藩籬，乃東南第一險要。備吴淞江，即所以備上海。備上海，即所以備蘇、常也。舊制原設吴淞江千户所，守禦于江之西岸。嘉靖十九年，海水決齧所城，僅存西南一隅，乃復建新城避水患，周圍四里，當大江之傍。

或曰：「均之海濱也，險要莫如劉家河，而以此爲第一，何也？」曰：海中諸夷狡猾莫如日本，入寇亦莫如日本。山東、浙、直與寇爲鄰，然山東之海水勢湍悍，山脈聯絡，非熟其徑者不可行，且勾引接濟之人未嘗有也。故倭患，獨浙江之海山嶼爲多，而通番者獨衆，故寇船自外海而來，以洋山爲入犯之的，必至此而後分䑸。若直之崇明，則諸沙錯落，延袤三百餘里，暗塗相貫，有若爲華、夷之限者。惟三爿高家一路可以通舟，而不可重載。惟此一路，寬深可行，無有壅碍。寶山之外，沿海有楊家路者是也。而竹箔一沙横亘其外，隱然爲之外護焉。國初海運，特築寶山以爲準的，蓋爲此也。故竹箔之南，吴淞之要道也。竹箔之東，劉家河之門户也。若設重兵于此防守，賊豈惟不能侵犯内地，雖二江之口亦得息肩矣。

巡司

顧逕巡檢司。江灣巡檢司。舊有吴塘巡檢司，革。

山水

寶山在縣東南八十里，永樂十年，平江伯陳瑄督海運，築爲表識，賜名寶山，御製碑文。

吴淞江在縣東南四十里入海，其口爲千户所城。

□□□曰：吴淞江各支河之水，俱由江東老鸛嘴、寶山李家堰一帶出海，此嘉定、上海分界也。近來吴淞所海灘漲成平地，潮勢衝突，李家口比舊迅疾，泥沙滚入裏河，一潮便有一紙之厚，吴淞之易於堙塞，職此故耳。議者欲於宋家江口築閘以遏潮沙，亦爲良策。

白鶴江古稱白鶴匯，自此至蟠龍，環曲爲匯，不知其幾。宋胡恪云：「古有五匯四十二灣。」五匯者安亭匯、白鶴匯、顧浦匯、盤龍匯、河沙匯，以其江水與潮會合之地，故名曰匯。古云「九里爲一灣，一灣低一尺」。今嘉定之吴淞江、白鶴江、青龍江口亦謂之「三江口」，江面闊九里，地勢低于震澤三丈。水行迂滯，溢而爲災。宋嘉祐間，自其北開爲直江，徑瀉震澤之水，東注於海，自此吴中得免水患。今江蓋故匯遺跡，雖以江名，僅同溝澮而已。其南爲西霞浦，俱東入大盈，與青龍江斜對。

青龍江，圖經云「昔孫權造青龍戰艦於此」，故名。在唐、宋時，其上爲巨鎮。今鎮爲丘墟，江亦淺隘如白鶴。然其上流西接大盈，東接顧會，下流合浦家江，浦家之西爲趙浦。按趙浦在青龍江北，越吴淞江入嘉定界。此開江取直分屬於南之驗也。

綵淘港在嘉定縣東南，與吴淞所相近，亦江灣、大場諸水入海之口。

練祁塘，嘉定之水，南北莫大於橫瀝，東西莫大於練祁。練祁之水橫貫縣市，東西長七十里，自西關出，合顧浦以南入吴淞，北折則由鹽鐵塘出劉家河。縣治東有水道與海潮接，今被豪家閉塞，江水、海潮皆不通矣。

橫瀝自上海吴淞江北岸孫基港口，歷柵橋、江橋、南翔、嘉定，北至公塘口出劉家河，俱名橫瀝，郟亶所謂「南徹松江，北通常熟」者即此。今淤。

婁塘在嘉定北十二里，自裘涇出爲顧浦，自顧浦而東爲婁塘，橫瀝塘中貫之，北出劉家河，俗呼公塘口是也。今淤。

【原注】

注一　門六：西北曰閶門，西南曰胥門，南曰盤門，東南曰葑門，東北曰婁門，北曰齊門。五門各有水關，唯胥門不設。

注二　左千户所營在葑門内，右千户所營在閶門内，中千户所營在盤、胥二門内，前千户所營在婁、齊二門内，後千户所分立爲嘉興守禦千户所。

注三　舊有胥門遞運所，萬曆九年革。

注四　吴縣志作曹胤儒湖防論。

注五　宋時盤門久塞，故只有五門。

注六　時未立青浦縣。

注七　泰定三年罷松江府，以上海縣隸嘉興路。

注八　後至元年間閘廢。

注九　至元三十年，浙東僉院宣慰命知水人潘應武相視，即湖田開新港三及浚趙屯、大盈二浦。　宜移在大德前。

注十　宣德七年九月，直隸蘇州府知府况鍾言：「蘇、松、嘉、湖四府之地，其湖有六，曰太湖、傍山、楊城、昆承、沙湖、尚湖，廣袤凡三千餘里，久雨則湖水泛濫，田皆被溺。湖水東南出嘉定縣吴淞江，東出崑山縣劉家港，東北出常熟縣白茆港。永樂初，朝廷遣尚書夏原吉等疏浚河港，水不爲患，民得其利。年久淤塞不通。乞如舊遣大臣一員，督府縣官於農隙時發民疏浚，則水有所泄，田禾有收。」上命巡撫、侍郎周忱與鍾計其人力多寡、用工難易以聞。

注十一　華亭志：天順四年，巡撫、副都御史崔恭浚大盈浦至吴淞江，鑿江自崑山下界浦至嘉定莊家涇出舊江一萬三千七百丈，永樂初，引淞江北入劉家河，江之東段不曾施工。浚蒲匯塘及新涇四千丈，鑿曹家溝南抵新場二萬丈，廣皆十四丈，深皆二丈，浚六磊塘、鶯竇湖、烏泥涇、沙竹岡諸水通流入浦。

注十二　上海志：嘉靖末，江爲平陸。隆慶三年，巡撫、都御史海瑞奏濬自縣境，屬于崑山，略灣取直，江流湍駛，雖未盡復故道，而廿年灌莽之區，漸成沃壤矣。

【校勘記】

〔一〕小者爲滿江洪　「江」字原闕，據濂溪堂本、敷文閣本補。

〔二〕即湖中航船是也　「是」原作「自」，據濂溪堂本、敷文閣本改。

〔三〕計六十餘里今其南北兩岸　「計六十餘里今」六字原闕，據宋鄭虎臣編吴都文粹（文淵閣四庫全書本）卷五郟亶六失六得補。

〔四〕是五里而爲一縱浦之跡也　「五里而爲一縱」六字原闕，據吴都文粹卷五郟亶六失六得補。

〔五〕而有浪市塘是也其北皆爲風濤洗刷　「浪市塘是也其北」七字原闕，據吴都文粹卷五郟亶六失六得補。

〔六〕臣前所謂至和塘徒有通往來　「所謂」二字原闕，據吴都文粹卷五郟亶六失六得補。

〔七〕與夫水源來歷　「源」原作「原」，據敷文閣本及吴都文粹卷六僑書大略改。

〔八〕先去吴江岸土爲千橋　「岸」字原闕，據宋單鍔吴中水利書（文淵閣四庫全書本）貼黄補。

〔九〕嬰竇湖　明張國維吴中水利全書（文淵閣四庫全書本）卷二五錢溥松江府重濬蒲匯塘記、明鄭若曾江南經略（文淵閣四庫全書本）卷一下黄浦考作「鶯竇湖」，明張内藴、周大韶三吴水考（文淵閣四庫全書本）卷一六錢溥濬松江蒲匯塘記作「鶯脰湖」。

〔一〇〕閘固當置　原作「閘固固當置」，據濂溪堂本、敷文閣本及三吴水考卷一四、吴中水利全書卷二一金藻三江水學刪「固」字。

〔一一〕而剩土於一哉　「一」，濂溪堂本、敷文閣本作「中」。

〔一二〕開蘇松諸水　「松」原作「嵩」，據濂溪堂本、敷文閣本及明史卷八八河渠志六改。

〔一三〕所以爲外之坊也　「坊」，敷文閣本作「防」。

〔一四〕漕運　「漕運」二字原闕，據濂溪堂本、敷文閣本補。

〔一五〕鮎魚口在府城南十五里　「十五」二字原闕，據敷文閣本補。

〔一六〕陳湖在縣東南三十五里　「三十五」三字原闕，據敷文閣本補。三吳水考卷三作「四十」。

〔一七〕從此溼入　「此」原作「北」，據江南經略卷二下鑊底潭險要説改。

〔一八〕龐山湖在縣東北三里　「三」字原闕，據敷文閣本補。

〔一九〕白蜆江在縣東南四十里　「四十」二字原闕，據敷文閣本補。三吳水考卷三作「六十」。

〔二〇〕三季二十九旬凡二十九直　吳中水利全書卷一八沈啓水則碑志作「三季一十八旬凡一十八直」。

〔二一〕鄭若曾曰　「鄭若曾」三字原闕。案：此下文字乃節引江南經略卷三上福山筑堡議，據補。

〔二二〕必須奏分蘇州一所官軍常川住劄　「常」原作「嘗」，據敷文閣本與江南經略卷三上福山筑堡議改。

〔二三〕華蕩在縣西南十五里　「十五」二字原闕，據敷文閣本補。三吳水考卷三作「華蕩在縣南十五里」。

〔二四〕鄭若曾曰　「鄭若曾」三字原闕。案：此下文字乃引江南經略卷三上白茆港險要説，據補。

〔二五〕鄭若曾曰　「鄭若曾」三字原闕。案：此下文字乃引江南經略卷三上許浦險要説，據補。

〔二六〕鄭若曾曰　「鄭若曾」三字原闕。案：此下文字乃引江南經略卷三上嘉定縣總論，據補。

蘇州備録下

陸廣微吴地記

闔閭城，周敬王六年伍子胥築。大城周迴四十二里三十步，小城八里二百六十步。陸門八，以象天之八風；水門八，以象地之八卦。吴都賦云「通門二八，水道六衢」是也。西閶、胥二門，南盤、蛇二門，東婁、匠二門，北齊、平二門。不開東門者，爲絶越之故也。

閶門，亦號破楚門。吴伐楚，大軍從此門出。陸機詩曰：「閶門勢嵯峩，飛閣跨通波。」又孔子登山，望東吴閶門，歎曰：「吴門有白氣如練。」今置曳練坊及望舒坊，因此。

胥門，本伍子胥宅，因名。石碑見存。出太湖等道水陸二路，今陸廢。門南三里有儲城，越疑作「吴」。王貯糧處。十五里有魚城，越王養魚處。門西五里有越來溪。

盤門，古作蟠門，嘗刻木作蟠龍，以此鎮越。又云水陸相半，沿洄屈曲，故名盤門。又云吴大帝蟠龍，故名。門内有武烈大帝廟，在祀典。東北二里有後漢破虜將軍孫堅墳，又有討虜將軍孫策墳。

蛇門，南面有陸無水，春申君造以禦越軍，在巳地，以屬蛇，因號蛇門。前漢梅福，字子貞，爲南昌尉，避王莽亂政，稱得仙，棄妻子，易姓名。有人見福隱市卒，即此門也。

匠門，又名干將門，東南水陸二路，今陸路廢〔一〕。出海道，通大萊，沿松江，下滬瀆。闔閭使干將於此鑄劍，材五山之精，合五金之英，使童女三百人祭爐神，鼓橐，金銀不銷，鐵汁不下。其妻莫邪曰：「鐵汁不下，□有計〔二〕。」干將曰：「先師歐冶鑄劍之穎不銷，親鑠耳，以□□成物〔三〕，□□可女人聘爐神〔四〕，當得之。」莫耶聞語，投入罏中〔五〕，鐵汁出，遂成二劍，雄號「干將」，作龜文，雌號「莫邪」，鰻文。餘鑄得三千，並號□□文劍〔六〕。干將進雄劍於吴王，而藏雌劍，時時悲鳴，憶其雄也。門南三里有葑門、赤門。有赤欄將軍墳，在蚍門東，陸無水道，故名赤門。東南角又有魴鱮門，吴曾魴鱮見，因號，並非八門之數也。

婁門，本號瞜門，東南，秦時有古瞜縣，至漢王莽改爲婁縣。東南二里有漢吴郡太守朱梁墳，本名趙，避後漢和帝諱，改爲梁。今吴郡朱氏，皆梁之後。塘北有顧三老墳，見存。

齊門北通毗陵。昔齊景公女聘吴太子終纍，闔閭長子，夫差兄也。齊女喪夫，每思家國，因號齊門。後葬常熟海隅山東南嶺，與仲雍、周章等墳相近〔七〕。葬畢，化白龍冲天而去，今號爲母塚墳。門東二里，有廬江太守闞臻墳。平門，北面有水陸通毗陵。子胥平齊，大軍從此門出，故號平門。東北三里有殷賢臣申公巫咸墳，亦號巫門。西北二里有吴偏將軍孫武墳。西北三里有醬醋城，漢劉濞築。東北三里有潁川太守陸宏墳。

吴縣，望，在郡下〔八〕，秦始皇二十六年置。漢王莽改泰德縣〔九〕。陳貞明元年，後主復爲吴縣。隋開皇九年，越國公楊素移郡及縣於横山東五里。今復移城内。管鄉三十，户三萬□千三百六十一〔一〇〕，坊三十。

吴公子慶忌墳在縣東北三十五里，今呼慶墳。

步隲墳在縣東北三里。隲任吴爲驃騎將軍，代陸遜爲丞相。有石碑見存臨頓橋西南。

周瑜墳在縣東二里。瑜字公瑾，廬江舒人，仕吴大將軍、南郡太守。

顧野王墳在横山東，平陸地，遺言不起墳。野王字休倫，仕陳武帝，爲門下侍郎。

姑蘇臺在吴縣西南三十五里，闔閭造，經營九年始成。其臺高三百丈，望見三百里外，作九曲路以登之。

射臺在吴縣横山安平里。

鴨城在吴縣東南二十里匠門外沙里中。城東五里有豨墳，是吴王畜豬之所。東二里有豆園，吴王養馬處。又有雞陂，闔閭置。豆園在陂東。

織里，今織里橋，在麗娃鄉，俗呼「失履橋」、「利娃鄉」，訛也。

澹臺湖在吴縣東南十里。孔子弟子澹臺滅明，字子羽，宅陷爲湖，湖側有墳。

夏駕湖，壽夢盛夏乘駕納凉之處。鑿湖池置苑囿，故今有苑橋之名。

蔡經宅在吴縣西北五十步。經，後漢人，有道術，鍊大丹，服菖蒲得仙。今蔡仙鄉，即其隱處也。

馮驩宅在吴縣東北二里五十步。驩，孟嘗君門下客〔一一〕。今有彈鋏巷，其墳在側，石碑見存。

長洲縣，望，在郡下。貞觀七年，分吴縣界，以苑爲名。地名茂苑，水名僊山。鄉東一百里有秦時古畷，王莽改爲婁縣。北三里有用溪，廣八里，深四丈，西入太湖。北四十二里有湖，廣四里，深三丈。縣北二十七里有岑陂、夏駕陂、馬的陂〔一二〕。吴國古有此。管坊三十，鄉三十。

華池在長洲縣大雲鄉安昌里。

華林園在長洲縣華林橋。

南宫城在長洲縣干將鄉長樂里。

嘉興縣，本號長水縣，在郡南一百四十三里。周敬王十年置，在谷口湖。秦始皇二十六年重移〔一三〕，改由秦縣。黄龍三年，嘉禾野生，改禾興縣〔一四〕。吴赤烏五年〔一五〕，避吴王太子名，改嘉興縣。前有晉妓錢塘蘇小小墓。東五里有天心池，二里有會稽太守朱買臣墳。西五百步有晉兵部尚書徐恬宅，捨爲靈光寺。縣北三十里有雋里池，是吴、越戰敵處。縣南一百里有語兒亭，勾踐令范蠡取西施以獻夫差，西施于路與范蠡潛通，三年始達於吴，遂生一子。至此亭，其子一歲能言，因名語兒亭。越絶書曰：「西施亡吴國後，復歸范蠡，同泛五湖而去。」東二十五里有長谷亭〔一六〕，入華亭縣。西北行七十里有震澤。今升縣，望，管鄉五十。

崑山縣在郡東七十里，地名全吴，水名新陽，貞觀十三年分在吴縣東置。縣南一百九十步有晉將軍袁山松城，隆安二年築，時爲吴郡太守，以禦孫恩軍。在滬瀆池濱〔一七〕，半毁江中。管鄉二十四。

常熟縣在郡北一百里，晉建安二年分吴縣海虞置。本號海虞縣，至唐貞觀九年改常熟縣。北一百九十步有孔子弟子言偃宅。中有聖井，闊三尺，深十丈，傍有盟。即壇也。盟北百步有浣紗石〔一八〕，可方四丈。縣北二里有海虞山，仲雍、周章並葬山東嶺上。闔閭三子，長曰終纍，婚齊女，蚤亡，亦葬此山。山有二洞穴，穴側有石壇，周迴六十丈。山東二里有石室，太公吕望避紂之處。山西北三里有越王句踐廟。郭西二里有夫差廟，拆姑蘇臺造。管鄉二十四。

華亭縣在郡東一百六十里，地名雲間，水名谷水，天寶五年置。蓋晉元侯陸遜宅〔一九〕，造池亭華麗，故名。有陸遜、陸機、陸瑁三墳，在東南二十五里横山中，有鶴鳴、鶴唳、玄鶴〔二〇〕。管鄉二十二。

海鹽縣在郡東南二百二十里，地名殷水，水名福見，秦始皇二十六年置。陷爲柘湖。又改武原縣，陷爲當湖。隆安五年改東武洲，移在故邑上。咸康七年，改禦越，復號海鹽縣。陳貞明元年，割屬鹽官。武德七年〔二一〕，隸歸嘉興。景雲二年重置，先天元年廢〔二二〕。開元五年，刺史張廷珪奏請重置。縣東十一里有晉穆帝何皇后宅；十五里有公孫挺、陳開强、顧治子三墳，俱事齊景公，勇烈，有功於景公，爲晏子□以桃二顆令言功〔二三〕，三人同日而死，葬於此。縣東南三十里有秦柱山，有五百童女避秦始皇難於此，後並得仙。縣西五里有會骸山，是陸華兄弟尋金牛之處。管鄉一十五。會昌四年，升爲縣。

虎丘山，避唐太祖諱，改爲武丘，又名海湧山，在吴縣西北九里二百步。闔閭葬此山中，發五郡之人作塚，銅槨三重，水銀灌體，金銀爲坑。史記云：「闔閭塚在吴縣閶門外，以十萬人治塚，取土臨湖。葬經三日，白虎踞其上，故名虎丘山。」吴越春秋云：「闔閭葬虎丘，十萬人治葬。經三日，金精化爲白虎，蹲其上，因號虎丘。」秦始皇東巡至虎丘，求吴王寶劍，其虎當墳而踞，始皇以劍擊之，不及，悮中于石，遺跡尚存。其虎西走二十五里，忽失於今虎疁。唐諱「虎」，錢氏諱「疁」，改爲滸墅。劍無復獲，乃陷成池，古號劍池。池傍有石，可坐千人，號千人石。其山本晉司徒王珣與弟司空王珉之别墅，咸和二年，舍山爲東、西二寺，立祠於山。寺側有貞娘墓，吴國之佳麗也，行客才子，多題詩墓上。

花山在吴縣西三十里。其山蓊鬱幽邃，晉太康二年，生千葉石蓮花，因名。山東二里有胥葬亭，吴越闔閭置。亭東二里有館娃宫，吴人呼西施作娃，夫差置，今靈巖山是也。晉太尉陸玩舍宅置寺。宫傍有石鼓，大三十圍。吴志云：「其鼓有兵則鳴。」晉隆安二年，賊孫恩作亂，鼓鳴。山上有池，旱亦不涸。中有蒓甚美，夏食之則去熱，吴中以爲佳品。

支硎山在吴縣西十五里。晉支遁字道林，嘗隱於此山，後得道，乘白馬，升雲而去。山中有寺，號曰報恩，梁武帝置。

岝㟧山在吴縣西十二里，吴王僚葬此。山中有寺，號思益，梁天監二年置。

餘杭山，又名四飛山，在吴縣西三十里，有漢豫章太守陸烈墳，東二里有漢山陰縣令陸寂墳。山有白土如玉，甚光潤，吴中每年取以充貢，號曰「石脂」，亦曰「白堊」、「白礡」。東三里有夫差義子墳十八所。

横山，又名㩀湖山，在吴縣西南十六里，中有朱植及晉門下侍郎陸雲公墳。

雞籠山在吴縣西三十里，以形似鷄籠，因名。晉太康三年，司空陸玩葬此山，掘地得石鳳飛去，今鳳凰墩是也。陸玩，字君瑶，爲左僕射。子納，字祖言，納，玩之弟子。「訥」，誤也。爲吴興守，終尚書令〔二四〕，亦葬此山。

昇猶山在吳縣西二十里，吳太宰嚭所葬。

女墳湖在吳縣西北六里。越絶書曰：「夫差小女字幼玉，見父無道，輕士重色，其國必危，遂願與書生韓重爲偶，不果，結怨而死。夫差思痛之，金棺銅槨，葬閶門外。其女化形而歌曰：『南山有鳥，北山張羅。鳥既高飛，羅當奈何？志欲從君，讒言孔多。悲怨成疾，殁身黄坡。』」又趙曄吳越春秋云：「闔閭有女，哀怨王先食蒸魚，乃自殺。王痛之，厚葬於閶門外。其女化爲白鶴，舞於吳市，千萬人隨觀之。後陷成湖。」今號女墳湖。流杯亭在女墳湖西二百步，闔閭三月三日泛舟遊賞之處。

太湖，按漢書志云：「爾雅十藪，曰吳、越之間有具區。」郭璞云：「今吳縣西南太湖，即震澤也。中有包山，去縣一百三十里。其山高七十丈，周迴四百里。下有洞庭穴，潛行水底，無所不通，號爲地脈。又有大、小二雷山。」按越絶書曰：「太湖周迴三萬六千頃，亦曰五湖。」虞翻云：「太湖有五道之别，故謂之五湖。」國語曰：「吳、越戰於五湖。」在笠澤，一湖耳。張勃吳録云：「五湖者，太湖之别名。以其周行五百里，以五湖爲名。」周處風土記曰：「舜漁澤之所也。」揚州記曰：「太湖，一名震澤，一名洞庭。今湖中包山有石穴，其深莫知其極，即十大洞天之第九林屋洞天也。」洞庭山記曰：「洞庭有二穴，東南入洞，幽邃莫測。昔闔閭使令威丈人尋洞，秉燭晝夜而行，繼七十日，不窮而返。啓王曰：『初入，洞口狹隘，傴僂而入。約數里，忽遇一石室，可高二丈，常垂津液，内有石牀枕硯。』石几上有素書三卷，持回，上於闔閭，不識，乃請孔子辯之。孔子曰：『此夏禹之書，並神仙之事，言大道也。』王又令再入，經二十日却返，云：『不似前也，唯上聞風水波濤，又有異蟲撓人撲火，石燕、蝙蝠大如鳥，前去不得。』丈人姓毛，名萇，號曰毛公。今洞庭有毛公宅、石室并壇存焉。」

松江，一名松陵，又名笠澤。左傳曰〔一二五〕：「越伐吴，禦之笠澤。」其江之源連接太湖，一江東南流五十里入小湖，一江東北二百六十里入于海，一江西南流入震澤，此三江之口也。咸仲云：「松，容也，容裔之貌。」尚書云「三江既入，震澤底定」是也。

唐曹恭王廟在松江。恭王，太宗第十四子，調露元年，則天皇后出爲蘇州刺史。

百口橋，後漢郡人顧訓，家有百口，五世同居。鄉人効之，共議近宅造百口橋，以彰孝義也。

乘魚橋在交讓瀆。郡人丁法海與琴高友善，高世不仕，共營東臯之田。時歲大稔，二人共行田畔，忽見一大鯉魚，長可丈餘，一角兩足雙翼，舞于高田。法海試上魚背，静然不動，良久遂下。請高登魚背，乃舉翼飛騰，冲天而去。

琴高宅在交讓瀆法海寺西五十步。法海寺，濟陽丁法海舍宅所置。法海，蓋丁令威之裔。殿宇浮圖下有令威煉丹井也〔一二六〕。

臯橋，吴縣北三里有五十步〔二七〕。漢議郎臯伯通字奉卿所居，因名。伯通卒，葬胥門西二百步，號伯通墩。高士梁鴻隱居伯通廡下，爲人賃舂，每歸，妻爲具食，舉案齊眉。伯通察而異之曰：「彼傭能使其妻敬之如此，非凡人也。」舍於家。鴻潛閉門，著書十餘篇。疾困，告主人曰：「昔延陵君葬于嬴、博之間，不歸鄉里。慎勿令我子持喪歸去。」乃卒。伯通等求葬地于吴要離塚傍，咸曰：「要離烈士，伯鸞清高，宜令相近。」葬畢，妻子歸扶風。

都亭橋，壽夢於此置都驛，招四方賢客。基址見存。

炭渚橋，吴時海渚通源，後沙漲爲陸。基址見存。

定跨橋，闔閭於行苑内置，游賞之處。基址見存。

重玄寺，梁衛尉卿陸僧瓚，天監二年，旦暮見住宅有瑞雲重重覆之，遂奏請舍宅爲重雲寺，臺省誤寫爲「重玄」。時賜大梁廣德重玄寺。

乾元寺，晉高士戴顒舍宅置。乾元初，蘇州節度採訪使鄭桂清書額，奉勑依年號爲乾元寺。

通玄寺，吴大帝孫權吴夫人舍宅置。晉建興二年，郡東南二百六十里有滬瀆，漁人夜見海上光明，照水徹天，明日，覩二石神像浮水上。衆言曰：「水神也。」以三牲日祝迎之，像背身泛流而去。時郡有信士朱應及東陵寺尼，率衆香花鐘磬入海迎之，載入郡城。像至通玄寺前，諸寺競争，數百人牽拽不動。衆議「玄像應居此寺」。言畢，數人舁試，像乃輕舉，便登寶殿。神驗屢彰，光明七日七夜不絕。梁簡文帝制石佛碑曰：「有迦葉佛、維衛佛梵字刻於像背。」唐東宮長史陸柬之書碑：「載初元年，則天皇后遣使送珊瑚鏡一面，鉢一副，宣賜供養。」兼改通玄寺爲重雲寺。開元五年，兼賜金魚字額。舊通玄寺，移鹽官縣東四十里鮑郎市。其後像失一軀，後人造一軀以並之。

龍光寺，梁天監二年，金紫光禄大夫陸杲舍宅置〔二八〕，陸柬之書額。

永定寺，梁天監三年，蘇州刺史吳郡顧彦先舍宅置，陸鴻漸書額。

宴聖寺，梁天監三年，司徒沈長史吳郡張融舍宅置〔二九〕，右衛翊陸彦遠書額。

禪房寺，宋建武元年，蘇州刺史張岱舍宅置，吳郡陸魯書額。

流水寺，吳郡陸襄舍宅置。三殿三樓，高僧清閑建，吳郡縣令田業伯葉書額。

唐慈寺，宋建武元年，高士將軍舍宅置。

朱明寺。晉隆安二年，郡人朱明，孝義立身，而家大富，與弟同居。弟妻言樹壞宅〔三〇〕，欲棄兄異居。明知弟意，乃以金帛餘穀盡給與弟，唯留空宅。忽一夕，狂風驟雨，悉吹財帛還歸明宅。弟與妻羞見鄉里，自盡。明乃舍宅爲寺，號朱明寺。

般若臺，晉穆侯何曾置。内有水池石橋，銅像一軀，高一丈六尺，高士戴顒建。唐景龍二年，有神光現，數日不歇，奉勑改神景寺。東北有般若橋，因寺而名。

崇福寺，梁天監三年，武帝置。周朝廢之，寶應元年重置。

龍興寺，則天皇后置，御書額八方。開元五年，再興此寺，刺史張廷珪摹勒御書于碑。

慈悲寺，齊永明二年，吴人薛曇舍宅置。未周〔三二〕，曇卒，遺言遷其靈柩於殿下。

陸卿寺，梁莊舍宅置。

崇善、王芝二觀，並天監二年置。

館八所：

全吴、通波、龍門、臨頓、升羽、帶城橋二百步。烏鵲、在郡南高橋。江風、渴馬港是。夷亭。養魚之亭。

坊六十所：

通波、三讓、水浮、闔閭、坤維、館娃、調啁、平權、金風、南宫、通闤、盍簪、吴越、白貲、南記、長干、望館、曳練、萇楚、處暑、常縣、白華、即次、甘節、吴渝、洊雷、義和、噬嗑、嘉魚、陋燭。

已上三十坊在吴縣。

遷善、旌孝、儒教、繡衣、太玄、黄鸝、玉鉉、布德、立義、孫君、青陽、建善、從義、迎春、載耜、開水、麗澤、釋菜、和令、夷則、南政、仲吕、必大、豸冠、八貂、同仁、天宫、布農、富春、循陔。

已上三十坊在長洲縣。

羅城作亞字形，周敬王六年丁亥造，至今唐乾符三年丙申，凡一千八百九十五年。其城南北長十二里，東西九里。城中有大河，三横四直。蘇州名標十望，地號六雄，七縣八門，皆通水陸。郡郭三百餘巷，吴、長二縣古坊六十，虹橋三百有餘。地廣人繁，民多殷富。

吴縣疆域圖説

曹自守

吴爲縣，自先朝漸次分析，其名不易，其境已狹。繇閶而西，迤北即屬長洲。盤闔而東，亦長洲界。南去十餘里，又與吴江相錯。然則吴之疆域，特蘇州西南之一隅耳。雖領都三十七，或名存而地闕。蓋以瀕湖之地，每淪於水，及山田多瘠，民苦賦役，而流徙者衆也。若南之一都，西之十一都，號爲沃土，凡糧賦重遣，兩都實任之。概觀吴域，阻山負湖，非若他邑之多平壤，都腴田也。湖魚山樵，僅足衣食，欲求殷户，其可得乎？東西洞庭之民，鮮負農耕，多業商賈。地產果植，力作儉勤，不同城郭之浮蕩，兹亦累困劇役，不堪命矣。在縣而論，兩山爲上鄉，而木瀆次之，横金又次之，餘無足言矣。夫長洲、吴倚郭，向固並稱，而吴實不及長洲之半。凡有雜役，則與均科，吴更病焉。況曩歲倭寇自太倉、崑山而來，繇滸墅徑趨木瀆，登洞庭兩山，大掠而去。其零賊潰自□留都者〔三二〕，則往來於石湖、新郭之間，而得殲於横金黄山之下。其掠城外者，乃繇石湖迤邐上方，投白洋灣，從吴江入浙。故于豐圻、馬嘶、石公、甪頭及横金、木瀆，而石湖、跨塘、五龍橋等處，各立營寨，設險置守，練兵整艤，其亦今之要務乎！

吴縣城圖說

曹自守

蘇城衡五里，縱七里，周環則四十有五里。卧龍街東隷長洲，而西則吴境。公署宦室以逮商賈，多聚於西，故地東曠西狹，俗亦西文於東也〔三三〕。廼西居要衝，節旄蒞止無虚日，使舟如織，騷動候吏，送迎供億，宰縣者實苦之。故吴在晉、唐時爲樂土，當宋則已賦重，今生齒繁而利源薄。蓋吴民不置田畝，而居貨招商，閭闠之間，望如繡錦，豐筵華服，競侈相高，而角利錙銖，不償所費，征科百出，一役破家。説者謂役累土著而利歸商人，亶其然乎？故外負富饒之名，而内實寠困者，智俗使然〔三四〕。城中兩邑並峙，有役率均，吴民應役每先，以在西則呼攝便爾。在城之圖，以南、北爲號，各分元、亨、利、貞，以統部居民。南號差不及北，以地有閒隙，稍遠市廛。閶、胥、盤三門外曰附郭，即以閶、盤爲號，而胥固略之矣。然自胥及閶，迤邐而西，廬舍櫛比，殆等城中，此僑客居多。往歲寇至，議者欲於城外更築一城，儼如半壁，以附大城，乃迄無成。

閶西築城論

劉鳳

倭警告急，章太僕焕論防禦，主城西濠外至楓橋皆令具版築，乃更囂然。予詰之：城固善也。必傅之大城，則兩端阻以大河，必爲橋，橋之上又城，乃可。而橋可易爲哉？且必鋭以臨河，壖悉築之，則吴之所以饒，頗賴是耳。爲行貨往來者，于此市易，數百年生聚，一旦燔蕩焉。寇未及，而我先自創殘，豈計之得乎？若爲預防慮，當合兩濠，自丁家巷以西，環上下塘、山塘至楓橋爲一城，而濠之上下水陸各置關隘，使可以守，兩城夾焉，當必無患。而内又可藏鬬艦，于濠上之商旅市易無損。且城得相爲犄角，若成都之有少城，與襄、樊之並峙者。

范成大水利圖序

竊謂天人之理必相因，而其力亦常相半。人事已十五六，則其不可奈何者，當歸之天。在人者未盡不幸遭遇，便謂天實爲之，此不待智者知其不然。蓋嘗與老農計之，欲爲救災捍患之術。其大概有二，曰作隄，曰疏水。其小概一，曰種茭。今之塍岸，率去水二三尺，人單行猶側足。其上坎坷斷裂，纍纍如蹲羊伏兔。佃户貧下，至東作時，舉質以備糧種，其勢無餘力以及畚臿之土。婦子持木杴，捊污泥，補綴缺空，累塊亭亭，一蹴便隕，謂之作岸，實可憐笑。雖殫力耕耘，而不念四維之不足恃，秋水時至，相以飄風，莫之障防，與江湖同波，農人轉徙而他。明年或能歸業，或召新租，事力愈薄，鹵莽增甚。長民者不爲檢校，没世窮年，求爲曠土。今宜考紹興二十八年來被水之由，其邊鄰湖瀼，土人所謂搭白之處，增築長隄，使高五六尺，基廣七八尺以上，秋冬之交，潢潦乾源，手足所及，土皆可取，閲春夏半年，至秋雨風潮，土已堅定，草茅生之，可恃爲安，較之臨時補綴，相去遠矣。至於夫力，則同頃共利者不殊。如一頃之田，南高而北下，水必先自北入。北邊有田之人固當悉力，三邊衆户，亦合併工。夫有田無岸，水平入之，輒復罷歲，誠可太息。蓋作隄之説如此。崑山之田，號爲下濕〔三五〕，數十年前，十種九澇。自趙霖鑿吴松江積潦，三十年來，歲無薦饑。今吴松之利自若，而邑中諸港頗有堙鬱之處，一二里間，斷絶有之。今宜行視，凡出水之港，皆決而疏之，使水得肆行無留，用工甚少，效驗立見，而隄岸始爲田用。蓋疏水之説如此。江東圩埂高厚，如太府之城，舟行常仰視之，並驅其上，猶有餘地。至水發時，數十百圍，一時皆破。其有茭葑外護者，往往獨存。蓋其紛披摇曳，與水周旋，而不與之忤。比其及岸，已如彊弩之末，狂怒盡霽。茭之能殺水如此。崑山附田，故皆有茭葑。近歲騎軍就牧，斬刈殆盡。陂濼漫生之茭不可以頃畝計，獨令赦附隄者，猶不乏軍興。宜與主將通知利害，明立表識，使樵斤無得過此。茭所不産處，即置葑田附之。三説具舉，無遺策矣。此非有隱情奥理，待探賾而知。州縣屬吏有解事者，使躬行阡陌，不三日間，利害皆在目。今誠因農隙，稍捐倉粟以助作者。此命一下，見其懽然翕從，指顧而成矣。

吴中水利書

宋進士宜興單鍔著

切觀三州之水，爲害滋久，較舊賦之入，十常減其五六，以日月指之，則水爲害於三州，逾五十年矣。所謂三州者，蘇、常、湖也。朝廷屢責監司，監司每督州縣，又間出使者尋按舊跡，使講明利害之原。然而西州之官求東州之利，目未嘗歷覽地形之高下，耳未嘗講聞湍流之所從來，州縣憚其經營，百姓厭其出力，鈞曰：「水之患，天數也。」按行者駕輕舟於汪洋之陂，視之茫然，猶擿埴索途，以爲不可治也。間有忠於國，志於民，深求而力究之，然又知其一而不知其二，知其末而不知其本，詳於此而略於彼，故有曰：「三州之水咸注之震澤，震澤之水東入于松江，由松江以至於海。自慶曆以來，吴江築長堤，横截江流。由是震澤之水常溢而不泄，以至壅灌三州之田。」此知其一偏者也。或又曰：「由宜興而西，溧陽縣之上，有五堰者，古所以節宣、歙、金陵、九陽江之衆水，由分水、銀林二堰直趨太平州蕪湖。後之商人，由宣、歙販運簰木，東入二浙，以五堰爲艱阻，因相爲之謀，罔紿官長，以廢去五堰。五堰既廢，則宣、歙、金陵、九陽江之水，或遇五、六月山水暴漲，則皆入於宜興之荆溪，由荆溪而入震澤。蓋上三州之水，東灌蘇、常、湖也。」此又知其一偏者耳。或又曰：「宜興之有百瀆，古之所以洩荆溪之水，東入于震澤也。今已湮塞，而所存者四十九條。疏此百瀆，則宜興之水自然無患。」此亦知其一偏者也。三者之論，未嘗參究其詳。以鍔視其跡，自西五堰東至吴江岸，猶人之一身也。五堰則首也，荆溪則咽喉也，百瀆則心也，震澤則腹也，旁通震澤衆瀆則絡脈衆竅也，吴江則足也。今上廢五堰之固，而宣、歙、池、九陽江之水不入蕪湖，反東注震澤，下又有吴江岸之阻，而震澤之水積而不泄。是猶有人焉，桎其手，縛其足，塞其衆竅，以水沃其口，沃而不已，腹滿而氣絶，視者恬然，猶不謂之已死。今不治吴江岸，不疏諸瀆，以泄震澤之水，是猶沃水於人，不去其手桎，不解其足縛，不除其竅塞，恬然安視而已，誠何心哉！然而百瀆非不可治，五堰非不可復，吴江岸非不可去。蓋治之有先後。且未築吴江岸已前，五堰之廢已久，然而三州之田，尚十年之間，熟有五、六，五堰猶未爲大患。自吴江築岸已後，十年之間，熟無一二。欲具驗之，閲三州歲賦所入之數，則可見矣。

且以宜興百瀆言之。古者所以泄西來衆水，入震澤而終歸于海。蓋震澤吐納衆水，今納而不吐。鍔竊視熙寧八年，時雖大旱，然連百瀆之田皆魚遊鱉處之地，低汙之甚也。其田去百瀆無多遠，而田之苗是時亦皆旱死，何哉？蓋百瀆及旁穿小港瀆，歷年不遇旱，皆爲泥沙堙塞，與平地無異矣。雖去震澤甚邇，民力難以私舉，時官又無留意疏導者，苗卒歸乎槁死。自熙寧八年迄今十四載，其田即未有可耕之日，歲歲訴潦，民益憔悴。昔嘉祐中，邑尉阮洪深明宜興水利。方是時，吴中水，洪屢上書監司，乞開百瀆，監司允其請。遂鳩工於食利之民，疏導四十九條，是年大熟。此百瀆之驗，歲水旱皆不可不開也。宜興所利，非止百瀆。東有蠡河，横亘荆溪，東北透湛瀆，東南接罨畫溪，昔范蠡所鑿，與宜興西蠡運河皆以昔賢名呼爲蠡河。遇大旱則淺澱，中旱則通流。又有孟涇，洩滆湖之水入震澤。其他溝瀆澱塞，其名不可縷舉。

夫吴江岸界於吴松江、震澤之間，岸東則江，岸西則震澤。江之東則大海，百川莫不趨海。自西五堰之上衆川，由荆溪入震澤，注于江，由江歸于海。地傾東南，其勢然也。慶曆二年，欲便糧運，遂築北隄，横截江流五六十里，致震澤之水常溢不泄，浸灌三州之田。每至五、六月間湍流迅急之時視之，吴江岸之東水，常低岸西之水不下一二尺。此隄岸阻水之跡，自可覽也。又覩岸東江尾與海相接處，汙澱茭蘆叢生，沙泥漲塞。而江岸之東，自築岸已來，沙漲成一村。昔爲湍流奔湧之地，今爲民居、民田、桑棗、場圃，吴江縣由是歲增舊賦不少。雖然，增一邑之賦，反損三州之賦不知幾百倍邪！夫江尾昔無茭蘆壅障流水，今何致此？蓋未築岸之前，源流東下迅急。築岸之後，水勢遲緩，無以滌蕩泥沙，以至增積，茭蘆生矣。茭蘆生則水道狹，水道狹則流洩不快，雖欲震澤之水不積，其可得邪！今欲泄震澤之水，莫若先開江尾茭蘆之地，遷沙村之民，運其所漲之泥，然後以吴江岸鑿其土，爲木橋千所，以通糧運。每橋用耐水土木棒二條，各長二丈五尺，横梁三條，各長六尺，柱六條，各長二丈，除首尾占閣外，可得二丈餘洪道。每一里計三百六十步，一里爲橋十所，計除占閣外，可開水面二十三丈，每三十步一橋也。一千條橋共開水面二千丈，計一十一里四十步也。隨橋洪開茭蘆爲港走水，仍於下流又開白蜆、安亭二江，使太湖水由華亭青龍入海，則二州水患必大衰減。

常州運河之北偏，乃江陰縣也，其地勢自河而漸低。上自丹陽，下至無錫，運河之北偏，古有泄水入江瀆一十四條，曰孟瀆，曰黄汀堰瀆，曰東函港，曰北戚氏港，曰五卸堰港，曰梨溶港，曰蔣瀆，曰歐瀆，曰魏瀆涇，曰支子港，曰蠡瀆，一牌一作「碑」。涇，皆以古人名，或以姓稱之。昔皆以泄衆水入運河，立斗門，又北泄下江陰之江，今名存而實亡，今存者無幾。二浙之糧船不過五百石，運河止可常存五六尺之水，足可以勝五百石之舟。以其一十四處，立爲石碶斗門。每瀆於岸北先築隄岸，則制水入江。若無隄防，則水泛溢而不制，將見灌浸江陰之民田民居矣。昔熙寧中，有提舉沈披者，輒去五卸堰，走運河之水北下江中，遂害江陰之民田，爲百姓所訟，即罷提舉，亦嘗被罪。始欲以爲利，而適足以害之，此未達古人之智以致敗事也。

切見近日錢塘進士余默兩進三州水利，徒能備陳功力瑣細之事，殊不知本末。惟有言得常州運河晉陵至無錫一十四處，置斗門泄水，北下江陰大江，雖三尺童子，亦知如此可以爲利。然余默雖能言斗門一事，合鍔鄙策，奈何無法度以制入江之水，行之則又豈止爲一沈披耶！

又覩主簿張𡨥進狀，言吴江岸爲阻水之患，涇函不通。其言然則然矣，雖言吴江岸，而不言措置水之術。蓋古之所創涇函在運河之下，用長梓木爲之，中用銅輪刀，水衝之，則草可刈也。置在運河底下，暗走水入江，今常州有東、西二函地名者，乃此也。昔治平中，提刑元積中開運河，嘗聞見函管，但見函管之中皆泥沙，以謂功力甚大，非可易復，遂已。今先開鑿江湖海故道堙塞之處，泄得積水，他日治函管則可。若未能開故道而先治函管，是知末而不知本也。切見常州運河之北偏，皆江陰低下之田，常患積水，難以耕植。今河上爲斗門，河下築隄防，以管水入江，百姓由是緣此河隄，可以作田圍，此泄水利田之兩端也。

宜興縣西有夾苧干瀆，在金壇、宜興、武進三縣之界，東至滆湖及武進縣界，西南至宜興，北至金壇，通接長塘湖，西接五堰、茅山、薛步山水，直入宜興之荆溪。其夾苧干，蓋古之人亦所以泄長塘湖東入滆湖，泄滆湖之水入大吴瀆、塘口瀆、白魚灣、高梅瀆四瀆及白鶴溪，而北入常州之運河，由運河而入一十四條之港，北入大江。今一十四條之港皆名存而實亡，累有知利便者獻議朝廷，欲依古開通，北入運河以注大江，自滆湖、長塘湖兩首各開三分之二。爲彼田户皆豪民，不知利便，惟恐開鑿己田，陰構胥吏，皆柅而不行。元豐之間，金壇令曾長官奏請乞開，朝廷又降指揮委江東及兩浙兩路監司相度，及近縣官員相視，又爲彼豪民計搆不行。儻開夾苧干通流，則西來他州入震澤之水，可以殺其勢，深利於三州之田也。

鍔熙寧八年歲遇大旱，切觀震澤水退數里，清泉鄉湖乾數里，而其地皆有昔日丘墓、街井、枯木之根，在數里之間，信知昔爲民田，今爲太湖也。太湖即震澤也。以是推之，太湖寬廣逾於昔時。昔云有三萬六千頃，自築吴江岸，及諸港瀆堙塞，積水不泄，又不知其愈廣幾多頃也。鍔又嘗見低下之田，昔人争售之，今人争棄之。蓋積年之水，十無一熟，積空頭之税，或遇頻年不收，則饑餓丐殍，鬻妻子以償王租，或置其田、捨其廬而逋。至於酒坊處在水鄉，沽賣不行，以致敗闕者，比年尤甚。皆緣水傷下田，不收故也。鍔又嘗遊下鄉，切見陂淹之間，亦多丘墓，皆爲魚鱉之宅。且古之葬者，不即高山，則於平原陸野之間，豈即水穴以危亡窕邪？嘗得唐埋銘於水穴之中，今猶存焉。信夫昔爲高原，今爲汙澤，今之水不泄如故也。

昨熙寧間，檢正張諤命屬吏殿丞劉懿，相視蘇、秀二州海口諸浦瀆爲沙泥壅塞，將欲疏鑿以決流水。懿相視回申，以謂若開海口諸浦，則東風駕海水倒注，反灌民田。諤謂懿曰：「地傾東南，百川歸海。古人開海口諸浦，所以通百川也。若反灌民田，古人何爲置諸浦邪？百川東流則有常，西流則有時。因東風雖致西流，風息則其流亦復歸于海，其勢然也。凡江湖諸浦港，勢亦一同。」懿雖信其如此，然猶有説。蓋以昔視諸浦無倒注之患，而今乃有之。蓋昔無吴江岸之阻，諸浦雖暫有泥沙之壅，然百川湍流浩急，泥沙自然滌蕩，隨流以下。今吴江岸阻絶，百川湍流緩慢，緩慢則其勢難以滌蕩沙泥。設使今日開之，明日復合。又聞秀州青龍鎮入海諸浦，古有七十二會。蓋古之人以爲七十二會曲折宛轉者，蓋有深意。以謂水隨地勢東傾入海，雖曲折宛轉，無害東流也。若遇東風駕起海潮洶湧倒注，則於曲折之間，有所回激，而泥沙不深入也。後人不明古人之意，而一皆直之。故或遇東風海潮倒注，則泥沙隨流直上，不復有阻。凡臨江湖海諸港浦勢皆如此，所謂今日開之，明日復合者此也。今海浦昔日曲折宛轉之勢，不可不復也。

夫利害掛於眉睫之間，而人有所不知。今欲泄三州之水，先開江尾，去其泥沙茭蘆，遷沙上之民；次疏吴江岸爲千橋；次置常州運河一十四處之斗門石䃮隄防，管水入江；次開導臨江湖海諸縣一切港瀆，及開通茜涇，水既泄矣，方誘民以築田圍。昔郟亶嘗欲使民就深水之中，疊成圍岸。夫水行於地中，未能泄積水，而先成田圍以狹水道，當春夏湍流浩急之時，則水當湧行於田圍之上，非止壞田圍，且淹浸廬舍矣。此不智之甚也。欲乞朝廷指揮下兩浙轉運司，擇智力了幹官員，分布諸縣，則不越數月，其工可畢。所有創橋疏、通河港、置斗門利便制度，不在規規而言也。

今所畫三州江湖溪海圖一本，但可觀其大略。港瀆之名，亦布其一二耳。欲見其詳，莫若下蘇、常、湖諸縣，各畫溪河溝港圖一本，各言某河某瀆通某縣某處，俟其悉上，合而爲一圖，則纖悉若視於指掌之間也。

鍔又覩秀州青龍鎮有安亭江一條，自吴江東至青龍，由青龍泄水入海。昔因監司相視，恐走透商税，遂塞此一江。其江通華亭及青龍。夫籠截商税，利國能有幾邪？堰塞湍流，其害實大。又況措置商税，不爲難事。竊聞近日華亭、青龍人户相率陳狀，情願出錢乞開安亭江，見有狀准，本縣官吏未與施行。近又訪得宜興西滆湖有二瀆，一名白魚灣，一名大吴瀆，泄滆湖之水入運河，由運河入一十四處斗門下江。其二瀆在塘口瀆之南，又有一瀆名高梅瀆，亦泄滆湖之水入運河，由運河入斗門，在吴瀆之南。近聞知蘇州王覿奏請開海口諸浦，鍔切計海口諸浦不可開，今開之不逾日，或遇東風，則泥沙又合矣。嘗觀考工記曰：「善溝者水嚙之，善防者水淫之。」蓋謂上水湍流迅急，則自然下水泥沙嚙去矣。今若俟開江尾，及疏吴江岸爲橋，與海口諸浦同時興功，則自然上流東下，嚙去諸浦沙泥矣。凡欲疏導，必自下而上。先治下，則上之水無不流。若先治上，則水皆趨下，漫滅下道，而不可施功力，其勢然也。故今治三州之水，必先自江尾海口諸浦，疏鑿吴江岸及置常州一十四處之斗門，築隄制水入江，比與吴江兩處分泄積水，最爲先務也。

然鍔觀合開三州諸瀆溝，不必全藉官錢。蓋三州之民，憔悴之久，人人樂開，故半可以資食利户之力也。今略舉其一二。

若開江尾，疏吴江岸爲橋，遷吴江岸東一村之民，開地復爲昔日之江，置一十四處之斗門，并築一十四條堤，制水入江，開莢苧干、白鶴溪、白魚灣、大吴瀆、塘口瀆、宜興東蠡河，已上非官錢不可開也[三六]。若宜興之横塘、百瀆，蘇州之海口諸浦、安亭江，江陰之季子港、春申港、下港、茾田港、利港，宜興之塘頭瀆及諸縣凡有自古泄水諸溝港浜瀆，盡可資食利户之力也。莫若先下三州及諸縣，抄録諸道江湖海一切諸港瀆溝浜自古有名者，及供上丈尺之料，功力之費，或係官錢，或係食利私力，期之以施工日月，同日開鑿，同日疏放。若或放水有先後，則上水奔湧東下，衝損在下開浚未畢溝港，以故須同日決放也。

或者有謂昔人創望亭、吕城、奔牛三堰，蓋爲丹陽下至無錫、蘇州地形東傾，古人創三堰，所以慮運河之水東下不制，是以創堰以節之，以通漕運。自熙寧、治平間廢去望亭、吕城二堰，然亦不妨綱運者，何耶？鍔曰：昔之太湖及西來衆水，無吴江岸之阻，又一切通江湖海故道未嘗堙塞，故運河之水，嘗慮走泄入於江湖之間，是以置堰以節之。今自慶曆以來，築置吴江岸，及諸港浦一切堙塞，是以三州之水常溢而不泄。二堰雖廢，水亦常溢，去堰若無害。今若泄江湖之水，則二堰尤宜先復。不復，則運河將見涸，而糧運不可行。此灼然之利害也。

又若宜興創市橋，去西津堰。蓋嘉祐中，邑尉阮洪上言，監司就長橋東市邑中創一橋，使運河南通荆溪。初開鑿市街，乃見昔日橋柱尚存泥中，咸謂古爲橋於此也。又運河之西口有古西津堰，今已廢去久矣。且古之廢橋置堰，以防走透運河之水。今也置橋廢堰，以通荆溪，則溪水常倒注入運河之内。今之與古，何利害之相反耶？鍔以謂古無吴江岸，衆水不積，運河高於荆溪，是以塞橋置堰，以防泄運河之水也。今因吴江岸之阻，衆水積而常溢，倒注運河之内，是以創橋廢堰，見利而不見害也。今若治吴江岸，泄衆水，則運河之水再防走泄，當於北門之外創一堰可也。其利害蓋如此也。

或又曰：切觀諸縣高原陸野之鄉，皆有塘圩，或三百畝，或五百畝爲一圩。蓋古之人停蓄水以灌溉民田。以今視之，其塘之外皆水，塘之中未常蓄水，又未嘗植苗，徒牧養牛羊、畜放鳧鴈而已。塘之所創，有何益邪？鍔曰：塘之爲塘，是猶堰之爲堰也。昔日置塘蓄水以防旱歲，今自三州之水久溢而不泄，則置而爲無用之地。若決吴江岸，泄三州之水，則塘亦不可不開以蓄諸水，猶堰之不可不復也。此亦灼然之利害矣。苟堰與塘爲無益，則古人奚爲之邪！蓋古之賢人君子，大智經營，莫不除害興利，出于人之未到。後人之淺謀管見，不達古人之大智，顛倒穿鑿，徒見其害，而莫見其利也。若吴江岸，止知欲便糧運，而不知遏三州之水，反以爲害。又若廢青龍安亭江，徒知不漏商旅之税，又不知反狹水道以遏百川。今之人所以戾古者凡如此也。

鍔切觀無錫縣城内運河之南偏有小橋，由橋而南下，則有小瀆，瀆南透梁溪。瀆有小堰，名曰單將軍堰。自橋至梁溪，其瀆不越百步，堰雖有，亦不渡船筏，梁溪即接太湖。昔所以爲此堰者，恐泄運河之水。昔熙寧八年，大旱，運河皆涸，不通舟楫。是時，鍔自武林過無錫，因見將軍堰既不渡船筏，而開是瀆者，古人豈無意乎？因語邑宰焦千之曰：「今運河不通舟楫，切覩將軍堰接運河，去梁溪無百步之遠，古人置此堰瀆，意欲取梁溪之水以灌運河。」千之始則以鍔言爲狂，終則然之，遂率民車四十二管，車梁溪之水以灌運河。五日，河水通流，舟楫往來。信夫古人經營利害，凡一溝瀆皆有微意，而今人昧之也。嘗見蘇州之茜涇，昔范仲淹命工開導，泄積水以入于海。當時諫官不知蘇州患在積水不泄，咸上疏言仲淹走泄姑蘇之水，蓋不知其利而反以爲害。今茜涇自仲淹之後，未復開鑿，亦久湮塞。鍔存心三州水利凡三十年矣，每覩一溝一瀆，未嘗不明古人之微意，其間曲折宛轉，皆非徒然也。鍔今日之議，未始增廣一溝一瀆，其言與圖符合，若非觀地之勢，明水之性，則無以見古人之意。今并圖以獻，惟執事者上之朝廷，則庶幾三州憔悴之民，有望於今日也。

別晝：

一、先開吴江縣江尾茭蘆地。

一、先遷吴江沙上居民，及開白蜆江通青龍鎮，又開青龍鎮安亭江通海。

一、先去吴江土爲千橋。

一、先置常州運河斗門一十四所，用石碶，并築堤管水入江。

一、次開夾苧干、白鶴溪、白魚灣、塘口瀆、大吴瀆，令長塘湖、滆湖相連，走泄西水入運河，下斗門入江。

一、次開宜興百瀆。見今只有四十九條，東入太湖。

一、次開蘇州茜涇、白茅、七鴉、福山、梅里諸浦及茜涇。

一、次開江陰下港、黄田、春申、季子、黿子諸港。

一、次開宜興東、西蠡河。

一、次根究諸臨江湖海諸縣凡泄水諸港瀆，並皆疏鑿。

伍堰水利。昔錢舍人公輔爲守金陵，嘗究伍堰之利。雖知伍堰之利，而不知伍堰以東三州之利害。鍔知三州之水利，而未究伍堰以西之利害。一日，錢公輔以世之所爲伍堰之利害，與鍔參究，方知始末利害之議完也。公輔以爲伍堰者，自春秋時，吴王闔閭用伍子胥之謀伐楚，始創此河以爲漕運。春冬載二百石舟，而東則通太湖，西則入長江。自後相傳，未始有廢。至李氏時，亦常通運，而置牛于堰上，挽拽船筏于固城湖之側。又嘗設監官，置廨宇以收往來之税。自是河道淤塞，堰埭低狹，虚務添置者十有一堰，往來舟筏莫能通行，而水勢遂不復西。及遇春夏大水，江湖泛漲，則園頭、王母、龍潭三澗合爲一道，而奔衝東來。河之不治，愈可見也。今若開深故道，而存留銀林、分水二堰，則諸堰盡可去矣。所欲存二堰者，蓋本處地勢，自銀林堰以西，地形從東迤邐西下，自分水堰以東，地形從西迤邐東下，而其河自西壩至東壩十六里有餘，開淘之際，須隨逐處地形之高下以濬之，然後江東、兩浙可以無大水之患。然銀林堰南則通建平、廣德，北則通溧水、江寧，又當增修高廣，以俟商旅舟船往還之多，可以置官收税，如前之利。此五堰所以不可不復也。今莫若治伍堰，使上之水不入於荆溪，而由分水、銀林二堰直歸太平之蕪湖；下治吴江之岸爲千橋，使太湖之水東入于海；中治百瀆之故道，與夫蘇、常、湖三州之有故道旁穿于太湖者，雖不可縷舉而概可以跡究也。難者曰：「雖復伍堰，奈何伍堰之側山水東下乎？復堰無益也。」鍔答曰：「由伍堰而東注太湖，則有宣、歙、池、廣、溧水之水。苟復堰，使上之水不入於荆溪，自餘山澗之水，寧有幾邪？比之未復，十須殺其六七耳。」難者乃服。

單錫字君賜，宜興人。宋嘉祐二年，與蘇軾兄弟爲同年進士。軾愛其賢，妻以甥女。弟鍔，字季隱，登嘉祐五年進士。鍔存心水利凡三十年，軾爲録其書進于朝，不果行。鍔子發，字文興。舉八行科，爲太學録。嘗修陽羡風土誌。事見單氏家乘。

水利集

元都水監任仁發著

議者曰：古者吴淞江狹處尚二里餘，猶且不能吞受太湖之水，於是添浚三十六浦以佐之，且復時有淹没田疇之患。今所開江止闊二十五丈，置閘十座，其能去水幾何？其利則未之有也。

答曰：所開江身闊二十五丈，置閘十座，每閘闊二丈五尺，可以泄水二十五丈。吴淞江係潮水往來之地，古人論泄水之法極詳。范文正公曰：「一日之潮，有損有增。三分其時，損居二焉。」謂如一日十二時，晝夜兩潮，四時辰潮漲，八時辰潮落。所設之閘，晝夜皆去水之時也。所以江面雖二里之寬，不如十閘之功也。況今東南有上海浦，泄放澱山湖、三泖之水。東北有劉家港、耿涇，疏通崑城等湖之水。吴淞江置閘十座，以居其中。潮平則閉閘以拒之，潮退則開閘而放之。滔滔不息，勢若建瓴，直趨于海，實疏導潴水之上策也。與古之三江，其勢相埒。若天時多雨，雖太湖汪洋瀰漫，其涸亦可待矣。旱則閉閘潴水，以供灌溉，乃一舉兩得其利也。

議者曰：吴淞江自古無閘，今置之，非法也。何不開閘疏通，使江復故道，一任潮之往來，豈不便易？

答曰：治水之法，先度地形之高下，次審水勢之逆順，尋源泝流，各順其性。古人謂「水歸深源」。又曰：「泥沙隨潮而來，清水蕩滌而去。」今新涇、上海浦、劉家港等處水深數丈，今所開止深一丈五尺，若不置閘以限潮沙，則渾潮捲沙而來，清水自歸深源而去，新開江道，水性未順，兼以河淺，約住泥沙，不數月間，必復淤塞，前工俱廢，故閘不可不置也。范文正公曰：「新導之河，必設諸閘。」正此謂也。若欲再復吴淞江故道，須候諸閘啓閉，流順河深，衆水歸源，其洶湧之勢，孰可制禦？當於此時，諸閘都閉，挑開一處堰壩，任潮往來，借清水力，東衝西決，自復成江矣。考工記曰：「善溝者，水嚙之。」此之謂也。

議者曰：吴淞江前時通流，今日何爲而塞？豈非如海變桑田之説，黄河日走千里，非人力所可爲者歟？

答曰：東坡有言：「若要吴淞江不塞，吴江一縣人民可盡徙於他處。」庶使上源寬闊，清水力盛，泥沙自不能積，何致有堙塞之患哉！歸附之後，將太湖東岸出水去處，或釘木植爲栅，或壅草土爲堰，或築狹河身爲橋，置爲驛路，及有湖泖港汊，又慮私鹽船往來，多行塞斷，所以水脈不通，清水日弱，渾潮日盛，泥沙日積，而吴淞江日就淤塞。今日江勢，正與東坡所見合。若曰如海變桑田，黄河奔突，一付之天，則聖人手足胼胝，盡力溝洫，皆虚言也。聖人豈欺我哉？所當盡人力而爲可也。

議者曰：錢氏有國一百有餘年，止長興年間一次水災。亡宋南渡一百五十餘年，止景定年間一二次水災。今則一二年，或三四年，水災頻仍，其故何也？

答曰：錢氏有國，亡宋南渡，全藉蘇、湖、常、秀數郡所産之米，以爲軍國之計。當時盡心經理，使高田低田各有制水之法。其間水利當興，水害當除，合役軍民，不問繁難，合用錢糧，不吝浩大，必然爲之。又使名卿重臣專董其事。豪富上户，簧言不能亂其耳，珍貨不能動其心。凡利害之端，可以當興除者，莫不備舉。又復七里爲一縱浦，十里爲一横塘，田連阡陌，比比相承，悉爲膏腴之産。設有水患，人力未嘗不盡。遂使二三百年之間，水患罕見。欽惟國朝四海一統，人才畢集，擢居重任者，未知風土所宜也，以爲浙西地土水利與諸處同一例，任地之高下，任天之水旱，所以一二年間水旱頻仍，皆不諳風土之同異故也。

議者曰：蘇州地勢低下，與江水平，故曰平江。古稱澤國，其地不可作田，此必然之理也。

今欲圍築硬岸，亦逆土之性耳。

答曰：宋、晉以降，倉廩所積，悉仰給於浙西水田之利，故曰「蘇湖熟，天下足。」若謂地勢低下，不可作田，以爲必然之理，此誠無當之論。何以言之？浙西之地低於天下，而蘇、湖又低於浙西，澱山湖又低於蘇州，此低之最低者也。彼中富户數千家，于中每歲種植茭蘆，埋釘樁笆，委葑土圍，築硬岸，豈非逆土之性，何爲今日盡成膏腴之田？此明效大驗，不可掩也。既是澱山最低之湖，經理尚可以爲田，却説已成之田不可作田，天下寧有是也！

議者曰：浙西水旱，專係天時，非人力之所可勝。自來討究治水之法，終無可成。

答曰：浙西水利，明白易曉，但行之不得其要耳，何謂無成？大抵治水之法，其事有三：浚河港必深闊，築圍岸必高厚，置閘竇必多廣。設遇水旱，則有河港、閘竇、隄防而乘除之，自然不能爲害。儻人力不盡，而一切歸數于天，天下寧有豐年耶！東坡有言「浙西水旱，此係人事不修之積，非天時之所致」，即此謂也。昔范文正公親開海浦時，議者阻之。公鋭意定見，力排浮議，疏浚積潦，數年大稔，民受其賜。載之方册，昭然可考。乃謂終無可成，爲是説者，皆是苟圖富家財物，聽受富家驅使，而妄爲無稽之言也。

議者曰：開挑河道既已深闊，河岸不須修築。圍岸既已高厚，河道不須開挑。河道、河岸既深既厚，閘竇不須置立。

答曰：開挑河道，所以泄水。修築圍岸，所以障水。置立閘竇，所以限水。自古三者兼行而不相悖也。三者兼行，徒勞民力而已。謂如不浚河道，略值久雨，若無河道以泄之，則溝澮皆盈。東風則淹湖西之田，西風則破湖東之岸，驟漲驟落，常有數尺澇水之痕。圍岸不高，則無力難以隄防，故湖溝不可不浚。及不築圍岸，或遇暴雨，若無圍岸以障之，水漲入圍，車戽出田，稻苗淹没已經數日，根株朽腐，盡成棄物，緩不及事，故圍岸不可不築。閘竇乃防水旱之具，遇澇則啓而泄之，遇旱則閉而蓄之，又且隔住渾潮，免致捲沙入河，壅塞水道，故傍江枕海，一浦一堰，皆有閘竇。蓋欲蓄水于未旱之前，泄水于既澇之後，乃閘竇限水之功也，不可不立。只此之説，或者已不周知，敢乃輒生妄議以毁其事，可謂不知量也。

議者曰：河溝、圍岸、閘竇三者俱備，自可永無水旱之憂，則民食可足，誠爲久遠之計，朝廷何爲廢之？

答曰：范文正公，宋之名臣，盡心於水利，嘗謂修圍浚河，置立閘竇，三者相爲表裏，如鼎之足，缺一不可。三者備矣，水旱豈足憂哉！國家收附江南三十餘年，浙西河溝、圍岸、閘竇，無官拯治，遂致水利廢壞。若水旱小則小害，大則大害，是則年年有荒旱之田不可種藝，深可惜哉！今謂浚河備圍置閘，有久遠之利，朝廷廢而不治者，蓋募夫工役，取辦豪富上户，部夫督役，責辦於有司，官臣、豪民、猾吏三者皆非其所樂爲，所以搆扇豪户，必欲阻壞而後已。朝廷未見日後之利，但逢目前之擾，奈何圍湖占江豪富之徒，挾厚賄以賂貪官，成事則難，壞事則易，安能迄致乎成！東坡亦云：「官吏憚其經營，富户吝其出力，所以累行而終輟，不能成久遠之利也。」

計：吴淞江東南黄浦口起至大盈浦口止一萬五千一百丈，大盈浦口起至永淮寺東止一千六百丈，永淮寺東起至趙屯浦口止一千五百丈，趙屯浦口起至陸家浜止二千三百五十丈，陸家浜起至千墩浦口、新洋江止一千六百丈，通計長二萬二千一百五十丈。

三吴水利

金　藻〔三七〕

三吴水利，别本作三江水學，有序，鄙蕪不足録，其文比此本爲詳，疑此乃改本也。今略附載别本所出者于左。主事姚文灝浙西水利書所取蓋别本。嘉靖乙巳世美堂。

修圩次序：水漫則專增其裏，土不狼籍。水涸則兼築其外，岸方堅固。裏外盡栽蓑草，水邊須種茭蒲。岸之兩額，或栽水楊，或栽籬篠，白茅青芟，皆能匝岸。圩之中須畫界岸，高大堅固，與外岸同。圩有一頃者畫以一字，二頃者畫以二字，四頃者畫以三字，五頃畫以十字，六頃者畫以廾字，七頃者畫以卌字，八頃者畫以井字，而溝通之。蓋各各界斷，則户少而力齊，易集而易救。但今低鄉圩岸，蕩無根脚，須得椿笆撈泥漸積，隨田若干，量出多少。間有貧乏流移，須用設法補助。或以其田佃於有力之家，或以其岸責付勸罰之類。惟有純是逃亡，却用長夫修理。若乃震澤等湖，須用石堤，如高郵三湖可也。

開溝次序：略與開河同。開河次序：疾流搔乘，緩流撈剪，涸流傳送，浮沙推挩，污泥盤吊，平陸開挑。搔乘之法：用鐵爲爬，一爬五爪，繫於桴筏，遡流挽之，搔動其沙，乘流而遠去矣。撈剪之法：用竹爲篰，一首兩尾，鐵口篾腮，舉其尾而開合之，泥自剪入而撈起矣。傳送之法：先將兩岸高厓分爲等級，每級高五尺，廣一丈，六尺爲路，四尺爲溝。級級布人，人人執器。鍤以起土，杴以調泥。一遞一送，無崎嶇陟降之勞，而土亦上矣。推挽之法：用木爲車，二横九直，横方直圓，以員穿方。横長九尺五，直長五尺，下爲齒，上爲柄四。直長三尺，下亦爲齒。二横之上，加以横板，廂其兩手，五人執其柄而按推之。車之兩旁，繫之以繩而前挽之，則其沙自推起而攔去矣。若其沙太深，不能容人，則車之後添凳立人，亦可。盤吊之法：用丈許小船，杴入污泥，首尾繫索而盤吊之。開挑之法無他，在預先遠送而已。又有順帶之法：如丹陽運河兩岸高厓，若以往來行舟量力順帶，南至吴江等處增廣岸塍，北至鎮江等處增廣埠頭，是亦裒多益寡之術，但慮議者以爲遲鈍。蓋此法功效，日計不足而歲計有餘，歲計不足而世計有餘，患人不之用耳。

松江既湮，而太湖之水無所泄。人以爲劉家河可泄太湖之水，殊不知此河雖通，但能復此婁江之半節耳。其南來之半節，所謂與夫新洋江與夫下駕者，反被其横衝松江之腰腹，而爲害莫除。

其至南而折于西，以接黄潦涇者，又名華涇塘也。華涇塘東去有閘港。此皆東江之東段也，但欠深廣，而入于海耳。今本脱「華涇」以下八字。

尋曹涇入海之閘河，金山衛入海之閘河，海鹽縣入海之閘河，以泄嘉禾秀水塘等處，以來湖、杭之水，而謂之南條者，則太湖南之形勢順矣。疏江陰下港等河，常熟白茅等港，復常州運河斗門一十四處，走泄夾苧干等瀆，築堤管水入江，而謂之北條者，則太湖北之形勢順矣。

藻又有三江水學或問，今附録二條：

三時治水，一冬休養，與論語「使民以時」、孟子「不違農時」不同，何也？曰：斷不可泥「至冬乃役」之説，以陷民于死亡也。蓋至冬乃役，如上入執宫功之類，非若水利乃野外工役，不可以冬月爲之也。詩云：「蟋蟀在堂，役車其休。」又曰：「塞向墐户，入此室處。」又曰：「三之日于耜，四之日舉趾。」書於仲春曰「平秩東作」，於仲冬曰「厥民隩」。蓋三時勤苦，一時休養，今古之通誼也。程子開河，他人管者多死，程子管者不死一人，只是處置得宜耳。冬月不役，是求生之一路也。老弱不用，是求生之一路也。衣食温飽，是求生之一路也。痛革暴虐，是求生之一路也。有疾即與之藥而發回，是求生之一路也。船舍近便，足蔽風雨，是求生之一路也。如此求生而猶不免於死，是誠當死者也，然亦不可不爲祭埋，而厚恤其家也。

客曰：隨其田旁自修溝岸，不若計其田畝、鈞其工程爲善。蓋田有長倚涇者，有横出涇者，有不出涇者。用子之法，則長倚涇者用工太多，横出涇者用工太少，不出涇者無工可爲，豈得爲鈞乎？野人曰：舊時鄙見亦如此，然鈞則鈞矣，終是甲治乙田，丁修丙岸，非惟不肯盡心，抑且無憑賞罰。思之十年，始遇有識，乃上海陸宗愷，却與華亭曹憲副之意正同。蓋不出涇之田，澇則不得洩，旱則不得溉，糞則難於入，斂則難於出。凡有此田者，多是貧難下户，當優恤者也。若其横出涇者，與長倚涇者，旱則易於溉，澇則易於洩，糞則便於入，斂則便於出。有此田者，多是殷實有力者也。故定爲此法，允愜輿情，使貧乏者既得以安生，而有力者又無計以偷閑，堅固浚滌者既得以蒙賞，而淤淺疎脆者又無計以逃罪。愚所謂一尺一步皆有歸著，一賞一罰皆得其當者，誠非臆度之言也。

低鄉無土，如何修岸？此則須用載土撈泥。且如商賈從長沙販米，經年累月，涉歷風濤，只是欲得米，故不辭艱苦。今在平河載土，近處撈泥，得一船即是一船之米，得萬船即是萬船之米，但寄之於田，歲歲取之無窮也。

范成大水利圖序

江東圩埂，高厚如大府之城，舟行常仰視之，並驅其上，猶有餘地。至水發時，數十百圍，一時皆破。其有茭葑外護者，則往往獨存。蓋其紛披摇曳，與水周旋而不與之忤，比其及岸，已如强弩之末，狂猛盡霽。茭之能殺水如此。

沈氏筆談

至和塘自崑山縣達于婁門，凡七十里。自古皆積水，無陸運，民頗病涉，久欲爲長堤抵郡城，澤國無處求土。嘉祐中，人有獻計，就水中以蘧篨爲牆，栽兩行，相去三尺。去牆六丈，又爲一牆，亦如此。漉水中淤泥，實蘧篨中。候乾，則以水車畎去兩牆間舊水。牆間六丈，皆留半以爲堤脚，掘其半爲渠，取土以爲堤。每三四里則爲一橋，以通南北之水。不日堤成，至今爲利。

吴江志

沈經坍湖岸議

太湖風浪勢如排山，岸遇輒崩，日就成浸，非人所能禦也。又查有等低岸，形如鼈裙，風趕浪衝，反不坍損。因求其故：站岸壁立，與浪相抗必坍；斜坡不深，隨浪相迎不損。爲今之計，莫若令各有田之家，各于其站立之處，或石塊，或瓦屑，或煤鐵等灰，填滿其處，一如斜坡之式，略如泥沙，或植茭蘆、楊柳等樹木，以殺其奔突之勢，則其圍塍未必如往年崩塌之易矣。

史鑑議

課民于隄岸之上，許種藍而不許種荳。蓋種藍必增土，久而田高。種荳則土隨根去〔三八〕，久而田低矣。

志載隄水岸式

高一尺，以平水爲定高下增減。基闊八尺，面闊四尺，謂之羊坡岸。其內有丈許者，稍低植以桑苧，謂之抵水。環圩植以茭蘆，謂之護岸。其遇邊湖邊蕩，甃以石塊，謂之攩浪。又于圩外一二丈許，列柵作埂，植茭樹楊，謂之外護。此周文襄定制。每年縣官于農隙時，請看坍損，督塘長圩甲修之。後官不出，民亦不舉，此法遂廢。

郟亶又上治田利害大概有七〔三九〕

一、論古人治低田、高田之法。昔禹之時，震澤爲患，東有堽阜以隔截其流。禹乃鑿斷堽阜，流爲三江，東入于海，而震澤始定。震澤雖定，於環湖之地，尚有二百餘里可以爲田，而地皆卑下，猶在江水之下，與江湖相連。民既不能耕植，而水面又復平闊，足以容受震澤下流，使水勢散漫，而三江不能疾趨於海。其沿海之地，亦有數百里可以爲田，而地皆高仰，反在江水之上，與江湖相遠。民既不能取之以灌溉，而地勢又多西流，不得蓄聚春夏之雨澤以浸潤其地。是環湖之地常有水患，而沿海之地常有旱甾，如之何而可以種藝邪？古人遂因其地勢之高下，井之而爲田。其環湖卑下之地，則於江水南北爲縱浦以通于江，又於浦之東西爲横塘以分其勢，而棊布之，有圩田之象焉。其塘浦闊者三十餘丈，狹者不下二十餘丈，深者二三丈，淺者不下一丈。且蘇州除太湖之外，江之南北别無水源，而古人使塘深闊若此者，蓋欲取土以爲堤岸，高厚足以禦其湍悍之流，故塘浦因而闊深，水亦因之而流耳，非專爲闊其塘浦，以決積水也。故古者堤岸，高者須及二丈，低者亦不下一丈。借令大水之年，江湖之水高於民田五七尺，而堤岸尚出於塘浦之外三五尺至一丈，故雖大水，不能入於民田也。民田既不容水，則塘浦之水自高於江，而江之水亦高於海，不須決泄，而水自湍流矣。故三江常浚，而水田常熟。其堽阜之地，亦因江水稍高，得以畎引以灌溉。此古人浚三江、治低田之法也。所有沿海高仰之地，近於江者，既因江流稍高可以畎引，近於海者，又有早晚兩潮可以灌溉，故亦於沿海之地及江之南北，或五里、七里而爲一縱浦，又五里、七里而爲一横塘，港之闊狹與低田同，而其深往往過之。且堤阜之地高於積水之處四五尺至七八尺，遠於積水之處四五十里至百餘里，固非決水之道也。然古人爲塘浦闊深若此者，蓋欲畎引江海之水，周流於堤阜之地，雖大旱之歲，亦可車畎以溉田，而大水之歲，積水或從此而流泄耳，非專爲闊深其塘浦，以決低田之積水也。至於地勢西流之處，又設堤門、斗門以潴蓄之。是雖大旱之歲，堤阜之地，皆可耕以爲田。此古人治高田、蓄雨澤之法也。故低田常無水患，高田常無旱甾，而數百里之地常獲豐熟，此古人治低田、高田之法也。

二、論後世廢低田、高田之法。古人治田高下既皆有法，方是時也，田各成圩，圩必有長，每一年或二年，率逐圩之人修築隄防，浚治浦港，故低田之隄防常固，旱田之浦港常通也。至錢氏有國，而尚有撩清指揮之名者，此其遺法也。洎乎年祀綿遠，古法隳壞。其水田之隄防，或因田户行舟及安舟之便而破其圩。或因人户請射下脚而廢其堤，或因官中開淘而減少丈尺。或因田主只收租課而不脩堤岸，或因租户利於易田而故要淹没。或因決破古堤，張捕魚蝦，而漸致破損；或因邊圩之人，不肯出田與衆做岸，或因一圩雖完，傍圩無力，而連延隳壞；或因貧富同圩，而出力不齊，或因公私相吝，而因循不治。故隄防盡壞，而低田漫然復在江水之下也。每春夏之交，天雨未盈尺，湖水未漲二三尺，而蘇州低田，一抹盡爲白水。其間雖有堤岸，亦皆狹小，沉在水底，不能固田。唯大旱之歲，常、潤、杭、秀之田及蘇州堤阜之地並皆枯旱，其堤岸方始露見，而蘇州水田幸得一熟耳。蓋由無隄防爲禦水之先具也。民田既容水，故水與江平，江與海平，而海潮直至蘇州之東一二十里之地，反與江湖、民田之水相接，故水不能湍流，而三江不浚。今二江已塞，而一江又淺，儻不完復堤岸，驅低田之水盡入於松江，而使江流湍急，但恐數十年之後，松江愈塞，震澤之患不止於蘇州而已也。此低田不治之由也。其高田之廢，始由田法隳壞，民不相率以治港浦。其港浦既淺，地勢既高，沿於海者則海潮不應，沿於江者又因水田隄防隳壞，水得潴聚於民田之間，而江水漸低，故高田復在江之上。至於西流之處，又因人户利於行舟之便，壞其堽門，而不能蓄水，故高田一望盡爲旱地。每至四、五月間，春水未退，低田尚未能施工，而堽阜之田已乾枯矣。唯大水之歲，湖、秀二州與蘇州之低田淹没浄盡，則堽阜之田幸得一大熟耳。此蓋不浚浦港以畎引江海之水，不復堽門以蓄聚春、夏之雨澤也。此高田廢之之由也。故蘇州不有旱甾，即有水患。但水田多而旱田少，水田近於城郭，爲人之所見，而税復重，旱田遠於城郭，人所不見，而税復輕，故議者只論治水，而不論治旱也。

三、論自來議者只知決水，不知治田。蓋治田者本也，本當在先。決水者末也，末當在後。今乃不治其本，而但決其末。故自景祐以來，上至朝廷之搢紳，下至農田之匹夫，謀議擘畫三四十年，而蘇州之田百未治一二，此治水之失也。惟嘉祐中，兩浙轉運使王純臣建議，謂：「蘇州民間一概白水，至深處不過三尺以上。當復修作田位，使位位相接，以禦風濤，則自無水患。若不修作塍岸，縱使決盡湖水，亦無所濟。」此説最爲切當。又緣當時建議之時，正治兩浙連年治水無効，不知大段擘畫〔四〇〕，令官中逐年調發夫力，更互修治，及不曾立定逐縣治田年額，以辦不辦爲賞罰之格，而止令逐縣令做概例勸導，逐位植利。人户一二十家自作塍岸，各高五尺。緣民間所鳩工力不多，蓋不能齊整。借令多出工力，則各家所收之利，不償其所費之本。兼當時都水監立下官員賞典不重，故上下因循，未曾併聚公私之力，大段修治。臣今欲乞檢會王安石所陳利害，卻將臣下項擘畫修築堤岸，以固民田，則蘇州之甾可計日而取効也。議者或謂：「曩年吴及知華亭縣，常率逐段人户各自治田，亦不曾煩費官司，而人獲其利。今可舉用其法，以治蘇州水田，不須重煩官司也。」曰：蘇州水田與華亭不同。華亭之田，地連堽阜，無暴怒之流，浚河不過一二尺，脩岸不過三五尺，而田已大稔矣。然不踰三五年間，尚有堙塞。今蘇州遠接江湖，水常暴怒。故崑山、常熟、吴江三縣堤岸高者七八尺，低者不下五六尺，或用石甃，或用樁篠，或二年一治，或年年修葺，而風濤洗蕩，動有隳壞。今若以華亭之法而治之，或水退之後一二年間，暫獲豐稔，蓋不可知，求其久遠之効，則不可得也。夫以華亭之法，而治蘇州之高田則可矣。若治蘇州之田，譬之以一家之法而治一國也，其規摹法度則近之，至於措置施設之方，則小大不可同也。

貼黄：自來人所議欲開通諸大浦、盧瀝浦、松江諸匯，并決水入江陰軍等，亦皆治水之一説。但隄防未立，行之無功。候隄防既成之後，前項諸説又不可不行。蓋水勢湍急，卻要諸處分減水勢故也。故曰治田者先也，決水者後也。臣今究窮得古人治田之本，委可施行。若令臣先往兩浙相度，不過訂之於諸縣官吏，考之於諸鄉父老而已。況諸縣官吏乍來倏去，固不若臣之生長鄉里，世爲農人，而備知利害也。父老之智，未必過於范仲淹、葉清臣，況范仲淹、葉清臣尚不能窺見古人治田之跡，父老安得而知？伏望令臣略到司農寺陳白，委不至有誤朝廷。候敕旨。

四、論今來乞以治田爲先，決水爲後。田既先成，水亦從而可決，不過五年，而蘇州之水患息矣。然治田之法，若總而論之，則瀚漫而難行，析而論之，則簡約而易治，何也？今蘇州水田之最合行修治處，如前項所陳，南北不過乙百二十餘里，東西不過一百里。今若於上項水田之内，循古人之跡，五里而爲一縱浦，七里爲一横塘，不過爲縱浦二十餘條，每條長一百二十餘里，横塘十七條，每條長一百餘里，共計四千餘里。每里用夫五千人，約用二千餘萬夫。故曰總而言之，則瀚漫而難行也。今且以二千萬夫開河四千里而言之，分爲五年，每年用夫四百萬，開河八百里。蘇、秀、常、湖四州之民不下四十萬，三分去一，以爲高田之民，自治高田外，尚有二十七萬夫。每夫一年借雇半月，計得四百餘萬夫，可開河八百里。卻以上項四百餘萬夫分爲十縣，逐縣每年當夫四十萬，開河八十里。以四十萬夫分爲六箇月，逐縣每月計役六萬六千餘夫，開河十三里有零。以六萬六千夫分爲三十日，則逐縣每日只役夫二千二百人，開河一百三十二步。將二千二百人又爲兩頭項，只役一千一百人，開河六十六步。雖縣有大小，田有廣狹，民有衆寡，及逐日所開河溝、所役夫數多少不同，大率治田多者頭項多，治田少者頭項少。雖千百項，可以一頭項盡也。臣故曰析而論之，則簡約而易治也。如此而治之，五年之内，蘇州與鄰州之水田殆亦盡矣。塘浦既浚矣，隄防既成矣，則田之水必高於江，江之水亦高於海，然後擇江之曲者而決之，及或開盧瀝浦，皆有功也。何則？江水湍流故也。故曰治田者先也，決水者後也。江流既高矣，然後又究五堰之遺址而復之，使水不入於城。是雖有大水，不能爲蘇州之患也。此治水田之大略也。其旱田，則乞用上項一分之夫，浚治港浦以畎引江海之水，及設堽門以潴春夏之雨澤，則高低皆治，而水旱無虞矣。

五、論乞循古人之遺跡治田者。臣昨來所乞蘇州水田一節，罷去其某家涇、某家浜之類，五里七里而爲一縱浦，七里十里而爲一横塘，因塘浦之土以爲隄岸，使塘浦闊深而隄岸高厚。塘浦闊深則水流通，而不能爲田之害。隄岸高厚則田自固，而水可必趨於江。今具蘇州、秀州及沿江、沿海水田旱田見存塘浦港瀝堽門之數。凡臣所能記者，總七項，共二百六十五條，并臣擘畫將來治田大約，各附逐項之下。謹具下項。

一、具水田塘浦之跡，凡四項，共一百三十二條。

一、吴松江南岸自北平浦，北岸自徐公浦，西至吴江口，皆是水田，約一百二十餘里。南岸有大浦二十七條，北岸有大浦二十八條。是古者五里而爲一縱浦之跡也。其横浦在松江之南者，臣不能記其名。在松江之北六七里間，曰浪市横塘。又下北六七里，而爲至和塘。是七里而爲一横塘之跡也。松江南大浦二十七條：北平浦、破江浦、艾祈浦、愧浦、顧匯浦、養蠶浦、大盈浦、南解浦、梁乾浦、石臼浦、直浦、分桑浦、内薰浦、趙屯浦、石浦、道褐浦、千墩浦、錐浦、張潭浦、陸直浦、甫里浦、浮高浦、塗頭浦、順德浦、大姚浦、破墩浦、盞頭浦。松江北大浦二十八條：徐公浦、北解浦、瓦浦、沈浦、蔣浦、三林浦、周浦、顧墓浦、金城浦、木瓜浦、蔡浦、下駕浦、浜浦、洛舍浦、楊梨浦、新洋浦、淘仁浦、小虞浦、大虞浦、馬仁浦、浪市浦、尤涇浦、下里浦、戴墟浦、上顧浦、青丘浦、奉里浦、任浦。松江北横塘二條：浪市横塘、至和塘。已上松江塘浦五十七條，並當松江之上流，皆是闊其塘浦，高其堤岸，以固田也。只因久不修治，遂至隳壞。每遇大水，上項塘浦之岸並沉在水底，不能固田。議者不知此塘浦元有大岸以固田，乃謂古人浚此大浦，只欲泄水。此不知治田之本也。臣今擘畫，並當浚治其浦，修成堤岸，以禦水菑。不須遠治他處塘浦，求決積水，而田自成矣。

一、至和塘自崑山西至蘇州，計六十餘里，今其南北兩岸〔四一〕，各有大浦十二條，是五里而爲一縱浦之跡也〔四二〕。其横浦南六七里，而有浪市塘是也，其北皆爲風濤洗刷〔四三〕，不見其跡。臣前所謂至和塘徒有通往來、禦風濤之小功〔四四〕，而無衛民田、去水患之大利者，謂至和塘南北縱浦、横塘皆廢故也。謹具下項。至和塘南大浦十二條：小虞浦、大虞浦、尤涇浦、新瀆浦、平樂浦、戴墟浦、真義浦、朱塘浦、界浦、鳳凰涇、任浦、蠡塘。至和塘北大浦十二條：小虞浦、大虞浦、尤涇浦、高墟浦、雍里浦、諸昌涇、界浦、任浦、上雉瀆、下雉瀆、蠡塘、官瀆。横塘在南者曰浪市塘，已具松江項内，更不再出。在北者皆廢。已上至和塘兩岸塘浦二十四條。在塘北者，今猶有其名，而或無其跡。在塘南者，雖存其跡，而並皆狹小斷續，不能固田。其間南岸又有朱涇、王村涇，北岸又有司馬涇、季涇、周涇、小蕭涇、大蕭涇、歸涇、吴涇、清涇、譚涇、褚涇、楊涇之類，皆是民間自開私浜，即臣向所謂某家涇、某家浜之類是也。今並乞廢罷，只擇其浦之大者，闊開其塘，高築其岸，南修起浪市横塘，北則或五里、十里爲一横塘以固田，自近以及遠，則良田漸多，白水漸狹，風濤漸小矣。

一、常熟塘自蘇州齊門北至常熟縣一百餘里，東岸有涇二十一條，西岸有涇十二條，是亦七里、十里而爲一横塘之跡也。但目今並皆狹小，非大段塘浦。蓋古人之横塘隳壞，而百姓侵占，及擅開私浜，相雜於其間，即臣所謂某家涇、某家浜之類是也。謹具目今兩岸涇浜之名下項。常熟塘東横涇二十一條：闞墓涇、楊涇、米涇、樊涇、蠡涇、南湖涇、湖涇、朱涇、永昌涇、茅涇、薛涇、界涇、吴塔涇、尚涇、川涇、黄土涇、圃涇、廟涇、卞莊涇、新橋涇、黄母涇。常熟塘西横涇十二條：石師涇、楊涇、王婆涇、高姚涇、蘇宅涇、蠡涇、皮涇、廟涇、永昌涇、野長涇、譚涇、墓門涇。已上常熟塘兩岸横涇三十三條，蓋記其略耳。今但乞廢其小者，擇其大者，深開其塘，高修其岸。除西岸自擘畫爲圩外，其東岸合與至和塘北及常熟縣南新修縱浦，交加棊布以爲圩，自近以及遠，則良田漸多，白水漸狹，風濤漸小矣。

一、崑山之東至太倉堽身，凡三十五里，兩岸各有塘浦七八條，是五里而爲一縱浦之跡也。其横塘在塘之南六七里，而爲朱瀝塘、張湖塘、郭石塘、黄姑塘。在塘之北，爲風濤洗刷，與諸湖相連，不見其跡。謹具下項。崑山塘南有塘浦七條：次里浦、新洋江、任里浦、下駕浦、下吴浦、上吴浦、太倉横瀝。崑山塘北有塘浦七條：婁縣上塘、婁縣下塘、新洋江、低里浦、黄剪涇、上吴塘、下吴塘。横塘四條：朱瀝塘、張湖塘、郭石塘、黄姑塘。已上塘瀝十八條，除新洋江、下駕浦曾經開浚，餘並未嘗開浚。今河底之土反高於田中，每遇天雨稍闕，則更不通舟船。天雨未盈尺，而田盡淹没。今並乞開浚以固田。已具下項。

一、具旱田塘浦之跡凡三項，一百三十三條。

一、松江南岸自小來浦，北岸自北陳浦，東至海口，並是旱田，約長一百餘里。南有大浦一十八條，北有大浦二十條。是五里而爲一縱浦之跡也。其横浦之在江南者，臣不記其名。在江北者七八里，而爲鷄鳴塘、練祈塘，是七里而爲一横塘之跡也。謹具下項。松江南岸有大浦一十八條：小來浦、盤龍浦、朱市浦、松子浦、野奴浦、張整浦、許浦、魚浦、土燠浦、丁灣浦、蘆子浦、滬瀆浦、釘鈎浦、上海浦、下海浦、南及浦、江苧浦、爛泥浦。松江北岸有大浦二十條：北陳浦、顧浦、桑浦、大黄肚浦、小黄肚浦、章浦、樊浦、楊林浦、上河浦、下河浦、僊天浦、鎮浦、新華浦、槎浦、秦公浦、雙浦、大塲浦、唐章浦、貴州浦、商量灣。横塘二條：鷄鳴浦、練祈浦。已上塘浦四十條，各是畎引江水以灌溉高田。只因久不浚治，浦底既高，而江水又低，故逐年常患旱也。議者乃謂於此諸浦決泄蘇州崑山、長洲及秀州之積水，是未知古人設浦之意也。今當令高田之民治之以備旱畄，則高田獲其利也。

一、太倉堽身之東至茜涇，約四五十里，凡有南北大塘八條。其横塘南自練祈塘，北至許浦，共一百二十餘里，有堽門及塘浜約五十餘條，臣能記其二十五條。旱田而横塘多，欲水之周流於其間，灌溉之意也。今皆淺淤，不能引水以灌於田。謹具下項。南北之塘八條：太倉東横瀝、半徑塘、青堽横瀝、五家堽横瀝、鴨頭塘、支涇、楊墓子涇、茜涇。東西之塘及堽門等二十五條：方秦塘、錢門塘、劉塘、張堽門、薛市門、黄姑塘、吉涇塘、沙堰門、太倉塘、包涇、古塘、吴堽門、顧堽門、廟堽門、岳瀝、李堽門、丁堽門、湖川門、黄涇、杜漕塘、雙鳳塘、斗門、直塘、支塘、李墓塘。已上堽身以東塘浜門瀝共三十三條。南北者各長一百餘里，接連大浦，並當浚治，以灌溉高田。東西者横貫三重堽身之田，而西通諸湖。若深浚之，大者則置閘斗門，或置堰，而下或水函。遇大旱，則可以車畎諸湖之水以灌田。大水，則可以通放湖水以灌田，而分減低田之水勢。於平時則潴聚春夏之雨澤，使堽身之水常高於低田，不須車畎，而民田足用。

一，沿海之地，自松江下口南連秀州界，約一百餘里，有大浦二十條，臣今能記其七條。自松江下口北繞崑山、常熟之境，接江陰界，約三百餘里，有港浦六十餘條，臣能記其四十九條。是五里爲一縱浦之跡也。其横塘，在崑山則爲八尺涇、花莆涇，在常熟則爲福山東横塘、福山西横塘。謹具下項。松江口下南連秀州界有大浦七條：三林浦、杜浦、周浦、大臼浦、卹瀝浦、戚崇浦、羅公浦。松江口下北繞蘇州崑山、常熟縣界，至江陰軍界，有港浦四十九條：北及浦、下田浦、堀浦、上夾浦、下練祈浦、桃源浦、練祈浦、顧涇浦、六岳浦、採桃浦、川沙浦、下張浦、新漕浦、茜涇浦、楊林浦、七丫浦、瀏港浦、北浦、尹公浦、甘草浦、唐相浦、陳涇浦、錢涇浦、湴湖浦、吴泗浦、鐺脚浦、下六河浦、黄浜浦、沙營浦、白茆浦、金涇浦、高浦、許浦、塢溝浦、千步涇、耿涇浦、新涇浦、崔浦、水門浦、鰻鯬浦、吴涇、高涇、西陽浦、新涇、陳浦、張涇、湖涇、奚浦、黄泗浦。横塘四條：八尺涇、花浦涇、福山東横塘、福山西横塘。已上沿海港浦共六十條，各是古人東取海潮、北取揚子江水灌田，各開入堽阜之地，七里、十里或十五里間作横塘一條，通灌諸浦，使水周流於高阜之地，以浸潤高田，非專欲決積水也。其間雖有大浦五七條，自積水之處直可通海，然各遠三五十里，至一百餘里，地高四五尺，至七八尺，積水既被低田，堤岸隳壞，一時漫流，潴聚於低下平闊之地，雖開得上項大浦，其積水終不肯遠從高處而流入於海。唯大水之年決之，則暫或東流爾。今不拘大浦、小浦並皆淺淤，自當開浚，東引海潮、北引江水以灌田。

臣所擘畫治蘇州田至易曉也。水田則做岸防水以固田，高田則浚塘引水以灌田。此衆人所共知也。但自來治水者，舍常而求異，忽近而求遠，而反謂做岸固田、浚塘引水之說爲淺近，而不肯留意，遂因循至此。今欲知蘇州水田、旱田不治之由，觀此篇可見其大略。

已上水田、旱田、塘浦之跡共七項，總二百六十五條，皆是古人因地之高下而治田之法也。其低田則闊其塘浦、高其堤岸以固田，其高田則深浚港浦、畎引江海以灌田。後之人不知古人灌田、固田之意，乃謂低田、高田之所以闊深其塘浦者，皆欲決泄積水也，更不計量其遠近，相視其高下，一例擇其塘浦之尤大者十數條以決水，其餘差小者更不浚治，及興工役，動費國家三五十萬貫石，而大塘大浦終不能泄水，其塘浦之差小者更不曾開浚也。而議者猶謂此小塘小浦亦可泄水，以致朝廷愈不見信，而大小塘浦一例更不浚治。積歲累年，而水田之隄防盡壞，使二三百里肥腴之地概爲白水，高田之港浦皆塞，而使數百里沃衍潮田盡爲荒蕪不毛之地，深可痛惜。臣竊思之，上項塘浦既非天生，亦非地出，又非神化，是皆人力所爲也。然自國朝統御已來，百餘年間，除十數條大者間或浚治外，其餘塘浦，官中則不曾浚治。今當不問高低，不拘小大，亦不問可以決水與不可以決水，但係古人遺跡，而非私浜者，一切併合公私之力，更休迭役，旋決修治。係低田，則高作堤岸以防水。係高田，則深浚港浦以灌田。其堤身西流之處，又設斗門或堽門或堰閘以潴水。如此則高低皆治，而水旱無憂矣。

後二項非要切，不録。

長洲志

郡城西南三十里，巨浸曰太湖，即古震澤、具區也，亦名五湖，跨連三州，延廣四萬八千餘頃。其源自西北，則自荆溪以上，泝九陽江，通蕪湖大江，中受宣、歙、池州、建康諸水，南則受天目、苕、霅諸水，自禹疏下流爲三江，以入于海，始獲底定。三江曰東江，曰吴淞江，曰婁江，其故莫能詳矣。據今水道，一自湖州諸港匯于鶯脰湖，溢于龎山湖、陳湖、白蜆江、澱山湖，趨于三泖，歸于黄浦出海。一自吴江趨于吴淞江出海。一自胥口鲇魚口出，繞郡城之婁門，經至和塘，由崑山入太倉之劉家河出海。並湖之郡爲常州，爲湖州，爲蘇州。惟蘇州當其下流，而吴江縣、吴縣爲之入口，太倉之劉家河、嘉定之吴淞江、常熟之白茅港爲之出口。

自東壩築後，太湖所受惟荆溪、天目諸山水，而水患已大減于宋、元時。觀吴江長橋迤南，水洞填塞，而沿隄彌望，皆成膏腴之田。其在宋、元，稍塞蘆葦，而水即四溢，何今二百年無此患耶？實西南諸水不入故也。吴淞江承太湖之流而洩之海，湖水常駃，與海潮勢敵，故江流常通。水勢稍微，即渾潮深入，積土淤江。故昔之治水者，必先治吴淞江。今數十年來，潮水無障，積久成陸，所苦惟沿江之田枯旱而已，不聞湖水四溢爲患也。此亦足證太湖水源，視宋、元僅存十三矣。

今之有司，非不言水利也。其議論則悉，行移則備，然大率視爲常談，不過略加掩飾，銷繳公文而已。此無他，由主之者無專官，而施之也不責實焉耳。國家大計，半在江南。苟不修水利，則田賦不登。田賦不登，則國困匱。所當亟爲講求者，莫先于水也。誠得廣詢嚴勘，實見某河當官開，某河當民開，某隄當加高，某隄當築闊，請著爲令，大約十餘年一遣重臣治之，訖事即回。此則先朝之成例，治水之長利也。若付之帶管之官，不過行文塞白，訖無成效，又何咎哉！在今日觀之，府縣有水利官，繇役有導河夫銀，主之者又御史、憲使，又每歲經理之，試舉所修者何水？所利者何處？竟致五十年來通行之水，則河身日高，不通行處，則漸以成陸。岸塍則大者崩削，小者堙廢。至于官塘，亦傾圮斷缺，行路沮洳矣。安有實意爲民，以圖久遠之功者乎？

鄉中耆老，皆言三十年前，民間食足事簡，歲時得以餘力治圩岸，故田以完固。近年窮苦，救死不贍，不遑修理，故田圩盡壞，而水災加甚。

國家設立塘長，正爲圩岸計也。今則水利官于塘役，則常例是急，塘役于田户，則科斂需索爲務，而于上司督促，不過飾虚文、循故事應之而已。其日至廢壞而不可頓復，皆坐此也。

蘇郡賦税至三百萬，蓋十倍于宋，五倍于元。

太湖

牛若麟

太湖即具區，一名震澤。禹貢曰：「三江既入，震澤底定。」其關繫東南水利甚鉅，御覽水利全書考述綦詳，無煩贅矣。又名笠澤。左傳云：「越伐吴，吴子禦之笠澤。」蓋湖廣三萬六千頃，四通五達，跨蘇、湖、常三州。自東而南，迤西轉北，則吴江、烏程、長興、宜興、武進、無錫六縣諸港瀆，皆太湖之出入也。上從應、太、徽、寧，下逮松江，暨浙省諸郡，並繇太湖爲間道，盜艘白晝揚帆，夙稱要害。吴固僅轄其東壖，然湖中七十二峰，太半隸吴。吴之兩洞庭與武進之馬蹟，獨峰高而址闊，人廬稠密，爲萑苻所窺伺。萬曆戊子，馬蹟之嘯聚，已爲殷鑒。矧兩洞庭，又吴邑西南之命脈。邇歲，東山多亡命匿迹，水陸縱横，致厪督撫，勤兵搜勦，俘斬報聞。則太湖尤非無事之日，雖選將募卒，布列余皇，可恃無恐，而在吴境，實稱第一險阻。既志矣，可弗圖歟！

西洞庭

具區浮巘嵬然，於吴境者，唯西洞庭周遭八十餘里，峰巖洞壑之奇，誇於寓内，蓋靈區也。

志已詳矣。凡故家巨姓，聚廬托處其間，依山遶水，籬落村墟，皆異凡境。奥壤稍開阡陌，然廣不及山之一二。士人無田可耕，詩書之外，即以耕漁樹藝爲業。稍有資畜，則商販荆、襄，涉水不避險阻。正德以前，家户饒給，父老多不識城市，有西山富之謡。嘉靖倭殘，罄篋齎盗，山逕荒蕪，致額糧虚宕，民力不堪，競思逃徙。永豐宋公爲令，設法補賑，百方拊卹。自此以後之孑遺，皆宋公之造也。畏壘遺思，無間久近。今公家賦急，兼迫以徭差，閭閻之膏血更竭。兹又叠罹蝗旱，而荆襄寇擾，長江多緑林，經商裹足。居者行者莫繼饔飧，山中千年喬木，貿易充薪，斬伐殆盡。司土者雖觸目傷心，窘於培養無術，不得已而曰西山貧，將以告之後賢可乎？

東洞庭

吴境具區之山，次高廣者爲莫釐峰，即東洞庭。東聯武山，中穿一港，横梁通濟，合之總名東山。去菱湖嘴，越水不二三里而遥，設有莫釐渡，以防胥口、石尤之阻，凡山之往來于踐更者，可航可趨。故居民較西洞庭爲繁，聚族而處，久成巷陌，死徙無出境。其戀土之情，與西洞庭無異。士喜勤學，累發鼎元。編民亦苦田少，不得耕耨而食，並商遊江南、北，以迨齊、魯、燕、豫，隨處設肆，博錙銖於四方，以供吴之賦税，兼辦徭役。好義急公，兹山有焉。嘉靖倭變，已析皮毛，僅存髓骨，賴諸賢令休養生息。顯皇之世，神氣稍振，歲肩鉅役。乃縣有急需，猶屈首指以累之，民乃益困。矧今虜寇交訌，居貨行貨多遭焚劫，或罹屠慘。舉山之民，嗟無寧宇。司牧者憂之，若蔓延之獄，無藝之征，務當寬恤，以節其餘力，未必非根本之論也。

石湖

石湖亦吴城西南諸水之委潴，以太湖視之，猶一勺耳，何以圖？豈爲翠巘長虹，陸行水泛，足誇勝概乎？當此四郊多壘，所在綢繆，石湖密邇城闉，其南北東西港水縱横四出，又與吴江、長洲錯壤交轄，險無足恃。嘉靖甲寅、乙卯之歲，倭舶輒繇此進退，幸吴江令楊公芷帥鄉貢士周大章、諸生吴詰，督水師拒戰鮎魚口，生俘馘獻，大挫賊鋒。吴江尚傳述梗概，而吴境泯其績矣，可歎也。時吴令康公世耀奉檄守禦城西，往來於楓橋、木瀆之間，不遑兼顧。楊公一心報國，不辭越境，奮力迎鬭，至今談之，凜凜有生氣。予故圖石湖，撰説略紀其事，使知石湖亦吴邑之要害。邇藉督撫，設營分哨，簡練精勇，飛艇如駛，即有寇盜，不敢陸梁。然叨司土，不可不留意於此湖也。

吴荃原三江

三江之説，自來不一，惟張守節之言差爲近之。今以唐仲初吴都賦註、朱長文吴郡續圖經及水道奔趨之跡驗之，則太湖之水自東南分流，出白蜆，入急水、澱山，繇小漕、大瀝以入海者，曰東江。自龐山過大姚，經崑山石浦、安亭，繇青浦達滬瀆，東瀉入海者，曰吴淞江。自東北分流，從郡城東行，經古婁縣，水勢洪駛，無少迂曲，東北直下，今俗訛爲劉家港者，曰婁江。是三江實東南泄水之尾閭，各有入海之所，而弗可混者也。世惟惑於顧夷吴地記云「吴淞江乃古婁江」，遂使吴淞海口漫焉無稽。考宋紹定六年，知平江府楊燁奏乞於吴淞口置寨以備海道，曰：「鄉者逆全多就顧涇運米，自海洋窺吴淞江口，平江必爲震驚。」據此乃知吴淞入海，原有其所。又考雲間志載青龍江上接吴淞江，下通滬瀆，吴孫權嘗造戰艦於此。則其江之浩渺，而滬瀆乃其下流，昭然可見。矧吴淞距婁幾五十程，其亦曰婁江云者，妄矣。夫震澤疏源以注江，三江導流以歸海，民物奠乂，全吴財賦，其昉諸此。後代率逞私智，或圖苟安，悉置此不講，故小漕、大瀝及諸港日就淺狹，而東江遂湮。惟澱湖支流，北注吴淞江，從劉家港入海。安亭青河存一線，而下流壅塞，其水逆趨夏駕浦，亦從劉家港入海。二水北會于婁。夫水勢順則疾，疾則渾泥並行。逆則緩，緩則渾泥停滯。故崑山之東南隅，嘉定之西南隅，青浦之西北隅，華亭之北隅，昔日之沃壤，今皆磽确莫耕。三江塞二，而以全湖東注之水，獨歸於劉家港，其勢漸不能容，日積月累，行復如二江患矣。識者能無隱憂哉！爲今計，當稽故道開復，俾澱湖之水原從東瀉而弗北注，吴淞之水原出安亭青浦，以達滬瀆，而弗逆行，庶幾經緯分明，四縣不耕之地可復種矣。自太倉堈身西抵常州境，僅一百五十里，常熟南抵湖、秀境，僅二百里，其地低下多水田，故虞水。堈身之東，接于海岸，東西僅六七十里，南北僅百里。常熟之北，接于北江之漲沙，南北僅八九十里，東西僅二百里。其地高仰多旱田，故虞旱。今水有所歸，則泛濫不出，而水田常稔。江湖率職，則蓄豬可豫，而旱田常稔，鮮有不浮於天時者。

通蕃事蹟石刻，在劉家港天妃宫壁間。宣德六年，正使太監鄭和、王景弘，副使太監朱良、周福、洪保、楊真，左少監張達、吴忠，都指揮朱珍、王衡等立。後記：

永樂三年統領舟師往古里等國。時海寇陳祖義等聚衆於三佛齊國，抄掠番商。生擒厥魁。至五年回還。

永樂五年，統領舟師往爪哇、古里、柯枝、暹羅等國，其國王各以方物珍禽獸貢獻。至七年回還。

永樂七年，統領舟師往前各國，道經錫蘭山國，其王亞烈若奈兒負固不恭，謀害舟師，賴神明顯應知覺，遂生擒其王。至九年歸獻。尋蒙恩宥，得復歸國。

永樂十二年，統領舟師往忽魯謨斯等國，有蘇門答剌國僞王蘇幹剌寇侵本國，其王遣使赴闕請救，就率官兵勦捕，生擒僞王。至十三年歸獻。是年，滿敕加國王親率妻子朝貢。

永樂十五年，統領舟師往西域。其忽魯謨斯國進獅子、金錢豹、西馬，阿丹國進麒麟，番名祖剌法，并長角馬哈獸，木骨都束國進花福禄并獅子，卜剌哇國進千里駱駝并駝雞，爪哇國、古里國進糜里羔獸，各進方物，皆古所未聞者，及遣王男、王弟捧金葉表文朝貢。

永樂十九年，統領舟師，遣忽魯謨斯等各國使臣久侍京師者，悉還本國。其各國王貢獻方物，視前益加。

宣德五年，仍往諸番開詔。舟師泊於祠下，思昔皆神明護助之功，勒文於石注一。

自劉家港而西爲北瀂漕，爲糜長河，又西爲北時溝，爲楊子涇，爲小塘子，爲三江口，爲石婆港，南盤曲處爲湄塲灣，北爲新開河，爲青福涇，爲菖蒲涇，爲半涇。

半涇橫帶城東數里，南入婁江，北經湖川、楊林，至七浦。半涇之南，達仁義涇。若北瀂漕，雖號東道水，而屬於劉家港，稍偏於東南。自北瀂漕入正東，橫帶諸水，爲丁涇港，爲新塘港，爲陸窑塘、摩羅涇，爲陶家港，並入於海注二。

吴塘在州城西三里，南入婁江，經吉涇入嘉定界，北經湖川達七浦塘。永樂二年，户部尚書夏元吉濬顧浦，南引吴淞江水北貫吴塘。今則婁江以南復塞。自吴塘而西，爲黄淺涇，爲泥涇。東爲太倉塘，引婁江水入州城大西門。自太倉塘稍南爲陳門塘，引婁江水入小西門。其稍偏於西北，與陳涇、黄泥漕、包涇並入鹽鐵塘。又西北爲古塘注三。

顧浦在州城西南五里，引吴淞江水入吉涇。舊志云：嘉祐三年，轉運使沈立開崑山顧浦。其北自吉涇塘稍東復北下，爲戚虞涇。戚虞涇與南鹽鐵、張涇、横瀝水東西相並，俱北入婁江。南鹽鐵在戚虞涇之左，張涇、横瀝在戚虞涇之右注四。

横瀝南經婁江入吉涇塘，北經七浦入常熟注五。

横塘在州城東北，經楊林、七浦入常熟。六尺溝在其東，北港在其西。自横塘而南逕水爲浪港，南下爲黄涇。自黄涇出爲七鴉浦注六。

七丫浦西承巴城湖之水，東入海。其盤曲處曰木樨灣，曰糜長灣，東名七丫港，自沙頭鎮以西稱七浦塘，一作「戚」。七浦南下爲楊林塘。

楊林塘東至花浦口入海，西繇新塘上承巴城湖，長可敵七浦。其南爲湖川塘。

湖川塘東環出小塘子入婁江注七，西接金雞河，多支流，與七浦、楊林水並横貫州北鹽鐵塘

中，至北城下。注八

鹽鐵塘南十二里達嘉定，出吴淞江。北四十里達常熟白茆塘，至江陰，出揚子江。僞吴築城時，有南、北水門。鹽鐵塘自南來，經婁江折而北，直貫城中。今南、北水門塞，城中鹽鐵塘分從東、西三水門受水，而繇婁江折北者，俗呼倉河。蓋沿元時海運倉西岸，故倉基雖改教場，俗猶訛襲。

海在州城東七十里，自劉家港南環七鴉浦北百餘里，東北至崇明縣一百六十里水面，兩岸距四十里。

弘治十年冬，工部主事姚文灝浚七丫浦。

嘉靖元年，工部尚書李充嗣浚白茆塘。姚文毅言開白茆者。天順則侍郎李敏，萬曆則巡江御史林應訓，俱未考。

二十六年冬，巡撫、都御史歐陽必進重浚七丫浦（四五）。文徵明記曰：弘治初，都水姚公文灝嘗一浚之，賴以處業。比歲，陽城之民並湖爲斜堰，堰湖水而分之。其西流北折而入于白茆，東流自尤涇南出巴城，紆迴而屬七浦，其勢漸緩，而其流益微，不能當海潮之衝，日積月淤，至于不通，而高仰之田，獨受其敝。嘉靖丙午，有詔興三吴水利。始浚自石橋圩，東行至于直塘，延袤千八十丈有奇。自直塘東行至于沙頭，延袤二千四百二十丈。又東行歷塗松抵横涇，延袤千八十有一丈。總爲丈四千五百六十有奇。其深自一丈至八丈，廣自八丈至十丈，極于十有五丈。始微而漸拓之，以極其勢也。於是輸瀉有委，飛流迅疾，淤沙滌不復留，而東民有粒食之望矣。

隆慶元年、二年，巡鹽御史蔚元康重浚七浦、楊林、鹽鐵三塘。王世貞記曰：七浦綰轂常熟之口，貫太倉而東注海者也，爲丈七千二百有奇。外創壩以距海潮爲閘一以備止洩，又拓月河以輔之。楊林者横州之北，其右多阜易涸，而鹽鐵故漕河也。是二河者太倉幹也，丈各八千有奇。青魚涇至吴塘、顧浦，嘉定幹也，丈各三千有奇。出七浦壩而外者，海沙所沮洳也，爲丈三千八百五十。

弘治十三年冬，巡撫、左副都御史彭禮命府通判陳暐浚湖川塘（四六）。祝允明記曰：太倉州北數里，有塘曰湖川，延袤九萬七千一百尺有奇。西分源于太湖，歷婁江而下，由巴城湖、新塘以來匯，東連小塘子，貫石婆港，以達劉家河。海潮西突，巴城東注，清濁互齧。又劉家潮之緯州而西出者，由鹽鐵塘到湖川而定。東北自七丫港而花蒲，而楊林塘。潮之來，亦及湖川而尼。渾沙迎合，淀壅溵涔，可立而待。州民兩奏浚之，未幾復淤。

濬自徐昌橋，至于金雞口，八萬五千一百尺，入崑山西段又六千尺，廣百尺，底廣四十四尺，深九尺。

王在晉水利説

州之幹河鹽鐵經城中，南入嘉定，出吴淞，北入常熟白茆，至江陰，出揚子江。鹽鐵塘之水横亘南北，而中多間隔。湖川塘環出小塘子，入婁江，北穿鹽鐵塘，西接金雞河，與七浦、楊林並横貫州北。而楊林塘上承巴城湖之水，東至花浦口入海，州田賴其廣濟。其劉家河海潮之入，繇鹽鐵到湖川，而東北自七鴉港入者，亦從花浦、楊林及湖川而相會合，渾砂泥滓，釀成堙堰。高田無灌溉則枯，低田逢水潦則没。故茜涇一帶幾成坼莽，舟航既阨，桔槔多廢。邇年郊原四望，遍地皆棉。種棉久則土膏竭，而腴田化爲瘠壤，一逢水旱蟲螟，盡仰藉於轉糴。

太倉志　答曉川太史論水利書略

州人張檟

間嘗統觀于吴中之水，曰震澤，曰具區，曰太湖，一也。其命名不同，皆以時起，抑各有所取義焉耳。自昔宋人而言：「其西之南，則嚴、湖、杭天目諸山之原，有自苕、霅而來者。其西則宣、歙、池九陽江之水，有自五堰而來者。其北則潤州之金壇、延陵之丹陽與宜興之荆山之水，有自荆溪、百瀆而來者。而其東北則常州之水，有自望亭而來者。其入海之道，雖曰三江，而二江已絶，唯吴淞一江，而吴江南岸又築爲石堤，以便綱運。而蘇州居其左偏，厥田下下。而沿海與江，地皆岡阜。或以其中傾外仰，比之盤盂。或以其積而不洩，譬有人于此，桎其手，罥其足，塞其衆竅，以水沃其口，腹滿氣絶，視者猶謂之不死，可乎？矧低田多而其税復重，高田少而其税復輕。自是以來，議者皆以水爲患，而不復憂乎旱也。」以櫝觀于今日則不然。自江寧之五堰既治，而九陽江之水，不東注于震澤，而西下蕪湖，常州之港瀆以時而修，望亭之設堰在所得已。未數年前，嚴州有山崩之變，水皆南下浙江，而苕、霅之水爲之少殺。劉家河已開于前，夏駕浦復疏于後，而婁江之塞者以通。華亭諸泖之水既有所歸，而東江之微者以大。自宋、元時，世爲東南患如澱山湖者，亦于是乎少息。斜堰決而四湖有洩水尾閭，七鴉不復當以諸浦論，而又爲吴中之一大川矣。且自吴江之有石堤，而震澤之水漸以北徙，又由胥口吐之郡濠，一自徐門之元和塘以北入于江，一自婁門之至和塘，過崑山而東入婁江。計其來原，宋且倍是而有餘，今疑半之而不足。而其本委，則古之爲川者二，今之爲川者三。唯人事天時會逢其厄，一旱不雨，間歲無秋。彼崑山西北、常熟之南之民，有見于其尤涇以東，昔也一雨愆期，民輒告澇之區，今皆井底颺塵，而爲舄鹵不毛之地。而其西則四望成洋、積水不耕之處，今皆比鄰相慶，而有污邪滿車之秋，遂自以爲幸，而謂斜堰決不可開。其何以知爲此役也，非止爲憂旱計，即有三二年之大水，宜亦有所于歸，而傍湖之田，從可得而治矣。蓋此屬固爲身謀，而其所見且朝不及夕，何足爲訝！顧今一郡高田，以十分爲率，在吾州者可當其三。太湖入海之道雖曰三川，而其出吾州者已有其二。每爲渾潮所淤，則吾州先被其害。一議修治，則吾州獨當其勞。故嘗先事而憂得，可謂思患預防者。

其一曰置堰閘以禦潮沙。其在周易，文王有先甲後甲之象，周公有先庚後庚之爻。其辭雖各有所指，然自今而言，物既壞矣，而思所以新之之謂變。既揆度之，又丁寧之，則窮者可通，通者可久，而不復壞也。先時河港易以堙塞，唯其水之東北流者有限，潮自江海上者無窮故也。矧在高鄉，日唯潮汐往來，而無清水以滌其原者乎？諺曰：「海水一潮，其泥一箬。」而其兩來交際之處，又有甚于兹者。宋范文正公有曰：「新導之浦，必設諸閘以禦來潮，沙不能壅也。」後黄震謂公守吴郡時，嘗開茜涇，亦止一時一方之利。今浦、閘盡廢，而海沙壅漲，又前日之所無。則閘之廢置，寔浦之所由以通塞也。在吾太倉，除婁江、七浦上原洪闊，海潮所不能壅遏者，不必置閘外，其諸屢浚屢塞，如楊林、湖川，併入于婁江、七浦之處，其鹽鐵塘南出婁江，北通于七浦者，謂皆不可無閘。其他如石婆港、千步涇之類，則多置爲木竇可也。而又必旁通月河，設爲輥壩，即有大旱大潦，用以濟竇閘之所不及吐納，且以便小舟之往來也。其置閘也，又必如唐劉晏之造漕舟，謂計大事者不惜小費。有執事于其間者，必使之私用無窘，則官物堅完矣。無寧責成于督造之人，爲一切苟且目前之計，如近歲所造東、西二門之閘可監也。

其二曰專職掌以守成業。周禮地官既有遂人以掌邦之野，而又有稻人掌稼下地，曰以豬蓄水，以防止水，以溝蕩水，以遂均水，以列舍水，以澮瀉水。是旱則引川之水于澮，由大而小，以漸入于田間。潦則決田間之水，由澮以瀉之于川也。宋元豐中，裁定開江兵級，專治浦閘。今茜涇鎮，即范文正公開是浦後所設以屯兵者。今既南徙于新塘爲巡檢司，而新塘之故道猶在，宜重浚之，少加深廣，專湖川之水，復由是以入于海，置爲一閘，并復其正德間所減弓手之額，以時啓閉，每歲理其閘外。其楊林北入于七浦處，則見有唐茜涇巡檢司在，餘無屬官之可攝者，量歲撥夫幾名，分屬所在塘圩守之，庶不爲豪右勢家擅自開決以便己私。或以勞民傷財而爲辭者，櫝謂有河而不爲堰閘以限潮沙，使日積月淤，不治則旱潦無備，賦稅不登，治之則所在騷然，公私重困，又奚啻什百千萬倍于是邪！

其三曰輕地租以防壅塞。每見官府治河，非不諄諄戒諭，必於岸傍一二步外，方許堆上〔四七〕，謂之岡身。今去大河遠者猶在，其稍近者蕩然無復存矣。揆厥所以，皆由傍河之民，於夏秋積雨之時，乘河流湍迅，挑運去訖。河港之塞，彼固不能辭其責矣。然亦有可諉者。岡身之基，猶之爲額田也。據其下廣以視其上，每如其高而又倍之。吴中之田，其穀宜稻，易以他種，利不半是。其賦則同，而其所獲乃爾，何怪于其損高爲卑以求復于平也！周官載師掌任土地之法，以園廛近郊遠郊甸稍縣都漆林之征，第爲五等。我太倉之田，其賦雖均，而其名尚有曰田、曰地、曰山、曰池、溝、蕩、塗之異，而其賦亦各有等第。唯地則其名雖存，而其賦實與田等。其未均時，有所謂地者，秖科夏稅，而不科秋糧，謂之曰絲麥田，實則其種宜稻者也。以今之岡身名之曰地，夫誰曰不宜？誠得視周之園廛，今之山場，以徵其賦，而後立爲界畔，俾不得仍前壅塞，有犯之者，始寘于法，則仁義兼盡，而德威唯畏矣。

其四曰愼陞科以抑豪强。水以利爲言，利與害相對。利專于一人，而被其害者衆矣。近觀清查則例，有陞科塗蕩米九十二石有畸。時竊以爲揚州之域，雖曰厥土唯塗泥，其在高鄉腹裏之地，安得有所謂塗蕩邪？其即夏、周之所謂溝洫，郟亶之所謂縱浦、横塘焉耳。彼豪强之人欲肆爲兼併之謀，無以售其奸也，於是乘清查之會，假塗蕩之名，以升斗之米，易十百千夫之業，或塞爲沃壤，或堰爲魚塘，殊不計内地居民，每遭旱熯，所望以易枯槁爲蕃鮮者。日唯海水二潮，皆道經于是，又安能越其堤防而自波及于鄰田也哉！邇者顔正郎治水事宜内開通洩水利去處，多被大户强占，或朦朧告佃起科，宜從重治罪，復監追其積年得過花利。而林正郎亦曰：「告佃起科，深爲民害。」夫以九十二石之米，除江海漲沙種植蘆葦，理應陞科者不計外，所餘幾何，曾足爲一州之輕重邪？必嚴爲之禁，痛革此弊，則興利除害，一舉而兩得矣。

其五曰纂圖志以便考閲。利者，人之所同欲，而專之者一人之私情。水之爲利，唯其所至，人皆得而利之，而爲一人所專。此人懷不平而争訟所由起也。苟不辯之于蚤以杜其端，雖自謂有發奸摘伏之神，抑末矣。先時清查，圩各一圖，而又各有經緯之册，第汗漫無統，雖有主者，夫庸必其久而無散佚腐爛者乎？今之書册，區各一圖，然其地皆犬牙相制，錯雜不齊，各圩之下，詳于田賦而未及于溝洫之制。以愚所見，州三百有十里，里爲一圖，則不勝其繁。合幾十里而爲一圖，不唯其區，唯其方而已矣。四至皆以塘浦爲界，而復備開其各圩四至之溝洫于後，其有或縱或横，長竟一圩而利可及于衆人者，亦復書之，俾爲人所共知。則雖欲專之，庶有所畏而莫之敢有犯之者。一披覽間，衆言混淆，而以是折之，莫有能遁其情者矣。且每於農隙之時，率食利之人，協力修治，其勞與佚，亦因有所稽，而無彼此不均之弊。宋范文穆公有水利圖序，圖則弗傳，而序之所言，皆救災捍患之事。今李司空治水告完，有水利通志，惜也考之未詳，謂太倉之水，唯七鴉爲最，而不知有婁江。禹貢、職方之叙揚州，皆不過數言，其於山川、貢賦、民生、物産所繇適于畿甸之路，無所不備。此聖人之言所以爲經，而作者之所當取法者與。

若夫治水之法，前人論之詳矣。故此五者，皆止爲備旱計。然高鄉之河港既通，亦低鄉之所必由以導水者也。但水性就下，因而導之，則順而其爲力也易，激而行之，則逆而其爲力也難。故郟亶于低田，則唯築堤岸欲其高固，浚塘浦欲其深闊而已矣。而其於高田也，既設堰瀦水以灌溉之，而又浚其經界溝洫，使水周流其間以浸潤之。夫然後立岡門以防其壅，斯可以常無枯旱之患，而治之之法，固不能無詳略之異也。

【原注】

注一 馬麟詩：「海波不動絶奔鯨，萬斛龍驤一葉輕。三月開洋春正好，南風十日到神京。」

注二 已上州城東條大水凡十有七。

注三 已上州城西條大水凡九。

注四 而鹽鐵、横瀝，其所通爲最遠。

注五 公塘口、陸渡口、雙塘、石家塘、南漕漕、南時溝、楚城涇、渡船浜、薛敬塘、張浦塘、長涇若稍偏東南，然皆在劉家港南，以次西下。瓦浦、唐涇、石牌涇若稍偏西南，然皆在應岡門南，故宜並分與顧浦諸水同界。已上州城南條大水凡二十。

注六 之裘。按六尺溝、北港與北鹽鐵塘並南下入七鴉浦。

注七 北穿鹽鐵塘。

注八 鐺脚港、洪泗浦、大錢涇、鹿鳴涇、浪港、雙鳴涇皆東入于海。唐茜涇、陳大港在璜涇鎮，則與大錢涇、鹿鳴涇、洪泗浦、浪港相通，南達漕頭塘入七浦，東北距城八九十里，或四五十里，與唐茜涇俱東入于海。其西爲北花浦口、雙鳳鎮之顧門涇，西通新塘，東則依于鹽鐵塘。已上州城北條大水凡十有六。

【校勘記】

〔一〕今陸路廢　「廢」原作「費」，據濂溪堂本、敷文閣本及唐陸廣微吴地記（江蘇古籍出版社一九九九年版）改。

〔二〕□有計　文淵閣四庫全書史部十一地理類吴地記作「寧有計」。

〔三〕以□□成物　敷文閣本作「以故能成物」，吴地記作「以然成物」。

〔四〕□□可女人聘爐神　□□，吴地記作「吾何難哉」。

〔五〕投入鑪中　「投」字原闕，據吴地記補。

〔六〕並號□□文劍　□□，吴地記作「作黿」。

〔七〕與仲雍周章等墳相近　「周」原作「固」，據吴地記改。下文同改。

〔八〕望在郡下　原作「在望下」，據吴地記及本書下文「長洲縣」條例改。

〔九〕王莽改泰德縣　「泰」原作「秦」，據吴地記及漢書卷二十八上地理志上改。

〔一〇〕户三萬□千三百六十一　□，吴地記作「八」。

〔一一〕孟嘗君門下客　「孟嘗」原作「平原」，據吴地記改。

〔一二〕馬的陂　「馬」原作「焉」，據敷文閣本及吴地記改。

〔一三〕秦始皇二十六年重移　「二十」二字原闕，據吴地記補。

〔一四〕黄龍三年嘉禾野生改禾興縣　「黄龍」原作「景龍」，「三年」原作「二年」，「禾興」原作「嘉禾」，三國志吴志卷二：「黄龍三年，『由拳野稻自生，改爲禾興縣』。」據此並吴地記改。

〔一五〕吴赤烏五年　「五」字原闕，據三國志吴志卷二、吴地記補。

〔一六〕東二十五里有長谷亭　「東」字原闕，據吴地記補。

〔一七〕在滬瀆池濱　「池」，吴地記作「江」。

〔一八〕盟北百步有浣紗石　「紗」原作「沙」，據敷文閣本及吴地記改。

〔一九〕蓋晉元侯陸遜宅　「侯」原作「假」，據吴地記改。

〔二〇〕有鶴鳴鶴唳玄鶴　「唳」原作「戾」，據敷文閣本及吴地記改。

〔二一〕武德七年　「武德」原作「廣德」。元和郡縣志卷二六：「武德七年，地入嘉興。」據改。

〔二二〕景雲二年重置先天元年廢　「景雲」原作「景隆」，「先天元年」原作「光天二年」。據濂溪堂本、敷文閣本改。

〔二三〕爲晏子□以桃二顆令言功　□，説郛（文淵閣四庫全書本）卷六三上引吴地記作「餽」。

〔二四〕終尚書令　「書」字原無，據敷文閣本及吴地記補。

〔二五〕左傳曰　三字原闕，據吴地記補。

〔二六〕殿宇浮圖下有令威煉丹井也　「宇」字原闕，據吴地記補。

〔二七〕吴縣北三里有五十步　「有」，敷文閣本作「又」。

〔二八〕金紫光禄大夫陸杲舍宅置　「陸杲」二字原闕，據吴地記補。

〔二九〕司徒沈長史　據南齊書卷四一張融傳、南史卷三二張融傳，張融官至司徒左長史，則「沈」似爲「左」之譌。

〔三〇〕弟妻言樹壞宅　「宅」字原無，據吴地記補。

〔三一〕未周　「未」原作「宋」，據吴地記改。

〔三二〕其零賊潰自□留都者　「自□留都」四字，濂溪堂本作「自□留守」，敷文閣本作「自留守」。

〔三三〕俗亦西文於東也　「文」，敷文閣本作「浮」。

〔三四〕智俗使然　「智」，敷文閣本作「習」。

〔三五〕崑山之田號爲下濕　「田號」原作「號田」，據濂溪堂本、敷文閣本及明姚文灝浙西水利書（文淵閣四庫全書本）卷上范文穆公水利圖序乙改。

〔三六〕已上非官錢不可開也　「已」原作「則」，據吴中水利書改。

〔三七〕三吴水利金藻　此六字原闕，據本書上下引文之例及浙西水利書卷下金藻三江水學補。

〔三八〕種荳則土隨根去　「隨根去」三字原無，據明史鑑西村集（文淵閣四庫全書本）卷六吴江水利議補。

〔三九〕郟亶又上治田利害大概有七　「郟」字原無，據濂溪堂本、敷文閣本補。

〔四〇〕不知大段擘畫　「知」原作「智」，據敷文閣本及吴都文粹卷五郟亶六失六得、吴中水利全書卷一三郟亶上水利書改。

〔四一〕計六十餘里今其南北兩岸　「計六十餘里今」六字原闕，據吴都文粹卷五郟亶六失六得、吴中水利全書卷一三郟亶上水利書補。

〔四二〕是五里而爲一縱浦之跡也　「五里而爲一縱」六字原闕，據吴都文粹卷五郟亶六失六得、吴中水利全書卷一三郟亶上水利書補。

〔四三〕而有浪市塘是也其北皆爲風濤洗刷　「浪市塘是也其北」七字原闕，據吴都文粹卷五郟亶六失六得、吴中水利全書卷一三郟亶上水利書補。

〔四四〕臣前所謂至和塘徒有通往來禦風濤之小功　「所謂」二字原闕，據吴都文粹卷五郟亶六失六得、吴中水利全書卷一三鄭亶上水利書補。

〔四五〕巡撫都御史歐陽必進重浚七丫浦　「必進」二字原闕，據三吳水考卷一〇御史翁大立水利奏、吳中水利全書卷一〇水治補。

〔四六〕巡撫左副都御史彭禮命府通判陳暐浚湖川塘　「禮」字原闕，據三吳水考卷一五水績考、吳中水利全書卷一〇水治補。

〔四七〕方許堆上　「上」，敷文閣本作「土」。